CHINA ECONOMIC RESEARCH REPORT

中国经济研究报告

2010~2011

中国社会科学院经济学部●编

经济管理出版社

ECONOMY & MANAGEMENT PUBLISHING HOUSE

图书在版编目（CIP）数据

中国经济研究报告. 2010~2011/中国社会科学院经济
学部编. —北京：经济管理出版社，2011.3
ISBN 978-7-5096-1321-4

Ⅰ. ①中… Ⅱ. ①中… Ⅲ. ①中国经济—研究报
告—2010~2011 Ⅳ. ①F12

中国版本图书馆 CIP 数据核字（2011）第 034892 号

出版发行：**经济管理出版社**

北京市海淀区北蜂窝 8 号中雅大厦 11 层

电话：(010)51915602　　　邮编：100038

印刷：世界知识印刷厂　　　　　　　经销：新华书店

责任编辑：张丽生

技术编辑：杨国强

责任校对：蒋　方

880mm×1230mm/16　　　　　　24.25 印张　　　349 千字

2011 年 5 月第 1 版　　　　　　2011 年 5 月第 1 次印刷

定价：66.00 元

书号：ISBN 978-7-5096-1321-4

目　录

"金砖四国"经济发展特点比较

中国社会科学院　陈佳贵

"金砖四国"作为新兴市场经济体的最主要代表,已经在世界舞台上崭露头角。尤为重要的是,在面临此次百年一遇的国际金融危机时,"金砖四国"的表现要远胜于世界上的发达经济体,成为推动全球经济复苏不可或缺的重要力量。

根据国际货币基金组织（IMF）的估算,按PPP（即购买力平价）衡量,新兴市场经济体占全球产出的比重,从20世纪80年代的36%增加到2009年的46%,上升了10个百分点;并且,到2014年,新兴市场经济体的规模将达到全球产出的51%,首次超过发达经济体。其中,"金砖四国"占全球产出的比重则从20世纪90年代初（1992年）的14.4%,上升到2009年的22.3%,接近全球产出的1/4。[①] 另外,"金砖四国"占世界人口的40%,占世界土地资源的1/3。这些都注定使"金砖四国"成为世界关注的焦点。

在相对意义上,这次金融危机造成了全球权力的再分配,那就是,以"金砖四国"为代表的新兴市场经济体的力量在增强,而发达经济体的力量在减弱。这对未来全球发展格局与全球治理都有着非常重要的意义。不过,"金砖四国"能否在全球发展中产生更大的影响,还要取决于"金砖四国"自身的可持续发展。"金砖四国"虽然都属新兴市场,但发展模式各不相同,特别是与发达经济体比较起来,"金砖四

[①] 按现价美元衡量,新兴市场经济体占全球产出的比重,从1980年至今有一个先下降后上升的过程（这应该与美元汇率变化有较大关系）,由1980年的30.36%下降到1992年的16.43%,再回升到2009年的30.74%,到2014年,将进一步上升到36.35%。其中,"金砖四国"按美元衡量的产出占全球产出的比重,则从1992年的5.28%（此前的俄罗斯数据缺失）上升到2009年的15.27%,到2014年则上升到19.39%。

国"还有很多不成熟的地方。因此，比较"金砖四国"发展模式的特点，讨论各自的潜力与不足以及如何促进可持续发展成为本文的主旨。

一、"金砖四国"的增长动力

从拉动 GDP 增长的消费、投资与净出口这三驾马车看，"金砖四国"的增长动力各有千秋。

（一）巴西：内需为主，外需贡献较小；内需以消费为主，投资率偏低

巴西增长动力基本上是内需。其中，消费需求对 GDP 的贡献达到八成左右，而外需（即净出口）的贡献则只有 2%~3%，有的年份更低甚至为负。与其他新兴国家相比，巴西的投资率一向偏低，不到 20%（见表 1）。这主要是由于巴西的实际利率和赋税很高，导致投资成本高而产生的"挤出效应"（见表 2）。2007 年卢拉政府开始推行"加速经济增长计划"（PAC，la Programa de Aceleração do Crescimento），努力将投资率提升至 25%。

表 1 巴西：三大需求对 GDP 的贡献   单位：%

项目＼年份	2001	2002	2003	2004	2005	2006	2007	2008
消费	—	74.00	75.00	80.70	81.30	81.50	81.50	—
投资	18.90	17.20	15.80	17.10	16.00	16.80	17.20	—
净出口	—	1.90	3.20	2.90	3.10	1.70	0.01	—

资料来源：UN，CEPAL，Amuario estadistico de América Latinayel Caribe.

表 2 巴西实际利率一览表   单位：%

项目＼年份	2002	2003	2004	2005	2006	2007	2008
实际利率	10.30	9.90	10.00	12.48	9.30	8.62	6.73
赋税/GDP	35.86	35.54	36.80	37.61	34.20	35.60	36.56

资料来源：http://br.mofcom.gov.cn.

（二）俄罗斯：内需为主，外需也很重要，增长绩效严重依赖于能源出口

俄罗斯的增长动力主要靠内需，但外需也很重要。其中，消费占GDP 的比重在 60%~70%，投资占 20% 以上，而净出口则在 10% 上下（见表 3）。这里需要特别强调的是，俄罗斯的增长绩效严重依赖能源出口。国际上能源价格高的时候，往往是俄罗斯财政与增长绩效好的时候。

表 3 俄罗斯：三大需求对 GDP 的贡献   单位：%

项目\\年份	2001	2002	2003	2004	2005	2006	2007	2008
GDP 总计	100.0	100.0	100.0	100.0	100.0	100.0	100.0	100.0
最终消费性支出	65.8	68.9	68.1	66.9	66.4	66.6	66.0	66.0
投资	21.9	20.1	20.8	20.9	20.1	20.3	24.3	26.2
商品和劳务的净出口	12.7	10.8	11.3	12.2	13.6	12.7	8.6	8.9

资料来源：Российская экономика в 2006 году: тенденции и перспективы（выпуск №28），Институт экономики переходного периода.

从财政角度看，近年来，俄罗斯税收收入的大幅增长主要得益于良好的国际资源市场行情。首先是石油、天然气以及各类金属材料的国际市场价格上涨。这导致俄罗斯预算体系对能源出口的依赖性越来越大。如果将俄罗斯经济划分为两个部门，即石油天然气部门和非石油天然气部门，则按照世界银行和俄罗斯工业与能源部的估计，2003年，俄罗斯石油天然气部门在其 GDP 中所占的比重为 23%，2004 年大约占 30%。按照俄罗斯能源有效利用中心执行主任巴什马科夫的估计，这一比重在 2003 年占 24.7%，2004 年占 32.7%，2005 年占 37.2%，2006 年这一数字更高。[①] 世界银行还将俄罗斯的联邦预算划分为石油天然气部门预算和非石油天然气部门预算。计算结果表明，尽管 2000 年以来俄罗斯联邦财政一直保持盈余，但如果将来自油气部门的收入排除在外，则联邦财政却是连年赤字，而且 2005~2006 年中还呈现出财政赤字扩大的趋势。如果排除油气收入，2005 年，俄罗斯联邦的财政

---

① Башмаков. И, Ненефтегазовый ВВП как индикатор динамики российской экономики, *Вопросы экономики*，*№5，2006 г.*

赤字与 GDP 之比为 5.9%，2006 年进一步增加到 7.4%。[①]

从俄罗斯的出口结构看，能源产品出口占其总出口增量的 80%。如果说 1992 年石油、石油制品、天然气出口占总出口的 28.4%，那么到 2006 年，这一比重已上升到了 60.3%（见表 4）。

表 4　1992~2006 年俄罗斯石油和天然气的出口价值量及其在总出口额中所占比重

年份	石油		石油制品		天然气	
	百万美元	%	百万美元	%	百万美元	%
1992	6662	12.4	2202	4.1	6389	11.9
1993	8061	13.5	3061	5.1	6964	11.7
1994	8948	13.3	3398	5.0	7939	11.8
1995	12297	15.2	4108	5.1	13381	16.5
1996	15578	17.6	7442	8.4	14683	16.6
1997	14346	16.2	7145	8.1	16420	18.6
1998	10254	13.7	4262	5.7	—	—
1999	14101	18.8	4713	6.3	—	—
2000	25284	24.1	10938	10.6	16644	16.1
2001	24576	24.1	9402	9.4	18303	18.3
2002	28950	27.0	11227	10.5	15897	14.9
2003	38816	28.6	14064	10.5	19981	15.0
2004	55024	30.0	18998	10.5	20918	11.5
2005	79216	32.5	33650	13.6	30424	12.9
2006	96675	31.7	44217	14.5	42160	14.1

资料来源：Российская экономика в 2006 году: тенденции и перспективы（выпуск №28），Институт экономики переходного периода.

正因为如此，普京承认："俄罗斯经济增长首先归功于近几年有利的世界市场行情，由于对外贸易条件的空前改善，俄罗斯获得了相当大的经济优势和很多额外收入……很显然，如果没有这些资金，我指的是没有良好的外贸行情，我们在社会经济发展中的成就在很多方面都会是微不足道的。"[②]

（三）印度：依靠消费、投资带动增长，服务业出口有明显优势

总体来讲，印度的宏观数据波动较大，呈现的规律性不够明显。

[①] Институт экономики переходного периода，Российская экономика в 2006 году: тенденции и перспективы（выпуск №28）.

[②] В.Путин，Послание президента России Владимира Путина Федеральному собранию Российской Федерации，Деньги и кредиты，№5，2003 г.

但通过表5也能发现,印度的增长主要也是靠内需。但内需中,消费所占比重较高,私人消费加政府消费,对GDP的贡献常常会超过50%。与其他"金砖四国"相比,相对发达的金融体系是印度经济高增长的重要支撑因素,而经济内部结构的调整,尤其是消费部门的现代化也是一个不容忽视的因素。

表5 印度:三大需求对GDP的贡献 单位:%

项目＼年份	2002~2003	2003~2004	2004~2005	2005~2006	2006~2007	2007~2008
消费(私人)	45.5	44.2	39.0	56.6	43.9	45.8
消费(政府)	−1.1	3.6	3.5	6.2	6.5	6.2
资本形成	—	59.5	65.4	64.3	37.5	NA
固定资本形成	40.5	38.5	56.3	51.2	45.5	55.2
净出口	40.5	−17.5	22.3	−51.7	−18.2	−3.2

资料来源:Economic Survey 2008, http://indiabudget.nic.in/es2007~2008/esmain.htm.

近年来,印度的投资增速很快,投资对印度GDP的贡献也较大。其中,固定资本形成对GDP的贡献也在40%~50%。

印度净出口方面的波动较大,常常是负贡献。值得注意的是,印度服务业出口有明显优势。IDG的统计数据表明,2004年全球软件外包市场规模已达1000亿美元。在服务业外包的国际化浪潮中,印度以其独特的优势成为全球最大的软件外包业务承接国,并垄断了美国市场。根据印度全国软件和服务公司协会提供的最新数据显示,2004年外包业务为印度公司带来了172亿美元的销售收入,占全球同类市场的44%。预计到2008年,印度在全球软件和后端办公服务外包市场所占份额将达到51%。

(四)中国:主要靠投资与出口拉动经济,扩大居民消费任务艰巨

中国经济增长由投资与出口带动的特点非常明显。表6显示,在

表6 中国:三大需求对GDP的贡献 单位:%

项目＼年份	2001	2002	2003	2004	2005	2006	2007	2008
最终消费	50	43.6	35.3	38.7	38.2	38.7	40.6	45.7
资本形成总额	50.1	48.8	63.7	55.3	37.7	42	39.7	45.1
货物和服务的净出口	−0.1	7.6	1	6	24.1	19.3	19.7	9.2

资料来源:《中国统计年鉴》。

对 GDP 的贡献中，投资一直占有最重要的比重，资本形成对 GDP 的贡献往往大于消费对 GDP 的贡献。图 1 显示，在"金砖四国"中，按 1996~2006 年平均，中国的投资率最高为 40%。近几年投资率实际上更高。如果说，在亚洲国家中靠资本积累来促进增长的特点较为普遍的话，那么在"金砖四国"中，中国是这一特点的典型代表。

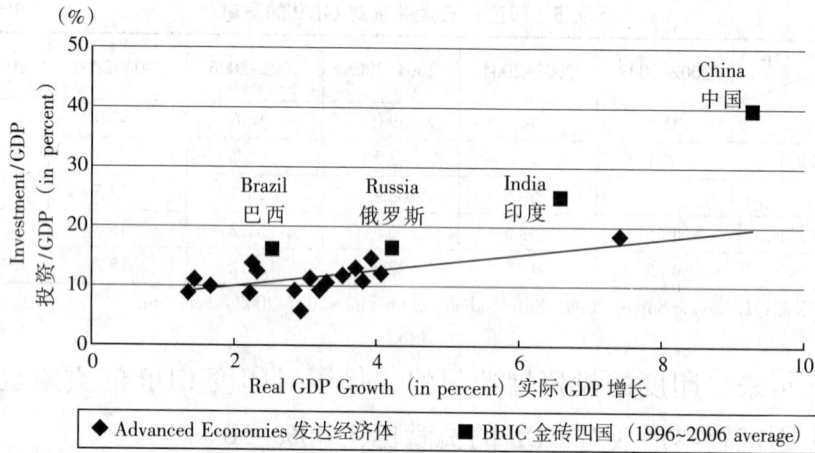

图 1 "金砖四国"的投资率：与发达经济体的比较

资料来源：Feyzioğlu, Tarhan, "Some Growth Trends in China", China Limited Partner Forum－Beijing September 23, 2007.

投资率的上升使得消费率处在一个相对下滑的态势，因此，如何扩大居民消费成为推动中国经济增长的重要课题。

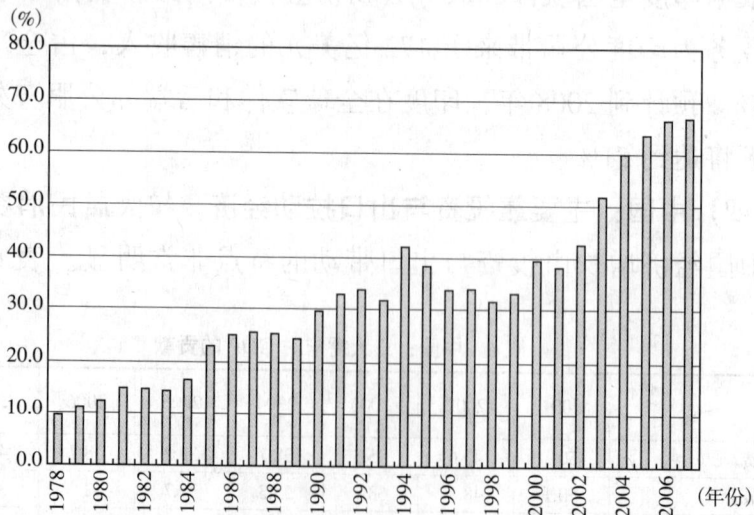

图 2 中国的外贸依存度

资料来源：《中国统计年鉴》。

外需方面，近年来中国净出口对 GDP 的贡献大增。2005~2007 年，净出口对 GDP 的贡献率平均达到 21%。并且，中国的外贸依存度近年来也上升得非常快。2003 年超过 50%，2007 年上升到 66.8%。

相对于"金砖四国"中的其他成员，中国的最终消费需求比重最低，而投资需求比重最大。

二、"金砖四国"的工业化与城市化发展

一般而言，工业化与城市化往往是一个发展中国家经济增长的重要引擎。从工业化与城市化的角度来看，"金砖四国"分别处在不同的发展阶段上。巴西与俄罗斯的城市化水平已经很高，但工业化则显得滞后；中国的工业化水平较高，但城市化还有进一步的发展空间；印度的工业化与城市化都相对落后。因此，下一个阶段，从增长引擎角度考虑，城市化仍将是中国经济增长的重要动力；工业化和城市化对推动印度的经济发展同等重要；对巴西和俄罗斯而言，主要是工业化（或再工业化），而城市化的发展则应侧重于基础设施建设的完善以及服务业的升级。

（一）"金砖四国"的工业化

从三次产业对 GDP 的贡献来看，印度作为农业大国的特点还非常明显，农业增加值对 GDP 的贡献达到 17.8%，而其他国家都在 5% 以下。印度的工业化比较落后。从工业增加值占 GDP 的比重看，从来没有超过 30%。制造业占 GDP 的比重也是"金砖四国"中最低的，为 16%。

不过，1990 年以后的经济自由化改革和信息技术的广泛应用，不仅促进了现代服务业在印度的建立和发展，而且也推动了国内传统服务业的现代化进程，使服务业在过去 20 年中成为引领印度经济增长的火车头。这造成印度经济的另一个显著特点是服务业所占比重较高。这与印度所处的发展阶段（用人均 GDP 来衡量）有些不相称。特别是与中国比较，中国的服务业所占比重为 42.4%，而印度则达到 52.8%，

高出 10 个百分点。尽管相对于巴西和俄罗斯而言，印度服务业对 GDP 的贡献也不算高，但巴西与俄罗斯的人均 GDP 却要高很多，这是需要我们关注的。

表 7　三次产业的贡献比较（2007 年）　　　　单位：%

	中国	巴西	印度	俄罗斯
农业	3.3	4.95	17.75	4.76
工业	54.2	30.58	29.42	38.57
其中制造业	48.7	17.52	16.38	19.10
服务业	42.4	64.47	52.83	56.67

资料来源：中国数据来自中国国家统计局（其中数据为"第二产业及工业"），其他数据来自 WDI（世界发展指数）。

再从工业增加值来看，在 1990 年，俄罗斯的工业增加值曾经占到其 GDP 的 48%，但此后这一比率逐步减少，2007 年只占到 39%。因此，俄罗斯面临着一个再工业化的过程。

巴西的情况与此有些类似。在 1980 年的时候，工业增加值占巴西 GDP 的比重为 44%，2007 年只有 31%，出现了所谓"工业化的倒退"。这与 20 世纪 80 年代开始的拉美债务危机有关。巴西自 90 年代起，工业产值占 GDP 的比重下降，其中制造业占 GDP 的比重下降幅度最大，严重影响了巴西经济的国际竞争力。

2002~2004 年，巴西工业曾有所恢复，但仍比 20 世纪 80 年代的水平低得多。但是，自 2005 年起，这一进程中断了。2005~2007 年，巴西制造业占 GDP 的比重下降为 15% 左右（见表 8）。这主要是由于中国等新兴发展中国家的发展需要扩大了对巴西初级产品的需求，导致巴西初级产品部门的繁荣和工业及制造业部门在一定程度上的衰退。

表 8　巴西工业和制造业占 GDP 比重　　　　单位：%

产业＼年份	1985	1990	1995	2000	2001	2002	2003	2004	2005	2006	2007
工业	42.3	33.0	34.5	36.1	35.9	36.0	36.8	37.2	29.3	30.1	28.7
制造业	31.6	22.7	22.5	21.6	21.5	21.9	22.9	23.0	15.5	15	14.9

注：2007 年工业与制造业数据与表 7 中的 WDI 数据有出入。
资料来源：UN, CEPAL, Anuario estadistico de América Latina y el Caribe 2008.

从工业增加值占 GDP 的比重来看，中国的工业化水平达到了

54.2%，这个份额已经很高。从制造业对 GDP 的贡献来看，中国所占的比重最高，达 48.7%，而其他国家则都不到 20%。中国今后的工业化发展，应该不再是提高其在 GDP 中的比重，而是不断地提升产业结构，同时大力发展服务业，这样才有利于改善产业结构、增加就业，以及促进节能减排，发展低碳经济。

表9 工业增加值占 GDP 比重 单位：%

年 份	1960	1970	1980	1990	2000	2001	2002	2003	2004	2005	2006	2007
中 国	45	40	49	42	46	45	45	46	46	48	48	—
巴 西	37	38	44	39	28	27	27	28	30	30	31	31
印 度	20	21	25	27	26	25	26	26	28	29	29	29
俄罗斯	—	—	—	48	38	36	34	34	35	39	38	39
世界平均	—	—	37	33	29	28	28	28	27	28	—	—

资料来源：World bank WDI database.

（二）"金砖四国"的城市化

从城市化水平与人均 GDP 的国际比较看（见图3），很少有国家在城市化率未到 60% 之前人均 GDP 达到 10000 美元。因此，城市化水平，实际上是一国经济增长与人均收入提高的重要途径。

表10 城市化水平比较 单位：%

国家 \ 年份	1960	1970	1980	1990	2000	2001	2002	2003	2004	2005	2006	2007
中 国	16	17	20	27	36	37	38	39	39	40	41	42
巴 西	45	56	67	75	81	82	82	83	84	84	85	85
印 度	18	20	23	26	28	28	28	28	28	29	29	29
俄罗斯	54	62	70	73	73	73	73	73	73	73	73	73
世界平均	33	36	39	43	47	47	47	48	48	49	49	50

资料来源：World bank WDI database.

从 2007 年的数据来看，印度的城市化率仅 30%，中国也只是 40% 多一点。与此同时，巴西的城市化率达到 85%，俄罗斯的城市化率也有 73%。仅从数据看，中国与印度在城市化方面还有很大的发展空间，城市化是这两个国家未来经济增长的重要引擎。而巴西，可以说是已经过度城市化。特别是与滞后的工业化相比，巴西的城市和工业化之间显得非常不协调。过度城市化与滞后工业化所带来的问题是不能通

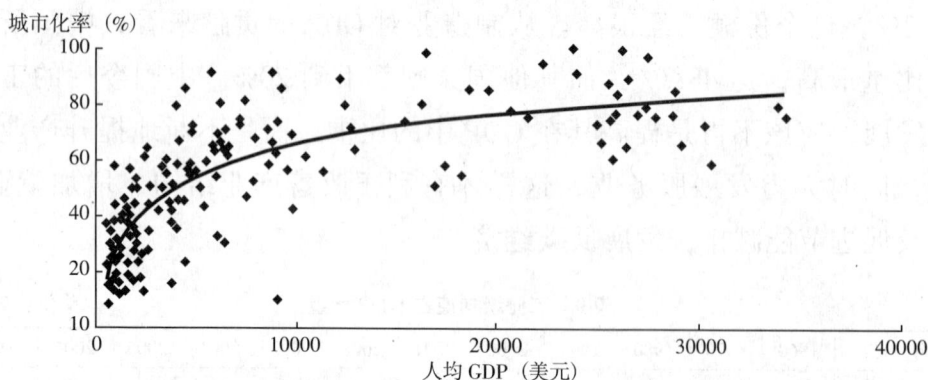

图 3 城市化水平与人均 GDP 的国际比较

资料来源：WDI（世界银行发展指数）。

过工业化创造大量的就业机会来提高人们的收入水平，从而出现大量的城市贫困。巴西的发展，更现实的选择恐怕需要某种程度的"去城市化"，同时，加快工业化的发展。

俄罗斯的城市化程度也已经很高。相对于中国与印度，俄罗斯与巴西在城市化方面都应侧重于基础设施建设，以及如何大力发展现代城市服务业，以便在服务业占 GDP 比重不断提高的同时，提升服务业的层次和水平。

三、"金砖四国"经济发展中的政府与市场

鉴于各国在经济发展上的不同特点，政府和市场在各国经济中所发挥的作用也是不一样的。而次贷危机的爆发，让人们对政府和市场的经济作用有了进一步的反思。下面通过分析"金砖四国"中政府与市场作用，从制度层面刻画经济增长的动力，以及如何通过制度性变革来推动国民经济的可持续发展。

（一）俄罗斯、中国作为转型经济国家，政府力量还很强，政府干预经济的色彩还很浓

"金砖四国"都是发展中经济体，因此都面临着发展问题。但需要指出的是，俄罗斯与中国除了发展问题外，还有从计划经济体制到市场经济体制转型的问题。俄罗斯的体制转型采取的是休克疗法，结果

出现了较长时间的增长停滞，甚至一度出现负增长。

中国在体制转型上采取的是渐进式战略，从而能够较好地处理改革、增长与稳定的关系，保持了经济的较快增长与社会的稳定。正由于中俄两国都是转型经济国家，因此不可避免都保留了较强的政府干预色彩。在这两个国家中，政府对经济发展的影响要明显强于巴西与印度。

普京上台以来，俄罗斯经济中的国有成分明显提高。据估算，2003 年前，国有经济成分占 GDP 的 34%，近年来已达到 50% 以上，并且继续呈上升之势。在全俄罗斯十个最大的公司中，有六个是国有或国家控股公司。俄罗斯十大国有公司的销售额超过了其 GDP 的 20%。最突出的是天然气工业公司，俄罗斯联邦预算收入的 8% 来自于该公司。根据经合组织的资料，在俄罗斯，国有油气公司目前已控制了石油开采量的 33%，天然气开采量的 80%。在俄罗斯的金融行业中，国有银行占银行体系总资产的 40%。其中，储蓄银行吸收居民储蓄占总储蓄的 54%。

表 11　2004 年以来俄罗斯国有经济成分的扩大　　　　单位：%

股份公司中的国有成分	占股份公司的比例（期初）				
	2004 年	2005年	2006年	2007年	2008年
国有股占企业法定资本 100% 的企业	4	10	30	45	54
国有股法定资本 50% 到 100% 的企业	15	13	12	10	7
国有股低于法定资本 50% 的企业	81	77	58	45	39

资料来源：中国社会科学院俄罗斯东欧中亚研究所。

就中国而言，1998~2005 年，全国的国有企业数从 23.8 万家减少到 12.6 万家，减少了 47.1%。但是，国有企业数目的减少并不意味着国有经济在国民经济中的主体地位受到了削弱。相反，通过全面的战略改组，中国国有企业的实力大大提升。在 1998 年至 2005 年期间，全国国有企业的资产总额逐年增加，即使是企业数目大幅度减少的地方国有企业，其资产总额也保持了强劲的上升势头。根据 UBS 的估计，中国由国家管理的机构，包括市政服务、医疗护理和科学教育，占 2006 年 GDP 的 11%；国有企业和国有控制企业创造了当年 GDP 的 26%。两者合计，国有经济占 GDP 的比重达到 37%。而从控制的社会资产而言，则达到 54%。之所以会这样，原因在于政府主动放弃在劳动密集型行业中的主导地位，而牢牢控制着资本密集型行业，持有着这些重要行业中企业的大量股份。总体来讲，中国国有经济及与之相关政府的影响力还非常大。

（二）印度和巴西政府干预经济的力量相对较弱

印度与巴西也在不断改革。不过，这种改革基本上是在市场经济框架内进行。尽管不同时期，也有对于政府干预的不同认识，从而也导致政府力量与政府干预色彩的时强时弱。但总体上，政府力量在印度与巴西经济中体现得相对较弱。

比如印度，除金融领域外，中央政府目前拥有 214 个国有企业，资产总额接近 1500 亿美元，生产总值占到印度 GDP 的 11%。主要分布于粮食、发电、能源、交通等国民经济重要领域。其中，工业制造型企业为 27%，这些企业生产了全印度 95% 的煤、66% 的成品油、83% 的天然气、32% 的成品钢、35% 的铝和 27% 的氮肥。240 家中央企业中，仅印度铁路公司就雇用了 160 万名工人，为全世界最大的商业雇主。巴西在华盛顿共识的影响下，私有化进程推进较快，是对早先结构主义发展经济学强调政府干预的一种"反动"。这大大削弱了政府力量对经济的影响。1980 年初，巴西国企数量为 800 多家，1998~2002 年，巴西国企数量平均为 108 家。

（三）"金砖四国"的社会保障都还处在较低水平

作为发展中国家，"金砖四国"的社会保障总体上都还处在较低的水平。不过，不同国家之间也还存在差距。

在教育支出方面，各国差距较小。其中，中国 2005 年的政府教育支出占到 GDP 的 4.6%，而同期，其他三国的政府教育支出占比都不到 4%（见表 12）。在医疗卫生支出方面，各国差距较大。其中，2005 年巴西与俄罗斯的政府医疗卫生支出占 GDP 的比重分别为 3.48% 和 3.22%，中国不到 2%，印度更是不到 1%（见表 13）。

需要指出的是，由于发展程度的差异（巴西与俄罗斯的人均 GDP 均高于印度和中国），巴西与俄罗斯的政府社会保障支出（仅以教育与卫生支出总量来衡量）要略高于中国和印度。

表12 "金砖四国"政府教育支出占GDP比重 单位：%

年份 国家	2001	2002	2003	2004	2005
中 国	4.23	4.55	4.57	4.53	4.60
巴 西	3.88	3.78	—	4.01	—
俄罗斯	3.11	3.84	3.67	3.54	3.77
印 度	—	—	3.66	3.75	3.25

资料来源：中国教育支出数据来自《中国统计年鉴》，其他均来自WDI。

表13 "金砖四国"政府医疗卫生支出占GDP比重 单位：%

年份 国家	2001	2002	2003	2004	2005
中 国	1.64	1.72	1.74	1.79	1.82
巴 西	3.08	3.23	3.10	3.33	3.48
俄罗斯	3.35	3.54	3.29	3.10	3.22
印 度	0.94	0.92	0.89	0.87	0.95

资料来源：WDI.

（四）从经济自由度来看，"金砖四国"的市场化水平都还有待进一步提高

表14是经济自由度的国际比较。从表中可以看出，相对于印度与巴西，中国与俄罗斯的经济自由度较低。但总体上，"金砖四国"的自由度都是相对较低的。在分项指标中，这四个国家的大部分指标都低于世界平均水平。可见，尽管在四国中，政府或国有经济力量在经济中的作用各有不同，但"金砖四国"的市场化水平都有待进一步提高。

表14 经济自由度的国际比较（2009年）

	总指数	企业自由	贸易自由	财政自由	政府规模	货币自由	投资自由	金融自由	产权	远离腐败	劳动自由
俄罗斯	50.8	54.0	60.8	78.9	70.6	65.5	30.0	40.0	25.0	23.0	60.0
中 国	53.2	51.6	71.4	70.6	88.9	72.9	30.0	30.0	20.0	35.0	61.8
印 度	54.4	54.4	51.0	73.8	77.8	69.3	30.0	40.0	50.0	35.0	62.3
巴 西	56.7	54.4	71.6	65.8	50.3	77.2	50.0	50.0	50.0	35.0	62.7
法 国	63.3	87.4	80.8	50.9	14.5	71.7	60.0	70.0	70.0	73.0	54.5
日 本	72.8	85.8	82.0	67.5	61.1	93.6	60.0	50.0	70.0	75.0	82.5
芬 兰	74.5	95.1	85.8	64.3	28.6	87.4	70.0	80.0	95.0	94.0	44.8
英 国	79.0	89.8	85.8	61.0	40.3	80.4	90.0	90.0	90.0	84.0	78.5
美 国	80.7	91.9	86.8	67.5	59.6	84.0	80.0	80.0	90.0	72.0	95.1
中国香港	90.0	92.7	95.0	93.4	93.1	86.2	90.0	90.0	90.0	83.0	86.3
世界平均	—	64.3	73.2	74.9	65.0	74.0	48.8	49.1	44.0	40.3	61.3

资料来源：The Heritage Foundation，2009 INDEX of Economic Freedom.

进一步推进市场化改革，是"金砖四国"未来的发展方向，也是未来增长的重要源泉。

四、"金砖四国"未来增长面临的挑战

从生产函数角度来看，一国的经济增长取决于资本、劳动与技术这三大因素。如果将技术理解成 TFP（全要素生产率），那么体制因素也可以纳入进去。探讨"金砖四国"在资本、劳动、技术（狭义的技术，指劳动生产率）与体制方面存在着什么样的潜力与挑战，将直接关系到"金砖四国"的未来增长是否具有可持续性。

一般认为，"金砖四国"在以下方面具备潜在优势：①作为后发国家，有较大的发展空间及较快的增长速度。②人口较多，劳动力资源相对丰富。③经济规模大，有利于产业的扩张和升级。④中产阶级在崛起，支持了消费市场的扩大。然而，"金砖四国"的未来发展也面临很多挑战，比如对外依存度较高、贫富差距较大，以及市场制度不够完善等。当然，在不同国家里，这些问题的体现也会有所差异。

以下将侧重于从资本（以储蓄来衡量）、劳动（以人口与劳动力资源来衡量）、技术（以劳动生产率来衡量）以及体制（以市场化的水平来衡量）这几个方面，来探讨"金砖四国"所存在的不足。

（一）巴西：储蓄率较低，基础设施薄弱，劳动生产力落后

拉美国家依赖外资以及高消费的现象较为普遍，这是与它的低储蓄相对应的。从国际比较看，巴西的储蓄水平不到 20%，是"金砖四国"中最低的（见表15）。

表15　"金砖四国"及世界平均储蓄水平比较（总储蓄占 GNI 比重）　　单位：%

国家＼年份	1970	1980	1990	2000	2001	2002	2003	2004	2005	2006
中　国	27	33	40	37	38	41	44	47	51	54
巴　西	19	18	19	14	14	15	16	19	17	18
印　度	15	17	22	26	26	27	29	32	33	34
俄罗斯	—	—	30	37	33	29	30	31	32	31
世界平均	25	23	22	22	21	20	20	21	21	22

资料来源：World bank，World Development Indicators（WDI）database.

巴西的基础设施领域薄弱。首先是物流基础设施落后。由于长期缺乏资金，巴西的交通基础设施如公路、港口、机场、航道等长久失修，设备陈旧，达不到现代高效、快速的物流要求。另外，巴西的能源基础设施（主要涉及发电、输变电线路的架设、石油、天然气、新能源的开发和利用）以及城市基础设施都较为落后，成为制约经济发展的"瓶颈"问题。

巴西的劳动生产率也显著落后（见表16）。2000~2008年，巴西的平均劳动生产率增长只有0.9%，而中国则超过10%，俄罗斯与印度在这方面的增长也都比巴西高很多。劳动生产率落后的主要原因是教育质量低下、教育开支上的低效率以及过时的劳动法。

表16 "金砖四国"劳动生产率增长的比较　　　　单位：%

年份 \ 国家	巴西	俄罗斯	印度	中国
1987~1995	0.2	−6.8	3.8	6.2
1995~2008	0.8	4.4	4.7	7.7
其中：2000~2008	0.9	5.9	4.9	10.4
2005	−0.1	5.8	6.8	9.4
2006	1.5	6.7	7.0	10.7
2007	2.3	7.3	6.1	12.1
2008	3.7	6.0	4.4	7.7
2009	4.3	3.5	3.9	9.1

资料来源：The Conference Board，Total Economy Database，January 2009.

（二）俄罗斯：劳动力资源短缺，高度依赖能源出口，政府干预较多

总体上，俄罗斯在人力资本方面具有优势，同时，俄罗斯的劳动生产率较高，储蓄资源也较丰富，但它在体制方面还有待进一步完善。具体来说，俄罗斯未来增长需要面对以下的挑战。

从人口增长与劳动力的供给方面看，俄罗斯存在问题。尽管目前俄罗斯从业人员中受过高等和中等教育的人达到从业人员总数的87%，受过高等教育的占11.8%，但从劳动力的供应总量上，俄罗斯却面临短缺的问题。联合国关于《俄罗斯人口调查报告》中指出，俄罗斯的人口结构将逐步恶化。目前，俄罗斯每1000个劳动者可养活578个孩子和老人，而到了2025年，每1000人需养活800个孩子和老人。这是

由于俄罗斯劳动力人口将从 9000 万人减少到 7600 万人，而领养老金的人将从 3800 万人增长到 4300 万人。

俄罗斯的经济增长引人注目，但它的增长很大程度上依赖于能源出口。这使得俄罗斯的增长绩效在很大程度上受制于国际能源市场甚至油价的变化。在国际高油价的支撑下，大量的能源出口，使俄罗斯经济和社会状况得以恢复和好转，从而可以提高工资、扩大消费，但这对于制造业的发展、科技进步并没有直接的推动。而此次国际金融危机之后，在油价暴跌的情况下，使得过度依赖能源出口的俄罗斯经济显得非常脆弱。

正是由于俄罗斯经济严重依赖能源出口，俄罗斯政府对这一关键行业的干预也非常强。除能源外，近年来俄罗斯政府还明显加强了对航空、电力、汽车以及金融等关键行业的控制。从长远发展角度看，这些做法是否符合市场化改革的方向以及是否有利于俄罗斯经济发展模式的转换，都需要认真评估。

（三）印度：失业与收入差距，基础设施落后，制造业发展不足等

相对稳健而有效的金融部门以及丰富的人力资源是印度经济增长的源泉。印度在资本供给（即储蓄水平）与劳动生产率方面具有一定的潜力，但人力资本积累还有差距（例如教育水平）。除此之外，印度的未来发展也面临其他一些挑战。

（1）人口过多、失业问题严重、收入差距过大。从前面的分析可以看出，居民消费是促进印度增长的重要因素。造成这一现象的原因，除了由于印度经济持续发展所带来的购买力增强以外，还有很大一部分原因是由于印度庞大的人口基数，以及每年大量的新增人口。印度人口的迅速增长损耗了大量的新增财富。据世界银行统计，印度每年全部投资的 2/3 被用于新增人口的身上。印度大量而且快速增长的人口导致了社会普遍而且长期的贫困。另外，在印度，失业问题也是长期困扰政府的一大难题。据估计，印度的失业率达到了 9.21%，但是吸收就业能力最强的第二产业占国民经济的比重只有 24%，这对解决印度的失业问题是非常不利的。除此之外，印度的贫富差距问题也十分严重，其收入最高的 20% 的人口的收入占总收入的 41.8%，而收入最低的 20% 的人口收入仅占总收入的 8.7%。贫富差距过大不仅影响了印度居民的购买力，而且容易造成社会的不稳定。但是，解决这一问题需要做长期的努力，印度的宗教习惯阻碍印度实行像中国一样的人口政策，因此印度需要一套符合印度国情的方案来解决人口过剩带来的问题。

（2）基础设施落后阻碍了印度经济的发展。印度的商用能源匮乏、运输"瓶颈"严重、电力供应不足。世界银行的报告显示，印度有 1/3 的企业主表示印度的机场、港口等基础设施落后，是影响企业发展的重要障碍。印度落后的基础设施降低了投资回报率，也阻碍了外国直接投资的进入。

（3）印度制造业落后。前面提到，印度制造业占 GDP 的比重仅为 16%，是"金砖四国"中最低的。印度政府实际上也意识到，未来的可持续发展不能绕开制造业，单靠服务业。相反，制造业的发展对于创造就业、推动技术创新以及为服务业发展奠定基础都是不可或缺的。

（四）中国：投资与消费不平衡，收入分配不均，服务业发展滞后等

从标准的生产函数来分析，中国未来增长面临如下挑战：①资本积累方面，高储蓄在短期内不会有大的改变，但随着发展方式转变，以及扩大消费成为主导，特别是人口年龄结构的变化（老龄化），高储蓄的水平将不如以前。②尽管劳动力资源还相当丰富，农村劳动力的转移及城镇化仍是推动经济增长的重要引擎，但"人口红利"对增长的积极效应会逐步减弱直至消失。③各类要素成本上升、资源能源价格调整、人民币升值，以及环保成本、社保成本的上升，令企业负重前行，也影响到劳动生产率的提高。④改革的边际收益在递减。

此外，中国还面临着发展不平衡的问题。

（1）投资消费的不平衡。中国增长依靠投资拉动的特点非常明显。连续多年投资率（投资额占 GDP 的比重）超过 40%，甚至接近 50%。而一些快速增长的经济体，在投资高峰的时候，投资率也不过 40% 多一点。因此，过高的投资率使得其可持续性存在问题。与之相关的，过高的投资率就会带来过低的消费率。这两者的不平衡成为中国经济突出的结构性问题。

（2）收入分配不均。造成中国消费率低的原因很多，其中一个就是收入分配差距带来的问题。中国目前的基尼系数在 0.45 左右。分配差距使得扩大消费较为困难：富人的一般性需求（如大件、住房、汽车等）已经得到满足，但更高层次的消费（如多样化的服务）还缺少供应；穷人的潜在消费很大，但缺乏实际购买力的支持。

（3）中国服务业发展滞后的特点也很明显。扩大内需特别是居民消费需求是中国未来发展的重要任务。而这一点，与产业结构的变迁，比如服务业的发展有很大关系。一方面，服务业发展能够带动就业从而促进收入的上升，有利于扩大消费；另一方面，随着城市化的推进，城市服务业的发展，这些也能够满足人们日常增长的对于服务的需求。其实，在未来消费项目的增长中，服务的消费将占主导。发达国家提供了这样的先例。

参 考 文 献

1. Башмаков. И, Ненефтегазовый ВВП как индикатор динамики российской экономики, Вопросы экономики, №5, 2006 г.

2. В.Путин, Послание президента России Владимира Путина Федеральному собранию Российской Федерации, Деньги и кредиты, №5, 2003 г.

3. Институт экономики переходного периода, Российская экономика в 2006 году: тенденции и перспективы（выпуск №28）.

4. Российская экономика в 2006 году: тенденции и перспективы（выпуск №28）, Институт экономики переходного периода.

5. Feyzioğlu, Tarhan, "Some Growth Trends in China", China Limited Partner Forum–Beijing September 23, 2007.

6. The Conference Board, Total Economy Database, January 2009.

7. The Heritage Foundation, 2009 INDEX of Economic Freedom.

8. UN, CEPAL, Anuario estadistico de América Latina y el Caribe 2008.

"金砖四国"的赶超战略比较

经济研究所　林跃勤

目前，学术界关于新兴大国赶超发展的研究成果并不少，但对当代大新兴经济体群起赶超的比较研究还不多见，特别是对于"金砖四国"崛起这一新现象的趋势、特点、赶超模式等的比较研究尤显不足。鉴于"金砖四国"崛起对于 21 世纪世界经济的重要影响，以及中国在"金砖四国"中的重要位置，有必要通过对"金砖四国"赶超发展的比较分析，探讨 21 世纪新兴大国崛起的普遍规律和特殊规律，以期对中国经济持续快速增长和大国复兴提供有益启示。

一、"金砖四国"赶超战略比较

赶超战略是指发展中国家在政府主导下的有意识的、以赶超先进国家为目标的一种宏观规划和经济发展政策主张。赶超战略源于对国家竞争优势理论以及现代经济学和现代比较优势理论。"金砖四国"先后均提出并实施了加速发展战略或赶超战略。

（一）四国赶超发展战略基本内容

1. 中国的赶超发展战略

20 世纪 50 年代中期，中国提出了用 15 年左右的时间，在主要工业品的产量方面赶上英国并设想再用 20~30 年时间赶上并超过美国的战略口号。80 年代后又制定了三步赶超发展战略，即：到 1990 年实现国民生产总值翻一番、解决人民温饱的第一步战略；到 20 世纪末，使国民生产总值再增长一倍的人民生活达小康的第二步战略；到 21 世纪中叶，人均国民生产总值达到中等发达国家水平，人民富裕和基本实现现代化的第三步赶超战略。

2. 俄罗斯的"翻番"战略

普京执掌俄罗斯最高权力后，立即开始启动俄罗斯的赶超战略，在 1999 年末的《千年之交的俄罗斯》一文中普京首次提出了"追赶"发展战略问题。普京强调指出，俄罗斯必须快速发展，因为俄罗斯已经没有时间晃来晃去了。他授意成立的俄罗斯战略研究中心制定的第一个中长期发展战略《2010 年前俄罗斯发展纲要》于 2000 年 6 月出台，《纲要》规定，到 2010 年年均增长率不低于 6%。在 2003 年 5 月的总统国情咨文中，普京正式提出经济"追赶型增长"的具体目标是，要在可预见的未来，使俄罗斯在世界上真正强大的、经济先进的和有影响力的国家中占有一席之地，10 年内至少应将国内生产总值比 2000 年翻一番。2004 年 5 月的总统国情咨文再次强调，为了在全球竞争困难条件下占据主要位置，俄罗斯只有比世界其他国家增长得更快，才不会被抛弃到世界经济的"后院"。2008 年 5 月出台的《俄罗斯 2020 年前社会经济发展构想》再次提出了未来高速发展的目标，构想预测，通过快速持续发展，使俄罗斯名义 GDP 从 2008 年的约 1.8 万亿美元增加到 2020 年的 6.5 万亿美元（假定 2009~2020 年石油平均价格为 99 美元/桶），到 2030 年，俄罗斯 GDP 将相当于美国的 70%，人均 GDP（PPP）将从 2007 年的 1.39 万美元增加到 2020 年的 3 万美元，到 2025 年与美国持平。

3. 印度的赶超战略

追求大国地位一直是印度各届政府孜孜不倦的追求。早在印度取得独立之前，其国家创始人之一、国大党领袖尼赫鲁就勾画出了印度的未来发展蓝图，他认为，印度"是不能在世界上扮演二等角色的"。独立后各个时期印度均把改变印度落后农业国地位、建设工业化强国作为国家经济发展计划的核心目标。印度独立后，先后提出建立"混合经济"体制、重化工业优先发展、绿色革命、软件战略等。

4. 巴西的赶超战略

自 20 世纪 60 年代以来，巴西提出了借助对外开放加速发展的经济发展战略，先后推行进口替代发展战略和出口替代战略。70 年代巴西经济一度创造了增长奇迹。80 年代后频繁遭遇危机，经济发展速度缓慢。2003 年 4 月 12 日，巴西政府通过财政部关于《巴西经济政策和税制改革》的报告提出了巴西经济可持续增长战略。2007 年 1 月，巴西宣布了 2007~2010 年"加速发展计划（PAC）"，目标是使经济增长率从 2000 年以来的平均 2.6%提高到 2010 年的 5%。

（二）四国赶超战略实施路径

1. 注重发挥比较优势

为实现赶超目标，四国均将发挥比较优势作为主要手段。如俄罗斯和巴西强调利用资源丰富的禀赋条件，加快资源开发和出口，获取硬通货来加快发展；中国和印度则重视将吸引外资与廉价劳动力资源的开发利用结合起来，发展加工出口以及软件服务外包等，加快融入世界经济体系，提高技术水平和加速发展。数据显示，劳动要素对中国 20 世纪 90 年代以来的经济增长贡献率达到 42%左右，而能源与原材料等的出口对 2000 年以来俄罗斯的高速增长贡献率达到 60%以上。

2. 深化体制改革

四国均意识到在实现赶超发展目标中存在自身软肋，如政府与市场边界不明晰、市场机制不完善、垄断程度过高、公平竞争环境不佳、资源配置方式不合理、经济结构扭曲等，制约着四国持续发展。因此，四国通过体制机制改革和再造，为经济持续高速增长创造了良好保障条件。如中国早在 20 世纪 80 年代以来就一直推进各项经济体制改革，逐渐向市场经济转型；俄罗斯自 1992 年独立以来开始大规模的私有化、市场化改革，强调制度创新及国家调控的作用。普京在任时通过"可控民主"加强了在俄罗斯宪法所规定的"超级总统制"框架下国家在整顿社会秩序中的作用，通过设立六大行政区和直接任命地方行政长官，加强了总统对地方行政领导的影响力。2008 年 5 月普京出任总理后，把政府由纯技术性机关变成真正的政权机构，通过成立政府主席团，提高政府工作效率；由总理对地方行政长官实行"社会经济发展状况年度考评机制",把控制地方行政长官的权力由总统转到总理,通过这些措施调整权力配置,形成梅—普组合,更有效地控制政权。印度自1991年也开始市场化改革和对外开放,加入了世界贸易组织,积极吸引外资;巴西近年也推进各项经济社会改革。四国经济体制逐渐与世界经济模式接轨。

3. 转变增长方式和调整经济结构

"金砖四国"意识到追赶式增长中存在的增长方式落后和结构扭曲问题,均致力于调整结构和转变增长方式。中国自20世纪90年代以来一直强调调整经济结构,转变经济增长方式,建立创新型国家;印度则积极发展基础设施、发挥自身人力资源优势的服务外包,谋求从落后农业工业国向"世界办公室"的华丽转身;巴西于2007年1月出台耗资2570亿美元的基础设施建设计划,以突破制约经济发展的"瓶颈"和为实现加速发展和全力振兴国家经济实力打造坚实基础,同时,特别注重发展生物能、先进农业、汽车、航天航空等高新技术提升经济结构;俄罗斯则强调发展多元型经济,摆脱世界能源资源供给者角色地位,实现经济"全面现代化",为此,优先发展纳米、航空航天、船舶、核能、信息等具有全球竞争力的新技术部门,使知识经济在2014~2017年对GDP增长率的贡献,超过能源工业和重工业,高技术产品在出口额中的比重将从2007年的0.3%提高到2%,通过创新使俄罗斯"重返大国地位"。

4. 扩大对外开放

"金砖四国"曾经是比较封闭的国家,近年来,各国均走上扩大对外开放、加速融入全球化以推进自身发展的道路。中国经过积极努力于2001年加入WTO组织,并启动和推进了一系列的区域合作计划和双边自贸协定谈判,在利用全球化红利方面取得了巨大成果。有研究认为,中国是全球化的最大受益国。俄罗斯也一直在推进对外开放,积极谋求加入各种国际和区域多边经济贸易组织,目前已经基本扫清了加入WTO组织的主要障碍,即将"解锁"。巴西在大力推动南美地区一体化,为经济振兴提供地区依托的同时,通过积极推行与中国、俄罗斯和印度等新兴大国的联合,打造"金砖四国"国际合作平台,增强国际影响力，从地区大国走向世界大国。印度近年来通过修改外资法律等放宽了对外资的限制，鼓励外资进入制造业、零售业等，加快服务外包业的发展等。此外，四国还致力于推进与新兴大国间的对话协商，打造"金砖四国"对话平台，借助集体力量，为改善自身国际生存空间、提升在国际经济、贸易与金融秩序创新方面的话语权创造更好的国际环境。

（三）四国赶超战略基本特点比较

1. 四国发展战略的共同特点是追求高速度，但具体内涵有所差别

四国不同时期的发展战略目标内容虽然有所差异，但追求高速度、实现跨越式发展、缩小与发达国家差距并超越发达国家是其共同的特点。如中国和俄罗斯各自提出明确的年均增长率指标、翻番时间；印度提出保持高增长率，甚至超越中国的增长率目标；巴西也强调要将增长率翻倍。这是因为，四国与发达大国的差距甚远，缺乏高增长率，则差距难以缩小。但由于所处发展阶段不同，在经济发展上面临的主要任务并不完全相同，四国赶超发展战略的内涵、特点也有所差别。巴西与俄罗斯的赶超战略是后工业化和后城市化基础上的赶超战略，而中国和印度的赶超战略则是基于工业化和城市化的战略。俄罗斯认为，自己的赶超不同于东亚国家及其他发展中国家的工业化赶超，而是"后工业化赶超"，因为 20 世纪 70 年代以后，苏联面临的是后工业化任务。而印度和中国由于农业人口众多，农业在国民经济中的地位非常重要，在 70~80 年代以前将加速农业发展、解决粮食安全以及加快城市化发展作为整个赶超战略的重要部分。但中印发展战略也并不相同，如中国早在 1978 年就开始通过对外开放和经济改革来加速发展，而印度则在 1991 年才开始实施类似的发展战略。也有学者认为，中印经济发展战略截然不同（塔伦·凯纳、黄亚声，2003）。

2. 战略实施手段既有相同之处也有差异

四国实施赶超发展战略的相同之处是，四国均将发挥比较优势、改革、开放与创新作为实现加速发展战略目标的手段和途径。不同之处在于，不同时期四国为实现赶超发展的政策手段侧重点不同。如俄罗斯自 2000 年普京总统执政以来，调整了过去全盘照搬西方发展模式、政府"无为"让位市场的做法，强调走基于"俄罗斯国情＋市场化＋民主化"的"第三条道路"，强化国家和政府在经济中的地位作用，注意发挥人口受教育程度高和经济技术基础好的优势，推进创新型和多元型经济发展，改变资源型经济特征，同时，也注意发挥能源外交战略手段，提升其对俄罗斯经济增长的贡献度和俄罗斯的国际影响力；印度自1991年实行市场化经济体制改革以来，将健全司法、金融体系、加快对外开放、优先发展服务业作为新时期加速发展的战略手段，强调要发展IT产业，强调服务外包业的优先发展；巴西追求发展现代农业，新生物技术、新能源以及矿产资源等加快发展步伐；中国则强调走具有中国特色的社会主义道路，在保持和发挥劳动力廉价竞争优势基础上，依托高储蓄和高投资，加快技术创新和转变增长方式。

3. 四国在赶超战略的制定和实施中注意相互借鉴

中国仔细研究了俄罗斯的改革与转型经验教训，在发展新能源中注意吸收和借鉴巴西发展新能源的经验，也学习印度培育高端人才、优先发展现代服务业、构建内需增长模式的做法，结合本国国情，不断调整修订赶超战略规划和实施方案。而印度、俄罗斯也在加速发展战略规划中考虑中国的经验，如借鉴中国建立和发展经济特区、吸引外资、发展先进加工制造业和扩大出口的经验。巴西也认真借鉴中国扩大政府投资、刺激需求抵御危机的经验等。印度不止一次地表示要超越中国。四国均表示要加强相互间的学习、协商和合作，共同应对本国经济中面临的外部冲击以及内部挑战。

二、"金砖四国"赶超趋势与特点

最近十多年来，"金砖四国"一直保持着较高的增长率，使其与发达国家之间的差距呈现缩小趋势。

（一）"金砖四国"赶超态势

1. "金砖四国"经济增长较快，对世界经济增长贡献度提高

20世纪90年代以来的多数时期，除了俄罗斯和巴西在个别年份以外，"金砖四国"总体上保持了比世界平均经济增长率和美国经济增长率更快的增长速度。其中，中国和印度维持着稳定的较高增长率，俄罗斯则表现为 1999 年前低于世界平均增长率和 1999 年后高于世界平均增长率的较大波动情况，巴西增长率多数年份与世界平均增长率接近。

按照世界银行及国际货币基金组织（IMF）等的数据，中国经济增长对世界 GDP 增长的贡献率从 1978 年的 2.3%、2004 年的 11.4%提高到 2007 年的 17.1%（居世界之首），印度从 2002 年的 3.1%增加到 2008 年的 4.7%，俄罗斯从 2000 年的约 2%增加到 2007 年的 4.8%，巴西对世界经济增长的贡献率达到 3.3%（2007 年）。在 2008 年全球金融危机背景下，整个西方国家负增长，而"金砖四国"依然保持 4%以上的平均增长率，对世界经济增长贡献率将进一步提高，减轻了金融危机对世界经济的负面影响，显示出"金砖四国"在全球经济稳定与增长中的支撑性角色。

2. "金砖四国"经济规模与美国等发达国家的差距在缩小

由于"金砖四国"的增长率显著高于发达国家，因而，这些国家的经济总量与美国的差距逐步缩小（见图 1）。

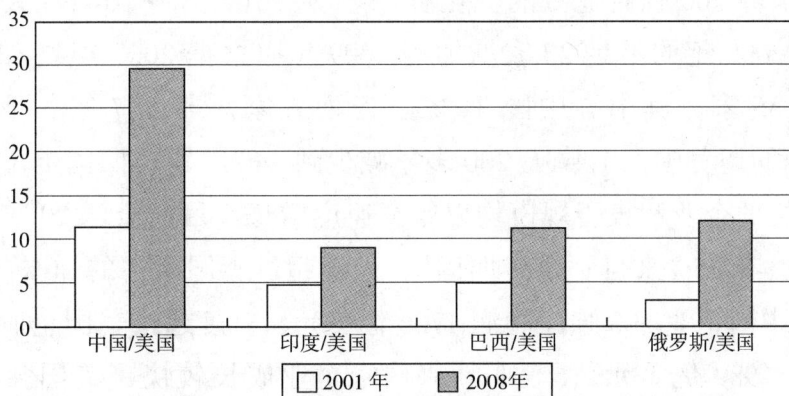

图 1 "金砖四国"经济总量占美国经济总量的比重（%，美元现价）
资料来源：世界银行数据库。

3. "金砖四国"人均 GDP 与美国等发达国家的差距呈现缩小趋势

"金砖四国"的人均 GDP 也呈现出较快的增长势头，特别是 2000 年以后增长率提速势头明显，其中，以中国和俄罗斯更为突出，随着四国人均 GDP 的加速增长，其与美国等发达国家的差距不断缩小。

4."金砖四国"人类发展指数与美国等发达国家的差距逐步缩小

"金砖四国"经济加速发展，体现在人类发展指数与发达国家差距的缩小上（见图 2）。

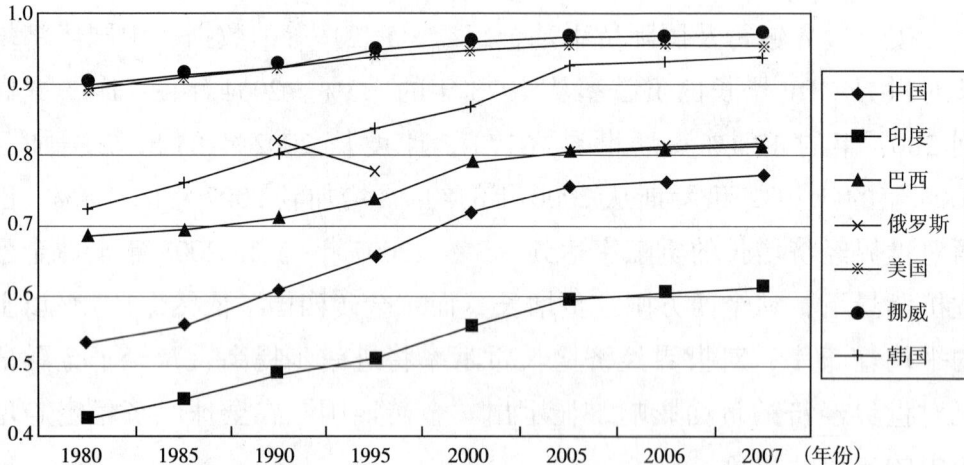

图 2 1980 年以来"金砖四国"人类发展指数与国际比较

资料来源：联合国开发署人类发展报告相关年份。

5."金砖四国"微观竞争力显著增强

从世界 500 强企业数的变化看，"金砖四国"（中国只计大陆）入围数从 2000 年的不足 20 家增加到 2009 年（根据 2008 年收入数据计算）的 55 家（其中，中国 34 家、巴西 6 家、印度 7 家、俄罗斯 8 家），而同期美国入围数从 200 多家减少到 140 多家。四国走出去开展境外投资的企业和投资规模均以较高速度增长。目前全球 20 家能源巨头当中，有 35% 来自"金砖四国"，已经超过美国所占的 30% 的比例。2009 年中国企业 500 强净利润 1706 亿美元，首度超过美国企业 500 强净利润（989 亿美元），表明新兴国家企业成长较快，美国独霸世界 500 强的地位逐步改变。近年来，"金砖四国"的企业对外投资显著增长，正在逐步从以前国际资本纯流入国转为对外投资国。如统计显示，中国海外资产总额近年迅速增长，到 2008 年末达到了 2.92 万亿美元，其中外汇储备为 2 万亿美元，占近 70%；海外直接投资达到 1694 亿美元，占 6%；证券投资占 9%，贸易融资和银行贷款等其他投资则占

18%。近年，俄罗斯、巴西和印度的公司对外投资和并购也日益活跃，投资规模和影响迅速扩大。

（二）四国赶超发展特点与问题

1. 四国赶超的规模性与群体性特点明显

"金砖四国"赶超发展既不同于历史上的任何单一大国的赶超，也有别于东亚"四小龙"、"四小虎"等小经济体的赶超。"金砖四国"均具有资源、疆域、人口、市场等方面的超大规模性、非同寻常的国际影响力及赶超与崛起的群体性。[①] 比如 1870 年美国赶超英国、1950 年日本赶超美国时，都是在人口不足一亿人的国家进行的，而"金砖四国"的赶超，则是 20 多亿人口的集体赶超。同时，"金砖四国"的赶超与崛起是世界经济史上，特别是近现代史以来，第一次非西方国家的整体崛起，因而对世界经济格局的变化具有特别重要的影响。类似中国这样的众多大国的集体崛起对世界产生巨大的影响，包括巨大的人口规模效应、更大劳动力参与就业规模效应、迅速扩大的经济规模效应、开放市场和贸易规模效应、最大资源消耗规模效应等。[②]

2. "金砖四国"经济运行质量总体较差，粗放式增长特征突出

（1）技术进步贡献与劳动生产率较低。四国经济增长中要素投入占据主导作用，如中印经济中劳动力数量追加和人口红利因素等劳动贡献占有重要地位，而能源与原材料的开发、消费和出口对俄罗斯经济增长具有决定性影响，矿产资源开发利用则是巴西的重要增长引擎。科技进步尚未成为四国经济增长的主要源泉，其对增长贡献度一般在30%以下，比发达国家 70% 的同一指标落后很多，如中国全要素生产率从 1978~1993 年的年均增长约为 4% 下降到 1993 年之后的 3%。加上资本/产出比率的上升趋势，总体上中国经济增长的粗放型特征突出。"金砖四国"高新产品在出口中占比重偏低也可从一个侧面反映其产出技术水平偏低（见图 3）。四国劳动生产率远低于发达国家水平，如2005 年，俄罗斯劳动生产率为 13000 多美元，中国、印度的全员劳动

---

① 2008 年底"金砖四国"面积占世界的 25%、人口占 40%、GDP 占约 15%（汇率法）、外汇储备占约50%。

② 参见胡鞍钢：《中国崛起五大效应，深刻改变世界》，http://user.qzone.qq.com/622007850。

生产率约为 2500 美元和 2000 美元，巴西为 30000 多美元，均远低于美国的 6.3 万美元的水平。与此相应的是，这些国家研发与教育投资较低（见图 4 和表 1）。

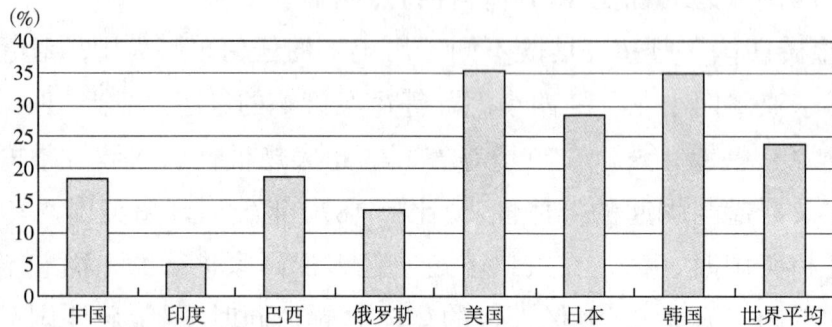

图 3 2000 年"金砖四国"高新产品出口占比国际比较

资料来源：世界银行数据库。

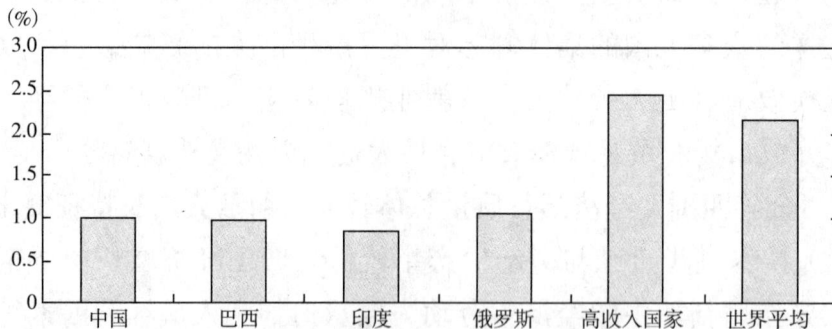

图 4 2000 年"金砖四国"研发投入/GDP 国际比较

资料来源：世界银行数据库。

表 1 2006 年"金砖四国"教育支出国际比较

	人均公共教育支出（美元）	排名（53 国）	公共教育支出占 GDP 比例（%）	排名（53 国）
中国大陆	42.0	50	2.41	51
印度	24.0	52	2.90	49
俄罗斯	267.0	38	3.90	41
巴西	216.0	41	4.51	30
美国	2684.9	6	6.20	7

资料来源：中国中央教育科学研究所国际比较教育研究中心，2009。

（2）经济增长的环境成本较高。目前，中国和印度能源利用总效率分别只有 36.8% 和 40.1%，低于世界平均水平（50.32%），中国和印度新增能耗占世界的 40% 以上。而俄罗斯目前由于过时的电网和照明系统，电力损耗率达到 60%，俄制产品最终成本的能耗占比超过 60%，其能源利用总效率更低。中国碳排放已经高居世界首位，四国总体上均属于高碳型经济，能耗显著高于发达国家甚至国际平均水平（巴西除外）（见表 2）。同时，四国经济增长中污染较为严重，环境代价较为高昂，中国 75% 的河流湖泊受到严重污染，土地和空气污染也很严重。2008 年 10 月国际环保组织布莱克史密斯研究院（Blacksmith Institute）的研究分析调查结果显示，全球十大最污染城市中"金砖"国家占一半（俄罗斯 3 个：诺利尔斯克、鲁德纳亚、捷尔任斯克；中国 1 个：临汾；印度 1 个：拉尼贝特）。巴西亚马孙河流域的原始森林破坏程度比较严重。

表 2   2001 年"金砖四国"单位产出能耗水平国际比较

国　　家	能源消费总量（万吨标煤）	单位 GDP 能源消耗（万吨标煤/亿美元）
中国	113923	12.03
印度	42267	10.20
巴西	17042	2.16
俄罗斯	82984	29.35
美国	298696	3.42
日本	65966	1.67
世界平均	1086462	3.67

资料来源：世界银行《世界发展报告（2002）》，World Bank Database，http://devdata.worldbank.org/data-query/SMResult.asp。

3. "金砖四国"经济结构失衡严重

（1）增长动力结构失衡。对"金砖四国"经济拉动因素的分析表明，四国经济增长分为两种情形，中国和印度对投资依赖较大，属于投资驱动型增长，如资本形成对中国和印度经济增长的贡献度偏高，2007 年中国和印度投资率达到世界平均水平的 2 倍，投资对增长贡献率接近 50%。同时，中国消费严重偏低，1978~2008 年，中国居民消费扣除价格变动影响后年平均增长 8.8%，滞后于同期 GDP 9.8% 的增速。2000~2008 年，投资和净出口同比增速分别比消费快 7.2 个和 24 个百分点。在反危机、保增长目标下，2008~2009 年中国投资增长、消费结构失衡状况进一步加剧，如 2009 年前三个季度投资对中国经济增长贡献率提高到了 95%。资本形成也是印度经济增长的主要动力；

而巴西与俄罗斯两国消费贡献率占比均保持在 60%以上，基本属于消费拉动型。净出口对四国增长贡献作用相差较大，外需对中俄两国拉动作用较大，印度不太稳定，而巴西则属于进出口平衡型，外需拉动较小。

（2）三次产业结构关系不很合理。三次产业结构不够合理，服务业占比偏低，四国经济中服务业比重平均在 50%左右，俄罗斯比重最高，约为 60%；中国比重最低，只有 40%，均明显低于发达国家平均水平，表明"金砖四国"经济形态尚属于初级阶段。四国增长中内外需求不均衡，对外部市场需求过高，四国中除印度外出口依赖过高。近年来，"金砖四国"对外贸易大幅度增长，使其经济增长对外依存度不断提高，四国贸易依存度均高于国际平均水平。2007 年，中国、俄罗斯贸易依存度分别接近 70%和 55%，其中出口依赖度分别达到 40%和 30%，巴西和印度贸易依存度达到 30%左右。另外，投资与消费结构扭曲。四国中除巴西接近发达国家的投资消费结构外，其余三国的投资比例均高于世界平均水平，而消费则低于平均水平，其中中国尤为突出。

（3）区域发展不平衡。四国都存在区域发展不平衡、城乡发展二元化趋势突出的问题。如中国东、中、西部发展不平衡突出，趋势没有扭转，1978~2005 年，东部地区经济年均增速较中西部地区高出 2.3 个百分点。东部地区生产总值占全国比重已提高了 11.8 个百分点，而其他区域所占比重则均有不同程度下降。地区发展差距的"梅佐乔诺"特征突出（类似于意大利南北部和德国东西部的巨大地区差距一度缩小，即落后地区赶超发达地区时曾有过较快增长，但没有能够持续下去，差距依然很大）。巴西和印度城市繁荣、乡村落后状况也很严重，城市"贫民窟"较多。俄罗斯西部地区发展较快，而东部地区发展较慢、中心城市与中小城市、城乡之间的差距也非常大。

（4）对外部需求依赖较大。"金砖四国"整体对外依存度较高。如中国出口依存度从 1978 年的 4.6%提高到 2007 年的 37.5%，远高于美、日、英三大经济体 8.4%、16.3%和 16.7%的水平。同时，内部需求拉力不断削弱，如国民收入分配中，工资收入占比从 20 世纪 90 年代的 56%下降到 2007 年的 43%左右,比世界平均水平低 10 多个百分点,低消费更突出了经济对投资和出口的依赖。印度和巴西对外依存度相对较低,但也在 30%左右,超过发达国家平均水平,依然存在较为明显的结构性依赖,如矿产和农产品出口对巴西具有举足轻重的作用,发达国家 IT 业和软件服务外包对印度出口和就业有显著影响。外部需求一方面促进经济增长,另一方面也是经济受外部波动影响大的重要原因。如 2008 年美国次贷危机通过贸易等渠道对四国经济增长造成了明显的影响,特别是对俄罗斯和中国影响尤其巨大。国际能源价格下降使俄罗斯出口缩水 50%,成为 2009 年前 3 个季度经济同比降幅超过 9 个百分点的根本原因。国际大宗商品价格变化和商品及服务需求的下降,使巴西和印度也因出口收入减少而出现增长滑坡、债务增加以及通胀水平上升。仅在 2008 年 10 月~2009 年 3 月,受危机影响巴西制造业进出口产生贸易逆差 176 亿美元,约为 2007~2008 年同期的两倍。在汇丰银行经济学家研究部对 17 个大新兴经济体 2009 年危机风险评估中,巴西总体风险居倒数第 7 位。

(5) 收入差距拉大。四国均存在收入分配不合理状况。四国基尼系数均在 0.4 以上,其中巴西超过了 0.5,巴西占人口 1%的富人拥有50%的国民收入,中国基尼系数从 1984 年的 0.16 攀升到 2007 年的0.473(曾湘泉,2009),进入贫富差距显著国家之列。中国国民收入初次分配中劳动报酬占 GDP 比重从 1999 年的 53%下降到 2008 年的39.9%,远低于 55%~60%的世界平均水平,说明居民收入被严重压低;同时,居民收入分配差距已经达到"高度不平等"状态。按照财政部最新数据,10%的富裕家庭占城市居民全部财产的 45%,而最低收入 10%的家庭其财产总额占全部居民财产的 1.4%。城乡差距进一步扩大,中国农民人均纯收入与城镇居民可支配收入水平差距从 1985 年的 1:1.86 增加到 2008 年的 1:3.31。上海市人均 GDP 比贵州等西部省份高出 10 倍以上。俄罗斯收入最高 10%人群与收入最低 10%人群相差倍数从 20 世纪 90 年代初的不足 3 倍上升到 2007 年的 15 倍。俄罗斯中心城市与中小城市和农村居民的收入差距非常大,仅莫斯科一个城市即集中了全国金融资产的 70%多。

4. 国家竞争力偏弱

近年，"金砖四国"经济增长速度处于世界前列，但国际竞争力水平并未出现同步增长，徘徊在中后水平（见表3），这与"金砖四国"在国际分工体系中的"世界工厂"、"办公室"、"加油站"和"原料基地"这样的较低端地位是直接相关的。

表3 "金砖四国"2005年、2007年世界竞争力排名

	2005 年	2007年
中 国	48	54
印 度	45	43
巴 西	57	66
俄罗斯	59	58
国家数	117	125

资料来源：世界经济论坛。

5. 四国赶超进程不平衡

四国赶超进程因各国的初始条件不同，发展机遇和政策选择差异等而有所不同。从赶超势头看，中国和印度的赶超速度较快、较平稳，其中，中国最快、最持久；俄罗斯和巴西增长率略低，俄罗斯起伏波动较大，巴西则处于稳定较低速的水平，如2000~2005年，巴西GDP年均增长率只有2.2%，在四国中最低；俄罗斯上升位次较快，持续时间较短。从经济总体规模看，中国经济规模最大，其赶超最大经济体美国的时间在缩短，[①] 俄罗斯、巴西与印度经济规模相差不大。从人均GDP水平看，俄罗斯水平最高、增长最快；巴西水平次之，但增长较慢；中国现有人均水平居中，但增长较快；印度人均水平最低、增长较慢。一些学者认为，四国经济表现并不一致，中国、印度的崛起明显，是一流"金砖"，而俄罗斯、巴西经济无足轻重（约翰·劳埃德、亚历克斯·图尔克尔陶布，2005）。甚至还有观点认为，俄罗斯由于经济增长表现很差，实际上难以再列入"金砖"之列（Lev Yakobson，2009）。

可见，总体而言，过去一段时间"金砖四国"经济快速增长存在

---

① 高盛公司首席经济学家吉姆·奥尼尔（2009）最新预测，中国经济总量将在2027年超越美国，比此前的2035年超越提前了8年。而普华永道会计师事务所（2008）的预测则认为，中国将在2025年超越美国。

增长方式粗放、结构失衡、质量效益率较差、增长稳定性低等诸多问题。

三、"金砖四国"持续赶超面临的挑战

从近十多年的增长情况看，"金砖四国"尚没有进入以创新驱动的经济发展成熟阶段。其增长率较高，一方面是由于处于经济发展初级阶段，基数较低；另一方面，借全球化红利和发挥自身禀赋优势获得了较高增长速度。但同时，这种高速增长是一种畸形发展、代价高昂、持续性较低的增长模式。

（一）发展鸿沟巨大和赶超难度大

2008 年"金砖四国"经济总量只有世界的 15%，只及美国的 60%；而人均 GDP 只有世界平均水平的约 1/3，不及发达国家平均水平的 1/10。中国经过 30 年的高速增长，其经济总量依然只达到美国的约 1/3 弱，人均 GDP 水平只有美国的 1/15。中国还有 1.2 亿人、印度还有 3 亿多人生活在贫困线以下，巴西和俄罗斯的贫困人口也均超过 2000 万。按世界银行（2006）数据显示，中国人均财富不到美国的 2%。美国和欧洲的固定资本分别比中国多 5 倍左右，社会生态财富比中国多 10 倍，而知识财富和人力资本等难以计算的无形资产则更是远超中国。中国依然是大而贫穷、单位产值低和不平衡发展的经济体（克里斯托弗·卜丽斯，2006）。俄罗斯和巴西也还存在较大的贫困人群。"金砖四国"要全面建成近 30 亿人的富裕社会，实现现代化，其在赶超途中所面临的矛盾和问题无论规模还是复杂性都世所罕见。按照罗斯托和波特等的经济发展阶段论，后发国家经济在起飞阶段均会高速增长，但进入成熟阶段后，增长率会趋于下降，随着规模扩大和基数增加，保持长期高增长率的可能性不大。即便是中国内部，高增长波带正从东南沿海地区向内蒙古、河南和陕西等一些中西部省份迁移。何况，发达国家也在继续进步，如美国每年增长 1% 的绝对增加值相当于中国 3.5 个百分点的增加值。实际上，由于在中国等的高增长背后，隐藏着经济结构落后、技术含量较低、能源消耗高、污染重等问题，经济增长包含的内涵和质量与美国、欧元区和日本等发达国家差距很大。总体上"金砖四国"与发达国家处于国际价值链的不同环节上，前者处于低端和低附加值的被动地位。要改变这种分工地位需要长期而艰巨的努力（见图5）。而且，中国以及不久后的印度均面临着"中等收入陷阱"，需要成功涉过矛盾"深水区"。[①]此外，21世纪不是通过战争确定生存空间的时代，新兴大国的崛起不可能像此前的大国崛起那样可以通过战争方式进行领土扩张和资源掠夺，在较短的时间内对大国强国取而代之。分享资源和共赢则成为国家发展的主旋律。因而，要靠竞争优势来赶超，在合作共赢中崛起，没有坦途。

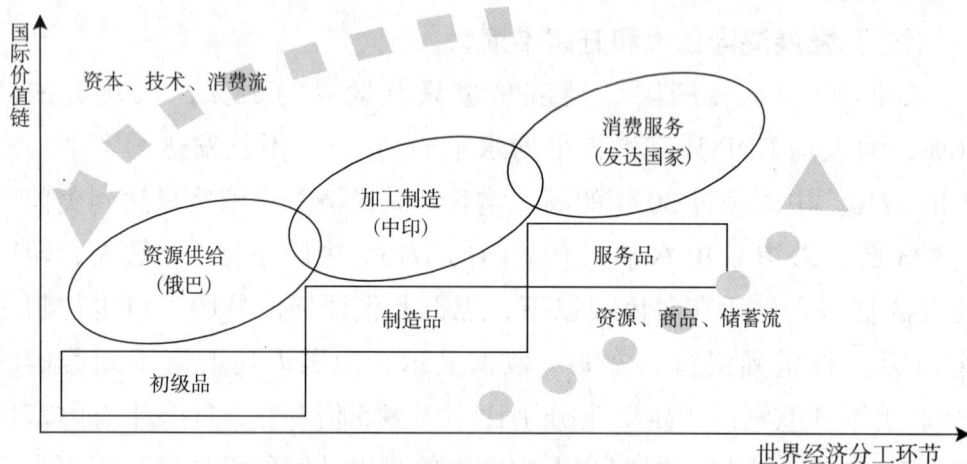

图5 国际分工及"金砖四国"的地位

此外，"金砖四国"对美国等发达国家的赶超不仅需要跨越经济鸿沟，还需要填平金融市场鸿沟、高科技鸿沟、体制鸿沟和软实力鸿沟等多方面的差距。与经济鸿沟相比，其他鸿沟更难跨越。如四国自身的货币主导权和国际化路程极为遥远，四国经济安全和稳定性将备受美元霸权制约。可见，目前处于相当落后地位的"金砖四国"要以和平方式、以市场平等交换方式和合作共赢方式最终实现对美国的全面赶超，挑战难度和赶超持续时间不可低估。

---

① 理论界一般认为，人均GDP在3500~11000美元是个"中等收入陷阱"，在此阶段，诸如产业升级、城市化、收入分配、资本账户开放、社会普遍服务等诸多问题重叠交叉，如同发展中的深水区，如果不能顺利涉过去，就很难跻入发达国家行列。智利、阿根廷等一些拉美国家就没有成功跨越这个陷阱，而东亚"四小龙"则成功解决了这个问题。

（二）四国持续高增长面临的约束条件强化

在现有增长模式下，四国要实现经济大幅度提升，对各种资源的需求和自身保障之间存在的缺口在加大，如中印对石油天然气的保障率很低，石油进口依赖度已经分别达到50%和70%以上，而且还将继续快速上升。按照世界观察研究所2006年1月公布的报告，中国和印度对能源、粮食和原材料的需求的快速增长已经在全球范围产生了波浪效应。仅2000年以来世界原油需求增长的60%以上来自中印。中印因素使全球石油、能源市场需求的年增长率已由1990年的1%~2%攀升至近年的4%~6%，而且还在上升。中国过去30年赖以高增长的农村廉价劳动力无限供给及人口红利即将消失（农村劳动力转移增长拐点可能在2012年出现，人口老龄化加剧）。此外，土地供给、水资源"瓶颈"也非常突出。金融危机的爆发，使中国经济增长模式两个特别重要的约束条件进一步强化：即由高储蓄率决定的高投资率和对出口的依赖及经济增长对低成本资源和要素、高强度投入的过度依赖。危机导致外部需求减弱，而高投资带来的产能过剩消化受阻，以及生产成本逐渐攀高，使以往的廉价高增长难以为继。俄罗斯不仅劳动力短缺严重化，能源产出增长潜力逐渐衰竭，受国际行情制约严重；巴西资源丰富，但开发潜力难以无限增长；印度大量人口脱贫与资源禀赋供给之间的矛盾巨大。四国均面临环境污染加剧的问题，特别是中国和印度在工业化和城市化加速过程中环境压力更大，中国已经是世界最大的二氧化碳排放国（到2015年，中国排放量将比美国多出1/3），中国每年的环境污染损失达到GDP的8%~12%。国际能源机构指出，如果中印人均二氧化碳排放量达到美国的水平，世界排放量将是现在的3倍。这意味着沿着过去的增长模式发展成长的空间会越来越小。

（三）增长模式转换困难

加快结构调整和转变增长模式是"金砖四国"赶超发展中的重大挑战，如果不能实现从资源依赖向技术依赖、从低端结构向高端阶段的转换，即便有较快的增长率，也无法稳步提高自身的国际竞争力，甚至无法实现真正的赶超。但是，推进增长模式转变和调整结构面临一些难以克服的困难，如"金砖四国"均存在依赖传统惯性增长的倾向，过分强调高增长，忽视增长质量和内涵，创新思维与动力不足，创新激励环境不佳，企业家精神欠缺，资源配置不合理，公平竞争不足，既得利益集团对改革创新阻挠加剧等。而中国还面临着更多的挑战，如农村廉价劳动力转移逆转的刘易斯拐点即将到来，同时，老龄化问题日益严重，人口红利衰减，资源短缺和环境破坏加剧、国内需求增长滞后而外需增长受阻等，使中国"世界工厂"的正常运转模式受到空前挑战。在目前反危机保增长短期目标下，高投资、低端重复建设、不顾后果地把过剩产能输入全世界的"泡沫式增长"再次敲响警钟（黄亚生，2009）。俄罗斯强调要改变单一资源型经济结构也因国际油价走高而未成功，金融危机下的油价逆转再一次对俄罗斯资源型经济进行了无情的"诅咒"。所有这些将制约未来新增长潜力的形成和增长模式的转型。而国际经济形势变化，使"金砖四国"单纯依赖比较优势粗放式发展的潜力和空间逐渐萎缩，如中国的廉价出口"加工厂"模式、俄罗斯能源出口"加油站"模式、巴西"采矿场"模式甚至印度的"办公室"模式，均因创新不足而面临严峻挑战。

（四）各种冲击加剧

1. 四国赶超发展受到外部冲击加剧

充分利用全球化红利是新兴大国崛起的重要动力，同时，也使自身经济运行与国际接轨深化，对外部市场波动的敏感度不断提高。"金砖四国"在贸易、金融、资本、汇率等方面受到外部的约束在增加，如四国外汇储备占世界外汇储备总额的约40%，但60%以上为美元储备，四国还拥有大量美国国债，美元贬值和国债利率下降，将导致四国财富的直接损失；四国股市与国际行情联动异常紧密，2008年"金砖四国"股指剧烈下跌，甚至超过了发达国家和新兴国家整体下降水平。四国可享用的全球化红利可能因后危机时代全球失衡的调整和再平衡而减少，如次贷危机后美国借债透支消费模式的转变，使"金砖"国家，特别是中印等面向美国需求来驱动增长的模式被迫作出相应转变。同时，国际上对中国等国的产品出口扩张的抵制力度加大，如2009年中国遭遇的贸易摩擦数目超百起，案值逾120亿美元，皆比上年翻番，为历年之最。此外，全球气候变暖和碳减排压力加剧，以及发达国家对发展中国家高碳产品关税的开征等，将使建立于忽略环境成本基础上的产品廉价出口竞争优势消失。

2. 大国崛起张力引发外部反弹趋强

新兴大国经济快速发展对外部资源需求和市场扩张的需求也急速提高，这就使得全球性稀缺资源短缺严重化、矛盾尖锐化。历史经验表明，一个新的大国在崛起过程中通常会遭遇周边地区竞争对手的排斥战略，这可能会引发激烈反应。约瑟夫·奈（1999）指出，新大国的崛起总是伴随着动荡和不安，甚至于激烈的冲突。近年，廉价"中国制造"的海外扩张招致了国际市场对中国产品及对外投资和购并的阻击增加，中国"资源黑洞"、"资金黑洞"、"黄祸论"、"中国黑洞"等论调迅速泛滥；中国已连续 14 年成为遭遇反倾销调查最多的世界贸易组织成员，连续 3 年成为遭遇反补贴调查最多的世界贸易组织成员。近一年来全球 71% 的反补贴调查针对中国。全球对中国崛起的认识存在很大片面性和扭曲性。美国马里兰大学 2009 年进行的一项全球调查表明，国际社会对中国崛起充满戒心，认为中国对"世界影响是正面的"民意不过半（49%），认为中国不尊重人权的占 52%（正面回应只有36%）（美国分别为 50% 和 38%）。在对资源需求激增、对全球贸易影响逐渐加剧，以及经常项目顺差和外汇储备不断升高的情况下，中国现行的发展道路已不可持续。另外，新兴大国随着经济实力的扩张也会要求改变和调整既有国际经济游戏规则，将不可避免地挑战既有大国的利益和地位，可能会使后者调整其政策来维持体系平衡，甚至联合起来应对新兴国家的挑战。西方国家出于价值观不同，对中国以及俄罗斯等新兴国家的敌视和偏见，将保持一个很长的时期。西方发达国家将要求新兴大国承担更多的义务，如美国试图通过 G20 和 IMF 等多国间监督机制来压迫中国完善汇率体制，要求中国"利益攸关方"扩大内需、降低贸易顺差、分担消除全球失衡责任、承担更多的减排任务等。碳关税将成为中国等新兴国家未来扩大出口一道新的"紧箍咒"。

3. 四国之间的竞争激烈

"金砖四国"之间在共同崛起大目标下，既有加强合作、借力崛起的共同需求，也存在同构化竞争和恶意打压的问题，以遏制别人发展，加快自己崛起。"金砖四国"在实现崛起过程中既竞争又合作，一方面有助于促进共同崛起；另一方面又对各国的崛起起到遏制作用。如在提高新兴大国打破美国等发达国家在金融、货币等方面的游戏规则制定垄断、改革国际贸易、金融秩序、应对国际温室效应和环保挑战、应对金融危机等方面，实力较弱的新兴国家需要加强合作，提高自身国际话语权，合作互利，是一种正和博弈；同时，新兴国家在吸引外部资金、技术、开拓市场和开发资源等方面，四国之间又存在一定的零和博弈式竞争。如印度绝大部分人不能接受"在亚洲做配角"的地位，不仅追求"在亚洲舞台上充当主角，也要在全球舞台上说一不二"，将超越中国作为目标，为此甚至不惜参与发达国家构筑的反华阵营，抵制中国商品、投资，控制中国劳动力入境等遏制中国崛起。实际上，印度已经在一些关键性领域正在超越中国，如能源利用效率、金融环境与效率、私营企业发展、IT 与软件设计、服务外包等，这些领域的成功可能促使印度最终赶上甚至超越中国。高盛公司也预测，印度经济增长率将要在 2010 年前后与中国持平，到 2015 年会超过中国，印度终将赢得东方经济霸主地位，并证明其以私营企业和内需为主导的经济增长模式对中国依靠吸引 FDI 和出口来驱动增长的发展模式的长期优越性。美国《新闻周刊》2009 年 12 月份的最新预测认为，2010 年巴西同"金砖四国"中其他国家间的差距将会拉大，2010 年巴西将成为新的"中国"。俄罗斯也将中国作为竞争对手，并对中国产品出口屡屡进行反倾销调查，限制和阻碍中国投资，如 2009 年强行关闭莫斯科华商市场，限制中国劳工入境等。"金砖"国家之间的竞争将不断强化，其负面影响将是四国持续稳定赶超的内耗力量。

4. 后起国家加速追赶

除了"金砖"国家内部的竞争外，一大批后起之秀也在阔步追赶，如越南、印度尼西亚、南非、土耳其、阿根廷五国（"瞭望五国"，

VISTA）以及"新钻 11 国"，[①] 这些国家经济体规模较大，近年经济增长很快，这些国家加速发展给"金砖四国"在全球资源、市场利用和配置方面造成的竞争压力不可小视。如目前印度尼西亚、越南等的增长率已经远远超过了俄罗斯甚至巴西，直逼中国。国际上甚至有观点宣称，俄罗斯已经由"金砖"变成"土砖"了。

四、总结与启示

本文通过对以"金砖四国"为代表的新兴大国崛起的趋势、特点的比较分析指出，从历史看，"金砖四国"正处在世界现代经济发展进程中的战略机遇期，即迅速崛起期，但其赶超与崛起是非常复杂、艰难和持久的过程，是否会步一些国家在实现了 30~40 年的赶超发展和快速工业化之后陷入停滞的后尘？ 2008 年全球性危机暴露出四国增长中的诸多内在矛盾。如何抓住新兴大国赶超发展良机，实现持续赶超和成功崛起，无疑取决于中国等"金砖"国家取长补短、厉行转型与创新、推进系统性治理。

（一）厘清 GDP 增长速度与成功赶超的本质关系，推进硬实力与软实力同步提升

消除对大国崛起即是增长速度与规模赶超的片面观念，不能将 GDP 总量的快速增长以及与发达大国的总量差距缩小或超越，作为成功赶超和崛起的唯一标志。不仅要看总量，还要看人均水平；不仅要看速度，还要看结构和可持续性。大国赶超至少包含由规模变大和实力增强两个相互关联的方面，速度快只是国家经济规模变大的过程，大只是强的基础而非全部。一般认为，大国赶超与崛起至少包含经济

---

① "新钻 11 国"（Next-11）是美国高盛公司经济研究部主任吉姆·奥尼尔提出的一个有关新兴国家的新概念。所谓"新钻 11 国"是指巴基斯坦、埃及、印度尼西亚、伊朗、韩国、菲律宾、墨西哥、孟加拉国、尼日利亚、土耳其、越南 11 个成长潜力仅次于"金砖四国"的新兴市场。高盛认为，"新钻 11 国"属于新兴发展中经济体的第二梯队，其发展潜力和对全球资金的吸引力并不亚于"金砖四国"。高盛《全球经济报告》（2009年）认为，在 2008 年金融危机和全球性经济衰退中"新钻 11 国"普遍显示出了较强的抗风险能力，其中以菲律宾和印度尼西亚表现最佳。到 2050 年，"新钻 11 国"的经济规模将增加 11 倍，相当于一个美国或四个日本。

发展水平高、居民生活水平富裕、制度自我更新力强以及国际影响力大等多项内容，而且，仅有硬实力的增加也不足以证明成功赶超和真正崛起，不仅是需要有高质量、稳定、协调和持续的增长与发展。一些国家，如拉美国家曾一度快速增长并缩小了与发达国家的差距，但因不能持续而无法成功赶超。成功的赶超除了经济规模的持续快速增长外，还需要与之匹配的软实力的同步提升，是大、富、强的三位一体。即便是美国目前也致力于提升自身的"巧实力"——更高层次的软实力。实际上，与其说"金砖四国"与美国等的硬实力差距巨大，还不如说文化软实力的鸿沟更大，中国对发达国家的商品贸易顺差巨大，而服务贸易赤字同样巨大即是证明之一。因此，我们应该在追求经济实力扩张的同时，加快体制机制创新与文化建设，着力提升软实力，构建与国际先进文明融合的"正常国家"。

（二）消除体制机制软肋，着力培育大国综合竞争优势

"金砖四国"在追赶式发展中还面临着增长转型和制度变革的任务，如不及时转变发展模式，就有可能在新一轮竞争中落伍。因为这四个国家既是新兴经济体，也是发展中国家和体制机制转型国家，三重身份叠加增加了发展模式转型的复杂性和难度。从国际环境看，后危机时代新兴经济体发展面临全球失衡、外需不振、贸易保护主义和国际经济秩序重建的挑战；从四国内部看，稳定持续赶超涉及政治、经济、社会、文化、生态等诸多方面的难题，改革与转型是整体性、综合性和系统性的。"金砖四国"只有通过改革创新将比较优势、规模优势和后发优势等这些低层次的禀赋优势提升、转化至有效的综合竞争优势，从偏重于廉价要素投入增加实现的增长模式转向主要依靠人力资本投入实现高端增长模式，才能避免落入赶超陷阱。为了实现战略性突破，需要从法律、制度、政策和技术等多方位进行综合性改革、创新和结构调整。在这方面，西方发达国家致力于发展低碳经济、绿色能源等作为应对危机、抢占未来新的增长点的战略考量，印度注重发展民主法制、高效金融市场、培育精英人才发展 IT 和软件外包服务业等追求可持续发展的思路，俄罗斯下决心推进创新型经济以取代资源型经济和出口型经济的努力，巴西刺激内需、改善基础设施提升抵

御外部挑战、稳定增长的做法，均有值得中国借鉴的地方。

（三）强化危机意识与风险管理能力，抵御外部冲击和减缓对外冲击兼顾

大国赶超和崛起面临各种挑战和危机冲击，预防和处置危机的能力和机制将是保证大国崛起进程顺利稳定进行下去的关键性因素。历史上一些国家崛起失败，半途而废，一些国家一度崛起但很快销声匿迹，原因之一在于危机感、进取心不足，风险管理能力弱，发展与崛起进程毁于危机冲击和危机管理不当。后发大国既会因利用全球化红利，加速追赶进程，也会使自身经济受到外部供需约束和干扰的程度加剧，降低自身增长自主性、稳定性；同时，超大经济体的崛起张力巨大，可能对外部世界造成剧烈震荡，引发外部反弹。因此，需要对全球化保持警惕感和危机感，平衡内外需求，既要避免对外部的过度依赖，又要调节自身张力，控制和减缓对外部的不当冲击，为崛起创造良好外部环境。

（四）处理好与其他赶超大国的竞合关系

"金砖四国"禀赋资源条件差异使其在国际分工体系中自然形成一个内"循环"，四国之间存在的分工互补关系，为四国增强经贸合作奠定了坚实基础。同时，四国改革与发展战略与模式及其成效不同，为四国相互学习借鉴提供了前提。印度积极利用人力资源发展服务外包和"办公室"经济，实施绿色印度、可持续农业等战略，俄罗斯推进经济多元化和培育创新经济以消除经济"荷兰病"，巴西推进加速增长战略等，均有可资中国借鉴之处。在赶超中面临的一些矛盾和冲突为四国强化协商和合作提出了要求。四国在领土、经济、贸易、产业结构、政治互信等方面还存在一些不尽如人意的问题，不合作内耗会两败俱伤。如中印还存在很严重的领土之争，并不能不影响到政治、军事、外交方面的矛盾，这将进一步制约着经贸合作和国际重大问题的立场协调和合作；中国和俄罗斯在能源、资源商品和劳务合作等方面存在的分歧，在中亚方面的合作和竞争，在上合组织内部影响力和控制权以及区域和全球问题等方面的立场的分歧等。如果四国内部双边和多边关系处理不妥，内耗过多必然削弱其在与发达国家谈判中的实

力，反过来伤及每一个国家。因此，需要搁置争议、求同存异、多合作、少对抗。由于"金砖"国家单个力量有限，尚无法独立抗衡超级大国霸权和改变不合理的旧秩序。强化协作，不仅是四国共同抵御全球性金融危机、推进国际金融货币管理机制改革和增加 IMF 等国际组织中新兴国家份额的要求，也是强化新兴国家在 G20 框架内的地位和发言权、在后危机时代相互借力、加速崛起的必然选择。

总之，"金砖四国"的赶超路程还很漫长，高盛描绘的未来辉煌远景还充满变数。四国能否持续快速赶超和实现成功崛起，尚取决于四国如何厉行改革创新，发挥大国综合优势和培育竞争优势，有效克服自身软肋和应对各种挑战。

参考文献

1. 阎学通：《中国崛起——国际环境评估》，天津人民出版社 1998 年版。

2. 欧阳峣主编：《大国经济研究》（第一辑），经济科学出版社 2009 年版。

3. 李稻葵：《大国发展战略：探寻中国经济崛起之路》，北京大学出版社 2007 年版。

4. 林跃勤：《外部冲击与新兴经济稳定持续发展》，《经济与管理研究》2009 年第 7 期。

5. 林跃勤：《从"金砖四国"首届峰会看国际经济新秩序的构建》，《红旗文稿》2009 年第 19 期。

6. 唐晋主编：《大国崛起》，人民出版社 2006 年版。

7. 李天华、李良明：《中国与印度"赶超战略"之比较》，《湖北行政学院学报》2006 年第 3 期。

8. ［美］克莱德·普雷斯托维茨：《崛起的 4 大国——30 亿人的市场经济新机遇》，王振西主译，新华出版社 2008 年版。

9. ［美］法里德·扎卡利亚：《后美国时代——大国崛起的经济新秩序时代》，赵广成、林民旺等译，中信出版社 2009 年版。

10. ［美］保罗·肯尼迪：《大国的兴衰——1500~2000 年的经济变迁与军事冲突》，王保存等译，求实出版社 1988 年版。

11. ［美］安东尼·范·阿格塔米尔：《世界是新的——新兴市场崛起与争锋的世纪》，蒋永军译，东方出版社，2007 年版。

12. John Mearsheimer：The Tragedy of Great Power Politics. Norton & Company, Inc. 2001.

13. Soft Power：The Means to Success in World Politics. New York：Public Affairs，2004.

14. V.Tsvetkov：The reasons，development and consequences of economic crisis in Russia，Working paper，2009.

15. A.Karlik：The Russian Industry：Variants of Postcrisis Development, Working paper，2009.

16. Roberto Dumas：Brazil：Past，Presentand future perspectives，Working paper，2009.

17. Rustem Nuleev：The law of Great –nation's rising and Russia's rising, Working paper，2009.

18. А.Кудрин. Мировой финансовой кризис и его влияние на Россию, Вопросы экономики，2009（1）.

19. May B. Драма 2008 года от экономического чуда к экономическому кризису. Вопросы экономики，2009.1.

试论新一轮经济周期

经济研究所　刘树成

2009 年，在抵御国际金融危机的严重冲击中，我国经济增长越过谷底，结束了新中国成立以来的第 10 轮经济周期的下降阶段；2010 年，有望进入新一轮即第 11 轮经济周期的上升阶段。这里，主要分析三个问题：一是说明从第 10 轮经济周期到新一轮经济周期的转换历程，即说明新一轮经济周期的来临；二是说明刚刚结束的我国第 10 轮经济周期具有什么特点，这是进入新一轮周期时的起点；三是说明要继续努力延长新一轮经济周期的上升阶段，保持国民经济的长期平稳较快发展。

一、从第 10 轮周期到第 11 轮周期的转换历程

我国的第 10 轮经济周期是从 2000 年开始的，至 2009 年，整整历时十年，其中，上升期八年，回落期两年（见图 1）。之前的 1999 年，我国成功地抵御了亚洲金融危机的冲击和克服了当时国内有效需求的不足，经济增长率（国内生产总值增长率）平稳回落到 7.6%，从而结束了第 9 轮经济周期。2000 年进入第 10 轮经济周期，到 2007 年，经济增长率连续八年处于 8%~13% 的上升通道内。这八年，经济增长率分别为：2000 年 8.4%，2001 年 8.3%，2002 年 9.1%，2003 年 10%，2004 年 10.1%，2005 年 10.4%，2006 年 11.6%，2007 年 13%。特别需要指出的是，按照国际货币基金组织数据库的资料，我国国内生产总

值在 2005 年超过法国，2006 年超过英国，2007 年又超过德国，跃居世界第三大经济体。

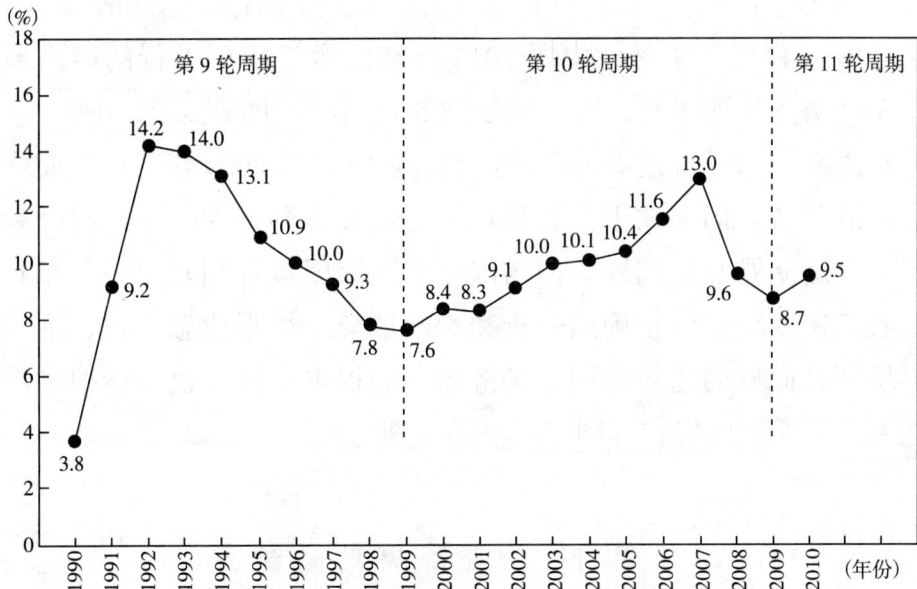

图 1　中国经济增长率的周期波动（1990~2010 年）

2008 年和 2009 年，国内的经济调整与国际的金融危机相叠加，使经济增长过快下滑成为影响我国经济社会发展全局的突出矛盾。在应对国际金融危机的冲击中，我国及时采取了积极的财政政策和适度宽松的货币政策，实施了"一揽子"计划。经过努力，到 2009 年第二季度之后，有效遏制了经济增长明显下滑的态势，越过谷底，在全球率先实现经济形势总体回升向好。从季度来看，2008 年四个季度的经济增长率分别为 10.6%、10.1%、9% 和 6.8%；2009 年四个季度经济增长率分别为 6.2%、7.9%、9.1% 和 10.7%。从全年看，2008 年和 2009年，经济增长率分别回落到 9.6% 和 8.7%，实属来之不易。

2010 年，我国经济发展的国内外环境将会好于 2009 年。从国际上看，世界经济有望实现恢复性增长；经济全球化深入发展的大趋势并没有改变，世界经济的中长期发展趋势也没有根本改变；世界经济格局的大变革和大调整，新技术革命和产业革命的酝酿和兴起，也孕育着新的发展机遇。从国内看，我国应对国际金融危机的"一揽子"政策措施的效应继续显现，经济回升向好的基础进一步巩固；我国经济发展仍处于重要战略机遇期，我国经济社会发展的基本面和长期向好趋势没有改变。据我们预测，2010 年，我国经济增长率有可能回升到 9.5%，从而进入新一轮经济周期。国际货币基金组织在 2009 年 4 月、7 月、10 月和当年 1 月对中国 2010 年经济增长率所进行的四次预测中，不断调高其预测值，从 7.5%到 8.5%，再到 9%，又到 10%。

2010 年我国经济发展的环境虽然有可能好于 2009 年，但是面临的形势极其复杂。问题在于：各种积极变化和不利条件、短期问题和长期矛盾、新问题和老问题、国内因素和国际因素等相互交织、相互影响。我们需要全面、正确地分析和判断形势，增强忧患意识，绝不能把经济回升向好的趋势等同于经济运行的根本好转，也不能把经济运行在一个周期内的好转等同于经济的长期可持续发展。

二、第 10 轮经济周期的特点

为了更好地把握新一轮经济周期，我们对新中国成立以来的 10 个周期略做一点简要回顾，并说明刚刚结束的第 10 轮周期具有什么重要的特点。

2009 年底刚刚去世的美国著名经济学家萨缪尔森在说明经济周期的特点时曾形象地比喻说："没有两个经济周期是完全一样的。但它们有许多相似之处。虽然不是一模一样的孪生兄弟，但可以看得出它们属于同一家族。"[①] 各个经济周期之所以具有"相似之处"和"属于同一家族"，是因为它们都呈现出扩张与收缩、波峰与波谷相交替的运动。而之所以又"不是一模一样的孪生兄弟"，是因为它们的波动有着不尽相同的长度、高度、深度和幅度等。

1949 年 10 月 1 日新中国成立，开辟了我国历史发展的新纪元。1950 年、1951 年、1952 年，经过三年努力，国民经济迅速恢复。这三年，社会总产值增长率分别为 22.6%、20.1%和 23.8%。这是新中国成

---

① 〔美〕保罗·A.萨缪尔森、威廉·D.诺德豪斯：《经济学》，中国发展出版社 1992 年版，第 313 页。

立初期的恢复性增长。从 1953 年起，我国开始了大规模的经济建设，进入工业化历程，由此也开始进入经济的周期波动历程，到 2009 年，经济增长率的波动共经历了 10 轮周期（见图 2，其中，1950~1952 年，为社会总产值增长率；1953~2010 年，为国内生产总值增长率；2010 年为本文预测数 9.5%）。

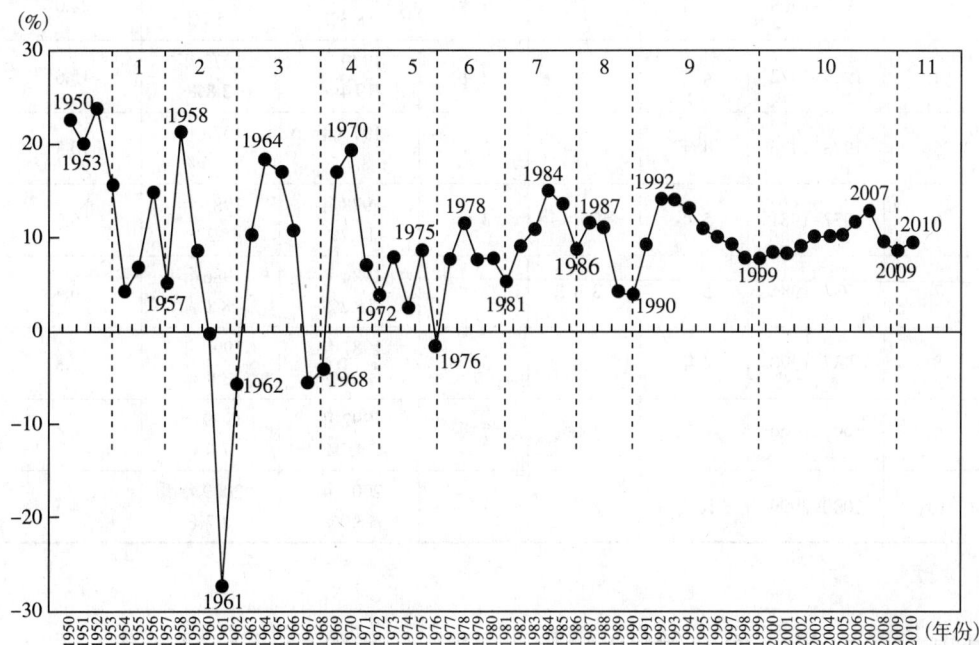

图 2 中国经济增长率的周期波动（1950~2010 年）

1953~1957 年为第 1 轮周期，历时 5 年；1958~1962 年为第 2 轮周期，历时 5 年；1963~1968 年为第 3 轮周期，历时 6 年；1969~1972 年为第 4 轮周期，历时 4 年；1973~1976 年为第 5 轮周期，历时 4 年；1977~1981 年为第 6 轮周期，历时 5 年；1982~1986 年为第 7 轮周期，历时 5 年；1987~1990 年为第 8 轮周期，历时 4 年；1991~1999 年为第 9 轮周期，历时 9 年；2000~2009 年为第 10 轮周期，历时 10 年。

第 10 轮经济周期呈现出以下鲜明的特点（见表 1）：

（1）就整个周期的长度看：在前 8 轮周期中，周期长度平均为 5 年左右，表现为一种短程周期。第 9 轮周期延长到 9 年，而第 10 轮周期又延长到 10 年。第 9、10 轮周期扩展为一种中程周期。

（2）就上升阶段的长度看：在前 9 轮周期中，上升阶段一般只有

表1 中国历次经济周期比较

周期序号	起止年份	周期长度	上升阶段长度	下降阶段长度	峰位年份和经济增长率	谷位年份和经济增长率	峰谷落差（百分点）
1	1953~1957	5年	2年	3年	1956年 15.0%	1957年 5.1%	9.9
2	1958~1962	5年	1年	4年	1958年 21.3%	1961年 −27.3%	48.6
3	1963~1968	6年	2年	4年	1964年 18.3%	1967年 −5.7%	24.0
4	1969~1972	4年	2年	2年	1970年 19.4%	1972年 3.8%	15.6
5	1973~1976	4年	2年	2年	1975年 8.7%	1976年 −1.6%	10.3
6	1977~1981	5年	2年	3年	1978年 11.7%	1981年 5.2%	6.5
7	1982~1986	5年	3年	2年	1984年 15.2%	1986年 8.8%	6.4
8	1987~1990	4年	1年	3年	1987年 11.6%	1990年 3.8%	7.8
9	1991~1999	9年	2年	7年	1992年 14.2%	1999年 7.6%	6.6
10	2000~2009	10年	8年	2年	2007年 13.0%	2009年 8.7%	4.3

短短的一两年，而在第 10 轮周期中，上升阶段延长到 8 年，即从 2000 年到 2007 年经济增长率连续 8 年处于 8%~13% 的上升通道内，走出了一条新中国成立以来在历次经济周期波动中从未有过的最长的上升轨迹。

（3）就经济增长率的峰位看：在 20 世纪 50 年代、60 年代的几轮周期中，经济增长率的高峰十分陡峭，高达 20% 左右，如 1958 年 21.3%，1964 年 18.3%，1970 年 19.4%。改革开放以来，在 20 世纪 80 年代、90 年代的周期中，经济增长率的峰位有所控制，下降到 14%~15%，如 1984 年 15.2%，1992 年 14.2%。第 10 轮周期中，经济增长率的高峰在 2007 年，为 13%，峰位已进一步有所控制和理性下降。

（4）就经济增长率的谷位看：在改革开放之前的周期中，经济增长率的低谷经常为负增长，如 1961 年为 −27.3%，1967 年为 −5.7%，1976 年为 −1.6%。改革开放之后，没有再出现负增长，每次低谷均为正增长，只是增速减缓。20 世纪 90 年代以来，经济增长率的低谷有所上升，如 1990 年 3.8%，1999 年在抵御亚洲金融危机中回落到 7.6%。这次，在第 10 轮周期中，在应对百年不遇的国际金融危机中，2009 年经济增长率仅回落到 8.7%，实属来之不易。

（5）就经济增长率波动的幅度看：在 20 世纪 50 年代、60 年代的周期中，经济增长率的峰谷落差很大，如在第 2 轮周期中，1958 年的峰值 21.3% 与 1961 年的谷值 -27.3% 之间的落差达 48.6 个百分点。改革开放之后，波幅明显缩小，经济增长率的峰谷落差缩小到 6~7 个百分点。而在第 10 轮周期中，峰谷落差仅为 4.3 个百分点。

三、继续延长新一轮经济周期的上升阶段

在第 10 轮经济周期的上升过程中，2003 年 11 月召开的中央经济工作会议曾提出："当前，我国经济发展正处于经济周期的上升阶段"，"要倍加珍惜当前经济发展的好势头，巩固和发展这个好势头"。[①] 这是中央经济工作会议首次采用"经济周期"概念对我国经济走势进行分析和判断。当时，笔者曾写了一篇文章，题为《努力延长经济周期的上升阶段》，载于《人民日报》2003 年 12 月 18 日。现在，可以说，第 10 轮经济周期已经结束，其实际运行结果是，上升阶段 8 年（2000 年至 2007 年），下降阶段 2 年（2008 年和 2009 年）。如前所述，上升阶段一直延长到 8 年，这在新中国成立以来的经济发展史上还是首次。目前，我国经济正在进入新一轮经济周期的上升阶段。现在，我们又到了要说"努力延长新一轮经济周期上升阶段"的时候了。为此，一方面，我们要继续承接国际金融危机给我国经济发展带来的倒逼压力，刻不容缓地加快经济发展方式的转变和经济结构的调整；另一方面，又要根据我国以往经济周期波动的历史经验和教训，加强和改善宏观调控，继续保持经济的平稳较快发展，避免经济的大起大落。

---

① 《中央经济工作会议在北京召开》，《人民日报》2003 年 11 月 30 日。

保持经济平稳较快发展，对于我国经济、社会大局的稳定，以及推动各项事业的顺利发展，都具有极其重要的意义。保持经济的平稳较快发展，也可为经济发展方式转变和经济结构调整提供良好的宏观经济环境。如果经济过热，就会助长原有的粗放型经济发展方式和进一步恶化经济结构；而如果经济过冷，就要采取扩张性的宏观调控政策来全力保增长、防下滑，这也不利于经济发展方式的转变和经济结构的调整。

为了保持经济的平稳较快发展，在宏观调控中需要把握好两个要点：一是把握好经济增长速度，二是把解决短、中、长期问题相结合。

（一）把握好经济增长速度

2010 年国内生产总值增长的预期目标仍为 8%左右。这是自 2005 年以来连续第六年提出 8%的目标了。20 世纪 90 年代初以来，在历年政府工作报告中所设定的经济增长目标有这样几种情况：1993~1995 年，主要设定为 8%~9%区间；1996~1998 年，设定为 8%左右；1999~2004 年，主要设定为 7%左右（其中有两年未提经济增长目标）；2005 年之后，均设定在 8%左右。虽然近六年来每年都提出 8%的经济增长预期目标，但其含义是有所不同的。在前四年提出 8%，主要含义是在经济加速增长中"防过热"、"防大起"；2009 年提出 8%，主要含义是在抵御国际金融危机的冲击中"保增长"、"防大落"；而 2010 年提出 8%，主要含义是"调结构"、"转方式"，即主要是强调好字当头，切实引导各方面把工作重点放到调整经济结构、转变发展方式上来。

8%的经济增长预期目标，是我国目前经济发展阶段上的一个基本底线。一来，它是作为政府提出其他各项宏观调控目标，如就业目标、物价目标、财政预算目标等的基本参考线。二来，我国作为一个拥有 13 亿人口的发展中国家，在目前发展阶段，必须保持一定的经济增长速度。一定的经济增长速度，是保障城乡就业、提高居民收入、改善人民生活、增加国家财政收入、发展各项社会事业和维护社会稳定大局的基础。若低于 8%，将会给企业经营、群众生活、社会发展等带来一系列困难。三来，8%是一个预期性的目标，是经过各方面努力可实现的且留有一定余地的目标。在实际经济运行中，有可能会超过这一目标。但这个"超过"是有一定上限制约的。如果经济增速过高，将会产生"四高"的压力，即高能耗、高物耗、高污染、高通胀的压力，造成经济的"大起大落"。这就需要我们在实际经济运行中把握好适度经济增长区间，既不要太低，如低于8%，也不要太高。那么，这个"上限"如何把握呢？

最近，我们课题组利用 HP 趋势滤波法，根据我国 1978~2009 年国内生产总值增长指数，得到滤波后的趋势增长率，如图 3 中的粗黑曲线所示。① 滤波后的趋势增长率比实际增长率平滑，大体处于 8%~12% 的区间内。滤波后的国内生产总值趋势增长的年均递增速度为 9.87%，这与 1979~2009 年 31 年间国内生产总值实际增长的年均递增速度 9.78% 很接近，仅差 0.09 个百分点。我们可将 8%~12% 这一区间视为我国改革开放以来已有的适度经济增长区间，即下限为 8%，上限为 12%，潜在经济增长率的中线为 9.8%。而现在，当我们进入新一轮经济周期后，要考虑三大因素的变化：一是国际经济环境发生了很大变化。国际金融危机后，外需在一定时期内仍将处于萎缩和低迷状态。经济全球化的大趋势虽然不会改变，但全球的资源和市场的争夺将更加激烈，贸易保护主义也明显加剧。二是资源、能源、环境等约束不断强化。三是要更加注重提高经济增长的质量和效益，更加注重经济发展方式转变和经济结构调整。因此，在新一轮经济周期，适度经济增长区间的上限可下调 2 个百分点，即适度经济增长区间可把握在 8%~10%，潜在经济增长率的中线可把握为 9%。这对宏观调控的政策含义是：当实际经济增长率高出 10% 时，就要实行适度的紧缩性宏观调控政策；当实际经济增长率低于 8% 时，就要实行适度的扩张性宏观调控政策；当实际经济增长率处于 8%~10% 的区间时，可实行中性的宏观调控政策。

在新一轮经济周期，适度经济增长区间把握在 8%~10%，也有一系列的支撑因素。② 这主要是：①改革和体制因素。社会主义市场经济

①② 中国社会科学院经济所宏观调控课题组：《宏观调控目标的"十一五"分析与"十二五"展望》，《经济研究》2010 年第 2 期。

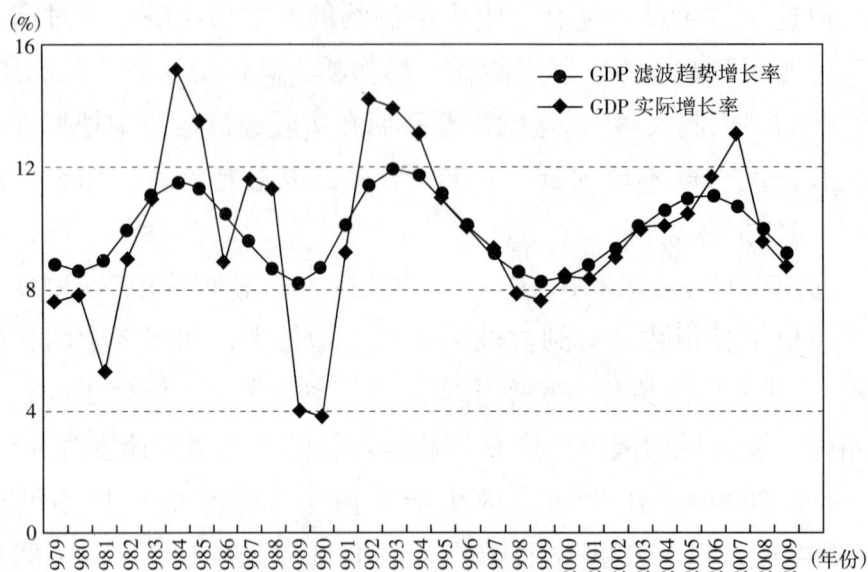

图3　国内生产总值实际增长率和滤波趋势增长率（1979~2009 年）

体制在改革中的不断完善，以公有制为主体的多种所有制经济的共同发展和相互促进，为经济的适度增长提供了重要的制度基础。②资源供给因素。改革开放 30 年来的经济发展，为经济的适度增长提供了必要的物质条件。③工业化和城市化因素。我国工业化和城市化的加快发展，为经济的适度增长提供了强大的内需动力。④消费升级因素。收入水平提高和消费结构升级，为经济的适度增长提供了新的消费需求动力。⑤新兴产业和科技因素。新兴产业和科学技术的发展为经济的适度增长提供了新的增长源泉。⑥地区因素。东、中、西部各地区在应对国际金融危机中的调整和发展，为经济的适度增长提供了广阔的地理空间。

（二）把解决短、中、长期问题相结合

2010 年在宏观调控中需要处理好保持经济平稳较快发展、调整经济结构和管理好通胀预期的关系。这就是在宏观调控中要把解决短、中、长期问题相结合。

所谓解决短期问题，就是要继续应对国际金融危机的影响，保持一定的政策力度，巩固经济企稳向好的势头，以保持好当前的经济平稳较快发展。

所谓解决中期问题，就是要管理好通胀预期。仅从短期看，我国居民消费价格总水平不会上涨得太高。但需要注意的是，价格的上涨是货币信贷超常增长和经济过快增长的滞后结果。特别是在经济周期的上升阶段，经济增长具有加速上升的惯性。在部门之间、行业之间、企业之间，在固定资产投资与产品生产之间，在经济扩张与物价上涨之间，均具有连锁扩散效应或累积放大效应。由此，容易使经济增长面临从"回升"到"偏快"，再到"过热"的风险，而使物价面临从"紧缩"到"温和上涨"，再到通货膨胀的风险。因此，通货膨胀是一个动态的、中期的过程，要防止通货膨胀就要提前管理好容易引发通胀预期的各种因素，特别是提前管理好货币信贷发行和提前把握好经济增长速度。而若等到严重通货膨胀来临之后再去治理，付出的代价就要很大了。这就需要中央政府和宏观调控部门紧密跟踪经济形势的动态变化，适时适度地进行必要的调控。

所谓解决长期问题，就是要对长期存在的一些结构性矛盾（如内需和外需、投资和消费之间的不均衡，产业间的不协调，城乡及区域间发展的不平衡，经济发展与社会事业发展的不均衡等）继续努力调整，对长期存在的粗放型经济发展方式继续加快转变，对影响经济健康发展的体制性机制性障碍继续进行改革，均要取得实质性进展，以不断夯实经济长期平稳较快发展的基础。

参 考 文 献

1. 陈佳贵、李扬主编，刘树成、汪同三副主编：《2010年中国经济形势分析与预测》（经济蓝皮书），社会科学文献出版社2009年版。

2. 刘树成：《繁荣与稳定——中国经济波动研究》，社会科学文献出版社2000年版。

3. 刘树成：《经济周期与宏观调控——繁荣与稳定Ⅱ》，社会科学文献出版社2005年版。

4. 刘树成：《中国经济增长与波动60年——繁荣与稳定Ⅲ》，社会科学文献出版社2009年版。

5. 中国社科院经济所宏观调控课题组：《宏观调控目标的"十一五"分析与"十二五"展望》，《经济研究》2010 年第 2 期。

6. 国家统计局：《中国统计年鉴》（历年），中国统计出版社历年版。

7. IMF：World Economic Outlook Database.

8. ［美］保罗·A.萨缪尔森、威廉·D.诺德豪斯：《经济学》，中国发展出版社 1992 年版。

2009～2010 年农村劳动力转移就业形势分析

农村发展研究所课题组①

一、2009 年农村劳动力转移的主要形势

（一）从"返乡潮"到"招工难"，农民工就业形势好于预期

如同中国经济增长呈现 V 形反转格局一样，2009 年中国农村劳动力就业形势同样实现了 V 形大反转，而且在指标上更为显著。2008 年底，受国际金融危机和出口形势恶化的影响，我国发生了较大规模的农民工"返乡潮"。国家统计局估计，我国 1.4 亿外出农民工中，约有 7000 万人返乡，其中 1400 万人系因工厂停产而返乡。中央农村工作领导小组估计，约有 2000 万农民工由于国际金融危机冲击而失业。人保部呼吁农民工在春节后勿盲目外出。有专家指出，国际金融危机对就业的伤害要大于对 GDP 的伤害，还有专家指出返乡农民工滞留农村可能引发消极影响。2009 年的农村劳动力转移就是在这样一个严重看衰的背景下展开的。然而现实的情况是，在各种积极因素的共同作用之下，农村劳动力转移就业迅速升温，形势一片大好。第一季度末，返乡农民工当中的 90% 已经陆续外出打工；未外出的大约 10% 基本实现就地就近就业。第二季度末，有 95% 的返乡农民工回到城里就业，剩下的还有 5% 在农村就地就近就业和返乡创业。第三季度末，国家统计局的监测调查显示，全国农村外出务工劳动力达到 15198 万人。

---

① 农村发展研究所《农村经济形势分析和粮食安全》课题组主持人张晓山，成员有李国祥、李成贵、翁鸣、廖永松、檀学文、罗万纯、胡冰川。本报告执笔：檀学文。

2009 年全年外出农民工规模为 14533 万人，比 2008 年增加 492 万人，增长 3.5%（见表 1）。除此以外，2009 年我国农民工总量达到 22978 万人，比 2008 年增长 1.9%；城镇新增就业 1102 万人，比年初计划超过 22.4%，总体就业形势也好于上一年度。

表 1　2009 年我国农民工就业数量变动　　　　　　　　单位：万人

	本地就业农民工	外出就业农民工	全部农民工
2008 年度	8501	14041	22542
2009 年度	8445	14533	22978
第 1 季度		14729	
第 2 季度		15097	
第 3 季度		15198	
第 4 季度		14889	

注：根据国家统计局规定，年度数据与季度数据口径不同。年度数据是指从业时间超过 6 个月的农民工；季度数据是指调查时点在外从业的农民工，包括了外出不满 6 个月的人。

资料来源：历次国家统计局《统计报告》。

农民工收入有两个数据显示是趋于增加的。一方面，国家统计局监测调查显示，2009 年外出农民工月平均收入为 1417 元，比 2008 年增加 77 元，增长 5.7%。其中，受雇人员月均收入 1389 元，自营人员的月均收入为 1837 元，后者收入显著高于前者，但所占比重只有 6.4%。农民工平均收入从东部地区到中部和西部地区依次递减，但平均收入增幅则从东部地区到中部和西部地区依次递增，显示了与新增就业数量一致的分布特点。另一方面，2009 年农村人均纯收入达到 5153 元，比 2008 年增长 8.5%，其中工资性收入增长 11.2%，工资性收入占全部收入的比重从 38.9%提高到 40.0%。

（二）农村劳动力转移地域分布呈现结构性变化

外出农民工就业数量不减反增，这主要是中西部地区新增就业机会较多的结果。总体上，2009 年我国农民工就业地域分布在地区之间、省内和省外以及本地和外地都有较为显著的变化，显示我国经济增长的分布发生了巨大变化（见表 2）。

（1）本地从业略有减少，外出从业增加。2009 年，全国本乡镇范围内就业的本地农民工规模为 8445 万人，比 2008 年略微减少 56 万人，减幅为 0.7%；与此同时，在本乡镇范围以外就业的农民工规模达

表2 2009 年我国农民工就业的地域分布

		数量（万人）				比例（%）		
		全部	中部	西部	东部	东部	中部	西部
输入地	外出	14493	2477	2940	9076	62.5	17.0	20.2
	本地	8445	1849	1216	5379	63.7	21.9	14.4
	小计	22938	4326	4156	14455	63.0	18.9	18.1
输出地	外出	14533	5305	4592	4636	31.9	36.5	31.6
	本地	8445	1849	1216	5379	63.7	21.9	14.4
	小计	22978	7146	5815	10017	43.6	31.1	25.3

资料来源：根据国家统计局《2009 年农民工监测调查报告》数据整理。

到 14533 万人，比 2008 年增加 492 万人，增幅为 3.5%。增减相抵导致 2009 年农民工总规模比 2008 年增加了 436 万人，增幅为 1.9%。

（2）外出农民工省内务工数量增加，跨省外出务工数量减少。在外出农民工中，跨省外出务工农民工为 7441 万人，比 2008 年略减 43 万人，减幅为 0.6%；在省内务工的农民工为 7092 万人，比 2008 年增加 535 万人，增幅高达 8.2%。可见外出农民工数量的增加完全来自于省内就业的增加。

（3）东部地区作为输入地和输出地的农民工规模均有较大幅度缩小，尤以珠三角和长三角地区的就业减少为甚。与此同时，中西部地区作为输入地和输出地的农民工规模均有较大幅度增加。

这可能是 2009 年农民工就业地域分布的最重要的变动。一方面，东部地区的农民工就业规模有较大幅度缩小。我们把各地区的本地农民工和外出农民工合并在一起，那么输入地就意味着在本地区的农民工非农就业总规模，输出地则意味着本地户籍农民工的非农就业规模。作为输入地，即就业所在地，东部地区农民工规模减少了 793 万人，其中外出农民工减少了 893 万人，但本地就业增加了 100 万人。在东部地区内部，珠三角地区和长三角地区的农民工就业分别减少了 954 万人和 238 万人，合计 1192 万人。换句话说，在东部地区的其他地区，农民工就业增加了 399 万人。因此，如果将两个三角洲地区单列，那么农民工就业分布的准确表述是：两个三角洲地区减少了 1192 万人，东部其他地区（除两个三角洲地区之外）增加了 399 万人，中部地区增加了 624 万人，西部地区增加了 778 万人，从东部到西部新增农民工就业规模依次递增（见表3）。另一方面，作为输出地，即农民工户籍所在地，全国农民工总规模增加了436万人，同样是主要来自于中西部地区，即中部地区新增616万人，西部地区新增361万人。来自于东部地区的农民工规模总体上减少了542万人，其中本地就业农民工增加了100万人，实际上东部地区外出农民工减少了643万人，占东部地区农民工的比例为6.1%。这些减少的农民工去向目前还没有合理解释，比较可能的原因有返乡创业、进入短期就业市场或者由于户籍改变而导致统计口径改变等。

表3　2009年我国各地区农民工数量变动　　　单位：万人

		东部	中部	西部	全部
输入地	外出	-893	624	778	452
	本地	100	-89	-68	-56
	小计	-793	535	710	396
输出地	外出	-643	713	422	492
	本地	100	-89	-68	-56
	小计	-542	616	361	436

注：部分数字系按照比例数推算得出，故在逻辑关系上可能存在微小差异。
资料来源：根据国家统计局《2009年农民工监测调查报告》数据整理。

部分省份提供的数据也能反映出农民工就业在省际和地区之间的动向。[①] 安徽省2009年农村劳动力转移就业1214万人，比2008年新增4.0%；省内就业比重29.49%，比2008年提高0.31个百分点。四川省2009年农村劳动力转移就业2174万人，比2008年新增7.4%，其中省内就业1000万人以上，仅汶川地震灾区重建工程就吸纳了140万农民工就业。河北省2009年出现两个新的动向，一是农民工总体规模超过2008年底，农民工总量达到1200万人左右；二是首次实现农民工输入规模大于输出规模，外省输入农民工达到300万人。这两个新动向都意味着河北省吸纳就业能力的增强。广东、江苏、河南、重庆等地也都报告了省内农民工就业数量的增长。由于广东、江苏等地本省籍农民工就业数量是增加的，这意味着东部地区促进本地就业的政策在

---

① 本节引用的资料来自于2010年1月在安徽举行的"全国农民工工作座谈会"提供的书面发言材料，特表感谢。

一定程度上对中西部地区农民工产生了一定的"挤出"效应。不过中西部地区就业机会的增加则在很大程度上化解了这种"挤出"效应。

（三）"招工难"折射农民工就业的结构性矛盾

2009 年下半年以来，我国很多地区相继出现了"招工难"的现象，波及最早发生"民工荒"的珠三角地区以及四川、浙江、天津、重庆等众多省市。尤其是在珠三角和长三角地区，农民工数量合计减少了 19.5%，在经济回暖和订单增加时，发生"招工难"是情理中事。由于从数量上看，我国仍然存在大量农村剩余劳动力，当前发生的招工难在总体上还是属于局部性和摩擦性问题，而且有被媒体报道夸张放大的可能。但是在金融危机影响尚未完全消除的背景下发生的"招工难"或者"民工荒"现象，已经不能仅用局部性和摩擦性矛盾来解释。除了经济企稳回升和订单迅速增加导致短期内难以招收到足够工人这个短期摩擦性因素外，大致还有以下几个重要原因：①很多劳动密集型产业层次低，产品利润空间小，难以提供有吸引力的工资、社会保障和工作环境，对求职农民工的吸引力下降，即"给不起高工资所以招不到人"。②农民工群体的年龄结构已经发生改变，"80"后和"90"后等新生代农民工已经成为农民工的主体，他们已经逐渐摆脱生存压力，对工作内容和工资福利都有了更高的期望，同等条件下劳动力供给减少，即"不给更高的工资就走人"。③农民工的整体技能水平依然不高，快速增加的技工需求面临短缺，即"给得起高工资但招不到人"。

在经济刚刚回暖之时便发生"招工难"，这意味着我国农民工就业领域已经存在较为显著的结构性矛盾，主要体现为劳动力供求的结构性偏差。一方面，我国大量的传统产业正在失去竞争力，其盈利能力不足以支付得起更高的工人工资和福利，要么需要通过技术进步以提升其竞争力，要么将面临被淘汰的命运，被淘汰的产业资本进入新兴产业领域也是其应有之义。另一方面，我国农村转移劳动力的知识和技能结构依然存在重大缺陷，普通产业工人的缺乏主要是由于年轻劳动力"眼高手低"，而并非因为他们有高技能但不愿意"低就"。也就是说，我国的职业技术教育体系和农村劳动力转移技能培训体系虽然投入了大量的社会资源，但依然没有有效地改善农民工的技能结构。

二、农村劳动力转移就业形势好转的原因分析

2009 年农村劳动力转移就业的形势大大好于年初的预期，而且出现遍地开花的可喜局面。这一方面得益于"一揽子"经济刺激计划拉动之下的国民经济的快速恢复和强劲增长以及同步进行的产业结构调整；另一方面也得益于各地和各级政府的"一揽子"促进农村劳动力转移和就业政策的实施，年初的悲观预期对此则发挥了未雨绸缪的预警作用。

（一）经济刺激计划和区域发展战略带动就业

2009 年我国 GDP 增速为 8.7%，其中投资拉动的贡献率达到92.3%，对弥补出口下降的负面影响发挥了决定性作用。投资贡献本来是我国多数年份维持经济高速增长的主要需求来源，2009 年更是由于以 4 万亿元投资为主的"一揽子"经济刺激计划而显得一枝独秀。在 4 万亿元的总投资计划中，将有 3.37 万亿元主要用于国家重大基础设施建设、汶川地震灾后恢复重建、农村基础设施建设以及建设性民生工程项目，其中至少一半以上属于劳动密集型产业，另外一些资本密集型产业也由于对各种原材料的大量需求而对就业产生间接拉动作用。国家统计局和人保部的调查数据都显示，2009 年制造业就业农民工数量下降，建筑业就业增加，表明投资拉动对产业发展的不足形成了拉动就业的替代作用。

此外，各个地方都借中央鼓励投资的东风，实施本地特色的拉动投资计划，尤其以制定和实施国家层面的区域发展战略为重要"抓手"。除了四川省因为汶川地震灾后重建项目需要大量投资和就业之外，目前我国已经出台的从国家战略高度制定的区域发展战略已经有十多个，无须一一赘述。未来还有更多的区域规划出台，以求培育更多的区域经济增长极，推动区域协调发展。2009 年，中西部地区和东北地区的经济增长速度超过了东部地区，意味着中国经济增长的区域

格局正在发生改变，东部地区以外区域的经济发展能力得到增强。

（二）东部地区外围开始主动承接产业梯度转移

国际金融危机提出了产业结构调整、优化升级和梯度转移的明确信号。产业结构调整和梯度转移对转出地区和承接地区都具有战略意义，但会对农民工就业造成重要影响。2009 年农民工就业的地域分布的变化是各省份本地经济增长加速和促进就业政策共同作用的结果，但是从这种变化中也可以观察到产业梯度转移的发生。2009 年在产业梯度转移方面发生了两件有指标意义的事件，一是广东省在省内实施"双转移"战略，推动珠三角地区劳动密集型产业向省内欠发达地区转移，省内欠发达地区的劳动力实现就地和向外转移；二是安徽省举全省之力酝酿《皖江城市带承接产业转移示范区规划》，该规划于 2010 年初获得国务院批准，将安徽省长江沿线的 10 个城市纳入承接长三角地区产业转移的试验示范区。在广东省，由于"双转移"战略的实施以及高达 9.5% 的经济增长速度，省内新增转移就业 128.50 万人，外省籍农民工就业数量依然有所增加，但是增幅大幅度下降。安徽省原本将全省划分为省会经济圈、沿淮城市群和沿江城市群三大区域。在承接产业转移规划中，原来的沿江城市群和省会经济圈被整合为皖江城市带，几乎涵盖了安徽省的淮河以南地区。在此之前，安徽省已经将省外投资纳入"外资"范畴，连续 4 年吸引省外投资增幅均在 40% 以上。2009 年实际到位省外投资 4639.7 亿元，其中 60% 以上来自于长三角地区，尤以浙江居首位。安徽南部与浙江接壤的一些县市的开发区甚至还没有完成基础设施建设，就已经被浙江等地的企业圈占。据安徽有关部门介绍，所谓的产业转移并非机械的产业搬迁，而更多的是增量的转移。安徽省为该示范区规划了装备制造业、原材料产业、轻纺产业、高技术产业、现代服务业五大重点领域，并将提供灵活的转移合作机制和优惠的政策。①

由于那些低端产业在珠三角和长三角地区已经面临巨大的成本压力，它们向外转移的动力机制已经形成。问题在于这些地区在"腾笼"

---

① 安徽省的资料除了来自于新闻报道外，主要来自于省政府办公厅和省发改委，特表感谢。

以后能否引来足够的"金凤凰",而且广东、江苏等地的省内同样存在承接产业转移的空间。如果东南沿海发达省份的产业结构升级能够顺利实施,那么在全国意义上的产业梯度转移就有可能以较快的速度推进。当前的情况是,在广东省,其省内的"双转移"战略已初见成效,在全省建立了 33 个省级产业转移工业园,组织农村劳动力培训 82.40 万人,转移就业人数 128.50 万人,珠三角之外的其他地区的经济增长率均高于或等于珠三角地区。在安徽省,获得国务院批准的《皖江城市带承接产业转移示范区规划》已经成为近期安徽省的最高发展战略,一系列的招商引资、政策准备以及形象宣传工作已经启动,加上前期较好的基础,预计会取得较好的效果。2010 年 3 月的国务院西部开发领导小组全体会议上也提出要积极推动西部地区承接东中部地区产业转移,预期在较短的时期内产业转移将会成为明确的国家战略。

(三)促进就业政策发挥了显著的直接推动作用

2009 年,在很大程度上由于年初对于农村劳动力转移形势的悲观预期的警示作用,我国从中央到地方各级政府都实施了大量的促进农村劳动力转移政策和措施,以应对国际金融危机的冲击。从春节前到 3 月份,几乎各地政府都实施了从村到省的外出劳动力返乡和返城情况的信息直报系统,有的地区甚至是一日一报。但是从 4 月份以后,多数地区的返乡劳动力已经陆续外出,这种针对返乡农民工的统计工作也就基本上失去了意义。在政策方面,2008 年 12 月 20 日,国务院办公厅发出《关于切实做好当前农民工工作的通知》,提出采取多种措施促进农民工就业、加强农民工技能培训和职业教育、支持农民工返乡创业和投身新农村建设、确保农民工工资按时足额发放、做好农民工社会保障和公共服务、保障返乡农民工土地承包权益六方面要求。具体来说,从国家部委到各级地方政府采取的主要促进农民工就业政策和项目包括:

(1)投资拉动就业。各地发挥政府投资和重大项目建设带动农民工就业的促进作用,发挥基建、轻工等十大振兴计划对扶持中小企业农民工就业的吸纳作用。例如,甘肃省计划中的大中型建设项目,总用工需求预计达 22 万人左右。宁夏回族自治区计划新建经济林基地

62 万亩，为返乡农民工提供 10 万个新的就业岗位。山西省在扩大内需 6 个领域、33 个方面的重大基础设施投资项目将帮助农民工就业。四川省灾后重建工程需吸纳 140 万人就业。

（2）加强农村劳动力转移培训，增强农民工就业能力。人保部实施农民工"百日百万"培训计划，预期农村劳动力转移就业培训 800 万人次。各地也都将农民工培训当做民生工程来实施，包括农村劳动力转移"阳光工程"、"雨露计划"、农民工职业技能培训等多个项目。天津市创造性地实施了与市场需求挂钩的培训补贴制度，将技能培训项目按照紧缺程度分为三种类型，对于非常紧缺的培训项目给予 100% 补贴，最高补贴额可达 5000 元。

（3）以创业带动就业。各地纷纷扶持农民工返乡创业，主要方式是建设农民工创业园，或直接对农民工创业提供优惠政策，加强创业服务工作。安徽省的经验最具典型性，已建立农民工创业园 253 个，入园创业项目 505 个，带动 3.35 万人就近就地就业。人保部在全国范围内组织实施创业型城市创建工作，共批准 82 个创建国家级创业型城市，允许它们因地制宜地实行"未禁即开"的鼓励创业政策，其中的一部分将侧重于农村劳动力转移就业。

（4）促进劳动力市场供求对接的政府行动。劳动力输出省份主要是开展省际劳务协作，帮助劳动力转移。河南省各县（市、区）特别是 60 个劳务输出基地县都启动了"省际劳务协作"活动，与主要劳务输入地建立联系，推销本地劳动力。劳动力输入城市则注重完善本地的劳动力市场，例如，专门为企业用工和农民工进城务工服务的"春风行动"和推广适用于农民工的简易劳动合同示范文本的"春暖行动"等。专门举行的农民工就业专场招聘会成为最为常见的帮助农民工就业的措施。下半年以来，由于出现"招工难"，输入地也开始主动寻求与输出地的对接。

（5）稳定就业岗位措施。主要方式是帮助企业经营维持稳定运行，例如缓征社会保险费，给予特定企业补贴，允许企业与工人协商工资等。这些措施主要有利于企业减轻负担，稳定现有就业岗位。

（6）加强农民工权益维护和社会保障工作。经济困难时期，企业成本增加，收益减少，更有可能发生损害农民工权益和社会保障程度的事件。为此，人保部牵头组织实施维护农民工十大权益行动计划，尤其是针对农民工的欠薪问题、劳动合同签订问题、高危行业职业安全问题、社会保障不足问题等。

（7）社会力量帮助农民工就业。政府主管部门之外的大量社会部门都加入了帮助和促进农民工就业的行列。全国总工会组织开展了"千万农民工援助行动"，在职业培训、岗位开发、生活救助、权益维护等方面为农民工提供服务，人保部在五个方面对其进行支持和配合。各地都纷纷建立党员联系帮扶返乡农民工的机制，帮助农民工实现就业或创业。

三、2010年形势展望和政策启示

（一）2010年形势展望

1. 影响农民工就业的主要因素

2009年的农村劳动力转移就业形势有惊无险，超出预期。不仅如此，2009年下半年以来，中国很多地区还出现了较为明显的"招工难"，农民工就业形势在不到一年的时间里发生了完全的逆转，令人匪夷所思。要想判断2010年的农民工就业形势，需要回答如下问题：①经济增长预期如何？②扩大内需预期如何？③出口恢复形势如何？④投资形势如何？⑤促进就业政策能否持续？⑥经济结构调整和转型前景如何？

（1）政府工作报告提出了GDP增长8%的指导性目标，与2009年持平。2010年的经济发展环境总体上好于2009年，而且8%是基于"好字当头"的保守目标，因此实现不会有大的困难。

（2）2010年将继续实施扩大内需政策。

（3）从2009年年底以来，出口形势已经逐步好转，出口交货值同比增速由负转正并有较快增长。

（4）政府宣布要继续实施积极的财政政策和适度宽松的货币政策，

保持政策的连续性和稳定性，根据新形势、新情况不断提高政策的针对性和灵活性，保持经济平稳较快发展。将继续实施应对国际金融危机的"一揽子"计划（含 4 万亿元投资计划）是其中应有之义，并将继续鼓励扩大民间投资。

（5）2010 年人保部对劳动力转移形势做出了依然严峻的判断，要求各地依然高度重视农村劳动力转移工作，而且决定将进一步落实和完善促进就业的政策措施。

（6）东部地区经济结构调整的进展情况。这是最为重要的影响因素，也是最难回答的问题。经济结构调整和优化升级是国民经济健康发展的需要，但不同产业对就业的拉动作用有所不同，尤其那些鼓励发展的高新技术产业、先进制造业、现代服务业等，都会对农民工就业有排斥而不是带动的作用。具体地说，产业结构调整将有三个主要方向：①鼓励新兴产业发展，促进产业结构优化升级，包括高新技术产业、战略性新兴产业、现代服务业（尤其是生产性服务业）等。②抑制过剩产能行业，淘汰高耗能高污染产业，减少经济增长对能源和环境的消耗。③逐步调整和压缩东部沿海地区劳动密集型、低附加值的低端出口产业部门，减轻经济增长对出口的过度依赖。

根据对东部地区 10 省市数据[①]的分析，2009 年东部地区 GDP 增速达到 10.9%，明显高于全国平均增速，仅上海增速低于全国平均水平。10 个省市中有 6 个实现了非农产业比重的增加，有 7 个实现了第三产业比重的增加。据不完全统计，各省市都报告了本地社会就业和城镇就业规模的增加，其中 7 个省市[②]的社会就业增加了 461 万人，另有 5 个省市[③]的城镇就业增加了 393 万人。本地社会就业和城镇就业双双增加而农民工就业减少，这一方面受到促进本地就业政策的影响，另一方面也很可能是经济结构调整的信号。多数省市都报告了本地新兴产业较快发展的形势。广东省报告了九大支柱产业、高技术制造业、装备制造业、现代服务业的快速发展，以及六大高耗能行业增

---

① 本节数据主要来自于东部地区各省市的《国民经济和社会发展统计公报》。
② 包括广东、福建、河北、江苏、山东、上海、天津。
③ 包括北京、广东、福建、浙江、海南。

速的下降。北京市报告了文化创意产业和生产性服务业的加速发展以及高新技术产业的平稳发展。江苏省报告了新能源、新医药、新材料、环保产业、软件业等的加快发展。上海市 6 个重点发展工业行业增长7.3%，高技术产业增长 8.2%。江苏省和广东省报告了经济增长和发展水平在省内布局更加均衡。

另外，对于增加投资带来的高耗能产业和产能过剩产业的进一步发展的担忧也日趋加剧。例如，中国欧盟商会报告指出：2009 年铝业的产能利用率预计为 67%，风力发电业为 70%，炼钢业为 72%，水泥业为 78%，化工业为 80%，炼油业为 85%，而且庞大的额外产能仍在建设中。国务院 2009 年将钢铁、水泥、平板玻璃、煤化工、多晶硅、风电设备列为六大产能过剩产业，其中不乏新兴产业。① 尽管如此，2010年的政府工作报告并没有将抑制产能过剩行业和"两高"产业发展置于突出位置，只是提出要严格限制市场准入和控制贷款。此外，出口形势的较快好转使得沿海地区调整传统低附加值出口产业的步伐可能放缓，因为它们又获得了喘息的机会。

2. 2010 年农村劳动力转移就业形势判断

综合以上对于影响因素的分析，我们判断，在 2010 年，由于投资仍然高位运行，经济结构的调整可能会带来新兴产业的持续发展，但抑制产能过剩和"两高"行业以及调整低端出口产业的步伐可能会放缓。这种趋于过热的经济形势在保障本年度的经济增长之外，一方面会加剧未来产业结构调整的难度，另一方面也为农民工就业保留了更多的机会。因此，总体上我们有理由对 2010 年的农民工就业形势做出乐观估计，主要如下：

（1）2010 年农民工就业总体规模有望保持平稳，甚至在上年度基础上继续有所增长。

（2）农民工就业的地域分布有望继续保持优化的态势，即中西部地区的农民工就业机会将继续增加，同时东部地区的农民工就业也会

---

① 中国欧盟商会：《中国产能过剩研究——成因、影响和建议》（http://www.euccc.com.cn/view/static/?sid=6388）。

由于出口的恢复而有所恢复。

（3）农民工的务工收入，尤其是包含各项社会保障和政策性补贴在内的实际收入，将有望继续保持增长，而且不低于上年度的增长速度。

不过我们有理由认为，经济刺激计划结束后的农民工就业形势将会存在不确定性。如果正在形成的生产能力不能接替基础设施建设和重点工程建设成为吸纳新增就业的主要渠道，以及"两高"行业、过剩产能行业和低端出口行业的调整势在必行时，农民工就业形势出现反复不是没有可能的。尽管近期的农民工"招工难"发出了劳动力供求结构调整的中长期信号，但这毕竟主要还是局部性、阶段性、摩擦性现象，中国还没有进入绝对的农民工短缺时期。

（二）政策启示

如果将农民工及其抚（扶）养的非劳动力人口视为我国社会三元结构中的一个组成部分，那么在当前就业形势较好的情况下，有必要放宽眼界，超越就业问题，从更高的层次看待农民工群体面临的或折射的宏观社会经济问题。这里主要提出如下五个方面的重大问题。

1. 农民工社会保障重在基本制度建设和基本权益保障

目前我国的社会保障体系仍然可以区分为城镇社保和农村社保，两者在一些项目上存在一定的接口，但总体上还是分割的。农村社保的总体保障水平要低于城镇社保，从经济理性看，这具有较大程度的合理性。农村社保以农村户籍为识别标志，主要包括新农合、新农保（即将在全国铺开）、农村低保、五保供养等，城镇社保其实主要以就业为识别标志，所谓的"五险一金"都是以城镇职工的名义由职工和单位共同缴纳保险费，以户籍为识别标志的城镇社保主要是城镇低保，城镇居民养老保险也刚刚开始试行。另外，还有一些福利制度与户籍挂钩，例如城镇居民可以享受优惠的住房政策、优势的教育资源等；而农村居民则享有集体土地承包权和宅基地获得权以及在农村建房的权利。农民工夹在这两大群体之间，拥有农村户籍，但在城镇就业和生活。理论上，他们既然属于城镇职工，就应该获得职工所应享受的社会保障项目，这与户籍无关。他们要想获得城镇户籍人口的一些福利待遇，就应该放弃捆绑着另一些福利待遇的农村户籍。而诸如义务教育这样的社会资源本来就属于公共产品，必须要通过改革逐步与户籍脱钩。不过现实与理论判断的差别巨大，农民工参加社会保障的比例依然很低，农民工被侵权的现象依然普遍存在，农民工子女接受平等义务教育状况依然有进一步改善的余地，农民工进城定居依然存在很多障碍。

这些问题存在的原因是多方面的，包括：我国的社会保障体系还正在建设完善过程中；很多农民工就业为非正规就业或呈现高流动性；农民工所在的很多产业都是缺乏竞争力的低盈利产业；部分企业主缺乏社会责任感，不愿意为农民工提供社保等。社保作为一种公共产品，既是社会财富的二次分配手段，也是劳动报酬的补充形式，在追求公平的基础上不能忽略效率，要做到切实可行和量力而为。因此农民工社保问题不应操之过急，需要从两头抓起。一方面抓根本性的制度和体系建设，应尽快出台覆盖城乡的《社会保险法》，[①] 建立覆盖全国的、存在灵活接续机制的社保体系；另一方面抓事关农民工切身利益的基本权益的保护，如特殊行业的职业安全保障和工伤保险、欠薪、农民工子女义务教育问题等。在此基础上逐步扩大农民工参加社会保障体系的覆盖面，才有可能走得稳健和可持续。

2. 留意鼓励农民工创业的可能负面影响

鼓励事业有成和有远大志向的外出农民工返乡创业是各地促进农民工就业的主要措施之一，可以繁荣中西部地区的本地经济，增加本地就业机会，有助于新农村建设和农业发展，也可以帮助那些的确有创业意愿的人实现他们的理想。然而我们也需要留意鼓励农民工创业可能带来的负面影响，包括：占用更多的非农业用地；企业规模小，资金分散，可能缺乏竞争力；产品层次低，还可能存在环保问题等。一些业内人士提醒当年大搞乡镇企业导致的土地和投资的浪费，后来一些地区大搞乡村工业大院，其后果也是如此。我们承认一些小型企业存在生存空间，但是鼓励农民工创业不能"眉毛胡子一把抓"，可以

---

① 本报告撰写于 2010 年春季。在报告发表前夕，第十一届全国人大常委会第十七次会议于 2010 年 10 月 28 日表决通过了《社会保险法》。

比照发改委鼓励（或限制）发展产品目录的做法，设置一定的准入"门槛"，力争使农民工创业存在社会需求，符合经济和技术发展方向。尤其是对于农民工创业园，由于需要占地和兴建标准厂房，更要首先进行可行性研究，不宜追求过高数量目标，在现有的工业园区内设立"园中园"可能更为合适。

3. 区分两个层次的城镇化，稳妥推进户籍制度改革

目前，我国在城镇常住的农民工及其家属在统计上已经被计入城镇人口，据透露这部分农民工数量已经达到 1.23 亿人。因此所谓的城镇化问题实际上包括两个层次，一是目前仍居住在农村的劳动力和人口的进城问题，二是目前已经进城的农民工如何在城镇稳定落户问题。根据对 2010 年中央"一号文件"的解读，目前中央关注的重点是后一个层次，就是农民工如何在城镇稳定落户的问题，需要具备三个方面条件：①他们是否具有一份足够稳定、有足够高收入以维持城镇生活的工作。②他们是否能够得到与城镇居民平等的社会保障和其他福利待遇。③他们在农村拥有的"资产"（包括承包地、宅基地、住宅等）能否得到妥善的处置。户籍制度改革现在是很多地方推动城镇化的一项重点措施。但是在以上三个方面问题中，只有第二个方面中的部分因素（如子女教育、福利住房政策等）与户籍挂钩，其他因素都与户籍没有直接关系，而是与劳动力市场的健全程度、经济体系对就业的拉动能力有关。农村户籍制度的取消甚至还有可能损害农民工的既有权益。因此，城乡二元的户籍制度需要改革，但绝非一统了之。目前一些地方对实行统一户籍登记的进城农民的承包地和宅基地予以保留的做法较为稳妥，只不过遗留一些问题留待后人解决。因此，保障农民工能够在城镇稳定落户的更重要的措施是增加就业机会和建立健全劳动力市场体系，包含与之相对应的社保体系。

在稳步推进户籍制度改革的同时，要切实加强研究农村集体产权制度改革，尤其是农民工进行户籍转换时的土地承包权和宅基地权益的处置方式。农民自主建设社会主义新农村，一是需要有高素质、有活力的农村劳动力，二是需要在减少农村人口的条件下使农村人均资源占有量得到增加。为进城农民保留土地承包权并不能实现这个意图，

而强行要求进城农民放弃土地承包权的做法在计算清楚农民集体产权价值之前也需要慎重，避免对农民权益的侵犯。基本的思路应是：农民集体产权收益应通过适当方式发现其市场价值，并通过转让或置换等方式使农民得到该价值。只有这样，农民工才能彻底告别农村，也使农业和农村的发展具备更为有利的条件。

4. 再造农民工职业技能培训体系，提高农民工素质水平和改进其技能结构

农民工"返乡潮"、"招工难"等现象的交替出现，以及农民工群体代际结构的嬗变，不仅折射出国民经济结构调整的必要性和紧迫性，也提出农民工群体自身的综合素质和劳动技能提升的重大课题。前文分析指出，当前农民工就业的结构性矛盾体现在三个方面：一是产业盈利能力低，出不起高工资招人，因此有淘汰的必要；二是高级人才缺乏，有钱无人，显示出加强技能培训的必要；三是很多新生代农民工眼高手低，看不上普通的工资和岗位，这显示出社会教育和舆论引导的必要。当前很多媒体过度顺从于新生代农民工爱消费、生活标准高、不愿吃苦等特征，殊不知社会需要的是踏实肯干、有一技之长的新生代劳动者，而不是一味提要求、好逸恶劳的新生代"宠儿"。因此，农民工的素质教育和技能培训是一个系统工程，实际上从他们在校读书时就应该开始，参加劳动后的技能培训更应该以近期和长期的社会需要为导向。

农村劳动力转移"阳光工程"和农民工职业技能培训是政府为农民工以及潜在农民工提供的庞大公共资源。但总体上看这项资源的利用效用非常低下，规模庞大的受训群体中仅有一小部分真正从培训中得益。若干年前连小学生上学都还要交学费，大学生上学更是自费。农民工技能培训得到大量的政府补贴却不能产生足够大的吸引力，很多人是"被"培训，课程落后，内容老化，草草了事，效果寥寥。由于目前的农民工职业技能培训体系过于混乱低效，仅用创新或改进都不足以真正提高其效果，因此有必要对其实行彻底的"再造"。整个体系的再造必然是一个长期的系统工程，不可能短期奏效。其基本思路是真正建立和完善农民工职业技能培训的市场经济机制，主要有：①应使农民工成为培训的需求主体而非被动员参加培训。②政府将农民工职业技能培训视为一项准公共产品，主要职能是建立体系、发布信息、监管培训机构和提供补贴。③包括公办学校在内的各类培训机构都要实行市场化，成为独立的培训主体，平等参与竞争，实行优胜劣汰。④建立义务教育、中等职业技术教育与成人职业技术培训体系之间的紧密衔接机制。在义务教育初中阶段强化素质教育，使那些将要进入职高的学生具备较好的文化素质；中等职业技术教育的课程设置要具有实用性，避免其毕业生像很多大学生一样遭遇刚出校门便失业的窘境。

5. 正视阶段性的三元结构，创新农民工统计制度

我国涉及农村劳动力就业和生计的统计制度已经实现了从户籍统计向常住人口统计的转变，农村住户中的长期外出就业的家庭成员以及举家外出的农村家庭已经不纳入农村统计范围，而是纳入他们在外常住地的统计。常住地统计可以正确反映人口和产业的现行分布状况，但是却忽略了农民工群体与他们户籍地之间的天然的、紧密的经济和社会联系，而这种联系至少还可以延续到当前的新生代农民工。为了在今后大约一代人的时间里更好地掌握这个重要社会群体的动态以及促进他们的稳定城镇化进程，有必要在城镇住户和农村住户之外实行专门的农民工统计制度。即使一些地区开始实行城乡统一的居民户籍登记制度，原农村户籍居民仍然具有自己的特征，即在农村拥有承包地、宅基地和住宅，而这些是原城镇户籍居民不能染指的。现行有关农民工的统计制度是由国家统计局和人保部共同实施的全国农民工监测调查，成为提供农民工数据的权威来源。这是为应对国际金融危机而出台的临时性举措，如有可能，应升格为与农村住户和城镇住户并列的常规调查制度，区分好与另外二者的重叠与衔接关系。进一步地，还应做到地方各级政府的统计部门与人力资源部门合作建立农民工统计体系，避免地方各级人力资源部门"普查式"农民工调查的庞大资源浪费以及数据的不准确。

2009~2010 年我国农产品价格形势分析及其调控政策建议

农村发展研究所课题组[①]

回顾 2009 年，在国家对农产品价格调控的作用下，农产品价格总体上波动幅度并不明显，但是，部分农产品生产价格出现了大幅度下跌，这既有国际市场价格明显下跌的传导因素，又有国内供给相对过剩的因素。2010 年农产品供求形势有助于农产品价格的稳定，但是国际国内经济环境和一些不确定因素可能会助长农产品价格上涨预期，需要加强监管，防止农产品价格异常波动。

一、2009~2010 年农产品价格形势分析及其基本判断

2009 年，农产品生产价格和食品消费价格虽然全年总体上基本稳定，但是上半年经历了较大的跌幅，特别是大豆、油料、棉花和生猪等生产价格的跌幅更加明显。大豆、油料和棉花等农产品生产价格下跌幅度明显，主要是这类农产品的国际市场价格明显下跌。而生猪生产价格过度下跌，主要是国内供给过多。2010 年，农产品供求关系有助于农产品生产价格和食品消费价格的波动幅度在合理的范围内，但需要注意农产品价格预期的强化。

---

① 农村发展研究所《农村经济形势分析和粮食安全》课题组主持人张晓山，成员有李国祥、李成贵、翁鸣、廖永松、檀学文、罗万纯、胡冰川。本报告执笔：李国祥。

（一）2009 年农产品生产价格的基本形势

在主要农产品国内供求关系基本平衡的条件下及国际市场多数农产品价格全年多数月份明显下跌的影响下，2009 年我国农产品生产价格出现了总体下跌，全年农产品生产价格比上年下跌了 2.4%。在国家统计局监测并公布的主要农产品中，价格上涨的品种仍然属于多数，但是林业产品和畜牧产品的生产价格下跌幅度比较明显。

分时段来看，2009 年上半年，农产品销售价格下跌幅度总体上呈现出扩大的态势，下半年呈现出缩小的态势。第一季度全国农产品生产价格较上年同期下跌了 5.9 个百分点；到了第二季度，全国农产品生产价格较上年同期下跌幅度进一步扩大到 6.6 个百分点；而到第三季度，全国农产品生产价格跌幅较上年同期缩小到 2.7%；全年农产品生产价格较上年下跌 2.4%。

分品种来看，2009 年大部分农产品市场价格呈现出不同方向的明显波动。多数粮食品种价格在国家托市收购政策作用下总体稳中略升，其中小麦和稻谷价格上涨幅度相对较大。棉花、大豆、油菜籽等上半年价格持续低迷，下半年开始有所回升。生猪和鸡蛋价格上半年持续走低，下半年呈现出恢复性上升和季节性波动。大部分鲜活农产品价格季节性波动明显，时高时低。

为了避免农产品价格下跌给农业发展和国民经济健康运行带来不利影响，国家对不同农产品适时地进行了有效的调控。2009 年国家及时地公布了小麦、早籼稻和中晚稻最低收购价执行预案，较大幅度提高小麦、稻谷最低收购价格水平，平均每公斤提高 0.22 元和 0.26 元。其中，白小麦平均提价 13%，红小麦和混合麦平均提价 15%，早籼稻平均提价 17%，中晚籼稻和粳稻平均都提价 16%。2009 年每 50 公斤早籼稻、中晚籼稻、粳稻最低收购价分别达到 90 元、92 元、95 元，均比 2008 年提高 13 元；每 50 公斤白小麦、红小麦、混合麦最低收购价分别达到 87 元、83 元和 83 元，分别提高 10 元、11 元和 11 元。最低收购价政策保护了农民的种粮积极性，对避免粮食市场价格过度下跌也起了一定的作用。同时，还增加了主要农产品的储备和临时收储，包括水稻、玉米、大豆、棉花及食糖等。临时收储政策解决了部分农产品滞销问题。综观 2009 年，全国尽管多数农产品价格水平较上年不同程度地下降，但是粮食价格水平总体上有所提高。主要粮食品种价格在国家托市收购政策的作用下，总体上保持了合理的上涨。

在政策等因素影响下，种植业产品生产价格小幅度上涨。全年种植业产品生产价格上涨 2.9%，其中谷物上涨了 4.9%，棉花上涨了11.8%。在谷物生产价格中，小麦价格上涨最明显，比 2008 年上涨了7.9%；稻谷价格上涨 5.2%；玉米受到库存水平高、国内供给相对过剩、国际市场价格低迷而出口大幅度减少等因素影响，全年玉米生产价格比 2008 年下跌了 1.5%。蔬菜市场价格季节性波动强烈，异常波动明显，对灾害性天气影响极其敏感。全年蔬菜生产价格比 2008 年上涨了 11.8%，季节性波动十分明显。极端气候条件下部分市场一些蔬菜品种市场价格出现成倍上涨。在种植业产品生产价格总体上涨的情况下，油料生产价格出现明显下跌，全年比 2008 年下跌了 5.8%（见表 1）。

表 1　2009 年部分价位波动明显的农产品生产价格涨跌幅度　　　单位：%

品　种	第一季度	上半年	前三季度	全　年
小　麦	7.3	8.7	7.8	7.9
玉　米	−9.1	−7.4	−5.8	−1.5
大　豆	−12.0	−14.4	−14.4	—
油　料	−15.7	−22.5	−19.8	−5.8
棉　花	−21.9	−19.7	−17.9	11.8

资料来源：国家统计局网站（www.stats.gov.cn）。

生猪等畜牧业产品价格大幅度下跌对全年农产品生产价格下跌的影响最大。全年畜牧业产品生产价格比 2008 年下跌 9.9%，其中生猪价格下跌 18.4%；奶产品和毛绒类产品生产价格分别比 2008 年下跌8.4% 和 11.8%。全年渔业产品生产价格小幅度下跌，比 2008 年下跌1.0%，其中海产品下跌 1.6%。

据农业部资料，2009 年从 4 月底到 6 月中旬生猪和猪肉价格持续下跌，5 月份后猪粮比价连续 6 周低于 6:1 的盈亏平衡点，生猪养殖亏损户占全部养殖户的比重一度达到 45.8%。进入 6 月份，国家按照《防止生猪价格过度下跌调控预案（暂行）》，启动实施了三级响应机制，有关部门在不直接干预生猪价格的前提下在全国启动了政府冻肉储备等措施，随后猪肉价格开始上涨。冻肉储备等措施有效遏制了猪价过度下跌的势头，稳定了生猪生产，保护了农民养猪积极性。

（二）2009 年食品消费价格的基本形势

受国家农产品市场价格调控等因素的影响，2009 年食品消费价格略有上涨，全年食品消费价格比上年上涨了 0.7%。其中，城市上涨 1.0%，农村上涨 0.1%。尽管粮食连续 6 年增产，库存充裕，2009 年谷物净进口、供给量增多，但是粮食消费价格出现明显上涨。据农业部资料，2009 年谷物进口 315.6 万吨，出口 137.1 万吨，净进口 178.5 万吨。在粮食供给保障性增强的情况下，受粮食生产价格上涨等因素影响，全年城市和农村的粮食消费价格分别比 2008 年上涨 5.7% 和 5.5%，全年平均上涨 5.6%。鲜菜和鲜果消费价格分别受到蔬菜和水果生产价格上涨因素影响，全年分别上涨 15.4% 和 9.1%。在居民食品消费结构升级中，受需求增长拉动，蔬菜和水果的生产和消费价格已经连续多年上涨，部分年份上涨幅度比较大（见表 2）。肉禽及其制品消费价格经过 2007 年和 2008 年两年大幅度上涨后，2009 年下跌了 8.7%。尽管蛋类产品价格季节性波动幅度大，但全年鲜蛋消费价格上涨幅度比较小，为 1.5%。

（三）2010 年农产品生产价格和食品消费价格走势的判断

2010 年农产品市场价格促涨因素和稳定因素共存，考虑到不确定因素对农产品价格走势的影响，使得对全年农产品市场走势的判断比较困难。

1. 可能导致主要农产品市场价格上涨的因素

几年来，我国农产品市场价格存在着明显的波动。其中，有国内经济环境变化引起的波动，有国内农产品生产周期性波动，有居民食品消费升级引起的波动，有国际市场传导的波动，也有我国农业生产受到气候等自然灾害不利因素影响而显现出来的波动，还有我国由于农业支持制度建立过程中引起的农业资源配置重组而引发的波动。

改革以来的历史表明，经济增长速度加快，一般都对应着食品价格的明显上涨。经济扩张，容易导致食品价格涨幅递增。2010 年国内经济增长可能加速，这势必给农产品价格上涨带来压力。

在经济增长形势比较好的大环境下，农民就业机会多，工资率提高幅度大，农业机会成本就相应上升。2010年春节过后，部分地区和部分行业出现"民工荒"，招工企业预期民工工资率上升9%，农民工则预期工资率上升16%。农业机会成本上升会冲击农业生产。

2009年食用植物油和猪肉消费价格明显下跌，主要属于周期性波动。肉禽及其制品消费价格经过2007年和2008年两年大幅度上涨后，2009年下跌了8.7%。

随着我国经济的不断发展和城乡居民收入水平的逐步提高，居民食品消费结构将不断转变。经济增长和居民收入增长加快，意味着食品需求及其结构的明显改变。在经济发展的不同阶段，居民食品消费结构的转变速度存在着明显差异，由此所引起的不同农产品的消费量和国内需求量的增长也会出现较大的差异。当居民收入达到一定水平后，食品消费结构面临升级，一个重要标志是居民的粮食消费趋于稳定，油脂和肉类消费缓慢增长，蔬菜等消费呈现出增长态势。尽管近几年来蔬菜价格波动剧烈，季节性波动强烈，异常波动明显，蔬菜市场价格受灾害性天气影响极其敏感，但是分析表明，蔬菜价格上涨趋势相对明显。自2006年以来，蔬菜消费价格总体上下降的时间短，频率低，而多数情况下出现上涨，一般情况下元旦、春节期间蔬菜价格上涨幅度更加明显，居民实际感受到的蔬菜消费价格上涨往往比价格指数更加明显。

近几年来，国际农产品市场价格剧烈波动，对我国农产品进出口及国内部分农产品市场产生了明显的影响。国际农产品市场价格经过高位后正处于重要的调整时期。为了重新找到均衡价格，以及自调适出合理的农产品比价，估计2010年国际农产品价格会走出低谷，将总体进入趋于高位的波动阶段。

多数粮食品种价格在国家托市收购政策作用下总体稳中略升，其中小麦和稻谷价格上涨幅度相对较大。2009年上半年在全国农产品生产价格总体水平下降6.2%的情况下，小麦生产价格上涨了8.7%，稻谷生产价格上涨了4.9%。2009年小麦价格上涨最明显，比2008年上涨了 7.9%；稻谷价格上涨 5.2%。2009 年粮食消费价格上涨了 5.6%。

综合来看，受到农产品价格周期性波动规律、国家调高粮食价格政策以及国际农产品价格传导等因素的影响，2010 年中国农产品价格总体水平上涨的可能性相对较大。

2. 农产品市场价格稳定的主要因素

我国农业综合生产能力明显增强。在调查中了解到，农民抢地种的现象比较明显。估计 2010 年农民发展农业生产的积极性仍然较高。

中国粮食总产量已经连续 3 年超过 5 亿吨，粮食库存继续充足。2009 年国内粮食产量 5.31 亿吨，加上净进口 0.49 亿吨，新增供给量 5.8 亿吨，这意味着 2010 年国内粮食供给保障性好。2009 年的粮食产量有相当大的部分会成为下年度的供给来源。2009 年国内粮食供给增加相对较多，表明 2010 年国内粮食市场价格不会因为供求关系的变化而出现过度上涨。

我国粮食连续 6 年丰收，意味着 2010 年粮食供给更加充裕，粮食供求关系更加宽松，粮食市场价格稳定的基础更加牢固。根据国家 2009 年 4~8 月在全国范围内开展的粮食库存清查结果，2009 年 3 月底我国国有粮食企业原粮总库存 4508 亿斤，质量合格率超过 97%，总库存中超过一半以上的粮食为 2008 年收获的新粮。粮食库存充裕，为粮食价格稳定奠定了基础。粮食价格水平在农产品价格总体水平中具有重要的基础性决定作用。

国家农产品市场宏观调控能力明显增强。2009 年在国内粮食供给相对比较充裕、国有粮食库存水平比较高和国际市场价格走低的情况下，粮食生产价格和消费价格呈现出上涨的态势，这表明中国的粮食价格形成机制可能发生重要变化，供求关系对市场价格的形成作用可能减弱，最低收购价格和临时储备政策等对粮食市场价格形成的作用显现。

针对生猪和猪肉价格持续下跌，且 2009 年 5 月份后猪粮比价连续 6 周低于 6:1 的盈亏平衡点，进入 6 月份，国家按照《防止生猪价格过度下跌调控预案（暂行）》，有关部门在不直接干预生猪价格的前提下在全国启动了政府冻肉储备等措施，随后猪肉价格开始上涨。冻肉储备等措施有效遏制了猪价过度下跌的势头，稳定了生猪生产，保护了农民养猪的积极性。

3. 对 2010 年农产品生产价格变动的预测

通过模型模拟进行预测，预期 2010 年种植业产品生产价格上涨5%，林业产品生产价格下跌 1%，畜牧产品和渔业产品生产价格分别上涨 2% 和 3%。综合不同类型生产价格涨跌情况，估计 2010 年农产品生产价格总体水平上涨 4% 左右。从 2010 年我国前三季度农产品市场运行实际情况来看，种植业产品价格上涨幅度明显高于预期，估计这将会带动整个农产品价格上涨超过预期。

二、高度重视当前稳定农产品价格的重要意义

从相对较长的时期来看，我国农产品生产价格和食品消费价格的波动基本上一致。农产品价格的变化，既会影响生产者的利益，又会影响消费者的利益。稳定农产品市场，保持农产品价格合理水平，有助于促进国民经济健康发展。为了实现农民增收和管理通货膨胀预期目标，建议 2010 年农产品价格调控目标应选择为：监控农产品价格异常波动并保持农产品生产价格一定幅度的稳定上涨。

（一）农产品和食品价格波动对生产者收入和消费者支出的影响

一般来说，农产品价格明显上涨，相应地会带来居民消费价格的上涨。在 2001~2009 年，2004 年、2007 年和 2008 年，农产品生产价格出现了明显上涨，较上年涨幅分别为 13.1%、18.5% 和 14.1%，对应的城乡居民食品消费价格涨幅分别为 9.9%、12.3% 和 14.3%（见表 2）。

农产品生产价格上涨，特别是大幅度上涨，一般都会带来农民家庭经营第一产业人均纯收入较快的名义增长。2004 年、2007 年和 2008年农民家庭经营第一产业人均纯收入较上年名义增长率是相对较快的3 年，分别达到 16.9%、14.7% 和 11.5%，明显高于农产品生产价格涨幅相对较低的年份。

表 2　农产品和食品价格波动对生产者收入和消费者食品支出的影响

年份	较上年上涨（%）		农民家庭经营第一产业人均纯收入较上年名义增长率（%）	居民人均食品消费支出较上年名义增长（%）	
	农产品生产价格	食品消费价格		城镇	农村现金
2001	3.1	0.0	3.29	2.17	4.35
2002	−0.3	−0.6	0.75	12.80	5.47
2003	4.4	3.4	5.34	6.39	7.87
2004	13.1	9.9	16.93	12.11	14.28
2005	1.4	2.9	5.12	7.56	22.35
2006	1.2	2.3	3.52	6.78	8.41
2007	18.5	12.3	14.71	16.58	15.81
2008	14.1	14.3	11.50	17.41	17.32
2009	−2.4	0.7	2.17		

资料来源:《中国统计年鉴》(2001~2009)、《中国农村住户调查年鉴》(2009)以及《2010 年国民经济和社会发展统计公报》。

农产品生产价格下跌或者涨幅较小，一般都会带来农民家庭经营第一产业人均纯收入相对较慢的名义增长。2002 年，农产品生产价格较上年下跌了 0.3%，而农民家庭经营第一产业人均纯收入较上年名义增长速度仅为 0.8%。2009 年，农产品生产价格较上年下跌了 2.4%，农民家庭经营第一产业人均纯收入较上年名义增长速度仅为 2.2%，为 2003 年以来最低的年份。

食品消费价格的波动一般都会带来城乡居民食品消费支出增长幅度的变化。特别是自 2004 年后，随着城镇居民食品消费数量趋于稳定，农村居民食品消费现金支出比重趋于上升的情况下，食品消费价格上涨明显，一般都会出现居民食品消费支出较大幅度的增长。

2001~2003 年，城乡居民食品消费可能主要处于数量增长阶段，食品消费价格的波动对食品消费支出增长的影响对应关系并不明显。2002 年，虽然城乡居民食品消费价格比上年下跌了 0.6%，但是，城镇居民人均食品消费支出较 2001 年名义增长了 12.8%，农村居民人均食品现金消费支出较 2001 年名义增长了 5.5%。

2007 年和 2008 年，对应城乡居民食品消费价格明显上涨，城镇居民人均食品消费支出分别较上年名义增长了 16.6% 和 17.4%，农村居民人均食品消费现金支出分别较上年名义增长了 15.8% 和 17.3%。特别是，对应食品消费价格明显上涨，这两年还出现了农村居民食品消费现金支出增长幅度与城镇居民基本一致的情形。

可见，农产品生产价格的波动既会明显影响农民家庭经营第一产业纯收入的增长，又会通过食品消费价格影响到城乡居民食品消费支出的增长。

（二）近10年城镇居民家庭恩格尔系数没有明显变化

自2001年起，城镇居民家庭恩格尔系数近10年基本没有变化，都在36%~38%波动。

1991~1999年，城镇居民家庭恩格尔系数由53.8%下降到42.1%，降幅超过10个百分点。而2001~2009年，城镇居民家庭恩格尔系数由38.2%下降到36.5%，降幅不足2个百分点。2008年由于城镇居民食品价格较2007年上涨14.5%，使城镇居民家庭恩格尔系数一度上升到37.9%。

我国低收入群体居民家庭恩格尔系数仍然比较高。2008年，全国40%的中低收入组城镇居民家庭恩格尔系数仍然为44.5%，2009年农村居民家庭恩格尔系数仍然为41%。随着专业化的发展，2008年农民食品消费的现金支出比重已经达到71%，这表明农民食品消费的自给率下降，食品价格的变化对农民食品消费将产生越来越大的影响。

尽管数据质量可能存在问题，但是近10年我国城镇居民家庭恩格尔系数没有明显下降，可能主要是食品价格上涨幅度过大所带来的。2001~2008年，城镇居民人均可支配收入按当年价格计算由6860元增加到15781元，增长了1.3倍，按照1978年不变价格计算，年均增长12.6%，高于同期国内生产总值年均10.5%。2001~2008年，城镇居民人均食品消费按当年价格计算由2014.0元增加到4259.8元，增长了1.1倍。

根据《中国统计年鉴》（2009）提供的联合国监测的数据，我国2008年食品消费价格比2000年上涨了52.8%。从食品消费结构来看，食用植物油和动物源性食品的消费增长相对较快，这类食品的价格上涨幅度相对更大。笔者根据相关年份《中国统计年鉴》计算，2008年我国居民消费的油脂和肉禽及其制品价格比2001年分别上涨了94.1%和

92.8%。

表3　一些农产品生产价格和消费价格变动以及城乡居民家庭恩格尔系数的比较

（较上年上涨或者下跌%）

项目 \ 年份		2005	2006	2007	2008	2009
粮食生产价格		-0.9	2.0	6.3	9.6	3.7
粮食消费价格		1.4	2.7	6.3	7.0	5.6
油料生产价格		-8.7	4.8	·33.4	28.0	-5.8
油脂消费价格		-5.7	-1.4	26.7	25.4	-18.3
蔬菜生产价格		7.2	9.3	6.9	4.7	11.8
鲜菜消费价格		10.4	8.2	7.3	10.7	15.4
水果生产价格		7.4	11.4	1.3	1.4	7.0
鲜果消费价格		1.6	21.5	0.1	9.0	9.1
生猪生产价格		-2.4	-9.4	45.9	30.8	-18.4
肉禽及其制品消费价格		2.5	-2.9	31.7	21.7	-8.7
禽蛋生产价格		6.4	-4.0	15.9	12.2	2.8
鲜蛋消费价格		4.6	-4.0	21.8	4.3	1.5
居民家庭恩格尔系数	城镇	36.7	35.8	36.3	37.9	36.5
	农村	45.5	43.0	43.1	43.7	41.0

资料来源：《中国统计年鉴》（2009）和《中国农村统计年鉴》（2009）以及《中华人民共和国 2009 年国民经济和社会发展统计公报》和《2009 年 12 月份及全年主要统计数据》，中国统计信息网（www.stats.gov.cn）。

如果食用农产品或者食品价格上涨幅度过大，可能会使城镇居民恩格尔系数又转为上升。实际上，居民对食品价格上涨的感受可能比统计上的价格指数变化更加强烈。每逢节假日，每次出现恶劣天气，一些食品价格可能出现成倍上涨，而中低收入城镇居民和农民的收入可能没有相应大幅度增加，在恩格尔系数总体比较大的情况下，食品支出必然会成为沉重的经济负担。

（三）防止农产品市场价格非常规波动的意义

随着我国市场经济的不断发展，农业相关主体的经济利益表达意愿日益增强。政府为了保护广大生产者和消费者的利益，需要采取多种多样的有效措施，在农业生产和农产品流通领域进行必要的干预，促进农产品市场稳定，维护农产品价格的合理水平。

农产品市场的稳定性及其价格的波动性对不同主体的经济利益会产生不同方向和不同程度的影响。农民是我国最主要的农业生产者，通常情况下期望着农产品价格上涨。不同农产品消费者，由于收入水平差异，对不同农产品价格上涨程度的反应存在着显著差别。高收入者由于恩格尔系数相对较低，一般对农产品及其食品价格的波动不敏感，而低收入者对农产品及其食品价格明显上涨会过度反应。农产品加工企业和流通领域经营者往往预期从价格上涨中谋利。不同主体的经济利益主张相互矛盾、相互冲突。

市场经济中不同主体的利益冲突要么通过市场力量实现平衡，要么通过政府干预实现平衡。

市场力量是一只"看不见的手"，在多数情况下能够较好地调节不同主体的利益冲突。但是，市场调节方式对农业生产者和普通消费者的损害相对较大，特别是受到不同主体在市场经济中地位的差别、信息不对称情况下预期的形成以及投机等因素的影响，市场力量调节不同主体利益并不能够使弱势群体和低收入者满意。政府作为市场秩序的维护者和普通消费者利益的代言人，需要干预农业，促进农产品市场的稳定。

农产品价格过度下跌，会损害农业生产者的利益，挫伤农民发展农业生产的积极性，谷贱伤农。当农业生产者纷纷退出某种农产品生产，接下来必然是农产品价格暴涨，使普通消费者利益损失过大。某种农产品价格暴涨必然会吸引大量新生产者的进入，接下来该种农产品价格下跌和低迷将不可避免。农产品价格大起大落周期性循环是市场调节的表现形式，普通农产品生产者和消费者往往是输家，而经济实力雄厚的农产品经营者从中获利最大。

农产品市场主体出于自身利益保护的需要，往往会利用各自掌握的信息，不但追求当期最大利益和最小损失，而且也会追求长期最大利益和最小损失。这样，就会形成预期行为，导致农产品市场的波动加剧。受到生物生长规律和自然灾害等不确定因素影响，某种农产品供给在特定的阶段可能减少。在这种情况下，减产的农产品，其价格理应上涨，一方面激励该种农产品供给者增加供应，另一方面调节该种农产品需求者减少消费，从而促进农产品市场稳定和不同主体经济利益的平衡。但是，似乎理性的预期会破坏价格调节在稳定市场方面的作用。某种农产品价格看涨时，供给者不增加供应，反而惜售甚至囤积居奇；消费者不减少需求，反而抢购。这样，市场供求更加紧张，该种农产品价格上涨幅度更大。

农产品市场剧烈波动，不但会损害普通农产品生产者和消费者的利益，而且会妨碍经济的持续发展，也可能造成社会的不稳定。农产品价格过度下跌，农民收入势必受到影响。这样，扩大农村内需就会缺乏物质基础。农产品价格大幅度上涨，可能会引发通货膨胀，特别是可能给低收入消费者的生活带来困难，容易诱发社会的动荡。因此，稳定农产品市场，促进农产品价格合理价位的形成，是政府需要选择的目标之一。

三、当前调控农产品市场价格的政策选择

相比 20 世纪 80 年代和 90 年代，我国农产品市场及其价格稳定的基础明显增强。随着现代农业的发展，我国的农业综合生产能力明显增强。我国已经建立起了比较完善的农产品市场宏观调控体系，调控能力强大。国家有充裕的粮、油、糖、肉等主要食用农产品的储备，除了极少数农产品品种外，我国对农产品进出口的调控能力仍然比较强。只要 2010 年能够把稳定发展农业的工作做好，进一步完善农产品市场监管，稳定农产品市场及其价格完全是可能的。

农产品市场价格是否能够稳定对国计民生有着直接的影响。管理通货膨胀预期已经成为 2010 年我国经济工作的主要任务之一。从目前来看，我国农产品价格总体水平的上涨压力越来越大。我国每次明显的通货膨胀都伴随着农产品及其食品价格的明显上涨。2010 年的《政府工作报告》提出了将城乡居民消费价格上涨率控制在 3% 之内的目标。

近几年来，我国农产品市场价格存在着明显的波动。除了农产品供求关系变化外，其他一些因素，如国内经济环境变化、居民食品消费结构升级、国际市场价格的传导以及农业支持保护制度建立过程中引起的农业资源配置重组，都可能带来农产品市场价格的波动。从可控因素来看，为了稳定农产品市场价格，2010 年应采取积极有效措

施，着重做好稳定粮食等主要农产品生产，协调好农业补贴和农产品价格支持政策，发挥好政府调节农产品供求关系作用，并尽可能降低农产品生产的不确定因素等工作。

1. 积极扩大粮食和其他主要农产品生产

立足国内生产保障粮食安全，事关经济社会稳定大局，对实施国家发展战略和应对各种突发事件具有直接的、深远的影响。粮食当年产量在有效供给保障和市场预期形成中具有决定性影响。在国际形势复杂多变，我国农业高度市场化并与国际市场关联性很强的情况下，国内粮食生产剧烈波动，可能会带来粮食及其他主要农产品供给的更大幅度波动，对国民经济平稳运行和居民生活等产生极其不利的影响。

扩大粮食和其他主要农产品生产，是阻止国际国内市场剧烈波动预期形成的最有效方法。我国虽然是世界上粮食消费大国，但仍然缺乏价格形成的话语权。国内粮食和其他主要农产品生产波动的信号，将会助推国际市场价格的大起大落。扩大粮食和其他主要农产品生产，促进国际农产品市场价格稳定，对我国依赖进口解决国内部分农产品生产不足比较有利。

扩大粮食生产，是调控农产品市场最理想的手段。稳定农产品市场，保持农产品价格合理水平，是农业宏观调控的基本目标。比较而言，粮食在农产品中具有可长期储备、便于运输和可以提供多种营养的基础来源等特点，是最好的可用于调控农产品市场的品种。综观世界各国，无论是发达国家，还是发展中国家，都选择粮食作为农产品市场调控的品种。从短期来看，我国粮食需求是基本稳定的。如果粮食生产稳定扩大，粮食产需平衡关系就具备了稳定的基础。在这种情况下，通过库存和进出口调节粮食供求平衡、实现粮食市场价格稳定就具有了理想的条件。

自 2004 年以来，在粮食补贴和托市收购政策的积极作用下，在科技强有力支撑下，在创新粮食工作机制激励的新形势下，尽管自然灾害和病虫害在一些年份严重发生，但是我国粮食生产仍连年增产。回顾总结这一阶段我国发展粮食生产的政策措施和工作机制，将行之有效的办法继续实施下去，无疑会促进粮食生产稳定发展。

从粮食播种面积和单产的稳定性来看，播种面积相对更具有可操作性，而单产则受气候等外界不可控因素影响更大，稳定粮食播种面积更具有政策选择上的意义。改革开放以来每次我国粮食出现较大缺口或者较为严重的过剩，一般都是粮食播种面积与单产大幅度同降同升有很大关系。如果粮食播种面积能够稳定，就一定能够减小粮食总产量的波动程度。

强化农业科技基本支撑。在我国农业资源约束日益加剧和极端天气出现更加不确定的情况下，只有不断提高农业科技进步，才能够从根本上提高粮食生产的比较效益，实现粮食生产稳定发展。长期来看，我国粮食生产播种面积总体上不断减少，实现粮食增产靠的就是科技创新。

加强农业基础设施建设。农业基础设施是保障粮食综合生产能力的重要途径。我国是一个自然灾害频发的国家，农业基础设施建设的投入多年来严重不足，严重影响到农业防灾抗灾减灾能力，制约着我国粮食生产的稳定发展。农业基础设施建设需要的投入庞大，关键要完善投入机制，改进配套投资政策。针对我国农业基础设施薄弱环节，要重点加强农田水利设施建设，尽快完善主产区的粮食生产条件，加强中低产田改造。

农业生产资料价格上涨，往往都会损害农民发展农业生产的积极性。从全局考虑，调控好农业生产资料价格上涨幅度，是防止农产品价格与农业生产资料价格轮番上涨从而将食品价格上涨演变为明显通货膨胀的关键环节。要采取优惠政策，鼓励农业生产资料企业充分利用现有生产能力，扩大农业生产资料生产。农业生产资料生产企业要加快科技创新，尽可能通过科技进步将原材料价格上涨消化。要加大农业生产资料市场监控力度，严厉打击农业生产资料市场乱涨价等不法行为。利用我国贸易顺差大的有利时机，及时调整农业生产资料进出口政策，扩大国内存在缺口的农业生产资料进口，增加有效供给，平抑农业生产资料价格。

2. 进一步完善农业补贴和农产品价格支持政策

我国已经初步建立了农业补贴和农产品价格支持制度，对保护和调动农民生产积极性发挥了重要作用。但是，目前我国这两项制度是相互分离的，有时对于稳定农产品市场和促进农业食品产业健康发展存在着不利影响。农业补贴高低与当年的农产品价格水平联系不紧密，可能导致顺周期调节，即农产品市场价格水平已经相当高，而补贴可能出现明显增长，导致农业生产盲目扩大和下一轮农产品供给过多，带来农产品市场过度波动。托市收购价格成为农民最高销售价格。农民选择国家指定政策性收购站点销售粮油等农产品经常遭遇压级压价和拒收。调查表明，90%以上农民把粮食卖给私人粮贩，人为增加了流通环节，降低了流通效率。国家财政为托市收购政策执行支付的成本费用居高不下，2009年中央财政为粮油物资储备支付的事务费超过1700亿元。在农业国际化大背景下，托市收购政策还给农产品加工企业发展带来不利影响。收购国内大豆榨油的企业在大豆托市收购政策环境中由于国内大豆价格明显高于国际市场，不得不选择停产。农民和社会对托市收购政策不满意度高。

为了整合农业补贴和价格支持政策，进一步发挥好积极作用，尽可能克服其不利影响，可以考虑通过健全农民生产和销售农产品档案等管理制度，事先确立目标价格，对国有粮食企业只规定收购数量，不干预价格，根据农民销售给国有粮食企业的实际价格，政府再参照目标价格，向农民发放一定数量的差额补贴。为此，对现行国有企业粮油收购的一些环节要进行转变，特别是要改变现行严管粮油质量，导致农民难以将粮油销售给国家指定的粮油企业；要放松国有粮食企业收购粮油的质量管制，由国有粮食收购企业收购后再进行加工、烘干、分类等处理。

3. 做好农产品供求关系调节工作

随着现代农业的发展，我国的农业综合生产能力明显增强。我国基本上建立了重点农产品的市场监测预警、库存吞吐和进出口调节等体系。国家有充裕的粮、油、糖、肉等主要食用农产品的储备，除了极少数农产品品种外，我国对农产品进出口的调控能力仍然比较强。只要2010年能够把稳定发展农业的工作做好，进一步完善农产品市场监管，稳定农产品市场及其价格完全是可能的。

（1）要整合好现有多部门监测农产品和食品市场价格方面的信息，建立起会商制度，确保重点农产品库存吞吐和进出口调节的有效性。农产品及其食品价格走势方面的信息对农产品及其食品市场价格预期的形成具有决定性的影响。客观、理性的信息，有助于发挥价格调节供求关系的作用，促进农产品价格保持合理水平。虚假、夸大的信息，会放大农产品市场价格的波动，甚至引起恐慌。我国目前农产品市场信息发布主体多，一些经营者往往利用非主流媒体散布农产品市场及其价格的虚假信息。无论从当前还是长远来看，都需要规范农产品市场及其价格信息发布，扼制任何人、任何组织都可以随意散布农产品市场及其价格方面的信息的不良行为。

（2）要在主产区、主销区和其他重点区域实行有区别的库存吞吐调节政策。对于主产区，重点根据农产品生产价格的波动程度适时采取临时收储政策；对于主销区，重点根据食品消费价格的波动程度适时采取抛售政策；对于一些受灾地区，以及受恶劣天气影响的主销区，要做好粮、油、菜、肉等主要食品的供应工作。

（3）要通过大力建设现代农产品市场和发展农产品物流，稳定农产品交易关系，维护农产品市场正常秩序。

（4）要发挥好进出口调节的作用。尽管一些不确定因素不利于国际农产品市场平稳运行，但是近年来国际农产品市场供求关系总体上相对比较理想。综合国际组织和美国农业部的估计和预测，2009 年至 2010 年世界主要农产品库存水平相对较高，多数农产品没有出现大幅度减产，农产品供给基本稳定。国际市场上主要农产品供求关系相对宽松成为平衡剧烈波动的有利因素。我国政府、农产品进出口商等相关主体一定要将农产品国际市场的短暂波动和短中期分析结合起来，提高对国际农产品市场走势判断的预见性，掌握好时机做好农产品进出口工作。

4. 降低灾害对农产品市场价格波动的冲击

我国是一个自然灾害多发的国家，每年受灾面积都要占到农作物种植面积的 1/3 左右，旱灾是影响我国农业生产的首要灾害。这次西南五省持续的旱灾，无疑会对粮食生产造成一定的不利影响，但是不能就此认为目前发生的西南旱灾已经对整个西南地区的粮食产量和全国粮食总供给造成了明显影响。

自 2009 年 8 月份以来，我国食品消费价格持续上涨，特别是粮食、蔬菜等上涨幅度明显。自然灾害等外部冲击对粮食等主要农产品生产及其市场价格的波动会产生重要影响。在食品消费价格不断上涨的形势下，要进一步做好自然灾害和动植物病情疫情防治工作，以防止不可抗力因素对通货膨胀预期的强化。

对于政府主管部门来说，要代表社会整体和最广泛的大众利益，向社会提供充分、准确的灾情信息，动员组织抗灾工作，努力将灾害的损失降到最低，做好灾区粮油等必需品供应和市场供求平衡工作，尽可能降低灾区市场价格的波动。

2003 年以来我国农产品价格上涨的分析[①]

农村发展研究所课题组

长期以来，我国农产品价格一直存在着较大幅度的波动。2010 年上半年，我国农产品价格总体上又呈现出较大幅度的上涨，农产品生产价格较上年同期上涨了 8.4%，其中粮食生产价格上涨了 12.7%，这引起了社会的广泛关注。如何看待近期我国农产品价格波动？受哪些因素影响？可能会产生怎样的后果？未来会呈现出怎样的走势？需要采取怎样的应对措施？本文试图以进入新世纪以来，重点是 2003 年以来我国农产品价格波动数据为基础，从一些主要经济因素视角展开分析，初步回答上述几个问题。

一、近期我国农产品价格波动可能呈现轮番上涨的特征

进入 21 世纪后，自 2003 年第四季度开始的我国农产品价格的波动大致已经历了两轮大幅度上涨阶段。第一个阶段主要发生在 2003 年第四季度和 2004 年上半年，第二个阶段是 2007 年和 2008 年。比较而言，第二个阶段持续的时间长，农产品价格上涨幅度明显比第一个阶段大。不妨将这种每隔一段时间出现的农产品价格明显上涨称之为农产品价格的轮番上涨。

[①] 农村发展研究所《农村经济形势分析和粮食安全》课题组的研究报告。课题主持人张晓山，成员有：李国祥、李成贵、翁鸣、廖永松、檀学文、罗万纯、胡冰川。本报告执笔：李国祥。

在农产品价格轮番上涨的过程中，每轮往往以某种或者几种主要农产品领头上涨为先导。受低温灾害和粮食生产连续多年滑坡冲击，2003年第四季度和2004年上半年，粮食生产价格领先上涨，小麦和稻谷的上涨幅度都超过了30%。2007年和2008年这一轮农产品价格上涨以油料和生猪为先导，其中，油料价格在两年内累计上涨幅度超过70%，而生猪价格累计上涨幅度大约翻了一番。

农产品价格轮番上涨，不仅呈现为先导农产品价格一轮接一轮的上涨，而且还会出现先导农产品价格上涨后对其他农产品价格上涨带来压力，从而推动农产品价格总体水平的不断上涨。自2003年以来，我国几乎所有农产品价格都出现过较大幅度的上涨。

一般来说，农产品价格明显上涨，相应地会带来居民消费价格的大幅度上涨。2004年、2007年和2008年，农产品生产价格出现了明显上涨，较上年涨幅分别为13.1%、18.5%和14.1%，对应的城乡居民食品消费价格涨幅分别为9.9%、12.3%和14.3%。虽然不同年份农产品生产价格总体水平与食品消费价格水平的涨幅存在一定的差异，但是在农产品生产价格出现明显上涨的情况下，食品消费价格变动方向不仅与农产品生产价格相一致，而且涨幅也相当明显。

比较不同农产品的生产价格和消费价格变动情况，可以发现多数情况下二者的变动在年度内基本相近。2005~2009年，除了2005年外，粮食生产价格与消费价格二者变动方向完全相同，变动幅度也比较接近；除2006年外，油料生产价格和油脂消费价格二者变动方向完全一致，由于二者的口径存在差别，出现涨幅和跌幅不一致的情形。类似的，生猪生产价格和肉禽及其制品消费价格尽管存在着较大差异的口径，但是除了2005年二者变动方向不一致外，其他年份二者变动方向及其涨幅变化基本一致；对于一些鲜活农产品，如蔬菜生产价格和鲜菜消费价格，水果生产价格和鲜果消费价格，禽蛋生产价格和鲜蛋消费价格，它们的变动方向完全一致（见表1）。

受国际金融危机冲击，2009年我国农产品生产价格出现了总体上的下跌，全年农产品生产价格比上年下跌了2.4%。但是，2010年上半年新一轮农产品价格明显上涨不断显现。这一轮农产品价格上涨势头

表1　2005~2009 年我国一些农产品生产价格和消费价格较上年涨跌幅度的比较

单位：%

项目 ＼ 年份	2005	2006	2007	2008	2009
粮食生产价格	-0.9	2.0	6.3	9.6	3.7
粮食消费价格	1.4	2.7	6.3	7.0	5.6
油料生产价格	-8.7	4.8	33.4	28.0	-5.8
油脂消费价格	-5.7	-1.4	26.7	25.4	-18.3
蔬菜生产价格	7.2	9.3	6.9	4.7	11.8
鲜菜消费价格	10.4	8.2	7.3	10.7	15.4
水果生产价格	7.4	11.4	1.3	1.4	7.0
鲜果消费价格	1.6	21.5	0.1	9.0	9.1
生猪生产价格	-2.4	-9.4	45.9	30.8	-18.4
肉禽及其制品消费价格	2.5	-2.9	31.7	21.7	-8.7
禽蛋生产价格	6.4	-4.0	15.9	12.2	2.8
鲜蛋消费价格	4.6	-4.0	21.8	4.3	1.5

资料来源：《中国统计年鉴》(2009)、《中国农村统计年鉴》(2009) 和《中国统计摘要》(2010)。

是否会延续？为了回答这个问题，接下来我们不完全局限于 2003 年以来的数据，而着重从一些主要经济因素对农产品价格上涨的影响进行分析。

二、影响农产品价格波动的主要经济因素

影响农产品价格波动的因素很多。除了气候灾害、动植物疫情病情等不可控因素外，一些经济因素，特别是农产品市场供求关系变化、农产品生产成本、货币供给量、国家农产品价格政策和国际农产品价格波动及其对国内市场的传导等对国内农产品价格波动的影响值得关注。

（一）农产品供求关系变化与农产品价格波动

分析农产品供求关系变化影响其市场价格，是农业经济学传统的研究方式。无论是过去，还是现在，在对农产品价格进行实证研究时，一般都是围绕着农产品供求关系的变化进行深入分析（Ferris, 1998; Trostle, 2008）。概括地说，农产品供求关系变化与价格变动的关系是：当农产品供求关系趋于紧张时，农产品市场价格就会上涨，反之亦然。

随着我国农产品市场化改革的不断深化，农产品商品率已经达到了相当高的水平，农产品市场是一个竞争相对比较充分的市场，农产品价格水平由经营者在要价和还价过程中形成。在农产品市场中，不同利益主体会依据市场供求关系的判断对价格进行博弈。

从农产品生产者来说，他们要价的主要依据必然会考虑到农产品市场供求关系的变化。在调研中了解到，农民对某种农产品市场供求关系变化的感受，多数情况下不是市场实际的供求关系的全部信息，而是依据某种农产品丰歉情况，即单产水平的提高或者降低及其程度判断某种农产品供求关系的变化。

显然，在竞争相对比较充分的市场上，对某种农产品市场价格水平波动方向及其程度，经营者在短期内可直接通过市场上供给量的变化进行判断。但是，经营者的这种短期局部判断未必正确。特别地，在全国统一市场形成后，在国际国内市场不断融合的情景下，一个局部市场短时供求关系的变化未必能够反映特定时间（如一个生产周期）的供求关系真实变化。

我国粮食已经连续多年增产，且2007~2009年粮食总产量已经连续3年超过5亿吨，粮食库存继续充足。2009年国内粮食产量5.31亿吨，加上净进口0.49亿吨，新增供给量5.8亿吨，意味着2010年国内粮食供给保障性好。但是，2010年上半年部分粮食品种在局部地区仍然出现明显的上涨。这种现象可能与我国局部地区2009年秋粮单产下降和2010年夏粮单产下降有关。

（二）国内农产品成本上升与农产品价格变动

根据成本推动理论（Engle，1978），农业投入要素价格上涨会推动农产品价格的上涨。农业投入要素价格的上涨，会导致农业投入要素的重新配置。在农业产出保持不变的前提下，如果重新配置后的农业投入无法完全消化因其价格上涨而带来的成本费用上涨，这时农业投入成本费用的增加，最终必然会带来农产品价格的上涨。

分析农业投入要素价格上涨对农产品价格的影响，关键要看农业投入价格上涨是否带来了农产品成本费用的上升。假定农产品生产者是理性的，追求最大利润。如果农业投入价格上涨了，带来了成本费用的上升，按照边际成本等于边际收益原则，在农业投入物和产出物关系既定的前提下，要维持生产者的积极性，必然会带来农产品生产价格相应上涨。

我国农业经济生活中，是否有实证资料支持农业投入要素价格上涨带来农产品成本费用上升，从而进一步推动农产品价格上涨呢？

考察我国农业投入要素价格、农产品成本及其价格之间关系的数据，可以借助由国家发展和改革委员会价格司编写的、由中国统计出版社出版的《全国农产品成本收益资料汇编》。

粮食生产的投入物种类相当多。为了便于讨论，根据《全国农产品成本收益资料汇编》中提供的数据，特别选择种子、化肥、雇工和土地四种生产要素，考察稻谷、小麦和玉米三种粮食有代表性的主要投入要素价格变化。

2008 年与 2003 年相比，我国生产的稻谷、小麦和玉米三种粮食投入要素中，种子和化肥代表的可变投入物单位价格以及雇工工价和土地成本等都呈现出了明显的上涨，最低涨幅超过 80%，最高涨幅接近 150%。2003~2008 年，种子价格由 2.61 元/公斤上升到 4.72 元/公斤，上涨了 80.65%；化肥价格由 2.87 元/公斤上升到 5.57 元/公斤，上涨了 94.16%；雇工工价由 18.80 元/日上升到 46.36 元/日，上涨了 146.60%；土地成本由 790.95 元/公顷上升到 1494.30 元/公顷，上涨了 88.92%（见表 2）。

表 2　2003~2008 年我国稻谷、小麦和玉米三种粮食主要投入物价格情况

年　份	种子单价 （元/公斤）	化肥单价 （元/公斤）	雇工工价 （元/日）	土地成本 （元/公顷）
2003	2.61	2.87	18.80	790.95
2004	3.16	3.73	22.51	811.05
2005	3.85	4.16	25.84	930.30
2006	4.07	4.14	30.26	1023.75
2007	4.25	4.19	35.59	1224.60
2008	4.72	5.57	46.36	1494.30
2008 年较 2003 年增长（%）	80.65	94.16	146.60	88.92

资料来源：2006 年和 2009 年《全国农产品成本收益资料汇编》。

比较而言，市场化程度相对较高，或者说外购程度比较高的农业

投入要素价格上涨幅度相对较大。种子可以留用，其市场化程度应低于化肥。2008 年与 2003 年相比，化肥单价上涨幅度高于种子近 15 个百分点。雇工是完全属于市场化的，其工价在 2003~2008 年涨幅是最大的。我国实行家庭承包经营，农地流转虽然总体上趋于增加，但在粮食种植面积中大约占 10%。2003~2008 年粮食生产中流转地价格上涨幅度高于种子，但低于雇工和化肥。随着农业投入要素市场化程度进一步提高，粮食生产的投入要素价格估计会进一步上升。

从整体上说，2003~2008 年，粮食生产的主要投入要素价格年际间涨幅虽然变化很大，但是，种子、雇工和流转地价格都呈现出上涨，化肥只有 2006 年比 2005 年降了 0.02 元/公斤。不同农业投入要素价格上涨幅度极不一致。相对来说，化肥价格的波动剧烈程度超过种子。而雇工工价自 2005 年起呈现出明显加快上涨的态势，这可能与我国经济快速增长，农民工工资率上升较快有关。流转地租金价格自 2004 年后呈现出加快上涨的态势，这可能与我国取消农业税，不断加大农业（粮食）补贴力度有关。

要回答农产品价格上涨与成本推动是否存在关联，必须进一步考察农业投入要素价格是否导致农产品生产的平均成本的上升。什么是农产品生产的平均成本？按照我国现有农产品成本核算体系，每公顷种植面积的总成本包括生产成本和土地成本两个部分。其中，每公顷种植面积的生产成本又进一步细分为每公顷的物质与服务费用加上每公顷人工成本。为了便于直接观察农产品成本与价格之间的关系，根据《全国农产品成本收益资料汇编》全部换算成平均成本与价格，即每公斤的价值量。

自 2003 年以来，粮食销售价格总体上趋于上涨。根据 2009 年《全国农产品成本收益资料汇编》，2003~2008 年，稻谷、小麦和玉米三种粮食平均销售价格由 1.13 元/公斤上升到 1.67 元/公斤，上涨了 47.8%。对应地，2003~2008 年稻谷、小麦和玉米三种粮食的平均生产成本由 0.94 元/公斤上升到 1.06 元/公斤，上涨了 12.5%。其中，稻谷、小麦和玉米三种粮食每亩种子、化肥、农药和农膜四类物质投入费用同期由 87.9 元增加到 172.1 元，净增加 84.2 元，增长 95.8%（其中同期化肥净增加 60.6 元，增长 104.5%）。而稻谷、小麦和玉米三种粮食的平均土地成本 2003~2008 年由 0.15 元上升到 0.23 元，上涨了 48.9%（见表3）。可见，在粮食销售价格上涨的同时，粮食的生产成本和占用耕地成本随之上升。比较而言，粮食的平均生产成本增幅相对较大，而生产粮食占用的单位土地成本增速相对较快。不同年份，稻谷、小麦和玉米三种粮食的平均生产成本和土地成本在单位价格中所占比重，存在着很大区别，也没有呈现出一致性的上升或者下降趋势。但是，多数年份的稻谷、小麦和玉米三种粮食的平均生产成本和土地成本占单价的比重之和在 70% 到 80% 之间。这些现象至少表明粮食销售价格上涨与成本上升存在着相关性。

表3　我国稻谷、小麦和玉米三种粮食单位成本和价格情况

年　份	平均销售价格（元/公斤）	平均生产成本		平均土地成本	
		元/公斤	占单价%	元/公斤	占单价%
2001	1.03	0.87	84.01	0.12	11.61
2002	0.98	0.89	90.51	0.14	14.46
2003	1.13	0.94	83.32	0.15	13.55
2004	1.41	0.84	59.62	0.13	9.44
2005	1.35	0.92	68.55	0.16	11.71
2006	1.44	0.93	64.78	0.17	11.74
2007	1.58	0.97	61.68	0.20	12.61
2008	1.67	1.06	63.44	0.23	13.66

资料来源：2006 年和 2009 年《全国农产品成本收益资料汇编》。

（三）国内货币供给量增长与农产品价格波动

货币供给量增长是否会影响到农产品价格的波动？国外学者很早就开展了货币供给量对农产品价格波动影响的研究。一些国外的学术性文献研究表明，美国在 20 世纪 70 年代和 80 年代曾在货币供给量增长对农产品价格波动影响领域进行了集中研究。Barnett 等人（1988）选用 Granger 检验方法研究狭义货币供给量（M_1）和广义货币供给量（M_2）对美国农产品价格的影响，结论认为美国货币供给量没有直接影响农产品价格水平。而 Saunders（1988）的经验研究表明，虽然不能发现广义货币供给量（M_2）增长率直接影响农产品价格变动的存在，但是美国货币供给变化对其农产品价格变动的滞后影响是存在的，仅

仅是影响的滞后期并不确定，所以很难通过确定的滞后期来检验货币供给量变化对农产品价格水平变动影响的存在。

通过对改革以来我国货币供给量年度同比增长率与农产品价格变动率的相互关系分析，初步表明货币供给量增长率的变化总体上，或者平均来说，对农产品价格变动的影响比较小。但是，这并不表明我国的货币供给量对农产品价格的影响不存在。实际上，影响农产品价格变动的因素很多，货币供给量对农产品价格变动的影响能否显现，不能仅仅从总体影响，或者说从多数年份货币供给量常规增长来进行考察。

考察我国年度的农产品价格波动与货币供给量增长之间的关系，不难发现对应于农产品价格大幅度上涨阶段，往往在前期曾出现过货币供给量明显增长的历史；对应于农产品价格大幅度下跌阶段，往往在前期曾出现过供给量增长速度明显放缓的历史。

1987~1989 年，我国农产品生产价格较上年上涨率连续 3 年超过12%。其中，1988 年农产品生产价格较上年上涨率达到 23%，1989 年农产品生产价格较上年上涨率仍然维持在 15%。对应地，1988 年流通中现金（M_0）较上年增长率达到 46.7%，是 20 世纪 80 年代相当高的年份。

1993~1995 年，我国农产品生产价格较上年上涨率平均超过 20%。其中，1994 年和 1995 年农产品生产价格较上年上涨率分别为 39.9% 和19.9%，是新中国成立以来罕见的农产品价格连续大幅度上涨的两个年份。对应地，1992 年和 1993 年狭义货币供给量（M_1）同比增长率分别为 35.9% 和 38.8%，明显地高于一般年份的狭义货币供给量（M_1）增长率。

我国的货币供给量增长对农产品价格变动的显著影响不但表现在极端的货币供给量急剧增长的阶段，而且对应于货币供给量增长急剧变缓而出现农产品价格明显下跌的情形。

1989 年，我国流通中现金较上年增长率由 1988 年的 46.7% 回落到9.8%。对应地，1990 年和 1991 年农产品生产价格分别较上年下跌了2.6% 和 2.0%。

1997~2000 年，我国农产品生产价格连续 4 年下跌。其中，1999 年农产品生产价格较上年下跌了 12.2%。对应地，这 4 年狭义货币供给量（M₁）同比增长率相对较低，特别是 1998 年狭义货币供给量（M₁）同比增长率仅为 11.9%，是比一般年份货币供给量增长率明显低得多的情形。

可见，我国农产品价格大幅度上涨的前期，往往会对应于货币供给量急剧增长；而农产品价格明显下跌，往往会对应于货币供给量急剧回落。这种现象虽然不能说明货币供给量增长率急剧变化是农产品价格明显变动的充分条件，但可以认为货币供给量增长率急剧变化是农产品价格明显变动的必要条件。

（四）农产品需求因素

随着经济的发展，居民食品消费结构将会不断发生变化。一般认为居民收入增长是食品消费结构转变的动力。西方国家在揭示居民食品消费结构转变时经常引用的 Bennett 定律，即随着居民收入水平的提高，人们热量需要来源于动物源食品的比重趋于提高（Delgado et al.，1999）。Bennett 定律揭示了收入增长与食品消费结构转变的关系。

随着我国经济的不断发展和城乡居民收入水平的逐步提高，居民食品消费结构将不断转变。经济增长和居民收入增长加快，意味着食品需求及其结构的明显改变。在经济发展的不同阶段，居民食品消费结构的转变速度存在着明显差异，由此所引起的不同农产品的消费量和国内需求量的增长也会出现较大的差异。当居民收入达到一定水平后，食品消费结构面临升级，一个重要标志是居民的粮食消费趋于稳定，油脂和肉类消费缓慢增长，蔬菜等消费呈现出增长态势。尽管近几年来蔬菜价格波动剧烈，季节性波动强烈，异常波动明显，蔬菜市场价格受灾害性天气影响极其敏感，但是，分析表明，蔬菜价格上涨趋势相对明显。自 2006 年以来，蔬菜消费价格总体上下降的时间短，频率低，而多数情况下出现上涨，一般情况下元旦春节期间蔬菜价格上涨幅度更加明显，居民实际感受的蔬菜消费价格上涨往往比价格指数更加明显。

特别地，受居民消费结构升级影响，在我国部分农产品出现明显减产的时候，一些食品由于居民收入快速增长导致消费更加缺乏价格弹性，使国内市场部分食用农产品供求关系偏紧。自2003年以来，我国的一些主要农产品中，食用植物油、猪肉和奶类生产价格波动幅度更大。2007年，豆类、油料和生猪生产价格上涨幅度超过20%，明显高于其他农产品生产价格。2008年，除了这三类食用农产品外，奶类生产价格上涨幅度达到了25.5%。

（五）其他因素

除了上述农产品供求因素和宏观货币政策外，国内的农业补贴和农产品价格支持政策，国际农产品价格波动及其对国内农产品价格的传导等也会对农产品价格的上涨产生明显影响。

近几年来，多数粮食品种价格在国家托市收购政策作用下总体呈现出上涨的趋势。其中，小麦和稻谷价格上涨幅度相对较大。2009年上半年在全国农产品生产价格总体水平下降6.2%的情况下，小麦生产价格上涨了8.7%，稻谷生产价格上涨了4.9%。2009年小麦价格上涨最明显，比2008年上涨了7.9%；稻谷价格上涨了5.2%。2009年粮食消费价格上涨了5.6%。

在我国农产品市场对外开放程度不断提高的背景下，国际农产品市场价格波动必然会传导到国内市场上，特别是中国对大豆的保护程度低，国际市场上大豆价格的波动在很短时间内就会传导到国内。

三、农产品价格上涨对生产者和消费者的影响

农产品价格的波动性对不同主体的经济利益会产生不同方向和不同程度的影响。农民是我国最主要的农业生产者，通常情况下期望着农产品价格上涨。不同农产品消费者，由于收入水平差异，对不同农产品价格上涨程度的反应存在着显著差别。高收入者由于恩格尔系数相对较低，一般对农产品及其食品价格的波动不敏感。而低收入者对农产品及其食品价格明显上涨会过度反应。农产品加工企业和流通领域经营者往往预期从价格上涨中牟利。不同主体的经济利益主张相互

矛盾，相互冲突。

我国农产品价格轮番上涨对农业生产者的影响相对比较复杂。我国典型的农民家庭，既是农业生产者，又是消费者。农产品价格轮番上涨，可能带来农业收入的增长，但也会带来农业生产费用支出和食品消费支出的增长。

农产品生产价格上涨，特别是大幅度上涨，一般都会带来农民家庭经营第一产业纯收入较快的名义增长。2004 年、2007 年和 2008 年是农民家庭经营第一产业人均纯收入较上年名义增长率提高相对较快的 3 年，分别达到 16.9%、14.7%和 11.5%，明显高于农产品生产价格涨幅相对较低的年份（见表 4）。

表 4　农产品和食品价格波动对生产者收入和消费者食品支出的影响

年份	较上年上涨（%）		农民家庭经营第一产业人均纯收入较上年名义增长率（%）	居民人均食品消费支出较上年名义增长率（%）	
	农产品生产价格	食品消费价格		城镇	农村现金
2001	3.1	0.0	3.29	2.17	4.35
2002	−0.3	−0.6	0.75	12.80	5.47
2003	4.4	3.4	5.34	6.39	7.87
2004	13.1	9.9	16.93	12.11	14.28
2005	1.4	2.9	5.12	7.56	22.35
2006	1.2	2.3	3.52	6.78	8.41
2007	18.5	12.3	14.71	16.58	15.81
2008	14.1	14.3	11.50	17.41	17.32
2009	−2.4	0.7	2.17		

资料来源：《中国统计年鉴》（2001~2009）、《中国农村住户调查年鉴》（2009）和《中国统计摘要》（2010）。

农产品生产价格下跌，或者涨幅较小，一般都会带来农民家庭经营第一产业人均纯收入相对较慢的名义增长。2002 年，农产品生产价格较上年下跌了 0.3%，而农民家庭经营第一产业人均纯收入较上年名义增长速度仅为 0.8%。2009 年，农产品生产价格较上年下跌了 2.4%，农民家庭经营第一产业人均纯收入较上年名义增长速度仅为 2.2%，为 2003 年以来最低的年份。

2008 年农民家庭经营第一产业纯收入按当年价格计算比 2002 年增长了 71.4%，按 1985 年不变价格计算实际增长了 38.3%，而同期农业生产资料价格上涨了 59.7%，农村居民食品消费价格上涨了 56.3%。

食品消费价格的波动一般都会带来城乡居民食品消费支出增长幅度的变化。特别是自 2004 年以来，随着城镇居民食品消费数量趋于稳定，农村居民食品消费现金支出比重趋于上升的情况下，食品消费价格上涨明显，一般都会出现居民食品消费支出较大幅度的增长。

2001~2003 年，城乡居民食品消费可能主要处于数量增长阶段，食品消费价格的波动对食品消费支出增长的影响对应关系并不明显。2002 年，虽然城乡居民食品消费价格比上年下跌了 0.6%，但是，城镇居民人均食品消费支出较上年名义增长了 12.8%，农村居民人均食品现金消费支出较上年名义增长了 5.5%。

农产品价格轮番上涨，最终必然会传导到食品价格上。2007 年和 2008 年，对应城乡居民食品消费价格明显上涨，城镇居民人均食品消费支出分别较上年名义增长了 16.6% 和 17.4%，农村居民人均食品消费现金支出分别较上年名义增长了 15.8% 和 17.3%。特别是对应食品消费价格明显上涨，这两年还出现了农村居民食品消费现金支出增长幅度与城镇居民基本一致的情形。

在食品消费价格上涨和居民食品消费升级的作用下，按当年价格计算，2008 年农村居民人均食品消费支出比 2002 年增长了 88.4%，同期农村居民食品消费支出增长了 122.1%。受农业生产资料价格上涨和农业扩大再生产影响，农民家庭经营费用第一产业支出名义增长更加明显。按当年价格计算，2008 年农民家庭经营费用第一产业现金支出比 2002 年增长了 1.6 倍。

如果食用农产品或者食品价格上涨幅度过大，可能会使城镇居民恩格尔系数又转为升。实际上，居民对食品价格上涨的感受可能比统计上的价格指数变化更加强烈。每逢节假日，每次出现恶劣天气，一些食品价格可能出现成倍上涨，而中低收入城镇居民和农民的收入可能没有相应大幅度增加，在恩格尔系数总体比较大的情况下，食品支出必然会成为沉重的经济负担。

自 2001 年，城镇居民家庭恩格尔系数近 10 年没有明显下降，在 36% 到 38% 之间波动。1991~1999 年，城镇居民家庭恩格尔系数由 53.8% 下降到 42.1%，降幅超过 10 个百分点。而 2001~2009 年，城镇居民家庭恩格尔系数由 38.2%下降到 36.5%，降幅不足 2 个百分点。2008 年由于城镇居民食品价格较上年上涨了 14.5%，曾使城镇居民家庭恩格尔系数升到 37.9%。

我国低收入群体居民家庭恩格尔系数仍然比较高。2008 年，全国 40%的中低收入城镇居民家庭恩格尔系数仍然为 44.5%，2009 年农村居民家庭恩格尔系数仍然为 41%。随着专业化的发展，2008 年农民食品消费的现金支出比重已经达到 71%，这表明农民食品消费的自给率下降，食品价格的变化对农民食品消费将产生越来越大的影响。

可见，农产品生产价格的波动既会明显影响农民家庭经营第一产业纯收入的增长，又会通过食品消费价格影响到城乡居民食品消费支出的增长。

四、近期农产品价格走势的展望

从长期来看，我国农产品市场供求关系仍然会存在着周期性变化，反映到市场上必然会呈现出农产品价格的波动；随着经济的发展，国内生产的农产品成本费用总体上趋于上升，这必然带来农产品价格不断走高；货币供给量增长趋于稳定，可能对农产品价格的影响呈现出明显的中性特点。从短期来看，我国一些主要农产品市场供求关系可能趋紧，其价格仍将进一步走高；国内生产的不同农产品的投入要素价格短期内呈现出不同的变化方向，成本推动性的农产品价格上涨仍然会显现出来；2009 年明显加速的货币供给会在 1~2 年的滞后期助推农产品价格上涨。综合来看，我国农产品价格短期上涨压力大于长期上涨压力，但是总体上趋于上涨的势头不会改变。

（一）农产品供求关系变化及其对农产品价格的影响

无论是在短期内，还是从长期看，我国农产品供求关系趋紧的基本态势无法改变。我国随着经济的发展，主要由耕地和淡水等农业资源严重不足所带来的农业弱势性日益显现。2008 年，中国进口大豆和油菜籽等油料 3873 万吨，直接进口豆油、棕榈油和菜籽油等食用植物油 853 万吨，如果按国内单产和出油率计算，相当于 6 亿亩的播种面积。而 2009 年，中国进口的油料进一步增加，达到 4584 万吨，食用植物油达到 930 万吨，如果按国内单产和出油率计算，相当于近 7 亿亩的播种面积。国内农产品供给来源越来越依赖国际市场的进口，国内农产品供给的增长越来越依赖财政的投入。

我国随着城乡居民收入水平的逐步提高，居民食品消费结构将不断转变。在经济发展的不同阶段，居民食品消费结构的转变速度存在着明显差异，由此所引起的不同农产品的消费量和国内需求量的增长也会出现较大的差异。居民对粮油和动物源性消费需求的增长，必然会带来我国日益突出的粮油争地矛盾。

农产品供求关系总体上趋于紧张，必然带来农产品价格上涨的长期压力。农产品供求关系趋于紧张，必然会增加对国际市场上的进口，这会带来国内农产品价格波动源的增多。除了国内生产的不稳定因素和需求变化外，国际市场的传导无法避免。

（二）农业投入要素价格变化及其对农产品价格变动的影响

在我国农作物生产中，种子、土地和活劳动投入等的市场化程度将进一步提高，这必将带来农产品价格的不断上涨。在农业生产商品化、专业化和规模化驱动下，农民会更加注重外购优质种子、雇用更多劳动力和流转更大规模的土地生产粮食。从实际调查中了解到的一般情况是，近年来各地的种子价格、雇工工价和流转地租金上涨势头明显。农业投入要素价格上涨，必然会影响农业生产的要素配置。我国面对耕地资源总量不足，必然会通过政策手段，如粮食最低收购价政策和油料等的临时储备政策，相应地提高粮油等农产品价格。粮油等价格的上涨，又会进一步地带来农产品比价的调整，从而带来短期内部分或者某些农产品价格的上涨，在长期内最终会导致农产品价格总体上的不断上涨。

农业生产投入要素价格不但总体上趋于明显上涨，而且年际间一般也呈现出上涨，这会强化农业要素供给者价格上涨的预期。显然，农业投入要素价格上涨预期的形成和强化，要么会制约农业要素市场化程度的提高，阻碍现代农业的发展；要么通过灵敏的市场反应机制传导到农产品价格上。无论哪种情形，在我国农产品供给总量不足的大环境中，都会带来农产品价格长期的上涨，并可能形成农业生产要素价格和农产品价格轮番上涨的困境。

（三）货币供给量变化及其对农产品价格的影响

我国货币供给量增长与农产品价格变动的经验表明，货币供给量增长总体上对农产品价格涨跌的影响不明显，但是货币供给量增长率急剧变化对农产品价格的涨跌影响不可否认。

2009 年，我国为了应对国际金融危机冲击而实行了相当宽松的货币政策，货币供给量明显快速增长。根据《中国统计摘要》(2010)，2009年，我国金融机构贷款余额较 2008 年增长 31.7%，为 1985 年以来最高增长速度；狭义货币供给量较 2008 年增长 32.4%，为 1994 年以来最高增长速度。根据历史经验，2009 年货币供给量急剧加速，对农产品价格上涨的滞后效应必将在 2010 年甚至在 2011 年显现出来。尽管很难确切地估计出 2009 年货币供给量加速增长对农产品价格滞后影响的程度，但是可以判断 2009 年货币供给量加速增长对农产品价格滞后影响的累积程度应该不会低于 5%。

2009 年货币供给量加速增长对农产品价格影响的滞后期无论多长，但基本上是属于短期的。从长期来看，货币供给量的变化主要服从国家宏观调控的需要。考虑到我国经济高速增长已经维持了多年，调整结构可能会成为今后若干年内优先选择的政策目标。如果我国经济不再把高增长作为优先追求的目标，这则意味着我国货币供给增长可能会进入到一个相对稳定的时期。进一步说，稳定的货币供给政策可能不会对农产品价格变动产生明显影响。

（四）其他因素也可能对国内农产品上涨产生影响

近几年来，国际农产品市场价格剧烈波动，对我国农产品进出口及其国内部分农产品市场产生了明显的影响。国际农产品市场价格经过高位后正处于重要的调整时期。为了重新找到均衡价格，以及自调适出合理的农产品比价，估计 2010 年国际农产品价格会走出低谷，将总体进入趋于高位的波动阶段。

五、稳定我国农产品价格的对策建议

相比 20 世纪 80 年代和 90 年代，我国农产品市场及其价格稳定的基础明显增强。随着现代农业的发展，我国的农业综合生产能力明显增强。我国已经建立起来了比较完善的农产品市场宏观调控体系，调控能力强大。国家有充裕的粮、油、糖、肉等主要食用农产品的储备，除了极少数农产品品种外，我国对农产品进出口的调控能力仍然比较强。只要 2010 年能够把稳定发展农业的工作做好，进一步完善农产品市场监管，稳定农产品市场及其价格完全是可能的。

（一）完善农产品市场监管

在农产品价格可能存在着轮番上涨的背景下，粮油价格走势方面的信息对市场价格预期的形成具有决定性的影响。客观、理性的信息有助于发挥价格调节供求关系的作用，促进粮油价格保持合理水平。虚假、夸大的信息，会放大粮油市场价格的波动，甚至引起恐慌。我国目前粮油市场信息发布主体多，一些经营者往往利用非主流媒体散布油料市场及其价格的虚假信息。无论是从当前还是长远来看，都需要规范粮油市场及其价格信息发布，扼制任何人、任何组织都可以随意散布粮油市场及其价格方面的信息。要重点加强食品龙头企业市场行为的监管。随着粮油市场结构的变化，市场集中度高的大型龙头企业和大型市场对价格的影响越来越大。稳定了市场集中度相对较高的大型龙头企业和大型市场，意味着在很大程度上稳定了粮油市场及其价格。

要重点加强食品龙头企业市场行为的监管。随着农业和食品产业的发展，农产品及其食品的市场结构已经并且还将继续发生根本性的变化，市场集中度高的大型龙头企业和大型市场对价格的影响越来越大。稳定了市场集中度相对较高的大型龙头企业和大型市场，意味着在很大程度上稳定了农产品市场及其价格。监管龙头企业，关键要建立激励机制。对于在稳定市场及其价格，特别是市场出现明显波动的情况下仍然能够牺牲企业利益而为稳定市场及其价格发挥重要积极作用的龙头企业，应当给予精神上和物质上的奖励。而对于放大农产品市场及其价格波动的龙头企业，应当在建立黑名单制度基础上将它们列入黑名单。对于造成农产品市场及其价格过度波动的龙头企业，要加大处罚力度。凡是领头大幅度涨价和成品涨价幅度明显超过原料进价幅度的龙头企业，都要列入黑名单中。对于列入黑名单的龙头企业，在各类评优活动、享受国家优惠政策、扩大市场注册登记时都应给予限制，并择机对社会公布黑名单龙头企业。

（二）千方百计提高粮食综合生产能力

稳定发展粮食生产，是稳定市场价格的基础性保障。粮食价格始终对农产品价格乃至物价总体水平起着决定性的基础作用。粮食价格对 CPI（居民消费价格指数）的影响程度取决于三大因素：一是粮食价格自身的变动幅度；二是居民粮食消费在总的消费支出中的份额；三是粮食价格变动所产生的连锁反应。尽管随着居民生活水平的提高，粮食消费支出在消费总支出中比重呈现下降趋势，目前城镇居民家庭购买的粮食占消费总支出比重不足 3%，但是，粮油价格变动的连锁反应机制仍然存在。市场经济条件下，稀缺要素生产的产品对价格水平的决定具有支配作用。粮食主要依赖相对稀缺的耕地来生产。粮食价格明显上涨，不但会直接提升农产品价格总体水平，而且会导致农产品比价的调整，从而带动农产品及其食品价格整体水平的提高。历史表明，我国每次明显的通货膨胀，都同时伴随着食品价格的大幅度上涨。管理通胀预期，必须确保粮食生产的稳定。

扩大粮油生产是阻止国际国内市场价格剧烈波动预期形成的最有效途径。比较而言，粮油在农产品中具有可长期储备、便于运输和可以提供多种营养的基础来源等特点，是最好的可用于调控农产品市场的品种。我国虽然是世界上粮食消费大国，但仍然缺乏价格形成的话语权。国内粮油生产波动的信号，就会助推国际市场价格的大起大落。要加快实施粮食中长期规划纲要，力求实效，争取提前形成千亿斤粮食生产能力。

自 2004 年以来，在粮食补贴和托市收购政策积极作用下，在科技强有力支撑下，在新形势下创新粮食工作机制激励下，尽管自然灾害和病虫害在一些年份发生严重，但是我国粮食生产连年增产。回顾总结这一阶段我国发展粮食生产的政策措施和工作机制，将行之有效的办法继续实施下去，无疑会促进粮食生产稳定发展。

从粮食播种面积和单产的稳定性来看，播种面积相对更具有可操作性，而单产则受气候等外界不可控因素影响更大，稳定粮食播种面积更具有政策选择上的意义。改革开放以来每次我国粮食出现较大缺口或者较为严重的过剩，一般都与粮食播种面积与单产大幅度同降同升有很大关系。如果粮食播种面积能够稳定，就一定能够减小粮食总产量的波动程度。

强化农业科技基本支撑。在我国农业资源约束日益加剧和极端天气出现更加不确定的情况下，只有不断提高农业科技进步，才能够从根本上提高粮食生产的比较效益，实现粮食生产稳定发展。长期来看，我国粮食生产播种面积总体上不断减少，实现粮食增产靠的就是科技创新。

加强农业基础设施建设。农业基础设施是保障粮食综合生产能力的重要途径。我国是一个自然灾害频发的国家。农业基础设施建设的投入多年来严重不足，严重影响到农业防灾、抗灾、减灾能力，制约着我国粮食生产的稳定发展。农业基础设施建设需要的投入庞大，关键要完善投入机制，改进配套投资政策。针对我国农业基础设施薄弱环节，要重点加强农田水利设施建设，尽快完善主产区的粮食生产条件，加强中低产田改造。

（三）稳定农业生产资料市场

农业生产资料价格上涨，往往都会损害农民发展农业生产的积极性。从全局考虑，调控好农业生产资料价格上涨幅度，是防止农产品价格与农业生产资料价格轮番上涨，从而将食品价格上涨演变为明显通货膨胀的关键环节。要采取优惠政策，鼓励农业生产资料企业充分利用现有生产能力，扩大农业生产资料生产。农业生产资料生产企业要加快科技创新，尽可能通过科技进步将原材料价格上涨消化。要加大农业生产资料市场监控力度，严厉打击农业生产资料市场乱涨价等不法行为。利用我国贸易顺差大的有利时机，及时调整农业生产资料进出口政策，扩大国内存在缺口的农业生产资料进口，增加有效供给，平抑农业生产资料价格。

（四）整合好农业补贴和价格支持政策

我国已经初步建立了农业补贴和农产品价格支持制度，对保护和调动农民发展生产积极性发挥了重要作用。但是，目前我国这两项制度是相互分离的，有时对于稳定农产品市场和促进农业食品产业健康发展存在着不利影响。农业补贴高低与当年的农产品价格水平联系不紧密，可能导致顺周期调节，即农产品市场价格水平已经相当高，而补贴可能出现明显增长，导致农业生产盲目扩大和下一轮农产品供给过多，带来农产品市场过度波动。托市收购价格成为农民最高销售价格。农民选择国家指定政策性收购站点销售粮油等农产品经常遭遇压级压价和拒收。

在农业国际化大背景下，托市收购政策还给农产品加工企业发展带来不利影响。收购国内大豆榨油的企业在大豆托市收购政策环境中由于国内大豆明显高于国际市场，不得不选择停产。农民和社会对托市收购政策不满意度较高。

为了整合农业补贴和价格支持政策，进一步发挥好积极作用，尽可能克服其不利影响，可以考虑通过健全农民生产和销售农产品档案等管理制度，事先确立目标价格，对国有粮食企业只规定收购数量，不干预价格，根据农民销售给国有粮食企业的实际价格，政府再参照目标价格，向农民发放一定数量的差额补贴。为此，对现行国有企业粮油收购的一些环节要进行转变。特别是要改变现行严管粮油质量，导致农民难以将粮油销售给国家指定的粮油企业的情况。要放松国有粮食企业收购粮油的质量管制，由国有粮食收购企业收购后再进行加工、烘干、分类等处理。

（五）做好农产品供求关系调节工作

随着现代农业的发展，我国的农业综合生产能力明显增强。我国基本上建立了重点农产品的市场监测预警、库存吞吐和进出口调节等体系。国家有充裕的粮、油、糖、肉等主要食用农产品的储备，除了极少数农产品品种外，我国对农产品进出口的调控能力仍然比较强。

第一，要整合现有多部门监测农产品和食品市场价格方面的信息，建立起会商制度，确保重点农产品库存吞吐和进出口调节的有效性。

第二，要在主产区、主销区和其他重点区域实行有区别的库存吞吐调节政策。对于主产区，重点根据农产品生产价格的波动程度适时采取临时收储政策；对于主销区，重点根据食品消费价格的波动程度适时采取抛售政策。对于一些受灾地区，以及受恶劣天气影响的主销区，要做好粮、油、菜、肉等主要食品的供应工作。

第三，要通过大力建设现代农产品市场和发展农产品物流，稳定农产品交易关系，维护农产品市场正常秩序。

第四，要发挥好进出口调节的作用。尽管一些不确定因素不利于国际农产品市场平稳运行，但是近年来国际农产品市场供求关系总体上相对比较理想。综合国际组织和美国农业部的估计和预测，2009~2010 年世界主要农产品库存水平相对较高，多数农产品没有出现大幅度减产，农产品供给基本稳定。国际市场上主要农产品供求关系相对宽松成为平衡剧烈波动的有利因素。我国政府、农产品进出口商等相关主体一定要将农产品国际市场的短暂波动和短中期分析结合起来，提高对国际农产品市场走势判断的预见性，掌握好时机做好农产品进出口工作。

参考文献

1. Barnett, Richard C., David A. Bessler, and Robert L. Thompson, 1983: The Money Supply and Nominal Agricultural Prices. Amer. J. Agr. Econ. 65.

2. Delgado, C., et al., 1999. Livestock to 2020: The Next Food Revolution. Food, Agriculture, and Environment Discussion Paper 28, 1999, International Food Policy Research Institute, Washington, DC.

3. Engle, R.F., 1978: Testing Price Equations for Stability Across Spectral Frequency Bands, Econatics, 46.

4. Ferris, John N., 1998: Agricultural Prices and Commodity Market Analysis,

Boston MA：WCB/McGraw-Hill.

5. Saunders Peter J.，1988：Causality of U.S. Agricultural Prices and the Money Supply：Further Empirical Evidenc，Amer. J. Agr. Econ. 86.

6. Trostle，Ronald.，2008：Global Agricultural Supply and Demand：Factors Contributing to the Recent Increase in Food Commodity Prices. US DA，Economic Research Service. WRS-0801，May.

中国粮食[①]安全形势分析及政策建议

农村发展研究所课题组[②]

粮食同时具有商品属性、社会属性和政治属性，粮食安全关系到国家经济发展、社会稳定和国家安全。确保粮食安全一直是国家一项非常重要的工作。2004 年，中国全面放开粮食购销市场，同时出台了一系列支持粮食生产的政策，是具有标志性意义的一年。分析 2004 年以来的粮食政策和粮食安全形势，对完善中国粮食政策、实现有效率粮食安全具有重要的现实意义。

一、为确保粮食安全，中国出台了一系列政策

（一）中国出台了一系列支持粮食生产的政策

1998 年，中国粮食总产量曾达到 5.12 亿吨，但之后连续 5 年下降，2003 年跌至 4.31 亿吨。为扭转粮食生产下滑的局面，从 2004 年开始，国家出台了一系列扶持政策。

1. 农业税减免政策[③]

从 2004 年开始，国家出台了农业税减免政策。当年，国家取消牧业税和除烟叶外的农业特产税；吉林、黑龙江两个粮食主产省进行免

---

① 粮食包括稻谷、小麦、玉米、大豆等产品。
② 农村发展研究所《农村经济形势分析和粮食安全》课题组主持人张晓山，成员有：李国祥、李成贵、翁鸣、廖永松、檀学文、罗万纯、胡冰川。本报告执笔：罗万纯。
③ 该部分所用数据来自相关网络报道。

征农业税改革试点；河北、内蒙古、辽宁等 11 个粮食主产地降低农业税税率 3 个百分点；其余地区总体上降低农业税 1 个百分点。2005 年，在全国范围内免征牧业税；农业税减免速度进一步加大，28 个省免征农业税，其他 3 个省农业税税率降到 2% 以下。2006 年，全国全部免征农业税，结束了农民种田交税的历史。通过实施农业税减免政策，减轻了农民负担，间接增加了农民收入，提高了农民的种粮积极性。

2. 种粮补贴政策[①]

国家加大支农力度，种粮补贴不断增加。2004 年，全国 29 个省（市、区）安排补贴资金 116 亿元，13 个粮食主产省（区）和 16 个非主产省省内产粮大县的农民得到了补贴。另外，国家还对 13 个粮食主产省安排了良种补贴资金 28.5 亿元，农机具购置补贴资金 7000 万元。2005 年，国家增加种粮补贴资金，全国安排粮食直补资金 132 亿元，良种补贴 37 亿元，农机购置补贴资金 3 亿元。同时，中央财政还安排 55 亿元专项资金，对产粮大县予以财力补助。2006 年，为弥补由于农资价格上升增加的粮食成本，国家增设了农资综合直补项目。全国安排粮食直补资金 142 亿元，其中，13 个粮食产区占 125 亿元；农资综合直补资金 120 亿元；良种补贴资金 41.5 亿元；农机购置补贴资金 6 亿元；另外，中央财政安排 85 亿元资金进一步加大对产粮大县的奖励力度。2007 年，农业补贴进一步增加，其中，粮食直补资金 151 亿元，农资综合直补资金 276 亿元。2008 年，国家粮食直补、良种补贴、农机具购置补贴和农资综合补贴四项补贴资金总额达到 1028.6 亿元，比上年翻一番。其中，农资综合补贴资金达到 482 亿元。2009 年，中央财政安排种粮农民直接补贴 190 亿元、农资综合补贴 756 亿元、良种补贴 198.5 亿元、农机具购置补贴 130 亿元。2010 年 2 月 4 日，中央财政预拨种粮农民直接补贴资金 867 亿元，其中粮食直补资金 151 亿元，农资综合补贴资金 716 亿元。通过实施种粮补贴政策，直接增加了种粮农民的收入，提高了农民的种粮积极性。同时，种粮补贴政策在执行过程中还存在很多问题，比如种粮补贴不具有针对性，

---

① 该部分所用数据来自相关网络报道。

变成农民普惠制的福利；种粮补贴虽然在逐年增加，但赶不上农资的上涨幅度。这些问题的存在在一定程度上影响了政策的实施效果。

3. 最低收购价格政策①

国家对粮食主产区的重点粮食品种实行最低收购价政策。2004~2007年，早、中晚籼稻和粳稻最低收购价分别为每50公斤70元、72元和75元。2006年，国家开始对小麦实行最低收购价政策，为每50公斤白小麦72元、红小麦69元。2007年，白小麦和红小麦最低收购价格保持不变，混合小麦每50公斤69元。2008年，国家适当提高最低收购价格水平，每50公斤早、中晚籼稻和粳稻最低收购价格分别提高到77元、79元和82元，比2007年均提高7元；白小麦、红小麦和混合麦分别提高到77元、72元和72元，比2007年分别提高5元、3元和3元。2009年，国家较大幅度提高最低收购价格水平，早、中晚籼稻和粳稻最低收购价分别提高到每50公斤90元、92元和95元，均比2008年提高13元；白小麦、红小麦和混合麦每50公斤分别提高到87元、83元和83元，比2008年分别提高10元、11元和11元。2010年，国家继续在小麦和稻谷主产区实行最低收购价政策，并适当提高最低收购价格水平，早、中晚籼稻和粳稻最低收购价格分别提高到每50公斤93元、97元和105元，比2009年分别提高3元、5元和10元；白小麦、红小麦和混合麦最低收购价分别提高到每50公斤90元、86元和86元，均比2009年提高3元。通过实施最低收购价政策，粮食价格平稳上升，补偿了粮食生产因农资价格上升而增加的成本，增加了农民的收入，提高了农民的种粮积极性。同时，最低收购价格政策还存在一些问题，比如，价格扭曲影响价值规律对资源配置基础作用的发挥，"国进民退"不利于企业间公平竞争，收购点少不方便农民售粮等。

4. 临时收储政策②

为稳定粮食市场，防止粮食价格下跌，国家出台了粮食临时收储

---

① 该部分所用数据来自国家发展和改革委员会网站，http://www.sdpc.gov.cn。
② 该部分所用数据来自国家粮食局网站，http://www.chinagrain.gov.cn。

政策。2008 年 10 月~2009 年 4 月，国家共下达 6 批粮食临时收储计划，2008 年 3 批，2009 年 3 批。其中，2008 年稻谷临时收储计划 1750 万吨，大豆临时收储计划 300 万吨，玉米临时收储计划 3000 万吨；2009 年，稻谷临时收储计划 500 万吨，大豆临时收储计划 425 万吨，玉米临时收储计划 1000 万吨。国家的临时收储政策在防止玉米、大豆、稻谷价格下跌、稳定粮食市场方面发挥了积极作用，提高了农民的种粮积极性。临时收储政策也存在一些问题，比如说，粮食临时收储政策在拉升市场价格、保护农民利益的同时，加大了粮食加工企业的压力，企业停产的现象非常普遍。

（二）中国采取灵活的进出口政策[①]

中国采取灵活的进出口政策，调剂粮食余缺品种。从 2004~2009 年粮食贸易数据来看，中国主要向香港出口小麦，向韩国出口玉米，向日本出口大豆；主要从泰国进口大米，从加拿大进口小麦，从美国进口玉米、大豆。其中，2009 年，中国从泰国进口的大米所占比重为 96.82%；中国大米的出口对象国主要有韩国、日本、南非及尼日利亚，占大米出口总额的比重分别为 27.23%、15.14%、7.21% 及 7.05%。中国小麦的主要进口来源国有美国、澳大利亚及加拿大，所占比重分别为 43.20%、35.58% 及 14.84%；中国小麦的主要出口对象国（地区）有中国香港及朝鲜，所占比重分别为 59.15% 及 27.58%。中国玉米的主要进口来源国有老挝、美国及缅甸，所占比重分别为 37.93%、22.32% 及 15.83%；中国玉米主要出口到朝鲜及日本，所占比重分别为 76.65% 及 15.47%。中国大豆的主要进口来源国有美国、巴西及阿根廷，所占比重分别为 49.68%、39.12% 及 8.78%；中国大豆主要出口到韩国、日本及美国，所占比重分别为 51.39%、16.26% 及 12.25%。粮食国际贸易为中国分品种粮食实现供求平衡作出了贡献。

---

① 该部分所用数据根据农业部网站数据计算得到，http://www.agri.gov.cn。

二、中国较好地解决了粮食安全问题

通过实施一系列政策，中国粮食连续 6 年增产。2009 年，粮食种植面积达 10897 万公顷，比 2008 年增加 217 万公顷；粮食产量达 53082 万吨，比 2008 年增加 211 万吨，增产 0.4%。粮食消费平稳增长，粮食产需基本平衡。分品种看，小麦、玉米平衡有余，稻谷总量平衡有余但粳稻供求趋紧，大豆缺口较大（详细情况见表1）。粮食价格平稳上升，2009 年，居民消费价格比上年下降 0.7%，但粮食消费价格比 2008 年上涨 5.6%，其中城市上涨 5.7%，农村上涨 5.5%。[①]

表1 中国粮食分品种生产、消费和库存情况　　　　单位：千吨

	2005~2006年	2006~2007年	2007~2008年	2008~2009年	2009~2010年 3月	2009~2010年 4月
稻　谷						
产量	126414	127200	130224	134330	137000	137000
消费	128000	127200	127450	133000	134500	134500
期末库存	36783	35915	38015	38899	40849	40849
小　麦						
产量	97445	108466	109298	112464	114500	114500
消费	101500	102000	106000	102500	103000	103000
期末库存	34387	38450	38963	48685	59985	59985
玉　米						
产量	139365	151600	152300	165900	155000	155000
消费	137000	145000	149000	152000	159000	159000
期末库存	35255	36602	39394	53169	48769	49119
大　豆						
产量	16350	15967	14000	15540	14500	14500
进口	28317	28726	37816	41098	42500	43500
压榨	34500	35970	39518	41035	45150	46000
期末库存	4573	2700	4245	9048	9968	10268

资料来源：美国农业部。

[①] 该部分数据来自《中华人民共和国 2009 年国民经济和社会发展统计公报》，中华人民共和国国家统计局，2010 年 2 月 25 日。

三、多种因素影响中国粮食安全

（一）耕地面积下降、自然灾害频繁等是影响粮食安全的长期性因素

耕地是种植粮食必不可少的要素，为保证粮食安全，国家提出要严守耕地 18 亿亩红线。但是，中国的耕地面积却呈现不断下降的变化趋势。根据国土资源部的调查，截至 2008 年末，全国耕地面积为 18.2574 亿亩，比上一年度减少 29 万亩，与 1996 年的 19.51 亿亩相比，中国的耕地面积净减少了 1.2526 亿亩。2009 年，耕地面积下降的趋势得到缓解，通过土地整治，新增耕地 403 万亩。除耕地数量呈现下降趋势外，中国耕地质量总体偏低。国土资源部的调查表明，全国耕地质量评定为 15 个等别，1 等耕地质量最好，15 等最差，平均等别为 9.80 等。按照 1~4 等、5~8 等、9~12 等、13~15 等划分，优、高、中和低等地面积占全国耕地评定总面积的比例分别为 2.67%、29.98%、50.64% 和 16.71%。[①]

近几年，自然灾害频繁发生，特别是旱灾。2008 年，中国发生台风、洪涝、旱灾、风雹、滑坡和泥石流等各类灾害，特别是年初南方部分地区低温雨雪冰冻灾害和四川汶川特大地震，历史罕见。各类自然灾害共造成农作物受灾面积 3999 万公顷，其中绝收面积 403.2 万公顷。2009 年，中国总体偏旱，而且旱情主要发生在粮食主产区，时间集中在作物生长关键期，旱灾对农业生产影响较大。2009 年秋季以来，中国西南地区遭受严重旱情。截至 2010 年 3 月 23 日，旱灾致使广西、重庆、四川、贵州、云南 5 省（区）农作物受灾面积达 503.4 万公顷，绝收面积 111.5 万公顷。[②] 自然灾害频繁发生，严重影响到粮食生产，增大了粮食供给的波动，如何增强抵抗自然灾害的能力是确

---

① 该部分所用数据来自国土资源部。
② 该部分所用数据来自国家民政部。

保粮食安全的重要课题。

（二）粮食产业链断裂是当前影响粮食安全的突出问题

除了耕地面积下降、自然灾害频发等是影响中国粮食安全的长期性因素外，粮食产业链断裂对粮食安全的影响越来越大。做大做强中国粮食产业链，可以为消费者带来高品质的产品，为农民增加收入，为粮食产业链上的每一个环节的参与者带来利益，是实现粮食安全和促进粮食产业快速发展的重要途径。中国要做大做强粮食产业链，以实现有效率的粮食安全。当前中国粮食产业链有几个值得关注的问题：

1. 粮食生产分散，农民市场风险大，利益分配少，且不能很好地满足市场需求

中国的粮食生产以一家一户的小规模家庭经营为主，农民在粮食市场上没有话语权，市场风险大，利益分配少。粮食加工企业需要的粮食通常具有特定品种、大批量的特点，由于一家一户的分散经营，种植品种不统一，同一品种的生产在同一地区不能形成规模化，不能很好地满足市场需求，粮食收购企业为生产某一种食品要跨区域、多渠道收购，浪费了大量的人力、物力，造成了收购难现象，影响了粮食产业链的连接。

2. 外资企业积极进入粮食产业链

近年来，外资企业控制中国食用油市场和种业并开始涉入大米等粮食流通领域的报道层出不穷。根据中国大豆产业协会提供的信息，外资企业大约占据了小包装食用油 80% 的市场，而且使用的是进口大豆。相关报道显示：中国进口甜菜种子占市场份额的 90% 以上，向日葵占 50% 以上，蔬菜在山东寿光外资种业的占有率高一些，但从全国范围来看进口蔬菜种子占市场份额的 10% 以上；目前，中国的三大粮食品种中，小麦种子基本没有外资进入；水稻的杂交品种中目前开始有少量外资；近几年来美国先锋公司选育的玉米种子"先玉335"来势凶猛，2010 年在吉林种植面积占到 50% 以上。[①] 数据显示，中国大米

---

① 该部分数据来自江娜、宁启文：《代表委员纵谈——民族种业与外资种业的十年博弈》，《农民日报》2010年3月12日。

年消费量约 2.4 亿吨，但其中小包装品牌大米销售量不足 2%，具有巨大的市场。除了食用油和种业，外资还积极进入其他粮食流通领域。目前，益海嘉里旗下已经有金龙鱼、香宴、香满园、金元宝等大米品牌，益海嘉里还在黑龙江五常、辽宁盘锦、吉林梅河等地建立了订单农业模式，控制了从育种、订单种植、精深加工、产品名牌化到副产品综合利用整个环节。"金龙鱼大米产业链创新技术"得到中国粮油协会专家组的高度评价，被认为对引领中国稻米产业的发展具有重要作用。

3. 中央直属粮食企业正在加强对中国粮食市场的控制

中粮集团、中储粮总公司、中纺集团是中央直属粮食企业，在调控中国粮食市场方面发挥着重要作用。近几年，国家加大了对这些粮食企业的扶持力度，增强它们对中国粮食市场的控制。中粮集团实施"全产业链"战略，从过去的外贸业务逐渐向加工和品牌等产业链各个环节延伸。比如说，中粮大米业务由单一的对外贸易拓展为"种植—收储—加工—贸易—品牌—分销"一体化产业链，除与农户签订大米种植合同保证稳定粮源和产品质量外，还在大米加工、物流、营销等环节采取有效措施推进大米全产业链，并提出三至五年内旗下品牌产品占到全国品牌小包装稻米市场份额的 15%~25% 的发展目标。目前，中粮已经推出"福临门"大米和益海嘉里的"金龙鱼"大米相对抗。中储粮承担政府的稻谷收储任务，与民营和外资企业相比，中储粮进入粮食加工业有不少优势，也正在打造全产业链的战略构想。2009年，中央批准立项的市场调控项目中储粮（三河）米业已正式投产，该公司可年产大米 30 万吨、米糠油 0.45 万吨。2009 年 11 月，中国中纺集团被列为 4 家中央直属粮食企业之一。2009 年，中纺集团全年粮食经营量近 700 万吨，其中油脂油料产品，如大豆、玉米等约 600 万吨，其他粮食产品 80 万吨，油料压榨能力居全国第三。[①]中纺集团将积极响应和落实国家宏观调控政策，在保障粮食和食品安全方面发挥积极作用。

---

① 该部分数据来自相关网络报道。

4. 中国粮食加工业以民营企业为主，产能过剩，企业规模小，加工技术落后

据 2008 年底的统计，全国入统的规模以上小麦粉加工企业 2819 家，年处理小麦能力 11600 万吨，小麦粉产量 5500 万吨，年实际处理原料 7846 万吨，产能明显过剩。产能与产量按企业类型划分，民营企业为 8692 万吨、4578 万吨，分别占总量的 83.6%、83.2%，居主导地位；国有及国有控股企业分别为 1424 万吨、611 万吨，占总量的 12.3%、11.1%；外商及港澳台投资企业分别为 482 万吨、315 万吨，占总量的 4.2%、5.2%，所占比例还比较小。从企业的规模看，年产 10 万吨以上企业 96 个，总产量为 2056 万吨，占入统企业的 37%。[1] 2008 年稻米加工入统企业 7311 个，全系统稻谷加工产能为 16065 万吨，实际生产大米 7421 万吨。其中，民营企业产能、产量分别为 13632 万吨和 4079 万吨，所占比例为 85%、85.3%，居主导地位；国有及国有控股企业产能产量分别为 2247 万吨和 629.9 万吨，占 14% 和 13.2%。外商投资企业产能、产量都占 1% 左右，所占比重还非常小。企业规模小，大多数为中小企业，日处理 100 吨以下的有 5296 个，占 72.4%；日处理 1000 吨以上的大企业只有 24 个，仅占 0.4%。[2] 另外，中国粮食加工企业技术落后，主要进行初加工，深加工少，粮食附加值不高。

5. 粮食质量问题越来越突出

随着居民生活水平的提高，在要求吃饱的基础上对粮食质量提出了更高的要求。但是，由于粮食产业链各个环节断裂，不能对粮食从田间到餐桌进行有效的控制，粮食质量问题越来越突出，市场上不断出现毒大米和毒面粉。另外，转基因食物对人类健康是否有害也还是未确定的问题。2009 年 11 月 27 日，农业部批准了两种转基因水稻、一种转基因玉米的安全证书，引发了关于转基因的热烈讨论。

---

[1] 该部分数据来自中国粮食行业协会白美清会长在 2010 年中国小麦和面粉产业年会上的讲话。
[2] 该部分数据来自中国粮食行业协会白美清会长 2010 年 1 月 15 日在中储粮（三河）米业有限公司主办的加工研讨会上的发言。

四、相关政策建议

（一）稳定和完善支持粮食生产的政策，加强对政策执行情况的监督

稳定的粮食政策有助于提高农民对政府的信任，国家应该保持现有政策的连续性和稳定性。粮食政策在执行过程中暴露出很多问题，要不断根据情况修改和完善。比如，种粮补贴政策应该更具有针对性，倾向对粮食生产贡献更大的农民。努力提高服务水平，落实最低收购价格政策收购粮食时，要本着方便农民的原则，多设收购网点，让农民真正享受到政策的好处。实施临时收储政策时要考虑粮食加工企业的承受能力。另外，还要加强对粮食政策执行情况的监督，提高政策的有效性。

（二）强化地方政府的粮食安全责任

粮食安全是中央政府和地方政府的共同责任，目前，中央政府承担了大部分的责任，地方政府的责任有待加强。在确保粮食安全的各项工作中，保护好耕地尤其重要。保护耕地的任务最终要通过地方政府来完成，国家应通过立法或修改地方政府政绩评价体系强化地方政府的责任，提高其抓粮的积极性，改变地方政府片面强调经济发展，随意征用、占用耕地的局面。除了保证耕地数量不下滑外，还要做好保持和提高耕地质量的工作。

（三）增强应对自然灾害的能力

人类在自然面前是藐小的，无法控制自然灾害发生的时间和强度，要不断增强应对自然灾害的能力。其一，要进一步加强农田水利等基础设施的建设，增强粮食生产应对旱灾等自然灾害的能力。其二，自然灾害频繁发生，增加了粮食供给的波动。但令人担忧的是，当前储粮的农户和储粮的数量都大大减少了，很多农户从市场购买粮食。国家要引导和指导农户科学储粮，扭转目前农户储粮普遍下降的局面。目前，国家已经实施"农户科学储粮专项"工程，但支持对象主要限

于主产区的种粮大户，未来要扩大该项工程覆盖范围。同时，要鼓励城市居民在不影响食用安全和质量的前提下储备适当数量的大米、面粉等成品粮，分担粮食安全的责任。其三，从长期来看，粮食需求不断增长，粮食增产的空间却非常有限，中国粮食安全问题面临着非常艰巨的挑战。但是，由于粮食连续几年增产，中国粮食供给比较充裕，粮食价格不高，导致中国浪费粮食的现象非常严重。从世界范围来看，目前有 10 亿多人面临饥饿，和中国严重的浪费现象形成鲜明的对比。在"开源"有限的条件下，"节流"非常重要。在增加粮食产量，搞好粮食流通的同时，国家应该通过电视、网络等消费者经常使用的媒体渠道，引导和指导城市居民和农村居民合理消费粮食，节约粮食。其四，在坚持粮食自给自足的前提下，中国应加强国际合作，充分利用国际市场确保中国粮食总量和分品种的供求平衡。在粮食国际贸易中，要特别关注大豆进口，从保护国内大豆产业发展和豆农利益的角度出发，对大豆进口进行有效管理。

（四）做大做强中国粮食产业链

为做大做强粮食产业链，应该做好以下几个方面的工作：

（1）通过"公司＋农户＋订单"、"公司＋协会＋农户"、"公司＋合作社＋农户"等方式组织农民生产粮食，由公司、协会或合作社统一提供产前、产中、产后服务，对粮食生产过程进行有效控制，同时降低粮食生产成本增加粮农收入。比如说，袁隆平农业高科技股份有限公司充分发挥在粮食产业开发上的优势，将旗下的种业、农资、农化、米业等相关产业进行整合，与粮农共同投资建立了湖南隆平高科种粮专业合作社，该合作社"以种粮为业，以帮助粮农增收为责，以粮食安全为职，以建设现代种粮制度为题"。自 2007 年成立至 2009 年 5 月，合作社发展基层合作社 17 家，入社农户 10866 户。2008 年稻谷生产面积 48.5 万亩，产粮 42 万吨，向市场提供商品粮 25 万吨。自主打造"隆平粮社"大米品牌 6 个。合作社的目标是：通过几年时间，按照现代种粮制度的要求，在全省粮食主产区发展 100 家基层合作社，建设 100 万亩生产基地，实现粮食生产能力达到 100 万吨、增产 50 万吨、加工大米 20 万吨，培育 10 万种粮新型农民，同时使隆平粮社成为当地的"隆平粮仓"。[1]

（2）发挥外资企业在促进中国粮食产业发展方面的积极作用。我们并不一概地反对外资，我们反对的是违背市场公平竞争规则的垄断。外资企业先进的技术和管理经验对促进中国粮食产业发展有积极的推动作用。比如说，最近媒体关注比较多的"金龙鱼大米产业链创新技术"，由于社会效益、经济效益、生态效益显著，被认为代表了中国大米产业未来的发展方向，国内企业应特别注意学习和借鉴益海嘉里全产业链发展模式和粮食深加工技术，促进中国粮食产业的快速发展。

（3）理顺和协调中央直属粮食企业的业务。作为国家宏观调控政策的执行者，中粮集团、中储粮总公司、中纺集团的业务有交叉和重复，相互存在竞争，国家应根据每个企业的优势对它们进行定位，以避免重复建设。比如说，中储粮的优势是上游把握大量的资源，中粮的优势是通过加工厂把上游的资源和下游的市场联系到一起，如何更好地利用二者的现有优势是需要考虑的问题。

（4）加大对民营粮食企业的扶持力度。中国粮食行业以民营企业为主，但目前国家重点扶持国有粮食企业特别是中央直属粮食企业的发展，产生了一些"国进民退"的讨论。民营企业在确保国家粮食安全、解决就业等方面发挥了重要作用，国家应该加大对民营企业的扶持。

（5）要加强转基因技术研发，但考虑到人类的健康和发展，不能盲目地放开转基因水稻、玉米等粮食作物的商业化种植。

---

[1] 该部分数据来自相关网络报道。

中国工业经济运行形势与展望

工业经济研究所 金 碚

一、2009年工业、通信业运行基本走势和特点

工业生产止跌企稳、回升向好态势基本确立。2009年，全国规模以上工业增加值同比增长11%，增速比上年回落1.9个百分点；其中，一季度增长5.1%，二季度增长9.1%，三季度增长12.4%，四季度增长18%，呈现出明显的"V"字形运行轨迹。

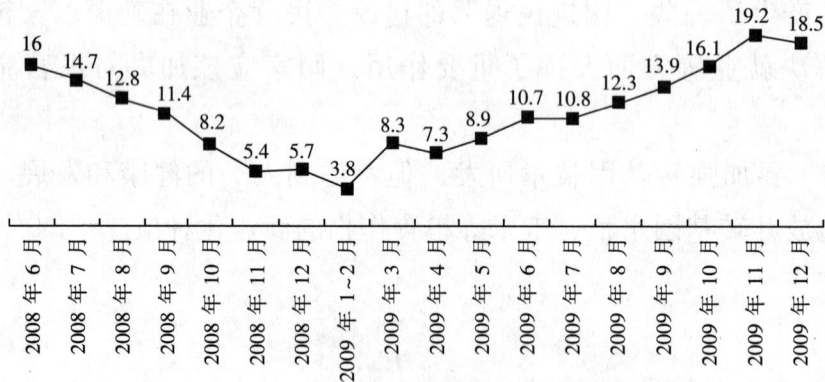

图1 2008年6月份以来规模以上工业增加值分月增速（%）

轻工业运行相对平稳，重工业回升势头强劲。轻工业受国内消费需求拉动运行平稳，全年增长9.7%，比上年回落2.6个百分点；重工业从二季度开始表现出强劲回升势头，全年增长11.5%，比上年回落1.7个百分点。

工业品出厂价格持续回升，企业效益状况明显改观。全年工业品平均出厂价格同比下降 5.4%，其中前 11 个月均为下降，12 月转为增长 1.7%。

1~11 月，规模以上工业企业实现利润 25891 亿元，同比增长 7.8%。上缴税金总额 21129 亿元，增长 14.8%。

内销比重明显提高，出口比 2008 年下降一成。内销产值同比增长 13.2%，占全部销售产值的比重上升到 86.3%，同比提高 3 个百分点。

全年完成出口交货值 72882 亿元，同比下降 10.1%。

全国工业产品销售率 97.7%，与 2008 年持平。

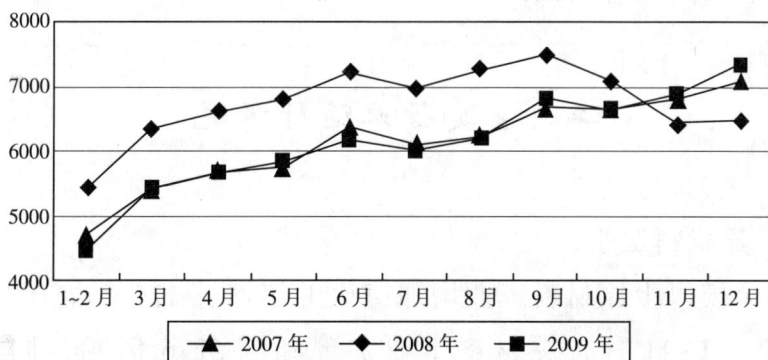

图 2 2007~2009 年工业出口交货值分月完成情况（亿元）

东部地区率先回升，中西部地区实现两位数增长。东、中、西部地区工业增加值分别增长 9.7%、12.1% 和 15.5%。全年 24 个省份达到两位数增长。

工业投资持续增长，技改专项拉动效果显著。工业投资 8.04 万亿元，同比增长 26.2%。2009 年中央财政安排技术改造专项资金 200 亿元，主要采取贴息方式支持企业加强技术改造，下达投资计划 4441 项，总投资 6326 亿元，拉动社会投资 28 倍。

节能降耗积极推进，淘汰落后取得新进展。全年淘汰落后的炼钢、炼铁和水泥产能分别达到 1691 万吨、2113 万吨和 7416 万吨，平板玻璃、电解铝、焦炭、电石、铁合金、造纸、酒精、味精、柠檬酸等行业基本完成年内下达的淘汰任务。节能减排成效显著，预计全年规模以上工业单位增加值能耗比上年下降 9% 左右，用水量降低 8.3% 左右，工业固体废物综合利用率达到 65%。

3G 建设稳步推进,TD 商业化进程加快。2009 年完成 3G 网络投资 1609 亿元。3G 基站建设完成 32.5 万个。TD 芯片性能快速提升,TD 终端产业化能力增强。TD 终端稳定性和成熟性进一步提升,130 多个终端厂家、266 款不同档次的 TD 终端已经投入市场。

通信业发展平稳,软件产业保持较快增速。全国电信主营业务收入同比增长 3.9%。2009 年末电话用户总数达到 10.61 亿户,比 2008 年末净增 7947 万户,其中,移动电话用户净增 10614 万户,固定电话用户减少 2667 户。基础电信企业互联网宽带接入用户净增 2035 万户。软件业务收入同比增长 25.6%。

二、主要行业运行情况

(一)原材料工业

全年规模以上原材料工业增加值比上年增长 12%,同比加快 1.6 个百分点。1~11 月,原材料工业实现利润 5276 亿元,同比下降 11.2%,降幅比 1~2 月收窄 62.4 个百分点。

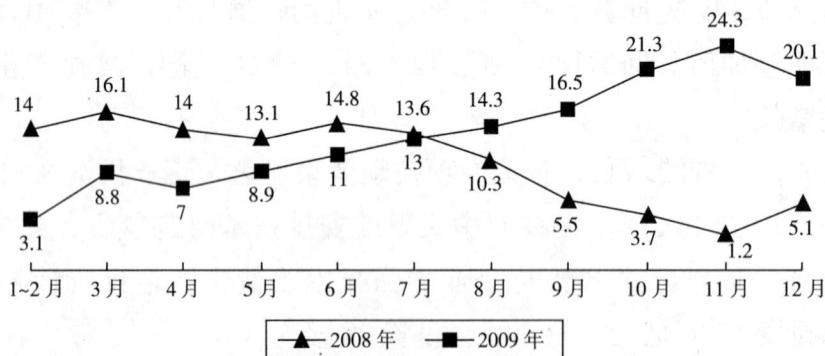

图3 2008、2009 年原材料工业增加值分月增速（%）

钢铁行业:生产快速回升。全年增加值同比增长 11.9%,比上年加快 1.4 个百分点。全年粗钢产量 56784 万吨,同比增长 13.5%。钢材产量 69244 万吨,同比增长 18.5%。钢材价格呈"W"形震荡运行。

主要钢材品种年度平均价比上年下降 20%以上。钢材出口大幅下降。全年出口钢材 2460 万吨，同比下降 58.5%；进口钢材 1763 万吨，增长 14.3%；进口钢坯 459 万吨，同比增长 17.7 倍。全年钢材、钢坯进出口折合粗钢净出口同比下降 94%。产能过剩、重复建设问题突出。钢铁行业 2008 年底产能已达到 6.6 亿吨，目前在建的还有 5800 万吨。

有色金属：产能加快释放，经营状况好转，市场需求回升。

建材行业：总体运行态势平稳，全年建材行业增加值同比增长 15.1%。1~11 月，建材行业实现利润 1346 亿元，由 1~2 月同比下降 0.5%转为增长 32.6%。水泥生产增势良好。平板玻璃生产止跌回升。

石化行业：生产总体平稳。成品油价格持续上扬。部分行业开工率偏低，产能过剩和重复建设问题不容忽视。目前，烧碱、纯碱、磷肥装置平均开工率在 70%、80%和 65%左右；聚氯乙烯、甲醇装置开工率仅为 55%和 50%。一些产能过剩行业的投资仍处于高位，2009 年磷肥、农药行业投资增长 67.8%和 39.1%，橡胶制品行业增长 34.8%。

（二）装备工业

在投资拉动和政策推动下，生产增速温和上升，其中汽车消费拉动作用明显，利润加速回升。全年规模以上装备工业增加值增长 13.8%，同比回落 3.3 个百分点。1~11 月，机械行业实现利润 6018 亿元，由 1~2 月同比下降 24.3%转为增长 23.7%。其中，汽车工业实现利润 1891 亿元，增长 52.8%，提高 44.1 个百分点。

交通运输设备制造业对装备工业拉动作用增强，通用设备、专用设备制造增幅同比回落。以汽车生产为主的交通运输设备制造业工业增加值增速连续 8 个月保持两位数增长，全年同比增长 18.4%，拉动装备工业增长 6.3 个百分点。通用设备制造、专用设备制造行业增加值分别增长 11%和 13%，同比回落 5.9 和 7.5 个百分点。固定资产投资拉动工程机械国内需求量明显上升，挖掘机、轧实机械、混凝土机械产量同比分别增长 14.1%、21.8%和 42.4%。冶金设备、金属轧机等产品需求回落，金属冶炼设备、金属轧制设备产量同比分别下降 10.2%和 12.2%。水泥、粮食、饲料、印刷等专用设备产量同比增长 23%~50.7%。

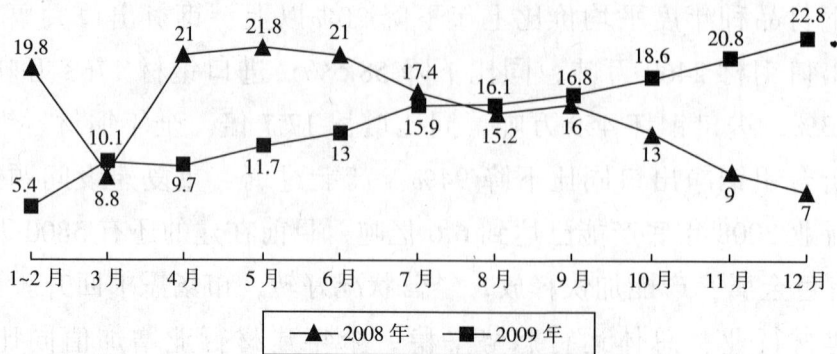

图4　2008、2009 年装备工业增加值分月增速（%）

在小排量乘用车购置税减半、汽车下乡和以旧换新等政策作用下，汽车产销双双超过 1300 万辆，居世界第一。小排量乘用车市场快速增长。自主品牌轿车市场占有率不断扩大。

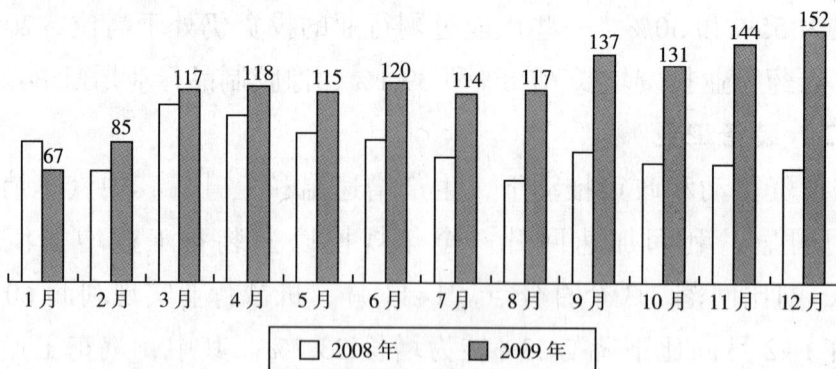

图5　2008、2009 年各月汽车产量（万辆）

农机购置补贴政策带动作用显著。2009 年中央财政投入 130 亿元用于农机购置补贴，惠及全国所有农牧区县，覆盖十二大类 38 种农机产品，拉动地方和农民投入 360 亿元。全年大、中、小型拖拉机分别增长 30.7%、29% 和 9.8%，收获机械和粮食机械分别增长 55.4% 和 23%。

电工电器行业随宏观经济回暖平稳增长。发电设备产量下降，但风电设备增速强劲。发电设备产量同比下降 12.4%，其中水电、火电设备同比分别下降 5.5% 和 18%，风电设备同比增长 1.7 倍。输变电和配电能力建设步伐加快。高压开关、变压器、电力电缆等产量同比增长 20.2%、7.4%和 8.9%。

数控类机床生产形势好于普通机床。金属切削机床产量同比下降 13.6%，其中数控金属切削机床下降 0.3%，降幅收窄 3 个百分点；金属成形机床产量增长 5.9%，其中数控金属成形机床增长 16.8%，加快 9.3 个百分点。

船舶生产实现平稳较快增长。2009 年，造船完工量 4243 万载重吨，同比增长 47%，增幅回落 5.2 个百分点；新承接船舶订单 2600 万载重吨，同比下降 55%，但仍居世界第一位；手持船舶订单 1.88 亿载重吨，比年初下降 8%。我国造船完工量、新接订单量、手持订单量分别占世界市场份额的 34.8%、61.6%和 38.5%，比 2008 年底提高 5.3 个、23.9 个和 3 个百分点。撤单现象时有发生，产能过剩问题凸显。2009 年全国共撤销船舶订单 107 艘、498 万载重吨，约占手持船舶订单的 2.6%，部分船厂将面临开工不足等难题。

（三）消费品工业

在国内消费支撑下，消费品工业总体运行态势平稳；提高出口退税率政策减缓了轻纺等产品出口大幅下滑趋势；效益状况好于整体工业。全年消费品工业增加值同比增长 10.8%，占全部规模以上工业增加值比重的 29.4%。1~11 月，消费品工业实现利润 7675 亿元，同比增长 20.9%。

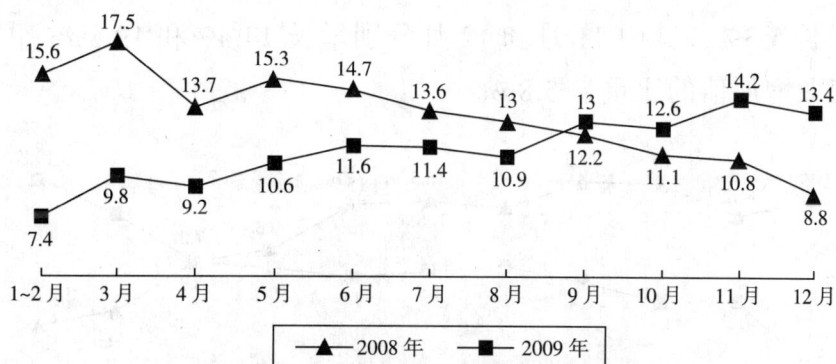

图 6 2008、2009 年消费品工业增加值分月增速（%）

轻纺行业内销产值稳定增长。轻工、纺织行业内销产值同比分别增长 17.5%和 14.5%，占销售产值的比重同比分别提高 3.1 个和 3 个百分点。

外贸出口渐显恢复。消费品工业出口交货值同比下降 4.1%，其中轻工、纺织行业分别下降 5.4% 和 3%。据海关数据，2009 年我国纺织品和服装出口总额同比下降 10.1%，在世界主要纺织品市场上我国产品市场份额持续上升。据美国纺织服装办公室（OTEXA）数据，1~11 月我国纺织品服装出口占美国纺织品服装进口总额的 40.2%，所占比重较上年同期上升了 5.1 个百分点。

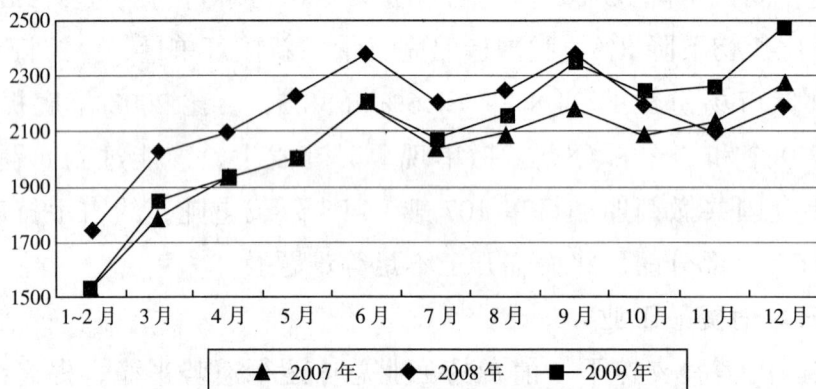

图7　2007~2009 年消费品工业出口交货值分月完成情况（亿元）

（四）电子工业

由于外贸依存度高，电子工业在工业大门类中受国际金融危机冲击最为明显，生产持续低迷，年末增长加快。全年电子制造业增加值同比增长 5.3%，其中 11 月和 12 月分别增长 14.4% 和 19.8%；占规模以上工业增加值的比重为 5.8%。

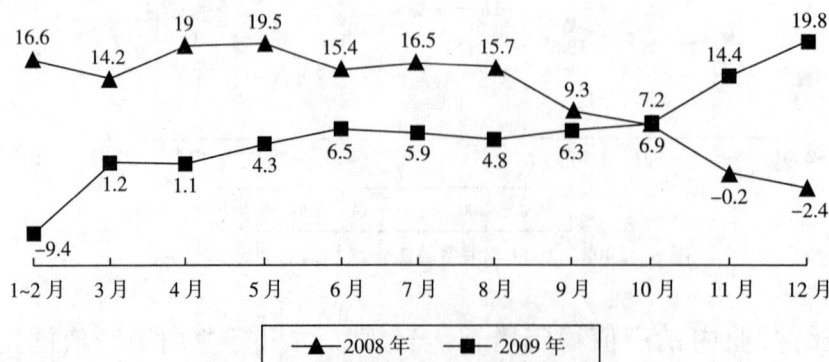

图8　2008、2009 年电子工业增加值分月增速（%）

出口交货值降幅收窄。全年规模以上电子制造业出口交货值同比下降 5.5%，降幅比年初 1~2 月收窄 13.5 个百分点；其中，11 月和 12 月分别增长 9.8% 和 17.7%，结束了此前连续 12 个月的出口持续下滑。

国内市场增势良好，出口 11 月份以后有所好转。内销产值同比增长 17.6%，出口交货值同比下降 5.5%，其中 11 月和 12 月分别增长 9.8% 和 17.7%。虽然内销增长较快，但占整个销售产值的比重不足四成，增速回升动力不足。

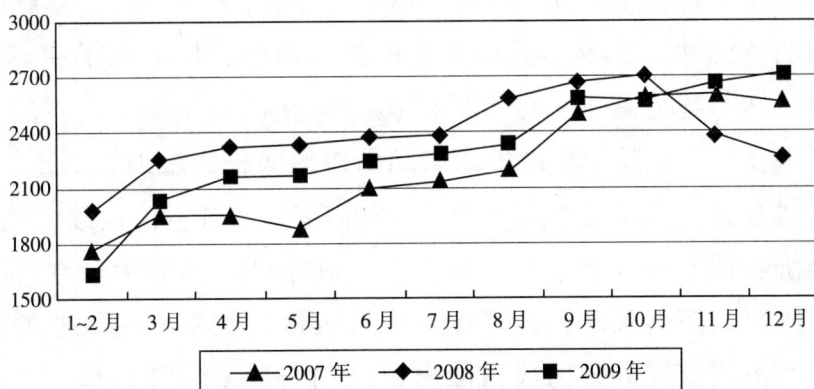

图 9 2007~2009 年电子工业出口交货值分月完成情况（亿元）

适应消费升级，计算机、彩电生产结构发生积极变化；3G 建设拉动效果明显。微型计算机产量 1.8 亿台，增长 27.5%，其中笔记本电脑 1.5 亿台，增长 38.8%。全国彩色电视机产量增长 9.3%，液晶电视占全国彩电产量的比重由 2008 年的 40% 上升到 67.9%。在 3G 建设拉动下，光缆产量增长 60.9%，移动通信基站信道产量增长 102.2%。

三、2010 年工业通信业发展面临的国内外环境

（一）全球经济正逐步走向复苏，2010 年形势将好于 2009 年，但经济复苏的基础仍比较脆弱

有利方面，一是主要经济体出现好转的迹象，新兴经济体复苏相对强劲。国际金融市场趋于稳定，全球贸易量和投资呈恢复性增长。国际货币基金组织 1 月 26 日预测，2010 年世界经济增长 3.9%（较

2009 年 10 月份预计的 3.1%上调 0.8 个百分点），除日本以外的其他亚洲国家平均增长率将超过 7%。二是我国对新兴经济体的出口将快速增长。2009 年 11 月、12 月，我国对印度的出口分别增长了 26%、38.8%，对巴西的出口增长了 24.4%、90.4%，对东盟国家的出口增长了 20.8%、50.1%，远高于整体出口增长水平。2009 年东盟已超越日本成为我国第三大出口市场。同时，中国从东盟进口塑料原料、铁矿砂、煤炭等资源性产品，缓解了中国生产性原材料不足和能源缺口的矛盾。三是全球范围对机电电子等资本品的需求增长较为强劲，且具有一定的持续性。2009 年我国工业产品出口中，机电电子和高新技术产品出口增速明显高于平均水平，2010 年在出口总额中所占的比重将会继续提高，工业品中机电电子产品出口形势较为乐观。

不利方面，金融危机对实体经济的后续影响还将延续一段时间，全球经济实现全面复苏还存在较大的不确定性。主要表现在：一是主要发达国家经济增长乏力，产能利用率较低，消费不振。总的看，主要市场经济国家复苏乏力或可能出现波动与反复，特别是欧、美、日复苏道路并不平坦。其中美国经济在 2009 年下降 2.4%情况下预计 2010 年增幅仅为 2.7%，2011 年将下降为 2.4%，明显低于其潜在增长率 3.5%的水平，可以预见到美国市场消费短期内难以明显好转；欧盟经济萎缩导致消费需求减弱，其进口增速明显放缓；日本通货紧缩导致需求难有起色，其根本原因是生产能力全面过剩、供给大于需求。这些都将使我国对外出口受到较大冲击。二是国际分工体系面临巨变。历史经验表明，每一次大的经济危机之后，都孕育着新的技术和产业的大变革，全球利益的大重组，从而最终再造全球经济分工体系，即发达国家与发展中国家面临经济再平衡，全球金融危机使世界经济力量寻求新的平衡，科技革命将进一步再造国际分工体系的基础，这些方面将使国际分工体系出现新的格局，或将面临重新洗牌，或美国重新成为再造国际分工体系的体制核心，势必给我国经济结构调整带来巨大挑战。三是国际贸易摩擦趋于常态化，各种形式的贸易保护主义还将不断强化。这既有世贸规则不公平的原因，也有发达国家企图打压我国外贸出口、遏制我国国际竞争力和影响力的政治因素。而我国调整外贸结构和实现产业升级将是一个较漫长的过程。

（二）2009 年我国工业经济顶住了国际金融危机的严重冲击，回升向好的基础逐步巩固，各方面的信心明显增强

保持工业平稳增长的有利因素有：

（1）2009 年中央继续实施积极的财政政策和适度宽松的货币政策，"一揽子"计划进一步落实、完善和补充，扩大内需和改善民生的政策效应继续发挥作用。经过连续几年经济的快速增长，政府、企业和居民收入有了较大的积累和提高，居民消费进入消费升级时期。中央经济工作会议之后，国务院调整完善了促进消费的政策措施，继续实施家电下乡政策和农机具购置补贴政策，汽车下乡政策、小排量汽车购置税优惠政策延长至 2010 年年底，个人住房转让营业税征免时限由 2 年恢复到 5 年，将支持困难企业缓缴社会保险费等政策执行期延长一年等；进一步完善了促进房地产市场健康发展的政策措施，启动城市和国有工矿棚户区改造工作。汽车消费由大城市向中小城市梯度扩散的态势没有改变，城市化率提高和通胀预期还会刺激住房需求，汽车和住房消费仍将呈现增长势头。工业品消费需求将维持快速增长的趋势，固定资产投资仍会保持一定规模，投资用工业产品的需求将继续扩大，外贸出口在 2009 年降幅较大的情况下将有大的恢复性增长。这对拉动工业生产稳定增长具有积极作用。

（2）十大产业振兴规划细则的完善和实施，有利于工业增长的持续性。企业在应对国际金融危机中适应市场变化的能力和竞争力得到提升，特别是国务院关于进一步促进中小企业发展的若干意见出台后，将进一步优化企业发展环境，增强经济发展的动力和活力。在后金融危机时期，工业企业更加重视研究开发、技术改造、节能减排、品种质量和管理提升，中小企业发展的政策环境将继续完善。

（3）从显示工业运行的先行指数看，工业生产仍在平稳中增长。从中国制造业采购经理指数（PMI）看，2008 年 12 月为 56.6%，比 11 月上升了 1.4 个百分点，特别是生产指数、新订单指数、采购量指数和购进价格指数升势明显，均达到 60% 以上，升幅均在 2 个百分点以上，企业景气指数、企业家信心指数、制造业采购经理指数已接近或超过国际金融危机爆发前的水平。

2010年工业运行中也存在一些不利因素。主要有：

（1）内需在2009年较高的基数上继续大幅度增长的难度较大，出口受外部需求疲软等因素影响形势依然严峻。由于企业效益下滑，民间投资意愿不强，地方筹措资金困难，城乡居民收入短期内难以较大幅度提高，社会保障不足、城乡差距等制约消费需求的不利因素在较长一段时间将依然存在。刺激国内消费和投资增长的政策效应可能减弱，进一步扩大内需存在较大制约。发达经济体需求依然疲软，贸易保护主义倾向更趋明显，特别是针对中国的贸易保护措施在加强，实现出口较快回升困难较大。

（2）发展方式转变滞后，结构调整压力加大，推进兼并重组、淘汰落后和节能减排任务艰巨。经济增长在很大程度上还是依赖物质资源的大量投入，技术含量不高，技术创新不足，增长方式粗放，投资效率持续下降（工业增量资本产出比已由2000年的2.3快速上升至2008年的6.1）。我国国内生产总值约占世界比重的7%~8%，但消耗的煤炭、钢材和天然气约占世界消费量的35%、30%和8%。我国的研究与试验室发展经费占国内生产总值的比重刚刚超过1.5%，欧美国家一般为2.5%~3%。企业技术创新主体地位尚未真正确立，新兴产业发展总体上缺乏核心技术和领军人才。钢铁、水泥、平板玻璃等行业产能过剩和盲目重复建设问题突出，太阳能、风能等新兴产业也出现一哄而起的苗头。兼并重组、淘汰落后工作涉及面广、政策性强、组织协调难度大，面临体制机制等诸多因素制约。工业增加值占国内生产总值比重的43%，但消耗的能源占全国总消费量的70%，主要污染物化学需氧量、二氧化硫排放量分别接近全国总排放量的四成和九成，我国已宣布2020年单位国内生产总值二氧化碳排放比2005年下降40%~45%，实现这个目标需要工业付出巨大努力。

（3）经济运行正处在企稳回升的关键时期，实现根本好转仍然面临许多不确定因素。2009年下半年工业增速加快回升与上年同期基数较低有很大关系，11月规模以上工业增加值环比仅增长1.46%（比上个月加快0.46个百分点），1~11月同比增长10.3%，与上一个增长周期 16% 左右的增速相比还有一定差距。1~10 月，22 个上报工业效益的省份规模以上企业主营业务收入同比仅增长 5%，实现利润下降 3.4%，月末应收账款同比增长 12.9%（分别比头两个月和上半年上升 5.5 个和 3.8 个百分点），增产不增收、增产不增效和因应收账款上升形成的流动资金缺口，在外需下滑、内需不足与产能过剩的环境下，部分行业和企业生产经营更加困难。尽管原材料、燃料、动力价格上涨还属于恢复性，但部分产品价格已逼近金融危机爆发前水平，国际市场石油等大宗商品价格可能继续震荡走高。实现持续稳定回升仍然面临不少困难和压力。

综合分析，2010 年工业经济发展面临的有利条件在增多，同时仍然存在一些影响平稳发展的不确定因素，预计全年工业经济将呈现平稳增长的态势，规模以上工业同比增长 11%。其中，原材料工业增长 12.5%，装备制造业增长 12.5%，消费品工业增长 10.5%，电子制造业增长 8.5%，国防科技工业增长 15%。电信业务总量增长 12% 左右，业务收入增长 4.5% 左右，综合资费水平下降 9%。软件服务业收入增长 20% 左右。包括技术改造在内的工业投资增长 20% 左右，出口交货值增长 8% 左右。

结构调整和产业升级是 2010 年工业经济的重要任务和关注重点。

四、几个特别关注的问题

当前，关于工业经济运行面临着许多引人关注并有不少争议的问题，例如：

（1）经济刺激政策该退还是进（维持并实施新的刺激政策或制订新的"产业振兴规划"）？

（2）如何认识和实现产业结构升级？各地都在提"建立现代产业体系"，但如何付诸具体规划和行动？（各地都在以"新能源产业"、"战略性新兴产业"、"创意产业"、"建立现代产业体系"等为名，大上投资项目和园区建设，结果拉动的是什么产业？）

（3）如何为企业经营发展提供良好的政策环境？其中，"国进民退"是不是一个问题？企业税费负担是减轻了还是实际增加了？

（4）如何认识工业经济运行与房地产业的关系？房地产业的高盈利性加之有关政策的诱导，使得大多数工业企业实际上都以不同的方式进入了房地产业（投资房地产或者圈地占地），同时，许多工业部门的市场需求都受房地产业的影响。许多工业经济现象同房地产业具有直接相关性，例如，过度投资、产能过剩。所以，房地产业形势和政策变化是工业经济运行的一个很大的不确定因素。

"十二五"时期中国区域政策的基本框架^①

城市发展与环境研究所　魏后凯　邬晓霞

区域政策是中央政府促进区域协调发展、优化空间结构、提高资源空间配置效率的重要途径和手段。为促进区域协调发展，近年来，中国政府制订并实施了一系列的政策措施，取得了较大成效。然而，应该看到，目前中国的区域政策仍存在诸多问题，促进区域协调发展仍将是一项长期的艰巨任务。为此，在"十二五"乃至今后一段时期内，应继续坚持统筹区域协调发展的总方针，进一步深化完善国家区域政策体系，推动形成主体功能定位清晰、东中西良性互动、各地区合理分工、公共服务和人民生活水平差距趋向缩小的区域协调发展的新格局。

一、中国区域协调发展的基本态势

早在 20 世纪 90 年代初期，中国政府就提出了促进地区经济协调发展的总方针。然而，从总体上看，在整个 90 年代，国家投资布局和政策支持的重点仍主要集中在沿海地区。自 1999 年以来，随着西部大开发、东北地区振兴和促进中部崛起战略的实施，国家投资布局和政

---

① 本报告为中国社会科学院重大课题《我国国家区域政策与区域发展新格局研究》的总报告，全文约 4 万字，这里进行了精简。除总报告外，还有 9 个专题报告。包括：（1）国家支持老工业基地振兴政策研究；（2）中国资源型城市国家援助政策；（3）中国的贫困问题与国家反贫困政策；（4）中国大都市区膨胀病及国家治理政策；（5）中央支持粮食主产区发展政策研究；（6）中央扶持民族地区发展政策研究；（7）中央扶持革命老区发展政策研究；（8）中国特殊经济区政策调整与并轨研究；（9）中国国家主体功能区政策研究。

策支持的重点开始逐步向中西部和东北地区转移。在国家政策的大力支持下，中西部和东北地区投资增长加快，地区经济呈现相对均衡增长态势，东西部差距由扩大转变为缩小，农村扶贫工作稳步推进，地区协调发展取得了较大成效。然而，应该看到，目前中国的农村贫困标准还较低，地区发展差距仍然很大，实现地区协调发展的目标任重而道远。

（一）中西部和东北地区投资增长加快

在国家财政投资的积极引导下，近年来，中西部和东北地区全社会固定资产投资增长速度已明显加快。在 2001~2009 年，东北、中部和西部地区全社会固定资产投资分别平均每年增长 27.4%、27.5%和26.1%，均高于全国平均水平和东部地区投资增长速度。从投资增长格局看，在四大区域中，2001~2002 年西部地区投资增长速度最高，而到 2004~2008 年，受国家振兴东北地区等老工业基地战略的影响，东北地区投资增长速度明显提高。近年来，中部地区的投资增速也明显加快，2007~2009 年连续 3 年增速超过 30%。在"十一五"前 4 年，东北地区全社会固定资产投资增速达到 32.8%，中部和西部地区分别为 32.5%和 29.3%（见表 1）。这说明，随着西部大开发、东北地区等老工业基地振兴和促进中部地区崛起战略的实施，东北和中西部地区的投资增长速度已明显加快。

表 1　2001~2009 年各地区全社会固定资产投资增长速度　　　　单位：%

地区 ＼ 年份	2001	2002	2003	2004	2005	2006	2007	2008	2009	2006~2009	2001~2009
全　国	13.0	16.9	27.7	26.8	26.0	23.8	24.8	25.5	30.1	26.0	23.7
东部地区	11.3	16.1	33.2	24.5	21.9	19.6	18.7	19.3	23.0	20.1	20.7
东北地区	14.2	12.9	20.8	32.5	37.6	37.0	32.3	35.2	26.8	32.8	27.4
中部地区	14.2	16.6	27.2	32.1	28.9	29.5	32.8	31.9	35.8	32.5	27.5
西部地区	17.2	19.0	27.3	26.8	28.3	24.2	28.4	26.9	38.1	29.3	26.1

注：东部地区包括河北、北京、天津、山东、上海、江苏、浙江、福建、广东、海南；东北地区包括辽宁、吉林和黑龙江；中部地区包括山西、河南、安徽、湖北、湖南、江西；西部地区包括内蒙古、广西、陕西、甘肃、宁夏、青海、新疆、重庆、四川、贵州、云南、西藏。下同。

资料来源：根据《中国统计年鉴》（各年度）和国家统计局网站有关数据计算。

需要指出的是，自 20 世纪 90 年代以来，外商在华投资出现了"北上西进"的趋势。所谓"北上"，就是外商投资由珠江三角洲向长江三角洲继而向环渤海和东北地区转移；所谓"西进"，就是外商投资由东部沿海向中部地区转移。从 1999~2004 年，中部地区实际利用外商直接投资占全国的比重由 7.5% 提高到 9.3%，东北地区由 4.1% 提高到 9.0%，但西部地区却由 4.5% 下降到 2.6%。这期间，外商在华直接投资主要是由东部向中部和东北地区转移。2005~2006 年，尽管中部和东北地区所占比重出现下降，分别下降 4.0 和 5.1 个百分点，但西部地区提高了 0.9 个百分点。这说明，外商投资向西部地区的转移有所加快。2007 年以后，商务部不再对外公布各地区实际利用外资数据。从各地区公布的数据看，其汇总数远高于全国实际利用外资总额，其中 2007 年高 64%，2008 年高 55.7%，2009 年高 72%。造成这种差异的主要原因之一是各地区统计中包含了外资企业的再投资。近年来，东部地区实际利用外商投资所占比重明显下降，而中西部和东北地区所占比重明显提升。

此外，近年来沿海企业向西部地区迁移的速度也开始加速。据 2006 年浙江省政府经济协作办公室和《浙商》杂志社发布的数据推算，浙江企业在各地的投资总额已超过 1.3 万亿元，其中，在中部、西部和东北地区的投资额超过 2752 亿元、2990 亿元和 930 亿元，分别约占浙商在省外投资的 20.9%、22.7% 和 7.0%（慎海雄、胡作华，2006）。2008 年，浙江企业在四川投资额达到 362 亿元，比 2002 年增长了近 15 倍（何晓春，2009）；在重庆、云南、新疆和贵州的投资额分别达近 100 亿元、95.82 亿元、65.7 亿元和 40 多亿元（龚艳，2009）。

（二）地区经济呈现相对均衡增长态势

长期以来，中国地区经济增长呈现出东部地区快、东北和中西部地区慢的不平衡增长格局。在 1980~2005 年，中国各地区生产总值（GRP）年均增长 10.9%，[①] 其中，东部地区为 12.1%，东北地区为 9.1%，中部地区为 10.2%，西部地区为 9.7%。在"十五"期间，各地区生产

---

① 中国各地区 GRP 汇总数与国家统计局发布的全国 GDP 数据不具有可比性。在根据经济普查数据调整后，2005 年中国 31 个省区市 GRP 汇总数比全国 GDP 高 8.0%；31 个省区市 GRP 增长速度高达 13.2%，而国家统计局发布的全国 GDP 增长速度只有 10.2%，二者相差 3.0 个百分点。在未根据经济普查数据调整前，2004 年 31 个省区市 GRP 汇总数比全国 GDP 高 19.3%。

总值年均增长 12.0%，其中，东部地区为 12.6%，东北地区为 10.9%，中部地区为 11.0%，西部地区为 11.3%。然而，近年来，在国家政策的有力支持下，中西部和东北地区经济增长已出现逐步加快的趋势。例如，自 1999 年以来，西部地区生产总值增长速度连续 8 年逐年加快，2007 年达到 14.5%（见表 2），超过东部地区 0.3 个百分点，在四大区域中最高。2008 年，受国际金融危机的影响，全国经济增长速度有所放慢，但东北、中部和西部地区仍分别高达 13.4%、12.2% 和 12.4%，均高于东部地区的增速，各地区呈现出相对均衡增长的格局。2009 年，全国 31 个省区市生产总值加总增长率为 11.6%，其中，东部地区为 10.7%，而东北、中部和西部地区分别为 12.6%、11.7% 和 13.5%（魏后凯，2010）。这表明，中国地区经济正在由过去的不平衡增长转变为相对均衡增长。这种相对均衡增长并不是等速增长，而是指发展水平较低的地区增长速度加快，超过了发展水平较高的地区。

表 2　1980~2008 年各地区 GRP 增长速度及人均 GRP 相对水平的变化

年份	GRP 增长速度（%）				人均 GRP 相对水平（以各地区平均为 100）			
	东部地区	东北地区	中部地区	西部地区	东部地区	东北地区	中部地区	西部地区
1980	10.1	9.0	6.7	8.3	128.7	150.8	78.6	71.2
1985	14.8	9.6	13.5	13.0	131.3	139.5	80.1	70.3
1990	5.8	2.2	3.9	5.7	133.7	136.9	76.6	71.7
1995	14.7	8.4	13.6	9.9	149.2	119.5	72.2	63.5
1999	9.9	7.9	7.9	7.3	152.5	116.6	72.3	60.7
2000	10.5	8.7	8.9	8.5	147.6	118.7	73.1	60.9
2001	10.2	9.1	9.0	9.0	156.5	115.1	67.3	60.0
2002	11.6	10.1	9.8	10.3	157.9	113.0	66.5	59.7
2003	13.4	10.8	10.8	11.5	159.8	109.3	65.7	59.2
2004	14.4	12.3	13.0	12.9	159.2	104.5	66.9	59.5
2005	13.5	12.0	12.7	13.1	153.7	103.4	68.6	60.4
2006	14.2	13.5	13.1	13.2	153.2	101.9	68.5	61.1
2007	14.2	14.1	14.2	14.5	151.0	102.0	69.8	62.1
2008	11.1	13.4	12.2	12.4	148.0	103.7	71.2	63.8

注：2001 年以后的数据系按经济普查数据进行了修订（下同）。四大区域 GRP 增长率根据各省区市 GRP 及其增长率实际数推算。

资料来源：根据国家统计局编《改革开放十七年的中国地区经济》（中国统计出版社 1996 年版）、《中国统计年鉴》（各年度）计算。

（三）产业布局由集中转变为扩散

中国地区增长格局的变化，导致全国产业布局由过去向东部地区集中逐步转变为向中西部地区转移扩散。在改革开放以来相当长一段时间内，中国地区经济的不平衡增长格局导致全国经济生产活动持续向东部地区集中。1980~2006年，东部地区 GRP 占全国各地区总额的比重由 43.6%提高到 55.7%，增加了 12.1 个百分点；而东北地区由 13.7%下降到 8.5%，中部地区由 22.3%下降到 18.7%，西部地区由 20.4%下降到 17.1%，分别减少了 5.2、3.6 和 3.3 个百分点（见图 1）。另据研究表明，在 1985~2003 年，除烟草制造业外，钢铁、石化、电子信息、纺织等制造业生产能力都在向东部地区集中（王业强、魏后凯，2006）。这说明，自改革开放以来，在市场力量的作用下，中国的经济生产活动在逐步向经济繁荣的东部地区转移和集聚。这种集中化趋势是中国经济市场转型的结果，它主要表现为各种生产要素和工业尤其是制造业向东部地区的集聚。从某种程度上讲，这种集中化将有利于提高资源配置的总体效率，但也会加剧区域经济差距的扩大趋势，不利于区域经济的协调发展。然而，值得注意的是，近年来随着中西部和东北地区经济增速的加快，全国经济生产活动正在逐步向中西部和东北地区转移扩散。2008 年，东部地区 GRP 占全国各地区总额的比

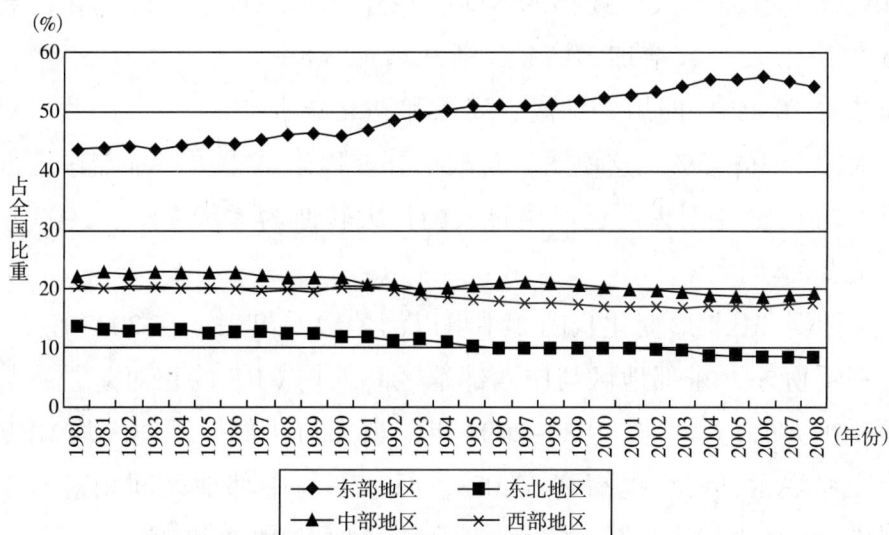

图1　1980~2008 年中国各地区 GRP 占全国的比重

资料来源：同表3。

重已下降到 54.3%，比 2006 年减少 1.4 个百分点；而东北、中部和西部地区分别提高到 8.6%、19.3%和 17.8%，分别增加 0.1、0.6 和 0.7 个百分点。

（四）东西部差距由扩大转变为缩小

自改革开放以来较长一段时期内，随着区域经济的不平衡增长以及全国经济生产活动向东部地区的集中，中国东西部地区间发展差距也在不断扩大。虽然这种东西差距的扩大并非是从改革开放之后才开始的，但 1978 年以来实行的东倾政策、外商投资和出口高度集中在东部少数地区以及中国经济向市场经济的转轨，无疑起到了重要的推动作用。从表 2 可以清楚地看出，在 1980~2003 年，除东部地区人均 GRP 相对水平在持续提升外，其他三个地区人均 GRP 相对水平都在趋于下降。2004 年以来，这种情况出现了根本变化，东部地区人均 GRP 相对水平已开始下降，而中西部地区则出现了上升的趋势。2006 年之后，东北地区人均 GRP 相对水平也在不断提升。需要指出的是，近年来中西部地区人均 GRP 相对水平的提升除了其经济增长速度的加快之外，一个重要原因就是人口统计口径的变化和人口迁移的影响。过去，中国各地区人口是按户籍人口来进行统计的。自 2005 年起，各地区人口数根据 1%人口抽样调查充分考虑了流动人口因素，即按常住人口来进行统计，考虑了人口迁移的影响。由于这种统计口径的变化，导致 2005 年广东人口数增加 10.7%，浙江增加 3.8%，北京增加 3.0%，而重庆减少 10.4%，四川、湖南、安徽和湖北减少 5%~6%，广西、贵州和河南减少 3%~5%。这说明，自改革开放以来，中国东部与中西部地区间人均 GRP 相对差距已经由过去的扩大转变为逐步缩小，2003 年是一个重要的转折点。

这种倒"U"形变化从图 2 中可以清楚地看出来。在 2003 年之前，除个别年份外，东部地区与中西部地区间人均 GRP 的相对差距系数均呈不断扩大的趋势。从 1980~2003 年，东部与西部地区间人均 GRP 相对差距系数由 44.7%提高到 63.0%，而东部与中部地区间相对差距系数则由 38.9%提高到 58.9%，二者分别增加了 18.3 和 20.0 个百分点。在这期间，四大区域人均 GRP 的变异系数虽然出现多次波动，但总体

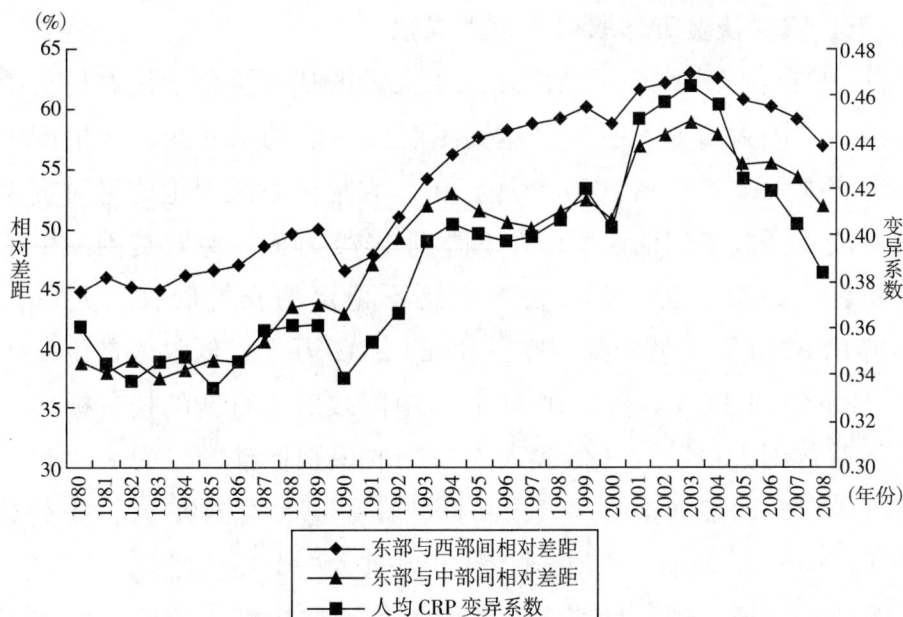

图2 1980~2008年中国四大区域人均GRP相对差距的变化

注：东部与中西部地区间相对差距系数 = (东部指标值 − 中西部指标值) / 东部指标值×100%。
资料来源：同表2。

趋势也在不断增加，从1985年的0.334提高到2003年的0.465。东西部差距扩大幅度较明显地主要集中在1986~1989年、1991~1994年、1997~1999年和2001~2003年四个时期。2004年以后，尽管东部与中西部地区间人均GRP绝对差距仍在不断扩大，但其相对差距系数已开始出现逐年缩小的态势。到2008年，东部与西部地区间相对差距系数已下降到57.0%，东部与中部地区间相对差距系数下降到52.0%，四大区域人均GRP的变异系数下降到0.384。需要说明的是，首先，2001年以后的差距系数采用按经济普查数据进行了修订，其计算结果比未修订前要大一些。由此导致2001年差距系数比上年明显增加，[①]但其变动趋势基本上是一致的。其次，自20世纪60年代以来，中国的东西差距就一直在不断扩大，即使是在"三线建设"时期。可以说，改革开放以来中国东西差距的扩大是过去历史时期差距扩大趋势的延续。

———————

① 未按经济普查数据修订前，2001~2004年四大区域人均GRP变异系数分别为0.431、0.440、0.451和0.446，而按经济普查数据进行修订后，其变异系数分别提高到0.450、0.457、0.465和0.456，大约提高了2%~5%。

（五）农村扶贫工作取得了较大成就

自 1992 年以来，中国政府投入了大量的扶贫资金，使农村贫困地区的绝对贫困人口基本脱贫，达到了温饱生活的水平线，其生产生活条件有了很大改善。到 2007 年底，中国农村未解决温饱的绝对贫困人口已由改革开放初期的 2.5 亿人下降到 1479 万人，绝对贫困发生率从 30.7% 降至 1.6%；初步解决温饱但还不稳定的农村低收入人口，从 2000 年的 6213 万人减少到 2007 年底的 2841 万人，低收入贫困发生率从 6.7% 下降到 3.0%。从 2009 年起，中国政府实行新的扶贫标准，即将"绝对贫困人口"与"低收入人口"的识别标准合二为一，对农村低收入人口全面实施扶贫政策，新标准提高到人均 1196 元，扶贫对象覆盖 4007 万人，这标志着中国扶贫开发进入一个新阶段。

然而，应该看到，目前中国的农村贫困线标准还较低，覆盖面较窄。按照世界银行 1 人 1 天消费 1 美元的标准，2001 年中国有贫困人口 2.12 亿人，贫困发生率高达 16.6%，2003 年为 1.73 亿人。即使按照新的贫困标准，截至 2009 年底，中国农村贫困人口仍有 3597 万人。同时，现有的农村贫困人口主要集中在革命老区、少数民族聚居区和石山区、荒漠区、高寒山区、黄土高原区以及地方病高发区等特殊类型贫困地区。这些地方地域偏远、交通闭塞、资源匮乏、生态环境恶劣，有的甚至缺乏基本的生存条件，扶贫攻坚的难度大，脱贫成本高，有相当部分需要移民搬迁。此外，由于现行贫困线标准较低和致贫因素的增多，导致脱贫农户的收入很不稳定，新增致贫和返贫的比重仍然居高不下。2006 年，西部地区的绝对贫困和低收入贫困发生率仍高达 13.7%。在边境地区 41 个国家扶贫开发工作重点县中，绝对贫困发生率高达 11.5%，低收入贫困发生率达 28.5%（刘坚，2006）。这说明，今后中国农村扶贫工作的任务仍相当艰巨。

二、中国区域政策的科学基础及基本框架

在"十二五"及今后较长一段时期内，要推动形成主体功能定位

清晰，东中西部良性互动，公共服务和人民生活水平差距趋向缩小的区域协调发展新格局，除了进一步完善国家区域发展总体战略外，还应加快建立健全差别化的国家区域政策体系。这里着重探讨科学发展观视角下区域协调发展的含义及评判标准，以及推动区域协调发展新格局形成的国家区域政策的科学基础和基本框架。

（一）区域协调发展的含义及评判标准

在今后相当长一段时期内，促进区域协调发展仍将是一项长期的艰巨任务。①目前中国各地区之间的发展差距仍然很大。2009 年，深圳人均生产总值已超过 1.3 万美元，广州超过 1.2 万美元，无锡、佛山、苏州、上海超过 1.1 万美元，宁波、珠海、北京超过 1 万美元，浙江和江苏接近 6500 美元，广东接近 6000 美元，而贵州只有 1500 美元。②东部与中西部间绝对差距仍在不断扩大。从 2005~2008 年，东西部间人均地区生产总值的绝对差距由 1.44 万元扩大到 2.12 万元，城镇居民人均可支配收入绝对差距由 4592 元扩大到 6232 元，农村居民人均纯收入绝对差距由 2341 元扩大到 3080 元，分别扩大了 47.0%、35.7%和 31.6%。东中部间绝对差距也在不断扩大（见表3）。③近年来东

表3　2005~2008 年东部与中西部地区间差距的变化

指　标	年份	地　区			东西部间差距		东中部间差距	
		东部地区	中部地区	西部地区	绝对差距	相对差距(%)	绝对差距	相对差距(%)
城镇居民可支配收入（元）	2005	13375	8809	8783	4592	34.3	4566	34.1
	2006	14967	9902	9728	5239	35.0	5065	33.8
	2007	16974	11634	11309	5665	33.4	5340	31.5
	2008	19203	13226	12971	6232	32.5	5978	31.1
农村居民人均纯收入（元）	2005	4720	2957	2379	2341	49.6	1764	37.4
	2006	5188	3283	2588	2600	50.1	1905	36.7
	2007	5855	3844	3028	2827	48.3	2011	34.3
	2008	6598	4453	3518	3080	46.7	2145	32.5
人均地区生产总值（元）	2005	23768	10608	9338	14430	60.7	13160	55.4
	2006	27567	12269	10959	16608	60.2	15299	55.5
	2007	32283	14754	13212	19071	59.1	17529	54.3
	2008	37213	17860	16000	21212	57.0	19352	52.0

注：地域单元按东部、东北、中部、西部四大区域划分。

资料来源：根据国家统计局编《中国统计年鉴》（2006~2009）计算。

西部相对差距缩小的态势还不稳定。面对金融危机的冲击，广东、江苏、浙江等东部省市纷纷加大经济转型升级的力度，一旦这种转型升级成功，将很快进入新一轮的快速增长期。④当前中国仍存在各种问题区域，如发展落后的贫困地区、财政包袱沉重的粮食主产区、面临转型的资源枯竭城市、处于相对衰退中的老工业基地等，这些地区在发展中面临着诸多问题，需要中央在资金和政策上给予大力支持。⑤目前中国仍处于工业化与城镇化快速推进时期，在市场化力量的作用下，今后一段时期内，各种要素和产业仍将会向那些条件较好的地区尤其是大都市圈和城市群集聚。这种集聚必然会进一步加剧经济空间不均衡态势。因此，积极促进区域协调发展，仍将是今后中国区域政策的核心和首要任务。

当前，中国区域发展已经进入到更加注重科学发展的新时代。在以人为本的科学发展观的指导下，我们需要重新审视区域协调发展问题，并建立一种与科学发展观相适应的新型区域协调发展理论。这种新协调发展理论具有三方面的含义：一是全面的协调发展。不仅包括地区间经济、社会、文化和生态的协调发展，而且包括区域城乡协调发展、人与自然和谐发展、经济与社会协调发展等内容。二是可持续的协调发展。区域协调发展应该建立在可持续发展的基础上，通过采用资源节约和环境友好技术，制定科学的规章制度和政策措施，促进地区间和区域内资源高效集约利用，推动形成生产、生活、生态协调发展的格局。三是新型的协调机制。推动区域协调发展，必须建立一个以科学发展观为指引，并与社会主义市场经济体制相适应，能够长期管用的新型协调机制。新型协调机制包括区域之间的互助机制、国家对区域的扶持机制以及生态补偿机制等，倾向于强调社会稳定、民生问题、就业导向和提升可持续发展能力等方面内容（魏后凯，2009a）。

需要指出的是，促进区域协调发展不单纯是指缩小地区发展差距，它具有十分丰富的内涵。从科学发展的角度看，评判区域协调发展应主要考虑以下几个标准：一是各地区优势能够得到充分有效的发挥，并形成合理分工、各具特色的产业结构。二是各地区形成人与自然和谐发展的局面。三是各地区人均居民收入差距逐步缩小，并保持在合理的范围内。四是各地区居民均能够享受到均等化的基本公共服务和等值化的生活质量；五是保持地区间人口、经济、资源、环境的协调发展，即地区人口、经济与资源、环境的协调发展，以及地区人口分布与经济布局相协调；六是保持国民经济的适度空间均衡，即从大区域的角度看，要防止出现经济过密与过疏问题，避免某些地区出现衰落和边缘化（魏后凯，2009a）。在这些诸多标准中，地区间居民收入差距的缩小和基本公共服务的均等化是最为关键的。

（二）现行区域政策存在的问题及弊端

自改革开放以来，伴随着经济体制的转轨，中国的国家区域政策在调整中不断完善。然而，也应该看到，由于体制机制不健全和部门分割，目前国家区域政策尚存在诸多方面的问题。一是过分强调效率目标，至今为止，国家设立的各类特殊经济区仍过多地集中于沿海地区。二是近年来实施的西部大开发和振兴东北地区等老工业基地战略，一些政策主要采取区域普惠制的办法，没有较好地体现分类指导的思想，影响了政策的实施效果，并且极易引发不公平问题。三是政出多门，缺乏协调。目前，中国还没有一个统一的国家区域政策，相关职能分散在国务院扶贫办、国家发展改革委（包括西部开发司、东北振兴司和地区经济司）、国家民委、民政部、住房和城乡建设部、国土资源部等部门，这些部门之间缺乏统一的协调，从而在一定程度上影响了国家区域政策的实施效果。四是注重国家资金投入，而忽视民间资本引导和体制机制创新。无论是西部开发还是东北振兴战略，至今仍主要依靠资金尤其是政府投资拉动，如何引导民间资本大规模进入仍是一个值得深入研究的重要课题。在 2001~2008 年，资本形成对各地区生产总值增长的贡献率，东北地区高达 74.9%，中部和西部地区也分别达到 57.0%和 64.5%，均高于全国 53.8%的平均水平，更远高于东部地区 45.6%的水平（见图 3）。

更重要的是，自 2006 年以来，在四大区域的地域框架之下，国家又针对一些省区市以及长三角、天津滨海新区等地区，单独出台了一系列的特殊区域政策。这种特殊政策对支持特定地区的发展无疑将起

（%）

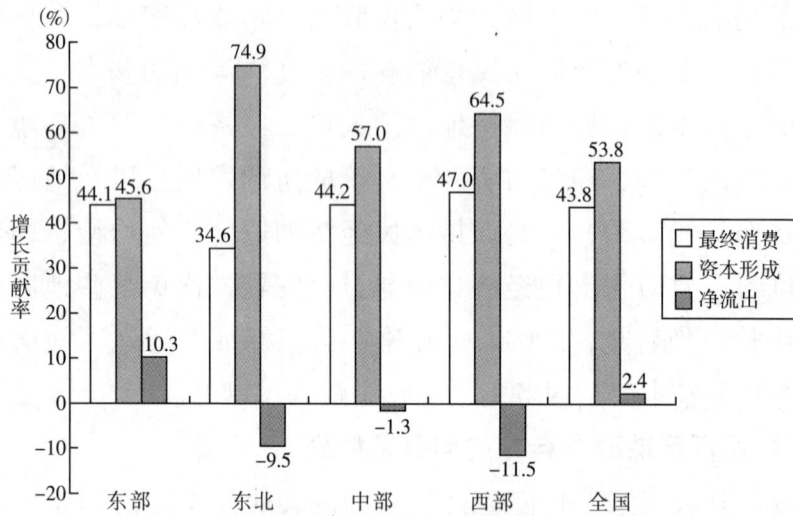

图3　2001~2008年各地区生产总值增长来源

资料来源：根据国家统计局编《中国统计年鉴》（2001、2009）绘制。

到重要的作用，但应该看到，这种"一对一"讨价还价的区域优惠或支持政策，在刺激特定地区发展的同时，也容易造成诸多负面效应。一是对国家区域政策体系造成冲击。国家对某个地区实行优惠和支持政策，并没有严格的统一标准和依据，实践中往往取决于领导的意图和来自地方的压力，这样无疑会对形成合理的国家区域政策体系造成冲击。二是容易诱发"跑部钱进"。由于政策制定的随意性和自由度较大，且与各地的谈判和公关能力密切相关，自然会诱发地方通过各种渠道和方式，进行公关和游说活动，甚至采取"跑部钱进"的做法。三是导致区域政策的"泛化"。在市场经济条件下，为促进区域协调发展，国家应更加注重公平目标，对面临各种困难的问题区域尤其是贫困落后地区给予重点支持和帮助，但现行的做法却是"遍地开花"，重点不突出，政策支持的地域范围几乎遍及全国各个省区市。四是将会产生新的不公平问题。由于政策是"一对一"的，所以国家对某个特定地区给予政策优惠和支持，必然会对其他同类地区形成不公平，由此将造成不公平的区域竞争环境。

（三）新时期国家区域政策的科学基础

自1992年中央提出建立社会主义市场经济体制以来，经过十多年的改革开放实践，目前中国已初步建立社会主义市场经济体制。显然，在社会主义市场经济体制下，建立和完善以促进区域协调发展为核心的国家区域政策体系，应遵循以下三个基本准则：

（1）更加强调公平目标。效率与公平是中央区域政策抉择需要考虑的两个重要目标。一般地讲，效率或趋利原则是市场配置资源的基本原则。这样，在市场经济体制下，资源空间配置的效率目标将主要依靠市场机制来实现。然而，单纯的市场力量一般会扩大而不是缩小地区差距（Myrdal，1957）。因此，对中央政府来说，中央区域政策将需要更多地注重公平目标，对那些问题严重且自身无法解决，确实需要国家给予援助和扶持的关键问题区域，实行"雪中送炭"，而不是对那些发达的繁荣地区"锦上添花"。也就是说，在社会主义市场经济体制下，中央区域政策应在充分发挥市场机制的基础性作用的基础上，突出和强调公平目标，实行"逆市场调节"，对一些关键问题区域给予更多的帮助和扶持；而不是像过去那样注重效率目标，实行"顺市场调节"，对经济繁荣的发达地区给予重点支持。很明显，在市场机制日趋完善的情况下，中央实行"顺市场调节"的区域政策将是多余的，也是没有必要的。因为通过完善市场机制将可以达到同样的目的（魏后凯，2007）。

（2）更加注重分类指导。中国国土面积辽阔，地区差异较大，各地区的自然条件和社会经济特点千差万别。因此，无论是国家宏观调控还是区域政策制定，如果忽视这种地域差异性，单纯采取全国划一或者"一刀切"的办法，再好的政策也难以取得较好的效果。长期以来，中国在历次宏观调控中都没有较好地解决这种"一刀切"现象。近年在实施西部大开发和振兴东北地区等老工业基地战略中，一些政策措施也往往采取"一刀切"式的普惠制办法，没有较好地体现分类指导的思想，由此影响了政策的实施效果。为避免"一刀切"现象，切实提高政策的实施效果，今后国家区域政策应按照"区别对待、分类指导"的原则，针对不同类型地区的实际情况，实行差别化的区域调控与国家援助政策。

（3）针对问题区域展开。从国际经验看，各国的区域政策大都针对各类问题区域展开，这些问题区域包括落后地区、萧条或衰退地区、膨胀地区等（张可云，2005）。其中，落后地区主要是解决"落后病"，萧条或衰退地区主要是解决"萧条病"，膨胀地区主要是解决"膨胀病"。近年来，随着中国经济由计划经济向市场经济的转轨，以及工业化、城镇化和全球化的快速推进，中国也涌现出一批问题区域，如经济落后的贫困地区、处于相对衰退中的老工业基地、亟待转型的资源枯竭城市和财政包袱沉重的粮食主产区等。这些面临诸多问题的区域，急需中央政府在资金和政策上给予大力扶持。中央确定是否对这些区域实行援助政策，应主要考虑两个标准：①这些区域必须属于问题区域，而且其面临的问题较为严重。②这些问题地方政府自身无法解决，确实需要中央政府给予援助。因此，借鉴国际经验，今后中国的国家区域政策也应该主要针对问题区域展开，切实帮助各种问题区域解决发展中面临的困难，增强其自我发展能力和可持续发展能力。

（四）未来中国区域政策的基本框架

为促进区域协调发展，魏后凯（2006）曾提出在国家层面采取"4 + 2"的区域发展战略和政策框架。所谓"4"，就是在战略规划层面，按照西部、东北、中部和东部四大区域的地域框架，对全国经济布局和区域发展进行统筹规划和统一部署。以四大区域作为国家战略规划的地域单元具有两个明显的优点：一是可以全覆盖，这样便于对全国的经济布局进行统筹规划部署，明确各区域的战略定位和发展导向。二是有利于国家战略和政策上的衔接，便于实施操作。为保持国家战略和政策的相对稳定性，在"十二五"期间，要进一步完善国家区域发展总体战略，继续深入推进西部大开发，全面振兴东北地区等老工业基地，大力促进中部地区崛起，积极支持东部地区转型升级。显然，西部、东北、中部和东部四大区域，由于其空间范围和内部差异较大，只宜作为国家区域发展战略规划的地域单元，而不能把它作为国家区域政策实施的地域单元。同时，鉴于东部和西部地区内部的差异性较大，可以考虑把东部地区再细分为三个区域，即包括广东、福建、海南以及香港、澳门、台湾在内的东南地区；包括上海、浙江和江苏在内的长三角地区；包括北京、天津、河北和山东在内的环渤海地区。把西部地区再细分为西南（包括广西、重庆、四川、贵州、云南、西藏）和西北地区（包括内蒙古、陕西、甘肃、宁夏、青海和新疆）。由此形成各具特色、合理分工的七大综合经济区发展格局。

所谓"2"，就是在政策操作层面，按照主体功能区和关键问题区域两种类型区，实施差别化的区域调控与国家援助政策。一是按照资源和环境的承载能力、经济开发密度和未来发展潜力，划分优化开发、重点开发、限制开发和禁止开发等主体功能区，以此作为国家区域调控和促进人与自然和谐发展的地域单元。对于不同的主体功能区，国家应明确其主体功能定位和发展导向，实行分类管理的区域调控政策体系，科学规范空间开发秩序，形成合理的空间开发结构。二是按区域问题的性质和严重性划分不同类型的问题区域，以此作为国家援助和政策支持的地域单元。对于不同类型的关键问题区域，国家应根据其区情特点和面临的困难，实行全国统一的差别化国家区域援助政策体系，推动区域协调发展新格局的形成。这样就可以避免过去宏观调控中长期未得到有效解决的"一刀切"现象以及普惠制所带来的诸多弊端，既能够较好地贯彻"区别对待、分类指导"的方针，又便于国家区域调控与援助政策的有效实施。从长远发展看，国家在划分主体功能区的基础上，进一步划分关键问题区是十分必要的。前者侧重强调的是"人的繁荣"，而后者则注重"地域的繁荣"。从全国范围来看，像中国这样一个地区差异极大的发展中大国，兼顾"人的繁荣"和"地域的繁荣"十分重要。

在上述"4＋2"框架下，应该对现行的国家区域发展战略和政策进行适当调整。首先，四大区域属于战略规划的地域单元，其政策实施应按照类型区域来展开。事实上，近年来国家的有关区域政策正在向类型区政策转变。例如，国家将东北老工业基地政策延伸到中部26个老工业基地城市，将东北资源型城市转型试点政策扩大到全国44个城市，将西部大开发政策扩大到中部243个县（市、区）。今后应继续按照分类指导的思想，对四大区域政策进行整合，以形成差别化的分类管理的国家区域政策体系。其次，要区分区域规划和区域政策，理清二者的边界。国家组织开展一些跨省区或承担国家战略功能的区域规划，这是很有必要的。但这些规划的主要作用是明确功能定位和发展方向，规范空间开发秩序，而不能在国家区域政策框架之外，另搞许多特殊的、"一对一"的优惠政策措施。这样只会打乱国家区域政策的总体部署。再次，在区域援助政策的操作层面，除西藏、新疆等部分民族地区外，应避免采取中央与各省区市"一对一"的做法，在对现行区域政策措施进行归类整合的基础上，以各种关键问题区域为主线，逐步建立完善全国统一的差别化国家区域援助政策体系。

三、深化完善国家区域发展总体战略

改革开放以来，中国政府针对东部、西部、东北和中部地区先后制订实施了一系列战略措施，对促进地区协调发展发挥了积极作用。在"十二五"乃至今后一段时期内，国家在战略规划层面仍应以四大区域为地域框架，深入推进西部大开发，全面振兴东北地区，促进中部地区崛起，支持东部地区转型升级，进一步深化完善国家区域发展总体战略。

（一）深入推进西部大开发

经过前十年的打基础阶段，目前中国西部大开发已经进入到全面深入推进的新阶段。在这一新的时期，应坚定不移地全面深入推进实施西部大开发战略，坚持"民富为先、稳定为重"的方针，更加注重维护社会稳定、扩大就业机会和让百姓得到实惠，切实提高西部自我发展能力和综合竞争力，使西部尽快走上持续稳定快速健康发展的轨道。

1. 加快特色优势产业发展

要进一步推进能源及化学工业、重要矿产开发及加工业、特色农牧业及加工业、装备制造、文化旅游等特色优势产业发展，积极培育发展新能源、新材料、信息、新医药、生物工程、节能环保等新兴战略产业，大力发展现代物流、金融保险、商务服务等现代服务业，推动建设一批具有国际竞争力的特色优势产业基地和产业园区，并按照资源节约、环境友好、低碳高效的原则，全力构建西部特色低碳产业体系，为西部大开发提供坚实的产业支撑。同时，围绕优势资源开发，积极培育资源循环产业链，完善产业配套体系，提高资源加工深度和综合利用程度。加快推进资源型城市转型，着力培育发展接替产业和新兴产业，促进产业适度多元化，切实提高可持续发展能力。鼓励西部农民工回乡创业，尤其要高度重视在西部发展劳动密集型产业，以便在西部创造更多的就业岗位。

2. 大力推进空间布局优化

要统筹城乡发展，加快城镇化步伐，大力推进新农村建设，推动城镇基础设施向农村延伸，构建以城带乡、城乡互动、融合发展的新型发展格局。充分发挥中心城市的带动和辐射作用，继续抓好成渝、关中—天水、北部湾经济区建设，加快推进兰西、呼包鄂、天山北麓、宁夏沿黄、滇中、黔中等城市群规划建设，积极培育形成一批新的增长极。加快小城镇建设步伐，进一步完善基础设施和公共服务，着力提高小城镇吸纳能力。加大户籍制度改革力度，促进人口和产业向城镇特别是城市群地区协同集聚，推进实施生态脆弱地区生态移民工程，使西部地区人口分布、产业布局与资源环境承载能力相协调。

3. 积极构建新型开放格局

积极引导外商投资、沿海企业和开发区西进，并依托交通干线以及大中城市和产业园区，建立一批国家承接产业转移示范区。继续推进实施兴边富民行动计划，进一步打通西部与东中部、东北地区以及与周边国家的对外联系通道，加强国际河流开发和次区域合作，加快沿边地区交通、通信、口岸、供电供水、环境卫生等基础设施建设，适当放宽边境地区设立各类"特殊区域"的审批条件，增设边境出口加工区、互市贸易区、保税区等。在满洲里、喀什、东兴、瑞丽等边境口岸城市，整合现有资源，建立高度开放、更加灵活、更加优惠的边境经济特区，推动形成以开放促开发、促发展、促稳定的新格局。

（二）全面振兴东北地区

在国家有关政策的支持下，近年来东北振兴开局良好，初见成效。然而，要实现东北地区全面振兴的目标，今后的任务仍相当艰巨。目前，东北地区还面临着产业层次低、民营经济发育不足、服务业发展落后、资源消耗高、"三废"排放量大等诸多问题。在"十二五"期间，应更加注重结构优化和机制体制创新，突出产业振兴和重点区域，强化国家战略产业基地和创新能力建设，加快实施全面开放战略，促进东北地区的全面振兴。

1. 着力抓好产业振兴工作

实现东北地区的全面振兴，关键是抓好产业振兴。为此，要整合各方面资源，推动企业加快调整改造和跨地区资产重组，加快推进国家先进装备制造业基地、国家新型原材料和能源保障基地、国家重要商品粮和农牧业生产基地建设；积极培育发展高新技术产业和新兴战略产业，建立一批具有东北特色的高新技术产业基地和产业园区，推动东北地区加快转型升级；大力发展现代物流、金融保险、商务服务、文化创意等现代服务业，大幅度提升现代服务业的比重，加快推进服务业外包基地建设，推动制造业与现代服务业融合发展；按照产业集群化的思路，大力发展产业链经济，积极培育一批主导优势产业链，促进产业向园区化、集群化、融合化、生态化方向发展。

2. 重点培育经济带和都市圈

突出重点，集中精力抓好重点区域建设，积极培育一批具有全国意义的新增长极。当前，要重点抓好"两带四圈"的建设。所谓"两带"，是指辽宁沿海经济带和哈（尔滨）大（连）经济带，它们既是人口和城镇密集带，也是产业密集带；所谓"四圈"，是指位于"两带"之内的四大都市圈，包括大连都市圈、沈阳都市圈、长吉都市圈和哈尔滨都市圈。要积极引导人口和产业向"两带四圈"合理集聚，并强化"两带四圈"之间的分工协作，形成合理分工、各具特色、互惠互利、错位竞争的新型发展格局。

3. 从投资驱动转向创新驱动

近年来，东北经济的快速增长主要是依靠投资拉动的。2000~2008年，在东北地区生产总值的增长额中，有75%来源于资本形成，其中辽宁高达77%，远高于全国的平均水平。要改变这种单一投资拉动的局面，就必须强化科技和机制体制创新，使东北经济尽快进入创新驱动的轨道。一方面，要加强装备制造、交通运输设备制造、原材料、能源、医药工业、现代农业、高技术产业等重点领域的创新能力建设，大力促进高新技术成果转化和产业化，加强区域创新体系建设，增强企业和区域创新能力；另一方面，要加快转变政府职能，大力推进综合配套改革，放手发展民营经济，进一步完善社会保障体系，为东北地区全面振兴创造一个良好的制度环境。

4. 加快实施全面开放战略

进一步优化投资环境，扩大对外开放领域，全面提高对外开放水平和质量，构建以开放促振兴、促调整、促改造的新型格局。一是加快推进辽宁沿海经济带的开放开发，依托大通道和边境口岸建设东北沿边开放带，同时加快沿线开放步伐，构建东北沿海、沿边和沿线"三沿"开放的格局。二是积极推进绥满经济带的建设，搞好国家层面规划的编制，把东北振兴与西部大开发有机衔接起来。三是积极引导国内外民间资本大规模进入，参与东北老工业基地振兴，并实施走出去战略，支持企业在俄罗斯、蒙古等建立海外原料和生产基地，形成双向开放的局面；四是加强东北亚经济合作，积极培育区域要素市场，完善区域协作网络，构筑一体化的公共平台，推进东北区域一体化进程。

（三）促进中部地区崛起

中部地区处于居中位置，在全国发展中起着承东启西的重要作用。同时，中部地区资源和环境承载能力较大，经济发展基础较好，工业化和城镇化的潜力大，是未来中国承接农村人口和沿海产业转移的重要区域。在今后一段时期，中部地区应继续抓好"三个基地、一个枢纽"建设，同时加强以城市群为核心的重点区域开发，加快推进工业化和城镇化进程，促进重点区域率先崛起，进而带动整个中部地区的崛起。

1. 加强国家基地和枢纽建设

重点是抓好国家赋予的"三个基地、一个枢纽"建设任务。一是加快粮食生产基地建设。要加强粮食生产重大工程建设，特别是区域化、规模化、集中连片的国家级商品粮生产基地建设。加快农业结构调整，抓好农产品加工转化，强化农产品质量和品牌建设，提升农业产业化经营水平，不断提高农业综合生产能力。二是巩固提升能源原材料基地建设。加强煤炭、铁矿、有色金属等重要矿产资源的勘察工作，推进山西晋北、晋东、晋中，安徽两淮，河南等地的大型和特大型煤炭基地建设，加快电力基地和电网建设，进一步加强山西、安徽等电源基地西电东送能力，不断提高能源原材料精深加工能力。三是着力打造现代装备制造及高新技术产业基地。依托大中城市的装备制造业产业基础和科研院所，增强自主创新能力，打造科技含量高的现代装备制造业和高新技术产业，培育新的经济增长点。四是加快综合交通运输枢纽建设。加快铁路网、公路干线网络、机场建设，提高水运和管道运输能力，将郑州、武汉等省会城市建设成为全国性交通枢纽城市，并依托郑州、武汉等全国性和其他区域性物流节点城市，推进现代物流设施建设。

2. 实行多中心网络开发战略

充分发挥中心城市和城市群的辐射带动作用，合理引导人口和产业协同集聚，促进以城市群为核心的重点区域率先崛起。实行多中心网络开发，推动中部经济适度均衡发展。所谓"多中心"，就是以现代制造业和服务业为重点，以一体化产业链构建和高效生态产业园区建设为支撑，加快推进中原城市群、武汉都市圈、长株潭城市群、环鄱阳湖城市群、江淮城市群等的建设，使之成为推动中部崛起的重要增长极。所谓"网络开发"，就是加快构建沿长江经济带、沿陇海经济带、沿京广经济带和沿京九经济带，由此形成"两纵两横"的网络开发格局，带动整个中部经济的崛起。

3. 加快推进工业化和城镇化

目前，中部地区人均生产总值为 2500 美元左右，仍处于工业化与城镇化加快推进的时期。在"十二五"期间，要把加快推进工业化与城镇化作为促进中部崛起的战略重点和突破口。要实行工业化与城镇化互动，以工业化为载体，以城镇化为支撑，引导工业化走园区化、集中化、城镇化的道路，促进人口向城镇集中、产业向园区集中、耕地向规模经营集中。依托主要交通干线和中心城市，以各类产业园区为载体，建立一批国家承接产业转移示范区，把中部地区建设成为承接沿海产业转移的重要基地。

（四）支持东部地区转型升级

自改革开放以来，中国东部地区经济一直保持着高速增长的态势。

尤其是珠三角、长三角等地区成为引领中国经济发展的重要增长极。然而，近年来，随着要素成本的全面上涨和人民币的升值，再加上这次金融危机的冲击，东部地区过去那种以高度消耗资源、高度依赖出口市场、处于产业链低端，以低工资、低成本、低价格维持产业竞争优势的传统发展模式受到了严峻挑战。可以说，当前东部地区经济已经到了全面转型升级的新阶段。在这一新阶段，东部地区将同时面临着经济转型和产业升级两大任务（魏后凯，2009）。实现这种转型升级将是一个艰难痛苦的过程，需要采取多方面的综合措施。

1. 明确转型升级的方向

要着力加快产业升级，推动东部经济由传统发展模式向科学发展模式转变。一是大力发展高端制造业和高端服务业，逐步向高端化方向发展。二是高度重视金融服务、现代物流、商务会展、信息咨询、文化创意等现代服务业发展，积极推进经济的服务化。三是加强工业设计，积极鼓励技术创新和新产品开发，推动产业创意化，逐步实现由东部制造向东部创造的转变。四是实施品牌建设工程，推动东部加工贸易由 OEM 逐步向 ODM、OBM 转变，实现东部经济的品牌化。

2. 多管齐下实现转型升级

采取淘汰一批、升级一批、转移一批、引进一批等多种途径，推动东部经济的转型升级。一是实行高标准、严要求，坚决关停和淘汰一批浪费资源、污染环境、设备落后的企业和产品。二是鼓励和支持那些有条件的企业，加强技术改造，加快产品结构调整，强化品牌建设，实行就地升级。三是对那些具有发展潜力，但受土地和成本限制的企业，鼓励它们向周边和中西部地区转移；四是进一步完善投资环境，加大招商引资力度，积极引进一批高新技术产业和高端产业项目。

3. 促进城市群可持续发展

目前，在东部一些城市群地区，随着人口和产业的大规模集聚，已经出现了生态环境恶化、资源环境承载能力衰减的趋势。在"十二五"期间，应该把促进东部城市群可持续发展提高到一个重要的战略高度。一是提高产业准入标准，包括单位土地投资强度、产出效益、技术和环保标准等，建立产业退出机制，由此推动产业优化升级。二是设置开发强度的"天花板"和生态空间的底线，原则上，这些地区的开发强度应低于25%，生态空间应保持在30%~40%之间或者以上。三是大力推进节能降耗减排，节约集约利用土地，加强生态环境建设，推行绿色生产、生活和消费方式，建立生态企业、生态产业、生态园区和生态经济体系，走低碳、生态、集约、紧凑型的发展道路。

四、实行分类管理的区域调控政策

主体功能区是为规范和优化空间开发秩序，按照一定指标划定的在全国或上级区域中承担特定主体功能定位的地域，它属于经济类型区和功能区的范畴。积极推进主体功能区的建设，将有利于实行空间管治，优化资源空间配置，促进人与自然和谐发展，并便于分类管理和调控（魏后凯，2007b）。当前，有关部门应在明确各主体功能区定位和发展导向的基础上，尽快制定实施差别化的区域调控政策，以保障《全国主体功能区规划》的有效实施。

（一）明确主体功能定位和发展导向

在国家"十一五"规划纲要中，明确提出"根据资源环境承载能力、现有开发密度和发展潜力，统筹考虑未来我国人口分布、经济布局、国土利用和城镇化格局，将国土空间划分为优化开发、重点开发、限制开发和禁止开发四类主体功能区，按照主体功能定位调整完善区域政策和绩效评价"。2007年7月，国务院又发布了《关于编制全国主体功能区规划的意见》，进一步明确根据主体功能定位，调整完善相关政策，包括财政政策、投资政策、产业政策、土地政策、人口管理政策、环境保护政策、绩效评价和政绩考核。2010年6月，国务院常务会议审议并原则通过《全国主体功能区规划》，明确了四类主体功能区的范围、发展目标、发展方向和开发原则。

1. 优化开发区域

是指国土开发密度已经较高、资源环境承载能力开始减弱的区域。其范围主要包括珠江三角洲地区、长江三角洲地区和环渤海部分核心地区。这类区域要从根本上改变依靠大量占用土地、大量消耗资源和大量排放污染实现经济较快增长的粗放型发展模式，加快全面转型和产业升级的步伐，把提高发展质量和改善民生放在首位，不断提升参与全球化和国际分工的档次，提高自主创新能力，使之成为提升国家竞争力的重要区域和引领全国经济转型升级的主导区域。一方面，要着力解决农民工的市民化问题，使外来农民工尽快在工作地安家落户，和谐融入当地社会，促进人口与产业协同集聚；另一方面，要积极引导产业向周边和中西部地区转移扩散，以缓解其生态环境和要素成本上涨的压力，促进生产、生活和生态协调发展。

2. 重点开发区域

是指资源环境承载能力较强、经济和人口集聚条件较好的区域。其范围主要包括中原地区、长江中游地区、北部湾地区、成渝地区、关中平原地区等。这类区域重点是加快基础设施建设，完善投资创业环境，加快推进工业化和城镇化步伐，促进人口和产业大规模协同集聚，使之成为全国集聚经济和人口的重要区域以及引领未来中国经济持续快速发展的新增长极。为此，一方面要积极创造条件，做好承接优化开发区域的产业转移；另一方面，要着力提高城镇人口综合吸纳能力，搞好承接限制和禁止开发区域的人口转移。

3. 限制开发区域

是指资源环境承载能力较弱、大规模集聚经济和人口条件不够好并关系到全国或较大区域范围生态安全的区域。在国家"十一五"规划纲要中，已经明确划定了22个限制开发区域。这类区域属于保障国家生态安全的重要区域，应坚持保护优先、适度开发、点状发展的原则，因地制宜发展特色产业和生态产业，加强生态修复和环境保护，引导超载人口有序转移。

4. 禁止开发区域

是指依法设立的各类自然保护区域。其范围主要包括国家级自然保护区、世界文化自然遗产、国家重点风景名胜区、国家森林公园和国家地质公园，土地面积约140万平方公里，占全国国土总面积的14.6%。这类区域是保护自然文化遗产的重要区域，要依据法律法规和相关规划实行强制性保护，控制人为因素对自然生态的干扰，严禁不符合主体功能定位的开发活动。

（二）实行差别化的区域调控政策

为保障主体功能区规划的有效实施，科学规范空间开发秩序，推动形成合理的空间开发结构，当前必须按照四类主体功能区的定位和发展导向，尽快完善考核指标体系和相关配套政策，实行有差别的分类管理的区域调控政策体系。

1. 财政政策

加快建立以基本公共服务均等化为目标，适应主体功能区要求的公共财政体制。具体包括：制定国家基本公共服务标准，进一步增加对限制和禁止开发区域用于公共服务的财政转移支付，切实提高当地居民的公共服务水平；统筹考虑各类生态环境专项转移支付，设立综合性的生态修复和生态移民转移支付；建立横向财政转移支付制度，提高中央和省级财政对限制和禁止开发区域的均衡性转移支付系数；加大对限制和禁止开发区域的生态环境补偿力度，建立生态环境补偿的长效机制；等等。

2. 投资政策

实行按领域安排与按主体功能区安排相结合的投资政策。按主体功能区安排的政府投资，重点支持限制和禁止开发区域的公共服务设施建设和生态环境保护，支持重点开发区域的基础设施建设。按领域安排的政策投资，也应与各主体功能区的定位和发展导向相一致。

3. 产业政策

实行符合主体功能区定位和发展导向的差别化产业政策。具体包括：修订现行的产业结构调整指导目录，制定和实施适用于不同主体功能区的产业指导目录及措施；调整完善资产投资方向调节税，按照主体功能区和产业类别不同对投资项目实行差别税率；对不同主体功能区的投资项目实行差别化的占地、耗能、耗水和排放标准；积极引导优化开发区域产业升级和转移扩散，提升产业发展层次和自主创新能力；支持重点开发区域加强产业配套能力建设，提高产业承载能力和综合竞争力，启动建立一批国家承接产业转移示范区；鼓励限制开发区域发展特色和生态产业，限制不符合主体功能定位的产业扩张。

4. 人口政策

按照主体功能区定位的要求，积极引导人口有序流动并定居落户。对在优化开发区域有稳定就业和住所的外来人口，要鼓励其定居落户，逐步实现本地化；对于重点开发区域，则要提高人口综合承载能力，更多地吸纳外来人口就业和定居落户；对于限制和禁止开发区域，要积极引导其超载人口逐步实现自愿平稳有序转移，以缓解人与自然关系紧张的状况。同时，要推进户籍管理制度以及与其挂钩的教育、医疗和社会保障、住房等领域的改革。

5. 土地政策

按照主体功能区的定位，实行差别化的土地利用政策。对优化开发区域实行更严格的建设用地增量控制，适当扩大重点开发区域建设用地供给，对限制和禁止开发区域实行严格的土地用途管制，严禁改变生态用地用途。同时，为确保全国耕地保有量目标，要进一步完善耕地占补平衡政策。对于优化和重点开发区域，可以在各自区域范围内实行耕地占补平衡，其城市建设用地增加的规模要与农村建设用地减少的规模挂钩，与农村人口转为城市人口的规模挂钩，与吸纳外来人口的规模挂钩。

6. 生态环境政策

根据不同主体功能区的定位和环境容量，实行差别化的生态环境政策。首先，要确定不同主体功能区的生态空间底线。对于优化开发区域，其生态空间的比重应不低于30%，重点开发区域不低于40%，限制开发区域不低于80%，禁止开发区域不低于95%。其次，对不同主体功能区实行不同的污染物减排目标、产业准入环境标准和排污许可标准。优化开发区域要实行更严格的污染物排放和环保标准，大幅度减少污染排放；重点开发区域要大幅度降低排放强度，做到增产减污；限制开发区域要尽快全面实行矿山环境治理恢复保证金制度，并提取更高标准的保证金。

7. 法律法规建设

要加快立法进程，建立健全有利于推进形成主体功能区的法律法规体系，并严格执法。尽快制定《国土空间开发法》和《区域规划法》，修订并完善《自然保护区条例》、《风景名胜区管理条例》和《基本农田保护条例》，并适时出台《自然保护地法》和《基本农田保护法》。进一步加大执法力度，依法严格管制空间开发强度，合理规范开发秩序。

五、建立健全国家区域援助政策体系

为促进区域协调发展，在实际政策操作层面，"十二五"乃至今后一段时期内，国家应加大对关键问题区域的支持力度，建立全国统一的国家区域援助政策体系。实行统一的国家区域援助政策，首先需要科学划分关键问题区域。这里，按照区域问题的性质和严重性，将中国的问题区域划分为七种类型，包括经济发展落后的贫困地区、处于相对衰退中的老工业基地、结构单一的资源枯竭城市、财政包袱沉重的粮食主产区、各种矛盾交融的边境地区、自然灾害突发区和过度膨胀的大都市区。对于不同类型的关键问题区域，应根据其区情特点和面临的困难，实行差别化的援助政策。考虑到各区域的发展阶段和经济条件，国家实施的各项区域援助政策应向中西部和东北地区倾斜。东部地区由于经济实力较强，其关键问题区域面临的问题，除特殊情况外，主要依靠省级政府解决。至于民族地区和革命老区，由于并非属于问题区域，应按照"同等优先"的原则，在列入各类问题区域时给予优先照顾。同时，考虑到民族地区和革命老区的特殊性，国家还应该制定实施相应的特殊政策。

（一）经济发展落后的贫困地区

当前，中国的扶贫工作已进入一个新阶段，国家贫困标准有所提高，对农村低收入人口全面实施扶贫政策，扶贫开发工作迈出了坚实的步伐。但必须清醒地意识到，贫困地区与东部地区的差距仍在扩大，返贫压力增大，集中连片贫困地区脱贫效果慢，特别是一些特殊贫困地区积重难返等问题日益凸显。在未来一段时间，国家扶贫工作应继续坚持开发式扶贫，着重解决集中连片贫困地区的综合治理，提高农村贫困人口的自我发展能力。

1. 加强对集中连片贫困地区的综合扶贫开发和治理

以县级政府为单位，整合各类扶贫资金，继续加强公路、水利等基础设施建设。加大整村推进工作力度，确保革命老区重点县、人口较少民族和边境重点县贫困村完成整村推进任务，实现整村推进模式由单个贫困村分散式向以特色产业带动发展为核心的连片开发模式转变。

2. 强化劳动力转移培训和科教扶贫

做好劳动力转移培训示范基地建设，开展免费培训，把加大教育投入与发展劳务经济有机结合起来，加快推进劳动力跨区域就业转移。以科技项目为支撑，加大科教扶贫力度，以推广农村实用、适用技术和劳动力培训为重点，提高劳动力素质和就业技能，进而增强贫困人口的自我发展能力。

3. 大力推进产业化扶贫

按照产业化发展方向，积极推动具有资源优势和市场需求的农产品生产，形成区域主导产业。积极推进"公司＋农户"模式，大力发展订单农业、设施农业。引导和鼓励具有市场开拓能力的大中型农产品加工企业到贫困地区建立原料生产基地，同时加强贫困地区农产品批发市场建设，为贫困农户提供服务，形成贸工农一体化、产供销一条龙的产业化经营，并提供相应的贴息贷款和税收优惠政策。

4. 精心组织移民扶贫

移民扶贫要与生态移民、减灾防灾紧密结合，加快特殊类型贫困地区综合治理和汶川地震灾区贫困村恢复重建步伐。在搞好试点的基础上，制定具体规划，稳步推进。移民新址建设要做到生产、生活、教育、卫生等设施配套，确保移民有稳定的收入来源。

（二）处于相对衰退中的老工业基地

老工业基地的相对衰退，核心是产业的衰退和缺乏竞争力。而这又是与其历史包袱重、社会矛盾突出、生态环境压力大等紧密联系在一起的。可以说，老工业基地的相对衰退是一种"综合症"。要治理这种"综合症"，就必须建立完善国家支持政策体系，并综合运用多种政策工具，帮助处于相对衰退阶段的老工业基地实现全面振兴。

1. 加大财税支持力度

建立老工业基地振兴专项转移支付资金，扩大财政贴息的范围，支持企业加强技术改造，发展高新技术产业和公益性微利项目。将老工业基地企业所得税和资源税优惠政策由东北扩大到中西部老工业基地；增加地方分税比例，提高出口产品总体退税率，支持老工业基地外贸出口。

2. 进一步完善投融资政策

通过发行长期建设国债以及财政参股等方式加大政府投资；发布并及时更新《老工业基地外商投资优势产业目录》，引导外商参与老工业基地改造；放宽服务贸易领域的进入限制，并鼓励外资参与国有企业改造；建立多元化的投融资体制，满足老工业基地企业的资金需求。

3. 加大对衰退产业的援助

建立资源型产业衰退期转产资金制度和衰退产业援助基金，不断完善衰退产业援助机制；加快资源开发补偿的立法，完善资源开发补偿机制；加快资源型产品价格改革，理顺价格形成机制，建立促进资源型产业转型的长效机制。

4. 鼓励技术创新

增加研发资金投入，支持建立一批有特色的工程技术中心、研发中心、重点实验室和博士后流动站，推进应用开发类科研机构进行企业化转制，提高创新能力；对高新技术领域的科技成果转化免征企业所得税，鼓励高新技术加快产业化进程；采用财政贴息、加速折旧、税前列支等措施，鼓励企业加快技术更新改造步伐；以高新技术产业开发区为载体，打造科技成果转化平台；支持建立产业技术创新战略联盟，打造以重点行业技术创新和公共技术创新为核心的产业技术支撑平台；推动科技和教育资源共享，加强校地、校企合作；设立人才发展基金，鼓励优秀人才创新创业。

5. 重视资源环境保护

对资源型和原材料型老工业基地，要着力解决塌陷区治理和矿石山综合利用，加强生态恢复和环境治理，促进资源型产业可持续发展。制定相应的专项规划，对老工业基地的工业遗产进行保护性再利用。

（三）结构单一的资源枯竭城市

自 2008 年以来，国务院先后两次确定了 44 个资源枯竭城市。当前，这些城市面临着诸多问题，如资源日趋枯竭，就业问题突出，经济结构单一，资源性产业比重大，产业链条短，接续产业发展乏力等。为此，必须加快推进资源枯竭城市转型，积极培育发展接续产业，促进产业结构调整升级，以增强其可持续发展能力。

1. 加大财政金融支持

2008 年，中央财政拨付 34.8 亿元财力性转移支付，支持资源枯竭城市转型。今后应进一步加大转移支付力度，并设立资源型城市转型基金，主要用于支持产业升级、培育发展接续产业、培训和安置下岗矿工以及生态环境恢复等工作。同时，要对煤炭、森工、有色金属等资源型衰退产业的退出实行援助政策；由中央和地方财政共同出资设立中小企业再担保基金，解决资源枯竭城市中小企业贷款难和创业所需资金问题。

2. 培育发展接续产业

挖掘潜力，选择产业转型方向，运用高新技术改造传统产业，积极培育新兴接续产业，设立一批能充分吸纳就业和促进资源综合利用的接续产业项目。通过国债资金、中央预算内基本建设资金等方式扶持接续产业，增加其税收返还比例，并给予一定的财政补贴，监督用于改善投资环境，促进接续产业项目进入。

3. 完善社会保障体系

坚持就业优先原则，通过职业培训、社会保险补贴、小额担保贷款等就业再就业扶持政策，帮助下岗失业人员再就业。建立专项社会保障基金，尽快完善包括失业、养老、医疗、工伤、社会救助等在内的社会保障体系。将东北老工业基地棚户区改造工程扩展到棚户区问题严重的其他资源枯竭城市。

4. 注重生态环境修复

确定环境破坏限制范围，在资源开采前进行生态破坏和经济损失评估，超过限制范围的不予颁发开采权。在开采过程中，严格限制生产方式，大力推广清洁生产技术，积极发展循环经济。在开采后，加强环境监管，加快生态治理工程建设。做好采煤沉陷区治理工作，采取以工代赈等方式实施地质灾害修复工程。

（四）财政包袱沉重的粮食主产区

粮食主产区为保障国家粮食安全做出了巨大贡献和牺牲。然而，由于传统体制和政策等多方面原因，目前粮食主产区农民收入增长缓慢，贫困人口较为集中，"三农"问题突出，农产品加工转化滞后，地方财政包袱沉重，资金入不敷出。为彻底改变这种状况，当前急需加大对粮食主产区的援助力度，努力实现粮食增产、农民增收和财力增强。

1. 加大财政扶持力度

加大农业补贴，增加粮食风险基金投入，继续增加粮食直补资金，提高良种补贴和肥料补贴标准。农机具购置补贴覆盖所有财政包袱沉重的粮食主产县，根据农资价格上涨和农作物播种面积，及时增加农资综合直补。适时核销粮食挂账，逐步取消粮食主产区的风险基金资金配套，确保地方财政实力。对粮食产量大县给予资金奖励。

2. 实施减免税收优惠政策

针对财政包袱沉重的粮食主产县，减免其在农业经营业务上的营业税和所得税，特别是粮农贷款。继续对化肥生产企业给予税收优惠，控制化肥出厂价格，抑制农资价格过快上涨。对粮食主产县农产品深加工企业，实行减免企业所得税优惠，并调低增值税销项税率，减按13%的增值税率计算销项税额。

3. 加强基础设施修复和建设

加大农田水利设施、县乡村道路设施、农村电网和通信设施改造及水源工程体系、农业科技推广和培训、生态环境保护等的投入力度，切实改善主产区农业生产和农民生活条件，增强农业抵御自然灾害的能力。完善主产区粮食流通基础设施建设，重点建设玉米、稻谷、小麦物流节点，鼓励有条件的主产区建设各种类型的粮食批发市场和集贸市场。

4. 扶持农副产品深加工项目

支持粮食主产区开展农副产品深加工项目，延长农产品加工产业链条。鼓励大中型农副产品加工企业落户粮食主产县，与粮农签订契约，结对帮扶，粮农按照企业要求提供优质粮食原料，企业为粮农提供服务和技术指导，提高农民收入水平。

（五）各种矛盾交融的边境地区

边境地区是中国少数民族和贫困人口集中分布的地区，各种矛盾交汇，面临贫困人口比重高、基础设施薄弱、社会事业发展滞后等诸多问题。当前，应尽快编制实施《沿边地区发展规划》，并加大资金和政策支持力度，切实增强边境地区的自我发展能力，实现边境地区经济社会的全面发展。

1. 加大财政投入力度

进一步加大财政转移支付力度，设立边境地区专项转移支付资金，主要用于边境事务、边境地区特别是边境民族地区的公益事业和基础设施建设。对边境地区开发建设给予贷款优惠，由中央财政贴息。尽快建立生态补偿机制，加大对边境生态功能区农牧民的收入补贴。

2. 加强基础设施建设

加快边境地区的公路、住房、水利、电网和通讯等基础设施建设，加强干线公路、乡村公路、边境口岸公路和国防公路的建设；加强对贫困边民和兵团连队贫困职工居住的茅草房和危旧房改造；加强饮水安全工程和农村水利建设；采取电网延伸、小水电、风力发电和太阳能发电等措施，解决边民的用电问题；加强退耕还林、水土保持、天然林防护等生态工程建设。

3. 推进兴边富民重点工程建设

开展贫困边民扶持工程，将边境地区的贫困村全部纳入国家"整村推进"扶贫开发规划，优先实施。开展多种形式的兴边富民重点工程，包括边民温饱安居工程、边民就业培训与素质提高工程、边民最低生活保障工程、边民互市示范点建设工程、边境农村饮水安全工程等。

（六）过度膨胀的大都市区

随着人口和产业的大规模集聚，目前中国一些大都市区已经出现膨胀病迹象，其核心是人口膨胀和城市空间扩张引发交通堵塞、住房拥挤、环境退化等问题，如果膨胀病进一步加重，大都市区将有可能由发达的繁荣地区转变为萧条地区。因此，未来应通过严格科学的城市规划和良好的城市治理，加强对大都市区过度膨胀问题的综合治理（安树伟，2009）。

1. 科学制定大都市区规划

严格按照《城乡规划法》，科学编制实施大都市区规划，划定城市发展的红、绿、蓝、紫"四线"，明确功能分区，设置生态空间的底线和开发强度的天花板，加快推进现代化新城建设，鼓励人口和产业向新城和周边地区扩散，缓解中心城区的压力，防止城市建成区无限制地蔓延。

2. 强化政府公共服务能力

在基础设施建设和公共产品提供方面，积极推进政府服务"商业化"和公营服务"公司化"，使公营部门和私营部门在提供公共服务的竞争中有一个较为公平的环境，促进公共服务效率和水平的提高。完善地方政府的考核机制，加强对城市规划、建设、管理等工作业绩进行全面考核。

3. 综合解决交通拥堵问题

加快高速铁路、城际铁路和大容量城市轨道交通建设，缩短中心城区与产业区和其他城市之间的"时间距离"，减少通勤时间。优先发展公共交通，实施差别化的停车费，科学引导家用汽车的出行。在轨道交通站场和换乘点，建设大规模的免费或象征性收费停车场，减少小汽车直接进入市中心。

4. 加强城市环境污染治理

加大对环境污染治理的投入，大力推广节能、节地、节水、节材技术和生活垃圾分装处理技术，积极发展清洁能源和低耗能源，减少"三废"排放。加强对城中村和城市边缘区的环境治理，防止城市污染向农村扩散和转移。

（七）自然灾害突发区

针对自然灾害突发区，应根据灾害发生之前、救灾、灾后重建三个阶段分别实行不同的援助政策。灾害发生之前，应加大对灾情预报的投入，提高灾情的监测和预测精度。救灾阶段，应增加财政投入，完善救灾物资装备、通信和信息装备、人力资源准备等具体救援措施。

灾后重建阶段，应通过财政投资、基础设施建设、产业重建项目、移民等援助措施，尽快帮助受灾地区恢复重建。

参考文献

1.《中华人民共和国国民经济和社会发展第十一个五年规划纲要》(2006 年 3 月 16 日)。

2. 安树伟:《中国大都市区膨胀病的国家治理政策》,《改革与战略》2009 年第 3 期。

3. 龚艳:《捕捉低点投资机会——2008~2009 年度浙商投资报告》,《浙商》2009 年 6 月（下）。

4. 国务院:《关于编制全国主体功能区规划的意见》(2007 年 7 月 26 日)。

5. 何晓春:《沿着国家区域战略方向——2008~2009 年度浙商省外投资热点板块解读》,《浙商》2009 年 6 月（下）。

6. 刘坚主编:《新阶段扶贫开发的成就与挑战》,中国财政经济出版社 2006 年版。

7. 慎海雄、胡作华:《解密浙商投资分布图》,《经济参考报》2006 年 6 月 12 日。

8. 王业强、魏后凯:《产业地理集中的时空特征分析——以中国 28 个两位数制造业为例》,《统计研究》2006 年第 6 期。

9. 魏后凯:《"十一五"时期中国区域政策的调整方向》,《学习与探索》2006 年第 1 期。

10. 魏后凯:《对当前区域经济发展若干理论问题的思考》,《经济学动态》2007 年第 1 期。

11. 魏后凯:《对推进形成主体功能区的冷思考》,《中国发展观察》2007 年第 3 期。

12. 魏后凯:《新中国 60 年区域发展思潮的变革与展望》,《河南社会科学》2009 年第 4 期。

13. 魏后凯:《沿海经济面临的困境及出路》,《中国发展观察》2009 年第 7 期。

14. 魏后凯:《中国区域经济发展态势与政策走向》,《中国发展观察》2010 年第 5 期。

15. 张可云:《区域经济政策》,商务印书馆 2005 年版。

16. Myrdal, G. (1957). Economic Theory and Underdeveloped Regions, London, Duckworth.

中国区域经济发展态势与政策走向

城市发展与环境研究所　魏后凯

一、2009 年中国区域经济的基本态势

为应对国际金融危机，中央实施了积极的财政政策和适度宽松的货币政策，并采取了一揽子经济刺激计划和相关政策措施。在中央和各级地方政府的共同支持下，2009 年中国经济增长呈现出"V"形变化，到下半年已经出现全面回升的趋势。按照国家统计局公布的数据，全年国内生产总值实现增长 8.7%，比上年回落 0.3 个百分点。各地区经济也呈现出较好的发展势头。

从经济总量规模看，2009 年全国 31 个省、自治区、直辖市实现生产总值 36.22 万亿元，比上年平均增长 11.6%。据此推算，各地区生产总值汇总数比国家统计局公布的全国国内生产总值高 8.0%（接近 2.69 万亿元），各省区市生产总值平均增长率比全国 GDP 增长率高 2.9 个百分点。分地区看，西部地区生产总值比上年增长 13.5%，东北地区为 12.6%，中部地区为 11.7%，均高于东部地区 10.7% 的增长率（见表 1）。这表明，我国区域经济在继续向协调发展的方向推进。中西部和东北地区经济的快速回升，主要依赖于第二产业的快速增长，其第二产业增长贡献率均接近 60%，高于东部地区 10 个百分点左右，而东部地区经济增长则依靠第二和第三产业均衡拉动。

从省区市看，受资源、投资和品牌的拉动，内蒙古继续保持高速增长态势，增长速度高达 16.9%，连续多年居全国首位；紧跟其后的

表1　2009年各地区生产总值增长率及其贡献率

	增长率（%）				增长贡献率（%）		
	合计	第一产业	第二产业	第三产业	第一产业	第二产业	第三产业
东部地区	10.7	4.1	10.6	11.9	2.7	49.1	48.2
东北地区	12.6	3.7	15.2	11.7	3.8	59.6	36.6
中部地区	11.7	4.7	13.7	11.1	6.1	59.2	34.7
西部地区	13.5	4.6	16.5	12.9	5.1	57.4	37.5
地区汇总	11.6	4.4	12.6	11.9	4.0	53.7	42.3

资料来源：根据孙丹：《2009年全国各地GDP数据一览"万亿俱乐部"14家》（中国经济网，2010年2月26日）中有关数据汇总计算。

是天津，经济增速高达16.5%，主要受滨海新区的大项目带动。增速超过13%的还有重庆（14.9%）、四川（14.5%）、广西（13.9%）、湖南（13.6%）、陕西（13.6%）、吉林（13.3%）、湖北（13.2%）、辽宁（13.1%）和江西（13.1%）。除天津外，这些高增长地区全部集中在中西部和东北地区。增速在10%及以下的有7个省区市，包括东部的河北（10.0%）、广东（9.5%）、浙江（8.9%）和上海（8.2%）以及中西部资源型地区甘肃（10.0%）、新疆（8.1%）和山西（5.5%）。山西作为我国最重要的能源基地，受金融危机的影响最为严重，2009年上半年地区生产总值下降4.4%，直到下半年才扭转这种负增长格局。其他13个省区市经济增速保持在10%~13%。如果不考虑山西这一特殊情况，2009年中部5省实际增速达到12.4%，比东部地区高1.7个百分点。

各地区工业增长速度的悬殊差异是导致地区经济增长率差异的首要原因。2009年，工业增加值增速最高的内蒙古高达24.2%，而最低的山西只有2.5%，内蒙古增速是山西的近10倍，二者相差21.7个百分点。在全国31个省区市中，工业增速大于15%的高增长省区市有11个，除天津外，全部集中在中西部和东北地区；工业增速低于10%的低增长省区市有10个，各有5个分布在东部和中西部地区（见表2）。位于中西部地区的低增长省区市，主要是资源型和经济落后地区，如山西、新疆、甘肃、贵州和西藏。利用2009年数据进行分析表明，各地区生产总值增长速度与其工业增加值增长速度呈高度正线性相关，R^2达到0.793。

表2 2009 年各地区按工业增加值增长率分类

类 型	增 速	省份数	省 份
高增长地区	>15%	11	内蒙古（24.2%）、天津（22.8%）、安徽（22.6%）、四川（21.2%）、湖南（20.5%）、江西（20.1%）、湖北（20.1%）、重庆（18.5%）、广西（18.2%）、辽宁（16.8%）、吉林（16.8%）
中增长地区	10%~15%	10	山东（14.9%）、陕西（14.8%）、江苏（14.6%）、河南（14.6%）、宁夏（14.3%）、河北（13.4%）、福建（13.0%）、黑龙江（12.1%）、云南（11.2%）、青海（11.0%）
低增长地区	<10%	10	西藏（10.8%）、贵州（10.6%）、甘肃（10.6%）、北京（9.1%）、广东（8.9%）、海南（7.5%）、新疆（7.2%）、浙江（6.2%）、上海（3.0%）、山西（2.5%）

资料来源：国家统计局网站。

投资、消费和出口是拉动经济增长的"三驾马车"。受国际金融危机的影响，各地区经济增长主要依靠投资和消费拉动。据国家统计局测算，2009 年，全国资本形成对 GDP 增长的拉动为 8.0 个百分点，贡献率达 92.3%；最终消费对 GDP 增长的拉动为 4.6 个百分点，贡献率达 52.5%；而净出口对 GDP 增长的拉动为-3.9 个百分点，贡献率为-44.8%。从投资增长看，2009 年我国全社会固定资产投资增速高达 30.1%，其中，中部和西部地区增速均超过 30%，分别达到 35.8%和 38.1%，远高于东部和东北地区。尤其是四川、广西全社会固定资产投资增速分别高达 58.1%和 50.8%，天津、湖北和海南也超过 40%。在城镇固定资产投资中，中西部和东北地区增速均超过 30%，只有东部地区为 23.0%（见图1）。这说明，在国家经济政策的刺激下，中西部和东北地区投资继续保持高速增长态势，其经济增长仍高度依赖于投资扩张。

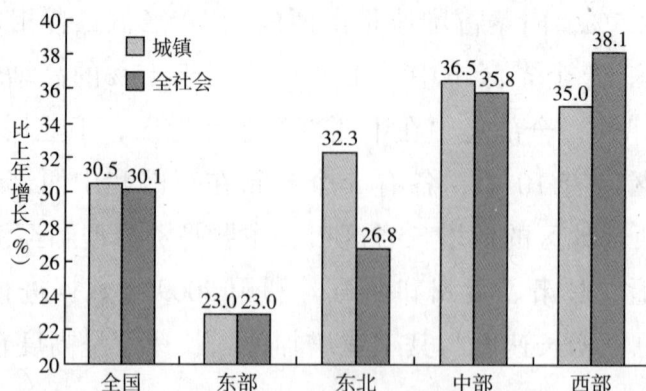

图1 2009 年各地区固定资产投资增长率
资料来源：根据国家统计局网站和 2009 年全国统计公报绘制。

从消费增长看，各地区增速保持相对稳定，地区间差别不大。2009年，各地区社会消费品零售总额汇总数平均增长18.1%（国家统计局发布的全国增速为15.5%），其中东部地区最低为17.3%，东北、中部和西部地区分别为18.7%、19.1%和19.2%，最高与最低相差不到2个百分点。

再从出口增长看，虽然2009年12月份我国外贸出口同比增长17.7%，结束了国际金融危机以来连续13个月负增长的局面，但全年全国外贸出口仍然同比下降16%。其中，东北和西部地区下降的幅度较大，分别下降43.6%和36.6%，而东部地区下降幅度仅有8.6%，中部地区下降20.6%。可见，东部地区虽然受金融危机的影响较早，但其回升的速度也较快；相反，东北和西部地区外贸出口受金融危机的影响则表现出滞后性。特别是2009年黑龙江外贸出口同比下降71.5%，甘肃和青海分别下降52.5%和50.1%，贵州、宁夏和新疆下降幅度也超过40%，只有四川和海南有一定幅度增长。

二、当前区域发展中值得注意的几个问题

近年来，在国家政策的有力支持下，我国区域协调发展取得了较大成效，各地区经济呈现出良好的发展势头，地区发展差距正在向逐步缩小的方向迈进，区域经济合作与一体化进程快速推进。然而，应该看到，促进区域协调发展是一项长期的艰巨任务，当前我国区域发展中尚存在着诸多矛盾和问题亟待解决。

（一）各地区之间发展差距仍然较大

自2003年以来，我国东部与中西部地区之间人均生产总值相对差距已呈现逐步缩小的态势。2003年，西部地区人均生产总值比东部地区低63.0%，2005年下降到60.7%，2007年下降到58.9%，2008年进一步下降到56.9%。2007年之后，东西部地区间城乡居民收入的相对差距也开始趋于缩小。东西部发展差距呈现缩小的态势，表明我国区域协调发展迈出了坚实的步伐。然而，应该看到，目前这种相对差距

缩小的态势还很不稳定，各地区之间发展差距还很大，绝对差距仍在继续扩大。从四大区域看，2008 年东部地区人均生产总值已达到 5331 美元，东北地区为 3733 美元，而中部和西部地区分别只有 2565 美元和 2297 美元。从省区市看，最高的上海高达 10529 美元，而最低的贵州只有 1271 美元，上海是贵州的 8.3 倍。尤其是东部一些发达城市如深圳、广州、上海、宁波、青岛等，其人均生产总值均已超过 1 万美元，而中西部一些贫困地区至今仍未解决温饱问题。2009 年，全国农村贫困人口仍有 3597 万人（按贫困标准 1196 元测算），主要分布在中西部地区。

（二）地区经济增长主要依靠资源和投资拉动

近年来，我国中西部和东北地区经济呈现出高速增长的态势，但这种高速增长主要是依靠资源和投资拉动的，资源型重化工业的快速扩张起到了主导作用。在 2001~2008 年，资本形成对各地区生产总值增长的贡献率，东北地区高达 74.9%，中部和西部地区也分别达到 57.0% 和 64.5%，均高于全国 53.8% 的平均水平，更远高于东部地区 45.6% 的水平。在四大区域中，资本形成的贡献率均高于最终消费，东北和中西部地区货物和服务净流出的贡献甚至为负（见图 2）。值得注意的是，由于能源、原材料等重化工业的快速扩张，导致东北和中西部一些地区产业结构出现逆向调整，结构低级化趋势进一步强化。例如，从 2001 年到 2008 年，在规模以上现价工业总产值中，内蒙古资源性产业所占的比重由 60.9% 提高到 70.2%，增加了 9.3 个百分点；而同期黑龙江资源性产业所占比重则由 62.2% 提高到 68.3%，增加了 6.1 个百分点。[①]

（三）东北和中西部地区就业增长较为缓慢

由于重化工资本有机构成较高，其对剩余劳动力吸纳能力有限，加上城镇化推进速度不快，劳动密集型制造业和服务业发展较慢，导致近年来东北和中西部地区就业机会增长相对缓慢，新增加的就业岗

---

① 资源性产业的统计范围包括采矿业，石油加工、炼焦及核燃料加工业，化学原料及化学制品制造业，黑色金属冶炼及压延加工业，有色金属冶炼及压延加工业，非金属矿物制品业，电力、热力的生产和供应业。

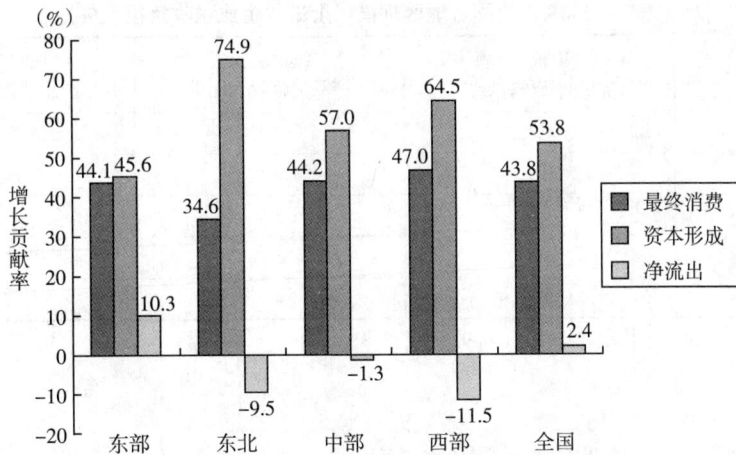

图 2　2001~2008 年各地区生产总值增长来源

位严重不足，大量的农村剩余劳动力不能实现就地转化，不得不大量到东部地区去打工，形成跨区域的大规模民工潮。2008 年，我国非农就业人数比 2000 年增长 32.9%，其中，东部地区为 62.6%，东北地区为 14.9%，中部地区为 45.9%，西部地区为 53.7%，东北、中部和西部地区分别比东部地区低 47.7、16.7 和 8.9 个百分点。因此，今后在推进实施西部大开发、东北地区等老工业基地振兴和中部崛起战略中，必须高度重视发展劳动密集型产业，以便在这些地区创造更多的就业岗位，全面实现充分就业的目标。

（四）中西部地区工业平均税负仍然偏高

目前，我国中西部地区工业平均税负远高于东部地区平均水平。2008 年，西部地区规模以上工业企业税收总额占产品销售收入的比重为 7.1%，在四大区域中最高；中部地区也比全国和东部地区平均水平高（见表 3）。中西部地区工业平均税负偏高，主要有以下几个方面的原因：一是我国实际利用外商投资和出口高度集中在东部地区，而国家对外资企业和出口给予了较多的税收优惠；二是中西部地区烟、酒、能源、资源性产品等高税行业所占比重较大；三是各地税收征管力度的差异，东部地区由于有着充足的财政收入来源，往往有能力取消一些行政性收费，同时实行"放水养鱼"政策，加大税收优惠的力度；而中西部地区则由于财政的紧张对企业进行优惠幅度较小，税收征管比较严格，各种行政收费较多，有的甚至存在收过头税的现象。

表3 2008 年我国各地区规模以上工业企业税收负担（%）

	产品销售税金及附加占产品销售收入比重	应缴增值税占产品销售收入比重	税收总额占产品销售收入比重
全　　国	1.3	3.5	4.8
东部地区	0.9	3.1	4.0
东北地区	1.4	3.4	4.8
中部地区	1.8	4.5	6.4
西部地区	2.2	4.9	7.1

资料来源：根据《中国统计年鉴》（2009）计算。

三、"十二五"时期国家区域政策的走向

自 1999 年以来，为促进区域经济协调发展，我国在继续鼓励东部地区率先发展的基础上，又先后制定实施了西部大开发、东北地区等老工业基地振兴和中部崛起战略，并出台了一系列相关政策措施（见表 4），由此形成了国家区域发展总体战略框架。总体上看，以西部、东北、中部和东部四大区域为地域单元，对全国经济布局和区域发展进行统筹安排和部署，将有利于充分发挥各地区优势，明确各区域的功能定位和发展方向，引导形成优势互补、合理分工、良性互动、协调发展的区域新格局。

表4 1999 年以来中国实行的区域开发和振兴战略

战略名称	时间	区域开发和振兴政策
西部大开发战略	1999 年 9 月	中共中央正式提出"实施西部大开发战略"
	2000 年 1 月	国务院成立西部地区开发领导小组
	2000 年 10 月	国务院发布《关于实施西部大开发若干政策措施的通知》
	2001 年 1 月	国家环境保护总局发布《关于西部大开发中加强建设项目环境保护管理的若干意见》
	2001 年 8 月	国务院西部办发布《关于西部大开发若干政策措施的实施意见》
	2002 年 2 月	国家计委、国务院西部办发布《"十五"西部开发总体规划》
	2002 年 2 月	中共中央办公厅、国务院办公厅印发《西部地区人才开发十年规划》
	2004 年 3 月	国务院发布《关于进一步推进西部大开发的若干意见》
	2006 年 5 月	国务院西部办等发布《关于促进西部地区特色优势产业发展的意见》
	2006 年 12 月	国务院通过《西部大开发"十一五"规划》
	2007 年 8 月	六部门发布《关于加强东西互动深入推进西部大开发的意见》
	2009 年 8 月	国务院发布《关于应对国际金融危机保持西部地区经济平稳较快发展的意见》

续表

战略名称	时间	区域开发和振兴政策
东北地区等老工业基地振兴战略	2002 年 11 月	中共中央在十六大报告中提出"支持东北地区等老工业基地加快调整和改造"
	2003 年 10 月	中共中央、国务院发布《关于实施东北地区等老工业基地振兴战略的若干意见》
	2003 年 12 月	国务院决定成立振兴东北地区等老工业基地领导小组
	2004 年 8 月	中共中央办公厅、国务院办公厅印发《贯彻落实中央关于振兴东北地区等老工业基地战略进一步加强东北地区人才队伍建设的实施意见》的通知
	2004 年 9 月	经国务院批准，财政部、国家税务总局出台了《东北地区扩大增值税抵扣范围若干问题的规定》和《关于落实振兴东北老工业基地企业所得税优惠政策的通知》
	2005 年 6 月	国务院办公厅发布《关于促进东北老工业基地进一步扩大对外开放的实施意见》
	2005 年 6 月	国土资源部、国务院振兴东北办发布《关于东北地区老工业基地土地和矿产资源若干政策措施》
	2005 年 10 月	建设部发布《关于推进东北地区棚户区改造工作的指导意见》
	2005 年 11 月	国务院批复财政部等部门联合上报的《东北地区厂办大集体改革试点工作指导意见》
	2006 年 12 月	财政部、国家税务总局发布《关于豁免东北老工业基地企业历史欠税有关问题的通知》
	2007 年 8 月	国务院正式批复《东北地区振兴规划》
	2009 年 8 月	国务院发布《关于进一步实施东北地区等老工业基地振兴战略的若干意见》
中部崛起战略	2004 年 1 月	中央经济工作会议提出"促进中部崛起"
	2006 年 4 月	中共中央、国务院发布《关于促进中部地区崛起的若干意见》
	2006 年 5 月	国务院办公厅发布《关于落实中共中央国务院关于促进中部地区崛起若干意见有关政策措施的通知》
	2007 年 1 月	国务院办公厅发布《关于中部六省比照实施振兴东北地区等老工业基地和西部大开发有关政策范围的通知》
	2009 年 9 月	国务院通过《促进中部地区崛起规划》

资料来源：根据有关资料整理。

然而，在战略实施过程中，由于地域单元没有细分化和类型化，推动战略实施的一些具体政策措施往往以四大区域为地域单元，由此将带来两方面的问题：一是缺乏区别对待，难以取得较好的实施效果。无论是中西部还是东北地区，其内部差异都非常大，既有较发达的城市地区，也有落后的贫困地区，还有面临诸多问题的老工业基地和资源枯竭城市等。因此，如果忽视这种地域差异性，任何针对整个西部、东北和中部地区的"普惠性"政策措施，都将难以取得较好的实施效果。二是容易产生不公平问题。比如，享受政策支持的东北地区并非都是老工业基地，而其他地区的老工业基地，虽然在发展中也面临着诸多问题，但却不能享受国家老工业基地政策。2007 年 1 月，虽然国家已经明确中部 26 个老工业基地城市比照实施东北老工业基地政策，但至今仍缺乏具体的操作方案，而且未包括西部老工业基地城市如重庆、包头等。

需要指出的是，自 2006 年以来，在四大区域的地域框架之下，国家又相继出台了一系列的区域规划和特殊区域政策。具体包括三种类型：一是在全国设立七个不同类型的综合配套改革试验区，并批复其实施方案，同意支持中关村科技园区建设国家自主创新示范区；二是针对上海、福建、海南、重庆、广西、新疆、西藏、宁夏、青海等省区市以及长三角和天津滨海新区，单独出台了一些意见和政策措施；三是批复实施了一系列的区域规划，包括广西北部湾经济区、珠江三角洲地区、江苏沿海地区、关中—天水经济区、横琴、辽宁沿海经济带、图们江区域、黄河三角洲高效生态经济区、鄱阳湖生态经济区、皖江城市带等区域规划。正在审议的还有长江三角洲地区、成渝经济区、京津冀都市圈、海南国际旅游岛等区域规划（见表 5）。应该说，这些区域规划的编制实施，对于充分调动各级地方的积极性，进一步明确各规划区域的功能定位和发展方向，引导各地区发挥优势和合理分工，推动形成区域协调发展的新格局，都具有重要的战略意义。

表5　近年来国务院批复的区域规划和特殊区域政策

	时间	区域规划和特殊区域政策
方案	2006 年 1 月	国务院正式批复《浦东综合配套改革试点总体方案》
	2007 年 6 月	国务院批准重庆市和成都市设立全国统筹城乡综合配套改革试验区
	2007 年 12 月	国务院批准武汉城市圈和长株潭城市群为"全国资源节约型和环境友好型社会建设综合配套改革试验区"
	2008 年 3 月	国务院批复《天津滨海新区综合配套改革试验方案》
	2008 年 9 月	国务院批复《武汉城市圈资源节约型和环境友好型社会建设综合配套改革试验总体方案》
	2008 年 12 月	国务院批复《长株潭城市群资源节约型和环境友好型社会建设综合配套改革试验总体方案》
	2009 年 3 月	国务院批复同意支持中关村科技园区建设国家自主创新示范区
	2009 年 4 月	国务院批复《重庆市统筹城乡综合配套改革试验总体方案》
	2009 年 5 月	国务院批复《成都市统筹城乡综合配套改革试验总体方案》
	2009 年 5 月	国务院批复《深圳综合配套改革总体方案》

	时间	区域规划和特殊区域政策
意见	2006 年 5 月	国务院发布《关于推进天津滨海新区开发开放有关问题的意见》
	2007 年 9 月	国务院发布《关于进一步促进新疆经济社会发展的若干意见》
	2008 年 7 月	国务院发布《关于近期支持西藏经济社会发展的意见》
	2008 年 9 月	国务院发布《关于进一步推进长江三角洲地区改革开放和经济社会发展的指导意见》
	2008 年 9 月	国务院发布《关于进一步促进宁夏经济社会发展的若干意见》
	2008 年 11 月	国务院发布《关于支持青海等省藏区经济社会发展的若干意见》
	2009 年 1 月	国务院发布《关于推进重庆市统筹城乡改革和发展的若干意见》
	2009 年 4 月	国务院发布《关于推进上海加快发展现代服务业和先进制造业建设国际金融中心和国际航运中心的意见》
	2009 年 5 月	国务院发布《关于支持福建省加快建设海峡西岸经济区的若干意见》
	2009 年 12 月	国务院发布《关于推进海南国际旅游岛建设发展的若干意见》
	2009 年 12 月	国务院发布《关于进一步促进广西经济社会发展的若干意见》
规划	2008 年 2 月	国务院批准实施《广西北部湾经济区发展规划》
	2008 年 12 月	国务院常务会议审议并原则通过《珠江三角洲地区改革发展规划纲要》
	2009 年 6 月	国务院常务会议讨论并原则通过《江苏沿海地区发展规划》
	2009 年 6 月	国务院正式批准《关中—天水经济区发展规划》
	2009 年 6 月	国务院常务会议讨论并原则通过《横琴总体发展规划》
规划	2009 年 7 月	国务院常务会议讨论并原则通过《辽宁沿海经济带发展规划》
	2009 年 11 月	国务院正式批复《中国图们江区域合作开发规划纲要——以长吉图为开发开放先导区》
	2009 年 12 月	国务院正式批复《黄河三角洲高效生态经济区发展规划》
	2009 年 12 月	国务院正式批复《鄱阳湖生态经济区规划》
	2010 年 1 月	国务院正式批复《皖江城市带承接产业转移示范区规划》
	正在审议	《长江三角洲地区区域规划纲要》、《成渝经济区规划》、《京津冀都市圈区域规划》、《海南国际旅游岛建设发展规划纲要》等

资料来源：根据有关资料整理。

　　但应该看到，无论是国务院批复的方案、意见还是规划，都或多或少带有一些优惠或支持政策措施。这种"一对一"讨价还价的区域优惠或支持政策，在刺激各地区经济发展的同时，也容易造成诸多负面效应：一是对区域政策体系造成冲击。国家对某个地区实行优惠和支持政策，并没有统一的标准和依据，实践中往往取决于领导的意图和来自地方的压力，这样无疑会对形成合理的国家区域政策体系造成冲击。二是容易诱发"跑部钱进"。由于政策制定的随意性和自由度较大，且与各地的谈判和公关能力密切相关，自然会诱发地方通过各种渠道和方式，进行公关和游说活动，甚至采取"跑部钱进"的做法。三是导致区域政策的"泛化"。在市场经济条件下，为促进区域协调发展，国家应更加注重公平目标，对面临各种困难的问题区域尤其是贫困落后地区给予重点支持和帮助，但现行的做法却是"遍地开花"，重点不突出，政策支持的地域范围几乎遍及全国各个省区市。四是将会产生新的不公平问题。由于政策是"一对一"的，所以国家对某特定地区给予政策优惠和支持，必然会对其他同类地区形成不公平，由此将造成不公平的区域竞争环境。

为此，在"十二五"期间，要根本改变这种状况，需要从以下三个方面入手：一是要区分区域规划和区域政策。国家组织开展一些跨省区或承担国家战略功能的区域规划，这是很有必要的。但这些规划的主要作用是明确功能定位和发展方向，规范空间开发秩序，而不能在国家区域政策框架之外，另搞许多特殊的、"一对一"的优惠政策措施。这样只会打乱国家区域政策的总体部署。二是要区分区域发展战略和区域政策。在"十二五"期间，要进一步完善国家区域发展总体战略，继续深入推进西部大开发，全面振兴东北地区等老工业基地，大力促进中部地区崛起，积极支持东部地区率先发展。显然，西部、东北、中部和东部四大区域，由于其空间范围和内部差异较大，只宜作为国家区域发展战略规划的地域单元，即按四大区域对全国经济布局和区域发展进行统筹规划和统一部署，而不能把它作为国家区域政策实施的地域单元。三是要建立差别化的国家区域援助政策体系。在区域政策操作层面，除西藏、新疆等部分民族地区外，应避免采取中央与各省区市"一对一"的做法，在对现行区域政策措施进行归类整合的基础上，以各种关键问题区域为主线，逐步建立完善全国统一的差别化国家区域援助政策体系。

实行统一的差别化国家区域援助政策体系，首先需要科学划分关键问题区域。要按照区域问题的性质和严重性划分不同类型的关键问题区域，以此作为制定实施国家区域援助政策的地域单元。当前，可以考虑将我国的关键问题区域划分为七种类型，包括经济发展落后的贫困地区、处于相对衰退中的老工业基地、结构单一的资源枯竭城市、财政包袱沉重的粮食主产区、各种矛盾交叉的边境地区、过度膨胀的大都市区和自然灾害突发区。对于不同类型的关键问题区域，国家应根据其区情特点和面临的困难，实行全国统一的差别化国家援助政策。

其次，国家实施的各项区域援助政策应向中西部和东北地区倾斜。东部地区由于经济实力较强，其关键问题区域面临的问题，除特殊情况外，主要依靠省级政府解决。同时，对于少数民族地区和革命老区，应按照"同等优先"的原则，在列入各类关键问题区域时给予优先照顾。考虑到少数民族地区和革命老区的特殊性，国家还应制定相应的支持政策，帮助这些地区加快发展步伐。

"十二五"期间应实施"转方式"的一揽子政策

数量经济与技术经济研究所　李雪松

近年来，中国经济持续较快发展，人民生活水平得到显著改善，取得了巨大的成就，但推动经济发展方式转变和经济结构调整难度在增大。"十二五"时期，是中国迈向小康社会承上启下的关键时期，如何推动经济发展方式转变和经济结构调整已经成为中国迫切需要解决的问题。为了能够在经济发展方式转变上取得实质性进展，"十二五"期间应从制度安排入手，实施有利于促进经济发展方式转变和经济结构调整的一揽子政策：①积极实施区域差别化的经济政策。②大幅提高财政一般性转移支付的规模和比例。③努力建立银行和资本市场双轮驱动的金融体系。④逐步形成城镇化和新农村建设互促共进的机制。⑤加快培育和发展战略性新兴产业。⑥积极实施自由贸易区战略和跨国公司促进战略。

一、积极实施区域差别化的经济政策

统计研究表明，中国 31 个省、自治区、直辖市经济周期并不是完全相同的，在经济周期的不同阶段应实施不同的宏观经济政策，因此中国应实施区域差别化的经济政策。这对宏观调控提出了更高的要求，但将有利于中国区域经济结构的改善。

中国正在实施的西部大开发、东北地区等老工业基地振兴、中部地区崛起、东部地区率先发展的区域发展战略，积极扶持革命老区、民族地区、边疆地区、贫困地区加快发展的战略，以及主体功能区建设的规划，在一定程度上起到了区域差别化宏观经济政策的作用。"十二五"期间，应努力创造条件，积极实施更多区域差别化的财政政策、货币政策、投资政策、产业政策、土地政策、人口管理政策和政绩评价政策。

比如说，近年来中央财政专项投资项目一般要求地方配套资金或业主配套资金不少于总投资额的一定比例，才能下达投资计划。由于西部地区地方政府大多财力不足，项目业主融资能力弱，配套资金明显困难。在扩大内需的过程中，根据中西部地区的财政经济发展状况，从短期来看，建议适当降低中西部地区中央预算内投资项目的地方财政资金配套率，适当减轻中西部地区的财政配套压力，配套要求应充分体现政策引导意图，并考虑地方财政的承受能力。从中长期来看，应把一部分需要永久保留的专项转移支付改为一般性转移支付，取消地方配套资金。

再比如，在货币政策方面，可根据不同地区或行业实施更多差别化的利率和存款准备金率政策，以引导资金更多地向中西部地区流动。

此外，根据主体功能区划分的不同，在不违背世界贸易组织基本原则的前提下，应尽快调整完善分类政策并实施差异化的政府绩效评价考核体系，以保护生态环境。对优先开发区域，要强化经济结构、资源消耗、自主创新等的评价，弱化经济增长的评价；对重点开发区域，要综合评价经济增长、质量效益、工业化和城镇化水平等；对限制开发区域，要突出生态环境保护等的评价，弱化经济增长、工业化和城镇化水平的评价；对禁止开发区域，主要评价生态环境保护。

二、大幅提高财政一般性转移支付的规模和比例

为了推进基本公共服务均等化和主体功能区建设，建设服务型的政府，调整中国政府的财政支出结构已经刻不容缓。当前一些深层次的问题已经显现，比如税收返还及专项转移支付比例过高，一般性转

移支付比例过低，无法有效缩小区域间的财力差异，由此导致地区间基本公共服务水平差距悬殊；财权向上集中度不断加大，而事权却不断向基层政府下放，财权和事权不匹配问题突出。

以 2008 年为例，2008 年全国财政支出 62427 亿元，中央对地方转移支付和税收返还总额 22945 亿元，中央对地方转移支付 18663 亿元，其中财力性转移支付 8696 亿元（而一般性转移支付仅为 3510 亿元，仅占中央对地方转移支付和税收返还总额的 15.3%），占中央对地方转移支付和税收返还总额的 37.9%；专项转移支付 9967 亿元，占中央对地方转移支付和税收返还总额的 43.4%；中央对地方税收返还 4282 亿元，占中央对地方转移支付和税收返还总额的 18.7%。税收返还比例过高，其结果是在维护了经济发展较快地区既得利益的同时，也拉大了它们与落后地区间的财力差距。专项转移支付比例过高，虽然在一定程度上具有缩小地区之间差异的作用，但难以完全避免"跑冒滴漏"现象，且部分专项转移支付项目设置交叉重复。一般性转移支付比例过低，导致地区间基本公共服务水平差距悬殊。

"十二五"期间，建议逐渐降低与财力均等化政策目标不相适应的税收返还比例，将税收返还逐步并入一般性转移支付；逐步降低交叉重复的专项转移支付比例，取消已无时效性的专项转移支付项目，将需要永久保留的专项并入一般性转移支付；大幅提高财政一般性转移支付的规模和比例，促进基本公共服务均等化和主体功能区建设。

需要指出的是，在这次扩大内需应对金融危机过程中，截至 2009 年年底，全国建立的各级政府融资平台公司有 8000 多家，其中政府出资 20%左右，其余均为银行贷款，银行贷款余额近 6 万亿元，政府融资平台公司贷款的实质是政府负债，地方政府平均负债率较高。在融资平台贷款中，项目贷款余额近 5 万亿元，占全部融资平台贷款的比例超过 80%，一些地方原来审批未通过的项目在 2009 年的政府投资中得以重新启动。地方政府融资平台本是一次有益的探索，但在支持了地方经济的同时，也积聚了潜在的财政金融风险。融资平台支持的项目，绝大多数都是道路等公共基础设施、政府工程项目等，将来或者由政府财政偿还，或者通过土地运作偿还。未来一段时期，一方面，要尽早规范地方政府融资平台的运作；另一方面，地方政府的债务问题只能在以后经济发展的过程中逐步加以解决。

三、努力建立银行和资本市场双轮驱动的金融体系

"十二五"期间，中国应提高经济发展中的金融战略意识，积极促进实体经济与虚拟经济的协调发展，努力建立银行和资本市场双轮驱动的金融体系。特别要积极发展多种所有制形式的中小金融机构和新型农村金融机构，积极推进存款保险制度建设，大力推动农村保险事业发展。推动金融管理体制改革，促进金融创新，大力发展股票、债券等资本市场，积极发展期货、期权等衍生品市场。

中小企业肩负着促进就业和增加居民收入的重任，需要采取多方面的措施解决中小企业融资难问题。为中小企业营造公平的融资环境，提高信息共享水平，健全融资担保体系，简化贷款程序，增加贷款规模，推动发展为中小企业服务的中小金融机构。从世界范围来看，在少数大型商业银行之间，存在着众多的地方性中小银行，它们既相互竞争，又相互补充，形成合理的分工，比如美国有2万多家、意大利有9万多家地方性中小银行。此外，还要鼓励发展私募股权基金、创业板、中小板市场，多渠道解决中小企业在不同成长阶段的融资问题。

农村金融是现代农村经济的核心。当前，农村资金回流城市、农民贷款难、城乡差距加大等问题较为突出。现有的农村金融机构，包括农行、农信社、农发行等，离中国"三农"的金融需求还有较大差距。应创新农村金融体制，放宽农村金融准入政策，加快建立商业性金融、合作性金融、政策性金融相结合，资本充足、功能健全、服务完善、运行安全的农村金融体系。规范发展多种形式的新型农村金融机构和以服务农村为主的地区性中小银行。加强监管，大力发展小额信贷，鼓励发展适合农村特点和需要的各种微型金融服务。允许农村小型金融组织从金融机构融入资金，允许有条件的农民专业合作社开展信用合作。规范和引导民间借贷健康发展，加快农村信用体系建设。

建立政府扶持、多方参与、市场运作的农村信贷担保机制，逐步扩大农村有效担保物范围。

优化资本市场结构，多渠道提高直接融资比重，加快发展直接融资，大力发展股票、债券等资本市场，积极发展期货、期权等简单、成熟的金融衍生品市场。推进证券发行、交易、并购等基础性制度建设，促进上市公司、证券经营机构规范运作，建立多层次市场体系，完善市场功能，拓宽资金入市渠道，提高直接融资比重。

四、逐步形成城镇化和新农村建设互促共进的机制

"十二五"期间及 2020 年以前，建设社会主义新农村和推进城镇化可作为中国经济保持平稳较快发展、优化投资结构的持久推动力。城镇化是经济社会发展的必然趋势，中国正处在城镇化发展的关键时期。目前中国城市化率已超过 45%，到"十二五"末期中国城市化率将会超过 50%，那时中国的城市人口将超过农村人口。促进大中小城市和小城镇协调发展，着力提高城镇综合承载能力，加快大城市地铁等短缺性基础设施建设，发挥好城市对农村的辐射带动作用，壮大县域经济，对于扩大内需、优化城乡经济结构具有重大战略意义。

在城镇化和新农村建设的关系方面，我们既不能用城镇化来代替新农村建设，也不能用新农村建设来排斥城镇化，而是要形成城镇化和新农村建设互促共进的机制。目前中国财政收入已经超过 6 万亿元，人均 GDP 已经超过 3500 美元，部分地区人均 GDP 已经超过或者接近 1 万美元，我们原先设想 2020 年人均 GDP 达到 3000 美元的目标，现在提前十多年已经实现了。因此，尽管当前中国城乡二元结构造成的深层次矛盾突出，但总体上已进入以工促农、以城带乡的发展阶段，进入着力破除城乡二元结构、形成城乡经济社会发展一体化新格局的重要时期。"十二五"期间，要统筹工业化、城镇化、农业现代化建设，加快建立健全以工促农、以城带乡长效机制，调整国民收入分配格局，巩固和完善强农惠农政策，推进城乡基本公共服务均等化，实现城乡

协调发展。

"十二五"期间，应加强重点城镇建设，尽快在公共服务、社会保障、户籍制度一体化等方面取得突破，促进公共资源在城乡之间均衡配置，推动城乡经济社会发展融合。加强农民工权益保护，逐步实现农民工劳动报酬、子女就学、公共卫生、住房租购等与城镇居民享有同等待遇，改善农民工劳动条件，保障生产安全，扩大农民工工伤、医疗、养老保险覆盖面，实施农民工养老保险关系转移接续办法。推进户籍制度改革，放宽中小城市落户条件，使在城镇稳定就业和居住的农民有序转变为城镇居民，把解决符合条件的农业转移人口逐步在城镇就业和落户作为推进城镇化的重要任务。

在新农村建设过程中，发挥好村民的主体作用至关重要。韩国新村运动成功的一个重要经验，就是充分发挥了村民的主体作用，国家投入到农村的经费和建材物资干什么，可以由村民根据当地实际情况自主决定，这样的决定效益一般是高的。如果按照这样一个使用效率来规范的话，新农村建设投入的资金就能起到事半功倍的作用。要强化农村基层民主，健全议事协商，尊重农民意愿，让村民参与讨论对新农村建设投入资金的使用方式，提高资金使用效益。国家在中西部地区安排的病险水库除险加固、生态建设等公益性建设项目，应逐步取消县及县以下资金配套。

"十二五"期间，农村土地增值收益的分配方式与分配格局在相当大程度上将影响城乡统筹发展的进展，应使农民从土地增值收益中获得合理"红利"。要改革征地制度，严格界定公益性和经营性建设用地，逐步缩小征地范围，完善征地补偿机制。依法征收农村集体土地，按照同地同价原则及时足额给农村集体组织和农民合理补偿，做好被征地农民社会保障，做到先保后征，使被征地农民基本生活长期有保障。在土地利用规划确定的城镇建设用地范围外，经批准占用农村集体土地建设非公益性项目，允许农民依法通过多种方式参与开发经营并保障农民合法权益。

五、加快培育和发展战略性新兴产业

这次世界性金融危机爆发后，一些发达国家提出实行"绿色新政"，发展"低碳经济"，刺激新能源等相关产业发展。我国提出要不失时机发展新兴战略性产业，并把其作为应对金融危机、推动产业结构优化升级的切入点。加快培育和发展战略性新兴产业，把推动自主创新与培育战略性新兴产业结合起来，是中国利用后发优势、面对未来竞争、实现长远发展的关键所在，也是中国高储蓄背景下优化投资结构的重要战略选择。

对于战略性产业的培育，由于外部性的存在，需要加大国家财政投入的力度。要强化政策支持，培育新的经济增长点。一要支持新能源产业发展，要规范有序地发展风力发电和大型光伏发电，支持建设智能电网，建设一批煤层气抽采利用项目，积极发展新能源汽车及服务网络。二要扶持新材料产业，重点支持钛合金、碳纤维等特种材料，燃料电池电解质膜等新能源材料，先进半导体等电子信息材料以及稀土材料的发展。三要积极培育新医药产业，推进重大新药创制科技重大专项，支持新型药物、制剂产业化，推动医疗器械的研发制造。四要加快信息产业发展，以信息化促进企业提高效率和竞争力，加大宽带基础设施建设力度，并对农村、欠发达地区予以支持，发展远程教育、医疗等宽带信息服务，推进电子商务支撑体系建设，加快发展第三代移动通信。

除了国家财政提供支持之外，自主创新最重要的动力来源于企业公平竞争的环境。"十二五"时期，应进一步放松产业管制和准入门槛，鼓励民营资本和国有资本在绝大多数产业领域公平竞争。要抓住全球制造业和金融业分化、整合和转移的机遇，实施积极的产业振兴与调整政策，强化企业技术创新主体地位，加强对企业创新的财税和金融支持。

在实施产业调整振兴规划过程中，要大力推动企业兼并重组，坚决淘汰落后产能、压缩过剩生产能力，支持优势企业并购落后企业和困难企业，鼓励强强联合和上下游一体化经营，提高产业集中度和资源配置效率，中央财政对淘汰进展快、力度大的经济欠发达地区给予适当奖励。目前企业的异地并购存在不少障碍。2009年利用国际金融危机的时机，不少国内企业希望到国外重组一些其他企业，但是往往因为缺乏经验而坐失良机。应加强宏观协调，促进主要使用海路进口资源的产业在沿海地区布局，主要使用国内资源和陆路进口资源的产业在中西部重点开发区域布局，从国家利益层面而不是地区利益层面，支持有竞争优势的国有控股企业和民族企业进行异地公司的兼并整合，以加快企业产品结构调整步伐，发挥规模经济效益，为"走出去"吸纳整合全球资源并参与全球竞争提前做好国内"演练"，以更好地应对经济全球化的挑战。

除了发挥好政府、企业的作用以外，还应动员更多科技人员投身产业升级和经济建设第一线，为他们推广技术、研发产品、创办公司提供金融支持，支持并倡导科技型中小企业利用自主知识产权、专利、版权等进行质押、抵押贷款。此外，要加快改善引进国际化创新型人才的环境。

六、积极实施自由贸易区战略和跨国公司促进战略

近年来，中国对外贸易对经济增长和就业作出了巨大贡献，2009年中国出口12016亿美元，位列全球第一位，但是中国的出口产品主要以中低端劳动密集型以及中端资本技术密集型的中间产品为主。"十二五"期间，中国的出口应逐步实现从"量"到"质"的转变：在限制"两高一资"产品出口的同时，扩大高附加值产品和服务的出口。

随着"中国制造"在全球市场上的不断拓展，"中国制造"正面临着巨大的贸易保护主义压力。近年来，中国已成为危机中贸易保护主义的主要针对国。世界贸易组织的统计数据显示，2008年全球35%的反倾销案件、70%的反补贴案件都是针对中国的出口产品。

欧美国家针对中国出口产品的贸易保护增多，一方面，说明我们出口竞争力确实比较强；另一方面，我们也要逐渐降低对欧美市场的高度依赖。"十二五"期间应更加积极地实施自由贸易区的战略。目前已签协议的自由贸易区包括内地与港澳、中国与东盟、中国与巴基斯坦、中国与智利、中国与新西兰、中国与新加坡、中国与秘鲁以及亚太贸易协定。已完成谈判的自由贸易区是中国与哥斯达黎加。正在谈判的自由贸易区包括：中国与海湾合作委员会、中国与澳大利亚、中国与冰岛、中国与挪威、中国与南部非洲关税同盟。正在研究的自由贸易区包括：中国与印度、中国与韩国等。积极实施多边和双边自由贸易区战略有利于加大区域内贸易比重，逐步降低对欧美市场的高度依赖，有利于平衡中国国际收支的国别结构。

抓住国际产业转移机遇，发挥利用外资在推动自主创新、产业升级、区域协调发展等方面的积极作用。引导外资更多地投向高技术产业、现代服务业、高端制造环节、基础设施和生态环境保护，投向中西部地区和东北地区等老工业基地。鼓励跨国公司在中国设立地区总部、研发中心、采购中心、培训中心。鼓励外资企业技术创新，增强配套能力，延伸产业链。吸引外资能力较强的地区和开发区，要注重提高生产制造层次，并积极向研究开发、现代流通等领域拓展，充分发挥集聚和带动效应。引导国内企业同跨国公司开展多种形式的合作，发挥外资的技术溢出效应。在保护国内自主品牌基础上，引导和规范外商参与国内企业改组改造。完善风险投资退出机制，鼓励外商风险投资公司和风险投资基金来华投资。鼓励具备条件的境外机构参股国内证券公司和基金管理公司。

"十二五"期间，应实施跨国公司发展促进战略，积极推动中国跨国公司的成长。国际经验表明，对于后起的发展中国家，要培育一批具有国际竞争力的跨国公司比发达国家要困难得多。中国必须在不违背国际准则的条件下，集中政府与企业合力，才可能有所成效。大力扶持某些重点产业的技术进步，支持拥有自主知识产权和知名品牌、竞争力强的大企业发展成为知名跨国公司。通过跨国并购、参股、上市、重组联合等方式，支持企业在研发、生产、销售等方面开展国际化经营，加快培育中国的跨国公司和国际知名品牌。中国实施跨国公司发展促进战略，不仅是整合全球资源、应对海外市场竞争的需要，也是应对其他国家跨国公司在中国国内市场上竞争的需要。

总之，做好"十二五"期间的经济工作，要厘清发展思路，创新发展模式，应从制度安排方面实施有利于促进经济发展方式转变和经济结构调整的一揽子政策，积极实施区域差别化的经济政策，大幅提高财政一般性转移支付的规模和比例，努力建立银行和资本市场双轮驱动的金融体系，逐步形成城镇化和新农村建设互促共进的机制，加快培育和发展战略性新兴产业，积极实施自由贸易区战略和跨国公司促进战略，切实提高发展的可持续性。当然，经济结构调整是一个长期动态的过程，如果"十二五"期间中国能在经济发展方式转变及经济结构调整方面取得实质性进展，则不仅未来 5 年中国经济仍可保持年均 8%~10%的较快增长，到"十二五"末期人均 GDP 将达到 6000~7000 美元，而且能为中国的长期良性发展创造更为有利的条件。

加快经济发展方式的转变

工业经济研究所　周叔莲

党的十七大报告中明确提出：要继续努力奋斗，确保 2020 年实现全面建设小康社会的奋斗目标。为了实现这个目标，首要的任务是转变经济发展方式，实现经济又好又快发展。未来十年，我们必须加快经济发展方式的转变。本文拟就这个问题谈点看法。

一、转变经济发展方式面临的艰巨任务

2006 年全国人大通过的"十一五"规划，针对发展中的突出矛盾和问题，提出了经济增长和经济发展方式转变的目标和任务。2008 年面对世界经济危机的冲击，党中央、国务院又提出了一系列"保增长、扩内需、调结构、惠民生"的政策措施。最近有关部门对"十一五"规划实施进行中期评估，发现经济增长的目标是超额完成的，而转变经济增长方式的有些重要任务则未能完成。国务院《关于"十一五"规划〈纲要〉实施中期情况的报告》中，研究和概括了各单位的评估意见，认为当前经济社会发展中面临着以下四个方面的突出问题：[1]

（一）经济结构性矛盾仍然突出

从需求结构看，内需与外需、投资与消费的结构失衡，经济增长过于依赖投资和出口拉动的局面没有根本扭转。2007 年投资率仍高达

---

[1] 朱之鑫主编：《"十一五"规划实施中期评估报告》，中国人口出版社 2009 年版。

42%以上，消费率进一步降至 48.8%，外贸依存度高达 66%以上。从产业结构看，工业增速过高，服务业发展滞后，农业基础薄弱，经济增长主要依赖工业带动的局面没有根本扭转。2006 年、2007 年两年，工业增速都在 13%左右，占国内生产总值的比重由 2005 年的 42.2%提高到 2007 年的 43%。其中，重化工业占工业增加值的比重由 69%提高到 70.6%。服务业增加值比重和服务业就业比重均未达到预期要求。从要素投入结构看，科技进步、劳动者素质提高、管理创新、就业比重的贡献不够，经济增长主要依靠物质资源和简单劳动投入带动的局面没有根本扭转。

（二）资源环境压力不断加大

随着经济总量扩大，能源、淡水、土地、矿产等战略性资源不足的矛盾越来越尖锐，长期形成的高投入、高污染、低产出、低效益的状况仍未根本改变，带来水质、大气、土壤等严重污染，生态环境问题突出。由于高耗能、高排放行业增长较快，节能准入和落后产能退出机制尚未完全建立，降低能源资源消耗和减少主要污染物排放的形势更加严峻，完成节能减排任务相当艰巨。

（三）重点领域和关键环节改革还不到位

改革处于攻坚阶段，一些深层次体制机制问题还未得到根本解决。主要是政府职能转变还不到位，公共服务和社会管理比较薄弱；垄断行业改革总体推进缓慢，竞争性市场格局尚未形成；资源要素价格改革进展不快，资源利用效率总体偏低；财税金融体制改革有待深化，不能满足实现基本公共服务均等化的需要，难以提升金融业竞争力和服务水平；收入分配、社会保障、医疗卫生等社会领域改革也需要进一步加快。

（四）社会建设仍存在不少矛盾和问题

这些矛盾和问题主要表现为就业形势严峻，劳动力供需总量矛盾和结构性矛盾突出，收入分配不合理，分配秩序不规范，城乡收入差距、行业收入差距过大；社会保障制度不完善，基本养老保险统筹层次低，社会保险关系转移接续难，做实个人账户进展缓慢；推进基本公共服务均等化的机制有待完善，城乡间、区域间公共服务水平差距较大；生产安全和食品安全事件时有发生。

中国社会科学院课题组发表的《我国"十一五"规划实施三年（2006~2008）情况分析报告》中也指出，我国当前经济社会发展面临的主要问题有：经济发展方式亟待转变，经济结构矛盾仍然突出；能耗降低目标实现困难，资源环境压力不断增大；体制机制改革有待深入，和谐社会建设任重道远。[①]

以上这些权威报告揭示的问题说明，未来十年我国面临的转变经济发展方式的任务是十分艰巨的。经济发展方式包括多方面的内容，除了包括经济增长方式的内容之外，还包括产业结构、收入分配、居民生活以及城乡结构、区域结构、资源状况、生态环境等方面的内容。诸如投资和消费、内需和外需、生产和消费、节约资源、保护环境、收入分配等方面的问题，都是转变经济发展方式需要研究解决的。经济发展方式是包括生产、分配、交换和消费等环节的一个大系统，经济发展又是和社会发展、政治发展、文化发展联系着的，是广义发展方式的这个更大系统中的一个组成部分。要从生产力、生产关系、上层建筑等多重角度认识经济发展方式，认识和把握影响经济发展方式转变的复杂因素。转变经济发展方式既要求从粗放型增长转变为集约型增长，又要求从不全面、不协调、不可持续的增长转变为全面、协调、可持续的增长。转变经济发展方式之所以艰巨，除了由于它包含的很多任务本身就非常复杂艰难之外，还由于它是一个宏大复杂的系统工程。对于我国转变经济发展方式的重要意义和艰巨性，我们要有足够的认识。

二、转变经济发展方式要求转变发展观念

改革开放以来，我们党一直十分重视经济发展方式问题。党的十二大提出，把全部经济工作转到以提高经济效益为中心的轨道上来。

---

① 中国社会科学院经济学部编：《中国经济研究报告》2009 年 9 月 18 日第 110 期。

党的十三大提出，经济发展要从粗放经营为主逐步转向集约经营为主的轨道。党的十四届五中全会提出，要实现经济体制和经济增长方式的两个根本转变。党的十五大把完善分配结构和分配方式、调整和优化产业结构、不断改善人民生活作为经济发展的重要内容。党的十六大强调要走新型工业化道路、大力实施科教兴国战略和可持续发展战略。党的十七大明确提出转变经济发展方式，认为这是关系经济全局的紧迫而重大的战略任务。那么为什么转变经济发展方式的许多任务总是未能完成甚至转变不过来呢？

有些同志认为，这是由于对粗放增长方式的弊端揭露得不够，没有揭到痛处，因此它还有市场，还令人留恋。他们提出转变经济增长方式首先要转变发展观念。我认为这些同志的意见是有根据的。不过，据我所知，改革开放之初，对于传统的经济增长方式的由来及其弊端，我国经济界和理论界是进行过认真的调查研究和深刻揭露的。这就是国务院财政经济委员会于 1979 年 6 月到 1980 年 5 月组织全国 400 余名从事实际工作的同志和 200 余名从事理论工作的同志对中国 30 年经济结构的调研工作，其成果是马洪、孙尚清主编的《中国经济结构问题研究》（人民出版社 1981 年版）。但是时过境迁，现在很多年轻同志或者没有经历过或者根本不知道这段历史，不了解传统经济发展方式的种种严重后果。所以，现在揭露历史上经济增长方式的弊端，对于转变发展观念，转变经济发展方式，仍是非常必要的。

《中国经济结构问题研究》对于新中国成立后 30 年经济结构的演变作了全面的分析研究，指出 30 年来经济结构取得了很大成绩，也积累了很多问题。主要问题有：①农、轻、重关系严重失调。②能源供应紧张。③运输和生产发展不相适应。④流通和生产发展不相适应。⑤积累和消费的比例关系失调。⑥三线建设遗留问题很多。经济不合理的后果是：阻碍社会再生产的进行，导致经济效果下降，阻碍人民生活水平的提高，妨碍改革经济管理体制。该书分析了导致当时经济结构不合理的原因，认为首先就是盲目追求高速度。书的前言中指出："从 1958 年开始，我们不断盲目追求高速度，违背国民经济按比例发展和综合平衡的要求。过去曾经流行过一种说法，认为比例应该服从速度，把不切实际的指标一概称为马列主义的，把合乎实际的指标一概斥为右倾机会主义或修正主义的，把综合平衡当成消极平衡批判，把对综合平衡的破坏当成积极平衡来提倡。事实已经充分说明这些观点是完全错误的。"

盲目追求高速度就是传统发展观念的核心，我们说要转变发展观念，首先就是要转变盲目追求高速度的观念。现在的情况和改革前已有很大不同。经过改革开放，计划经济已转变为社会主义市场经济，经济科学也发展了，过去着重讨论速度和比例的关系，现在发展为讨论经济增长和经济结构的关系。过去追求发展速度主要表现为追求总产值，现在主要表现为追求 GDP。不过，在经济上盲目追求高速度必然会带来种种恶果，这一点是相同的。总结新中国成立 60 年的经验教训，我们完全有根据说：现在如果不顾客观条件，继续盲目追求高速度，一不利于产业结构优化升级，二不利于节约资源保护环境，三不利于建立社会主义福利制度，四不利于深化经济体制改革，五不利于建立科学的干部考核制度，六不利于政府职能转变。这样也就难以顺利推进经济增长方式转变。所以，转变发展观念，克服盲目追求高速度，确实是转变经济发展方式极其重要的条件。

现在已经具备了转变发展观念的有利条件，最有利的条件是党中央提出了科学发展观。党的十七大对科学发展观的内涵、要义、核心、基本要求和根本方法作了全面的阐述，我们转变发展观念就是要把一切不符合科学发展观的观念，转变为符合科学发展观的观念，并把它贯彻落实在实践中。

树立和贯彻科学发展观，还会遇到一些思想理论问题，需要多做调查研究工作，开展讨论，加以解决。例如，有一种观点认为，经济发展速度快才能解决就业问题，我国面临严峻的就业形势，速度越快越好。我认为，解决就业问题确实需要一定的发展速度，但是就业多少不仅取决于速度快慢，还取决于产业结构、技术结构、企业规模结构和有关的各种政策。以解决就业问题为理由追求过高的速度，不一定能够解决就业问题，却会带来种种恶果，最终也不利于就业问题的解决。还有一种观点认为，速度快使生产增加了，才能实现公平分配。

事实上，生产和分配既有联系也有区别，生产发展使蛋糕增大，可能有利于公平分配，但并不会自动导致公平分配，而我国这十多年来的情况是，生产发展了，各种收入差距反而不合理地更加扩大了。所以这个观点也不能成为追求过高速度的理由。再有一种观点认为，经济发展不要担忧资源短缺，只要价格由市场机制即由竞争决定，资源问题就能够解决。我认为，现在我国资源价格定价机制不合理，这是导致资源供给和使用问题的重要原因，价格机制和定价的合理化会有助于解决资源问题。但是，不能认为可以不顾资源供给状况确定发展速度。地球上的很多自然资源确实是有限的，即使科技进步可以找到有些资源的替代品，也有一个时间接续问题。何况有些资源不一定会进入市场。再有一种观点认为，先污染后治理是经济发展规律。从历史上看，很多经济发达国家和发展中国家在经济发展中确实走的是先污染后治理的道路，但现在我们不能再走这条道路了。因为这条道路代价太大，而且全球的生态环境已到了恶化的顶点，不允许再增加污染了。这条道路不仅对不起子孙后代，也使当代人受困于污染的环境，甚至使他们喝不到干净的水和呼吸不到清洁的空气，从而难以有幸福的生活。这个观点可能使人们为了经济发展快而忽视保护生态环境，因而也有片面性。我们要以科学发展观为指导，对这些观点进行研究讨论，辨明是非，克服各种片面性。这对于转变发展观念也是很有必要的。

三、转变经济发展方式要求深化改革

加快转变经济增长方式要求继续深化改革，这样才能奠定牢固的制度基础。不仅要求深化经济体制改革，而且要求深化政治体制、文化体制、社会体制等方面的改革。实现现代化需要全面推进经济建设、政治建设、文化建设、社会建设。这四个建设都有改革的问题，也都有转变发展方式的问题，可以统称为转变发展方式。转变经济发展方式是转变发展方式的一个方面。因此，党的十七大强调："要把改革创

新精神贯彻到治国理政各个环节，毫不动摇地坚持改革方向，提高改革决策的科学性，增强改革措施的协调性。"

（一）完善社会主义市场经济体制

现在我国社会主义市场经济体制还不完善，未来十年要建成比较完善的社会主义市场经济体制。要深化对社会主义市场经济规律的认识，从制度上更好地发挥市场在资源配置中的基础性作用，形成有利于科学发展的宏观调控体系。要坚持和完善公有制为主体、多种所有制经济共同发展的基本经济制度，毫不动摇地巩固和发展公有制经济，毫不动摇地鼓励、支持、引导非公有制经济发展。要依据邓小平同志倡导的三个有利于标准处理所有制问题。公有制并非就是社会主义，即使在社会主义社会里，公有制经济也未必一定是社会主义性质，符合三个有利于标准的公有制才是真正的社会主义公有制。私有制经济按照三个有利于标准办事，这种私有制经济的发展并不会影响我国社会的社会主义性质，不会使社会变"资"了。要坚持平等保护物权，形成各种所有制经济平等竞争、相互促进的新格局。现在地方保护主义、市场分割的现象还比较严重，要改变这种状况，十年内形成统一开放、竞争有序的现代市场体系，发展各类生产要素市场，形成能够完善反映市场供求关系、资源稀缺程度、环境损害成本的生产要素和资源价格形成机制。还要看到，社会主义和市场经济必须结合，也可能结合，但社会主义和市场经济之间也存在矛盾，要从体制、机制、政策等方面，注意正确解决它们的矛盾。

（二）继续深化国有企业改革

我国国有企业改革尚未完成，必须继续进行改革，在未来十年基本完成国有企业改革的任务。要深化国有企业公司制、股份制改革，健全现代企业制度，完善法人治理结构，优化国有经济布局和结构。要尽快改变垄断行业国有企业改革滞缓的状况，着力研究和深化垄断行业改革。有的垄断行业也要引入竞争机制，要降低进入门槛，鼓励非国有经济成分进入，把行政性垄断行业改造成为竞争性行业。应该取消国家对垄断行业的某些特权，政府不应该对它们进行特殊照顾，它们的垄断利润应该上交给国家，用之于社会，使全民受益。有条件的垄断行业企业也要自主经营、自负盈亏、自我发展、自我约束，负起应负的责任包括应负的社会责任。要加强政府监管和社会监督，防止垄断行业成为阻碍改革和社会进步的既得利益集团。建成国有资本经营预算制度和相当完善的各类国有资产管理体制和制度。还要积极推进集体企业改革，发展多种形式的集体经济、合作经济，促进个体、私营经济和中小企业发展。

（三）深入分配制度改革

现在我国收入分配中存在的主要问题是：居民收入差距继续扩大，分配秩序相当混乱，社会保障体系很不完善。未来十年要积极采取有效措施，遏制居民收入差距扩大的趋势，规范和完善个人收入分配秩序，建立覆盖全体城乡居民的社会保障体系。要坚持和完善按劳分配为主体、多种分配方式并存的分配制度，健全劳动、资本、技术、管理等生产要素按贡献参与的分配制度，初次分配和再分配都要处理好效率和公平的关系，再分配更加注重公平。提高居民收入在国民收入分配中的比重，提高劳动报酬在初次分配中的比重。着力提高低收入者收入，逐步扩大中等收入者比重，有效调节过高收入。社会保障是社会安定的重要保证，近年来政府做了很多工作，但距离建立覆盖全体城乡居民的较高水平的社会保障体系，保障人民基本生活，还有相当距离，需要继续努力。增加居民收入和合理分配收入都要求扩大就业，因此要继续实施扩大就业的发展战略，促进以创业带动就业，并在制度上保证扩大就业战略的顺利实施。要健全面向全体劳动者的职业教育培训制度，建立统一规范的人力资源市场，形成城乡劳动者平等就业制度，完善面向困难群众的就业援助制度，做好高校毕业生就业工作。

（四）建立和完善有利于节约资源能源保护生态环境的体制、机制

转变经济发展方式必须处理好经济发展、资源利用、环境保护三者之间的关系，把经济发展控制在资源和环境承受能力之内，解决好资源有限和环境容量对经济发展的制约，确保资源环境能够持续地为人类利用，造福人民。当务之急是建立能够反映市场供求关系、资源稀缺程度以及环境治理等外部成本的资源类产品的价格体系及其形成

机制，建立有利于资源综合利用、循环利用及废物回收利用的税收、信贷和补贴制度，硬化资源对投资者、经营者和消费者的约束。资源领域要完善自然资源有偿开采、有偿使用制度，环境领域要全面实施污染物排放总量控制、完善污染物有偿排放和排放权交易制度。面对低碳经济发展，未来十年还要建立起适应和促进其健康发展的体制机制。

（五）倡导符合小康社会的消费方式

经济发展最终是由消费决定的。现在中国是消费不足和消费过度并存。全国还有几千万人没有摆脱贫困，几亿人还不富足，消费不足是主要问题。但是也存在过度消费、不健康消费、有害消费等现象。我国似乎已存在一种向欧美高消费学习和看齐的趋势，这不符合中国的现实情况，也不符合未来发展的要求。需要研究消费观念、消费方式等问题，倡导符合小康社会的消费观念，建立和推广富足、健康、幸福、可持续的消费方式。

（六）积极稳妥地深化政治体制改革

政治体制改革是我国全面改革的重要组成部分，必须随着经济社会发展而不断深化，与人民政治参与积极性不断提高相适应。和经济体制改革的要求相比，我国政治体制改革是滞后的，这不仅影响了我国政治文明建设，在一些方面延缓了经济体制改革的进程，而且是改革开放以来权钱交易、官商结合、寻租、腐败等现象频发的一个重要原因。党的十七大规定了 2020 年实现全面建设小康社会在政治建设方面的奋斗目标。这就是：扩大社会主义民主，更好地保障人民权益和社会公平正义；公民政治参与有序扩大；依法治国基本方略深入落实，全社会法治观念进一步增强，法治政府建设取得新成效；基层民主制度更加完善；政府提供基本公共服务能力显著增强。这也就是未来十年我国政治体制改革的任务。党的十七大还从扩大人民民主、发展基层民主、加快建设社会主义法治国家、建设服务型政府、完善制约和监督机制等方面，对发展社会主义民主政治提出了全面系统的要求和措施。当前应该着力加快行政管理体制改革，建设服务型政府。要加快推进政企分开、政资分开、政事分开、政府与市场中介组织分开，切实转变政府职能，理顺中央和地方政府的关系。也要认识到行政管理体制改革只是政治体制改革的一个方面，不能用行政管理体制改革取代政治体制改革。不积极进行政治体制改革，行政管理体制改革也不可能搞好，也很难实现经济发展方式的根本转变。现在经济学界研究转变经济发展方式似乎有一种规避政治体制改革的现象，而政治经济学研究经济问题是不能脱离政治也离不开政治的，这也正是政治经济学的长处，马克思主义政治经济学更不能脱离政治研究经济问题。政治体制改革是艰难和有风险的，而且会遇到阻力，尤其是有些既得利益阶层的阻力。但正如党的十七大报告所说："人民民主是社会主义的生命。发展社会主义民主政治是我们党始终不渝的奋斗目标。"我们必须下定决心，克服困难，积极稳妥地进行政治体制改革，完成全面建设小康社会政治建设的奋斗目标。这也是加快转变经济发展方式的要求和条件。

转向"结构均衡增长"的战略要点和政策选择[①]

经济研究所 张 平 王宏淼

一、迈向中高收入阶段面临着重大抉择

中国改革开放 30 年来，每 10 年中平均有 5 年是两位数的高速增长年份，按现有的趋势，中国未来 10 年只要保持稳定的增长，不出现大的意外，人均 GDP 可达到 8000~10000 美元。但随着中国向中高收入阶段奋进，在体制转轨、人口红利、工业化和国际化等因素推动下，以东部沿海为重心的外延式扩张的空间规模收益递增将逐年衰减；发展中的诸多老问题、新矛盾将挑战中国的发展模式和宏观管理能力，影响社会经济的不稳定性因素增加；在全球金融危机的"创造性破坏"下，全球经济大调整已是必然，外部需求和全球增长的不稳定性、新能源革命和低碳经济都将对中国经济产生重大影响。经济社会结构如不能在此期间做好调整，增长方式不能转型，经济增长就将受到"停滞"性的挑战，可持续是困难的，从国际视野和国家战略的角度看待中国经济中长期增长机制和结构调整的必要性，已经从现实经济的矛盾中直面而来。

（一）2012 年中国迈向中高收入阶段

世界银行从 1987 年开始进行国家分类标准的计算，依据动态的人均国民总收入，将全球各国或地区划分为低收入、中等收入（又可细

---

① 本报告受国家社科基金重大招标课题（06ZD004_01）"我国经济结构战略性调整和增长方式转变"和"十二五"中国社会科学院交办课题资助。

分为中低收入和中高收入）和高收入经济体。按 2009 年的最新标准，2008 年人均国民收入≤975 美元为低收入，人均国民收入在 976~3855 美元区间为中低收入，人均国民收入在 3856~11905 美元区间为中高收入，人均国民收入＞11906 美元为高收入经济体。

我国在 1998 年人均国民收入为 790 美元，首次超过了同时期世界银行低收入国家 761 美元的标准，进入了中等收入国家的下限。10 年来我国经济增速较快，根据世界银行计算，我国 2008 年人均国民总收入为 2940 美元，接近了中高收入国家的下限。

表 1　我国人均国民收入已超越低收入国家　　　　单位：美元

项目 ＼ 年份	1987	1988	1989	1990	1991	1992	1993	1994	1995	1996	1997
中等收入国家 GNI 下限	481	546	581	611	636	676	696	726	766	786	786
中国人均国民收入（GNI）	290	290	290	310	340	370	410	460	530	650	750

项目 ＼ 年份	1998	1999	2000	2001	2002	2003	2004	2005	2006	2007	2008
中等收入国家 GNI 下限	761	756	756	746	736	766	826	876	906	936	976
中国人均国民收入（GNI）	790	850	930	1000	1100	1270	1500	1740	2010	2410	2940

资料来源：世界银行数据库。

鉴于世界银行每年都根据世界银行对各国贷款项目评估和全球主要国家的通货膨胀率调整国家分组的标准，而我国经济也在快速增长，所以用人均国民收入作为标准衡量我国何时进入世界银行的中等收入国家上限是一个动态的过程。我们可采用 1987~2008 年人均国民收入平均增长率的方法，对世界银行相关国家和我国 21 年来的两组数据进行推算，大致计算出我国跨越中高收入区间下限的时间。公式如下：

$$R = \left[(Y_{2008}/Y_{1987})^{1/21} - 1 \right] \times 100$$

计算得出世界银行中高收入国家下限的人均国民收入平均增长率为 3.32%，我国人均国民收入增长率为 11.66%。再以 2008 年数据为基础进行推算，得出世界银行中高收入国家人均国民收入下限 2012 年为 4390 美元，我国为 4570 美元，届时我国将跨越中高收入国家的下限。如果做一个更为保守的估计，假定在我国人均国民收入增长率分别为 10%、9% 和 8% 的情况下，2012 年我国人均国民收入将分别为 4502 美元、4461 美元和 4420 美元，都会超过世界银行中高收入国家人均国民收入下限。只有在我国人均国民收入增长率低于7.2%或中高收入国家出现异常增长的情况下，我国进入中高收入国家的下限的时间才会有所延迟。

为得到直观的动态演进过程，我们可依据表2绘出趋势图，如图1所示。

表2　对我国人均 GNI 跨越中高收入国家下限的估算　　　　单位：美元

项目 ＼ 年份	1987	1988	1989	1990	1991	1992	1993	1994	1995	1996	1997	1998	1999	2000
中高收入国家 GNI 下限	1940	2200	2335	2465	2555	2695	2785	2895	3035	3115	3125	3030	2995	2995
中国人均国民收入（GNI）	290	290	290	310	340	370	410	460	530	650	750	790	850	930

项目 ＼ 年份	2001	2002	2003	2004	2005	2006	2007	2008	2009	2010	2011	2012	2013	2014
中高收入国家 GNI 下限	2975	2935	3035	3255	3465	3595	3705	3855	3982	4114	4249	4390	4534	4684
中国人均国民收入（GNI）	1000	1100	1270	1500	1740	2010	2410	2940	3283	3666	4093	4570	5103	5698

资料来源：根据世界银行数据并作估计。

图1　中国经济的"赶超"任重而道远

注：图中部分为作者预测数据。

（二）国际视野下的"中等收入陷阱"

"中等收入陷阱"这一概念由世界银行最初提出。其含义是当一个发展中经济体从"起飞"进入中等收入阶段以后，会面临比之前更复杂的政治、经济和社会挑战，如果不能正确应对，就可能在中等收入阶段长期徘徊，如同一个人落入"陷阱"而难以自拔，无法实现向高收入国家的过渡。根据国际发展经验，处于中等收入水平的经济体一般都会面临四大挑战。

第一个重大挑战，是如何协调好增长速度和增长质量之间的关系，以可持续方式保持较长期有效率的高速增长。由于在中等收入阶段之前所运用的非均衡发展战略和政府干预在新的政治经济动态条件下是不能被简单重复运用的，这意味着需要根据实际情况，相机调整发展战略，来应对经济高增长所累积的长期供需不平衡、增长结构失调、环境污染以及工业化升级、城市化扩张过程中的其他新矛盾。

第二个重大挑战，是如何协调好经济增长与社会公平之间的关系。垄断、寻租、腐败以及过大的收入差距、地区差距都会阻碍经济的长期增长，也有可能成为政局和社会不稳的根源，甚至危及政权，国际间新兴工业国家此类的教训可以说屡见不鲜。

第三个重大挑战，是如何协调好经济增长与国家安全、稳定之间的关系。在制定以增长为导向的政策时，要清楚识别并避免那些可能对国家安全和国民利益造成不良影响的潜在危害发生，管理好高增长可能带来的脆弱性、通货膨胀、资产泡沫及各类危机，同时也不能因噎废食，在困难和风险面前或是驻足不前、无所作为，或是过度恐惧而错失发展良机。

第四个重大挑战，是如何协调好市场调节和政府干预的关系。经济赶超过程中，政府干预似乎是一个常态，尤其在东亚实现增长奇迹中政府的角色更为突出（青木昌彦、金滢基、奥野-藤原正宽，1998），许多后进国家都比较成功地通过集中资源和实施扭曲性政策等达到了经济快速发展的目的。但其负面影响也很突出（科尔奈，1980，1992），"父爱主义"观念下的政府积极干预、动员、补贴、担保和救援等容易使政策制定者、企业和民众产生政府是无所不能的错觉，并形成一种路径依赖，长此以往限制了市场机制在资源配置和经济增长中的基础性作用，企业缺乏竞争和创新能力，缺乏自我发展后劲，经济增长因此难以为继。

世界银行资料（World Bank，2006）比较清晰地显示了这种发展格局。在成功跨越了"中等收入陷阱"的经济体中，欧美主要发达国家自不必说，其余似乎只有东亚的日本和亚洲"四小龙"完成了从中等向高收入阶段的飞跃，真正实现了经济追赶。但亚洲"四小龙"相对经济规模都比较小，其经验对于刚进入中等收入阶段的大国来说并不具有可以完全照搬的借鉴意义。后发的大国如拉美国家，虽然在"二战"后不久很快进入中等收入区间，但此后却难以为继，人均 GDP 长期在 3000~8000 美元之间徘徊，不能实现向 10000 美元的冲刺和跨越。实际上东欧国家也是如此。"中等收入陷阱"几乎成了许多新兴工业化国家一种宿命的"魔咒"了，中国正在逐步进入这一区域，诸多挑战已经开始显现。

二、经济增长方式转变和新增长机制

中国一直处于赶超阶段。迈向中高收入阶段后，应积极采取措施，寻找赶超与均衡发展结合路径。后发国家赶超过程中不可避免地都要采用非均衡结构，非均衡增长是赶超必然的选择。从经济理论逻辑来看，当发展过程中存在着系统性的高收益、增长部门时，动员资源集中投资在这些部门，就会产生规模收益递增，即结构配置带来的规模收益递增的赶超增长速度（钱纳里等，1986；Jones and Romer，2009）。后发国家赶超的实质就是通过政府动员资源并配置到高增长的现代化部门实现经济增长的加速。工业化过程中，农业资源被集中到工业上来，就会产生明显的赶超增长；从封闭的国家变为开放国家也可能得到全球化的收益；而城市化带来的空间集聚也会产生很大的规模递增收益，从而形成赶超速度。这些由于资源的结构非均衡配置而导致的规模收益递增过程，会在一定时期内大幅度提高一国经济的潜在增长率。

结构失衡就源于这种非均衡加速道路和经济规模扩张过程。现代经济增长理论和国际经验已经证实，赶超基本上是以结构失衡为"常态"的。但是其可持续一定会受到挑战，赶超的结构失衡会累积经济和社会矛盾，而且还会产生很强的增长和利益分配的路径依赖，并将原有的赶超机制转变为阻碍经济持续发展的因素。特别是当一个国家经济增长进入到中高收入水平后，结构失衡推动的规模增长效率就会快速递减，非均衡增长的矛盾就会越来越显现出来，如果继续沿着原有的机制轨道高速增长，就只能使原有的问题不断累积加重，随着时间推移越来越没有调整结构和解决发展不平衡的余地，不仅增长出现问题，导致经济和社会在中等收入阶段长期停滞徘徊，而且风险会越来越大。因此必须进行战略的根本性转型，消除结构性失衡才能逐步进入均衡增长，而结构均衡化转变又依赖于新的增长机制。

现代化的发展是经济增长、社会和自然以及治理机制相互作用的结果，一国经济的战略性调整和增长方式转变包含着结构、机制、福利激励的帕累托改进过程（见图 2）。从路径看，工业化是资源扭曲进行赶超最有利的时期，而城市化则是从工业化赶超型结构失衡转向结构均衡的关键路径。城市化模式选择好了，则随着城市化发展，资源的良性集聚和规模效益激励下的创新加速，会带动城市化和工业化均迈向新台阶，消费比重、服务业比重、内需水平都会得到提高，这一点在国际发展经验中已经得到了充分的证明。因而城市化中的政策方向是非常重要的，包括市民社会建立，新的公共财政和税收体系的完善，城市功能的发挥等，都与政府转型密不可分。由于赶超阶段中政府干预的激励机制具有惯性，往往导致干预路径被锁定，在城市化发展中又没有成功转型，就会出现很多问题。

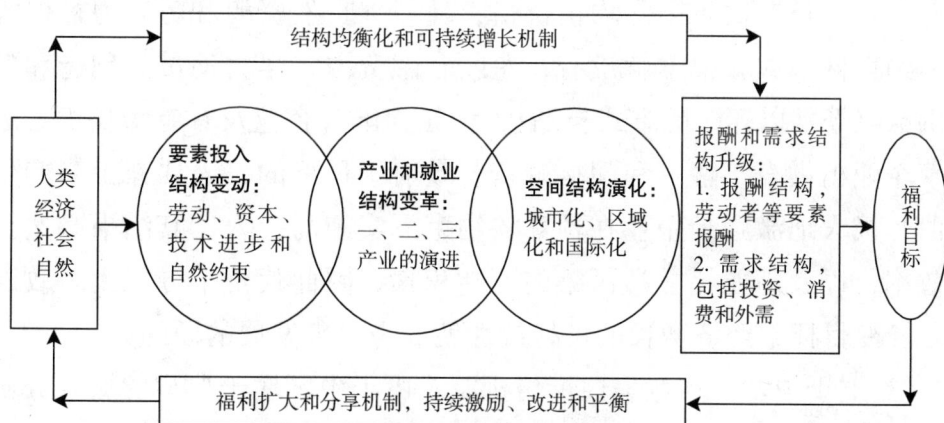

图 2　现代经济增长与结构演化

中国当前存在着结构转变的规模收益递增条件，政府干预配置资源的有效性条件仍存在，因此调整结构的任务就会在短期影响增长速度和效益。在现有条件基础上，必须更广泛地探讨政府干预性政策偏向、宏观稳定、内外关系和市场配置资源机制改善，在短期增长稳定性和中长期结构均衡化之间进行平衡，特别是做好空间要素的配置，认真通过城市化发展寻找一条从工业化赶超转向均衡结构发展的路径，依据可持续发展规划目标加以渐进的、连续不断的牵引、约束，逐步将经济增长失衡纠正、调整到一个均衡的可持续发展轨道上来。

（一）中国已有的经济增长方式和机制

在中国经济增长与稳定课题组近年工作的基础上，我们可在理论上将中国现有的经济增长模式进一步归纳为：

（1）增长导向的发展目标。发展是硬道理，只有加快经济发展进而缩小与发达国家的差距，才能解决大规模的就业问题，社会福利才能提高，因此政府和企业的目标函数具有高度一致性，即规模性的快速扩张（GDP的高增长）。

（2）要素积累型增长方式。这种增长方式具有低成本、高投入、低效率、高代价的特征。在中国经济由计划体制向市场体制的转轨过程中，市场本身处在发育过程中，要素市场化滞后于商品市场化，因而在相当长的时间内，土地、水、电等资源和资本、劳动力的要素价格具有政府干预因素。政府为激励企业加速完成原始积累，控制生产要素投入价格，使得土地、劳动力、投资品保持较低的投入成本，如能源、水等长期低于国际均衡价格，环境、自然资源和劳动力社保等成本约束低，或者根本就没有；垄断金融资源，尽力动员、创造和低价供给（经常以坏账的方式补贴），优先为国有企业及具有增长机会的民营企业提供直接融资和间接融资。政府干预下的投入要素价格产生扭曲，极大地激励了企业在预算软约束下实施高投入，其结果必然是低效率，以及高能耗、高污染的不断积累，因此代价十分巨大。政府一旦转变目标，经济增长的可持续性就成为未来发展的硬约束。

（3）"干中学"和竞争性模仿机制。由于中国属于典型的城乡分割的二元经济结构国家，工业化虽然有一定基础，但生产技术水平和管理水平还比较落后；供需矛盾一直比较严重，在改革开放初期是供给不足，随着其后的经济发展，供给能力迅速上升，国内需求开始出现相对不足；在要素禀赋上，中国有着世界上最多的人口，劳动力丰富且成本极低；中国城乡居民虽有很高的储蓄倾向，但是由于企业和企业家的高度稀缺和金融业发育不足，而不能把国内的储蓄有效地转化成为生产性的资本来增加国民财富和居民收入（特别在1978年改革启动之初，中国的人均资本存量极其稀少，外汇极其短缺），因此，通过对外开放进行全球配置，鼓励国际生产性资本的进口和商品的出口，最大限度地把国内低价的"无限劳动供给"和国际资本、广阔的海外市场结合起来，解决经济发展中的资金、资源和市场三大问题就成为必然。市场化改革和国际化推进同步进行，相互促进，在开放条件下由于"干中学"效应和竞争性模仿机制的获得，诱导和激活国内实物资本和人力资本形成，保证了技术的引进吸收和更新，因而使得经济具有一定的自我发展能力。

（4）国家动员型体制和政策强干预。体现在：①党管人事，为动员控制全国经济资源并集中使用提供了体制性保障。②激励性和歧视性制度供给。如与出口导向政策相配合的固定汇率政策和结售汇制度，1994年汇率贬值激励中国企业的全球竞争优势，从1994年后中国外贸持续顺差，外汇积累不断增加。在税收方面，通过较长时间的所得税三减两免等措施激励外资的流入，退税激励企业出口，1997年积极的财政政策直接改善了中国的基础设施，为中国工业化和城市化大发展打下了坚实的基础。2008年危机后实施大规模政府投资和产业振兴计划。在货币创造方面，持续保持了 M_2/GDP 超过 1.6 的高比例，为社会经济活动提供了宽松的货币条件。而户籍管理制度，沿海开放地区优先发展政策，国有与非国有经济政策支持上的差异，大企业垄断，资本控制下单向的 FDI 流入便利化、贸易管制逐步放松背景下进出口并重但更强调出口便利化等，都是非平衡赶超背景下歧视性经济管理政策的具体体现。③数量型手段为主的宏观反周期调控。从改革开放以来的历次宏观调控中，基本以数量型手段为主（如银行准备金调整、信贷配给、资本市场额度控制等）、行政手段和价格手段为辅。在市场化初期价格机制不敏感情况下，这种干预方式往往目标明确，见效比较快。

由于上述四位一体的经济增长模式，中国比较好地利用了全球化机遇，充分调动和发挥了本国的比较优势和发展潜力，驱动了工业化和城市化的大发展，使物质积累和产出能力达到了全球总量第二位的水平。许多方面的数量扩张都非常惊人，钢、铝等大量重化工和家用电器等轻工产品的产量居世界第一，进出口依存度高达70%，外汇储备达2.5万亿美元，规模性扩张已经达到了极限，增长的代价巨大，资源、社会等多方面已经难以承受，可持续发展受到挑战。在城市化加速发展背景下，经济增长模式的调整更加紧迫。

（二）城市化是从非均衡转向均衡的重要途径

随着近年来中国城市化的进程加快（2008年城市化率达到45%），中国的发展环境出现了重大变化。因为政府行为与城市化高度相关，在城市化低水平时，农村是自给自足的，政府从农村征税本身就是直接拿走农村的剩余，政府无须返还给农村。而城市化水平比较高时则完全不同，城市纳税人必须享受到纳税人权利，即政府要为城市居民生活进行的长期安排，包括就业、住房、子女教育、养老、公共基础设施和环境等。现代政府的大量支出与纳税人需求相一致，形成了所谓财政的公共支出性质，这有别于低城市化条件下的政府以动员资源促进经济发展的情境。在政府的目标函数中，公共福利支出越来越成为一个最重要的目标。城市化水平越高，政府福利支出这一公共目标就越强，1978年中国城市化率只有17.9%，政府集中所有资源用于生产建设，经济建设支出占财政支出比重高达64%；到2006年城市化率为44.9%，经济建设支出比重降低到了26.4%，文教、科学、卫生和社会保障支出比重在2007年超过了30%，加上行政管理支出的20%强，中国财政支出体系从生产支出转向了公共支出和管理，国家和企业的目标就产生了显著分歧，这一转变过程是与城市化密不可分的。2010年城市化率将接近50%，未来仍然会保持较高的增长速度，直到预计的2020年城市化率接近60%（以现在每年1.22个百分点的增加速度），城市化才进入平稳期。

据有关国家的经验，在城市化达到 50% 左右的水平后，政府目标和约束条件一定会发生明显变化，公共福利目标成为政府目标的重要方面。如果在此阶段政府仍然过度集中资源并主导增长机制，将导致政府长期高综合负债率，企业税负压力加大，一旦在开放过程中受到外部的冲击，经济不景气时间过长，就会出现企业破产，甚至会引发财政或货币性的危机，这一点在拉美和东亚国家已经出现过。因此寻求新的增长机制和转换政策激励已经是时不我待了。

（三）新发展周期的新增长机制

麦迪逊（2001）在国际比较的基础上归纳了四条经济发展的成功经验：技术进步、物质资本积累、改善人力资本以及经济之间的相互作用（即开放）。世界银行为摆脱"中等收入陷阱"的亚洲国家和地区提出了三个转变建议：①多样化趋势的减缓，然后出现逆转，这是因为很多国家在生产和就业方面将更加专业化，开始注重质量提升。②投资的重要性下降，创新越来越重要。③教育体系从为工人提供技能培训转向使他们适应新技术，为今后能够生产新产品做好准备（世界银行，2008）。不论是国际经验还是现代经济增长理论都会得出在既有增长路径上的规模收益开始递减、低成本竞争难以为继之时，如果没有技术创新和持续的人力资本改进，就难以完成持续的增长。

结合中国的实际，我们认为新发展周期的中国经济新增长机制应当具有如下特征：

（1）增长质量导向的发展目标。政府和企业应当在科学发展观的指导下，由过去注重数量增长，转向重视质量提升，以"人均绿色GDP"作为核心目标，注重经济的可持续发展。

（2）人力资本积累和技术进步驱动型增长方式。政府在公共支出上应当从注重"对物的投入"转向注重"对人的投入"，这是经济长期可持续增长的重要保证；在制度上应营造更有利于个人投资和创业的政策和社会环境，提高人力资本积累和技术创新程度，获得因创新而带来就业创造的"资本化效应"和经济增长效率提高的竞争力，推动经济又好又快发展。

（3）城市化带动下的资源空间再配置和规模收益。应当在全国大局上通盘考虑，通过资源的空间调整，推动新型城市化和服务业创新来扩大非贸易品部门对劳动力的吸纳效应，同时稳定制造成本和结构升级优化来保持可贸易工业品部门的竞争优势；通过资源向中西部流动来提高这些地区在全国经济中的比重，提高资源在空间上的配置效率，消除短期的不利影响，以最大限度地获得总体上的规模报酬。

（4）注重增长结构的总量平衡关系。如总供给和总需求平衡，货币增长和实体经济增长的大致平衡，内需和外需的平衡，财政收支平衡，国际收支的平衡，等等。

（5）市场调节为主，政府干预为辅。政府转型是至关重要的。世界银行一项问卷调查显示，很高比例的公司（柬埔寨56%，印度尼西亚41%，菲律宾35%，中国27%）都认为资源配置功能扭曲是影响它们商业经营主要的或严重的障碍之一。东亚模式下这种有组织的资源配置功能扭曲对经济增长既有其激励效应，也会造成危害。逐步消除有组织的资源配置扭曲，更多地采用市场机制激励创新是未来持续发展的根本，也是政府转型的逻辑基础。

城市化的"空间资源集聚"是新发展周期结构均衡化和转向新增长机制的关键，它包含的"规模效应"表现在：①推动了教育、R&D和技术创新，从而可以提高生产率。②提高消费率。由于城市居民社会保障和收入的不断提高，其消费率也会较快地提高，既均衡了赶超时期过高的投资率，也会均衡社会体系。实证研究表明，城市化与消费率的关系表现为"U"形趋势，即在城市化早期，随着基础设施、商业设施和住宅等投资的加大，消费率会出现持续下降；当城市化水平达到一定程度并比较稳定后，消费率会出现上升。③扩大就业。城市集聚会推动第三产业的发展，第三产业增加值和就业比重均大幅度提高。④节约资源。城市化节约了土地等资源，对生态是一种平衡。但是城市化有好的城市化，也有坏的城市化，其发展模式是至关重要的。畸形的城市化发展模式不但获得不了规模收益，还会更严重地扭曲经济结构，如拉美的过度城市化、收入差距过大、人口漂移和贫民窟导致城市社会很不稳定，福利开支与增长水平不相适应（福利赶超）导致政府负债过度，地价飞涨导致资产市场震荡和实体经济创新不足。

我们应当避免走西欧早期城市化中的先污染后治理、高度集中化导致"大城市病"的模式，也不能走美国城市低密度无序扩张的蔓延模式。应当根据中国国情，在资源、土地、环境和人口约束下，选择以大城市带动中小城市的城市集群发展模式，提高资源的空间集聚度和地区均衡程度，逐步矫正结构失衡，才能从赶超增长变成可持续增长。

三、基于城市化和技术进步两大动力的未来发展情景模拟

为了对中国未来的发展前景有一个更深入的分析，我们在此引入情景模拟的研究方法。基于中国的总量生产函数，以自然（能源和环境）约束，以及城市化、技术进步两大动力，对中国 2030 年之前的发展前景做一个估测。

（一）中国经济增长的基本情景模拟

中国的总量生产函数经过多年的研究分析，大体稳定在 $\dot{Y} = \dot{A} + 0.6\dot{K} + 0.4\dot{L}$ 这一比例上。[①] 一般而言，在一个大的发展条件和阶段背景下，生产函数的系数比例是相对稳定的，中国现仍处在大规模投资的城市化过程中，因此生产函数的资本与劳动比例系数在今后很长时期仍可假定为这一比例。在传统总量生产函数中没有包含环境的投入影响，但我们可以在考虑治理碳排放和污染对增长的负贡献后进行测算，以得出考虑自然约束成本的潜在经济增长率。

按照我们的计算，中国改革开放至今，即 1978~2008 年，资本增长 10.6%，劳动力增长 2.2%，技术进步维持在 3.3%，中国的潜在增长率保持在 10.5%，与中国年均实际增长率大体是吻合的，特别是技术进步方面比欧美主要经济体的 1% 和 1.2% 的水平高得多。这与体制转轨、结构转变和"干中学"机制三方面因素高度相关联，也与弱环

---

① 与欧美的生产函数相比，中国的资本产出系数 0.6 是很高的。欧洲资本系数为 0.4，劳动系数为 0.6；美国资本系数为 0.3，劳动系数为 0.7。

境约束相关联。①体制改革可以说是推动要素配置效率改善的根本机制，激励了中国经济的高速增长。不过随着改革因素逐步常规化（如现代企业制度建立等），它对技术进步的贡献增量正在下降。②结构变革。首先是快速实现工业化（农村劳动力向工业部门转移），其后随着工业化基本完成，近年来结构变革的主要推动力已经由工业化转变为空间要素的再配置，即城市化。③技术进步。开放激励了大量技术引进和"干中学"，加速了中国的技术进步，但其效应会随着一国技术进步水平与国际技术前沿距离拉近而下降。从分阶段看，新世纪前的技术进步快，资本投入增长慢，而新世纪后技术进步速度有所下降，经济增长速度主要是靠资本投入的增长。④中国的增长率也受益于无环境约束。估算表明在改革启动的 1978 年，无环境约束的排放贡献了 1.59 个百分点，能耗贡献 0.88 个百分点，加起来两者对增长率的贡献达到 2.47 个百分点，到新世纪这一代价下降了些，但仍达到 1.8 个百分点。这几方面贡献因素是中国赶超速度的重要来源，而相应的人口红利带来高储蓄的资本供给和劳动力持续供给也直接提升了经济增长速度。

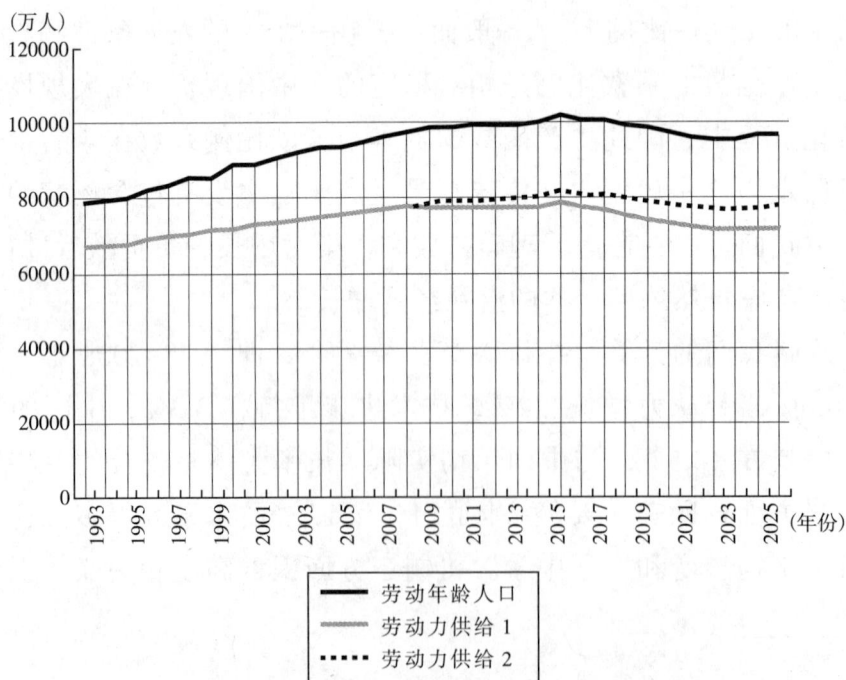

图 3　1993~2025 年中国劳动年龄人口和劳动力供给的趋势

中国经济依据上述结构模式是否可持续，需如何调整，可通过一个要素投入的基准模型来分析预测。其基本假定如下：

（1）技术进步。在此模型基准中，始终将技术进步水平保持在较高的位置，技术进步因素能否继续保持2%以上是其中的关键所在。一般而言，为获得可持续增长动力，随着制度变革、"干中学"、工业化的潜力下降，就要求空间结构转变和人力资本贡献的作用上升。而仅仅靠内生增长的技术进步一般在1%~1.5%以下，中国2015年以前，城市化和国际化提升都直接促进了技术进步水平，这一期间保持技术进步水平在3%；2015~2020年前仍有空间资源再配置的因素，城市化推动技术进步性收益，设定在2.7%左右；2020年后主要靠提高人力资本推动技术进步，技术进步设定在2.2%的水平。

（2）劳动力投入。人口和劳动力的变化是决定未来发展较为重要的因素，预计劳动力占人口的比重从2015年开始下降，2017年后下降较为明显，人口红利的顶峰期自此结束。中国劳动力供给的趋势将会有所改变，2015年劳动年龄峰值人口为10.2亿人（第一次峰值），劳动力总供给估算为7.9亿人，而后会逐步下降，其增长率转为负值。

（3）资本投入。随着人口结构转变、城市化变动，未来资本投入也将出现变化，从目前增速逐步下降到8%。

（4）假定资本与人口的产出系数不变，即资本系数为0.6，劳动系数为0.4。

（5）自然约束。中国经济过去因为环境和能耗的负影响不计入，因此使得每年多增长近2个百分点。依据全球和中国规划的责任，要逐步压缩，这会使得每年最少要减少经济增长率1个百分点，通过这种行为，到2021年后压缩1个百分点就对经济增长率构成净损耗了。

在上述假定下，我们可以估计出中国经济未来的基本增长结构（百分点），如表3所示。

2010~2015年：资本投入比2000~2009年年均增长12.6%略低（设为12%，对增长的贡献为12×0.6=7.2），劳动力增长为0.8%（对增长的贡献为0.8×0.4 = 0.32），技术进步仍然是3%，则经济增长速度为7.2 + 0.32 + 3=10.52（％）。在扣抵1个百分点的能源与环境负影响后，

表3 中国经济未来 20 年增长结构（2010~2030 年）

年 份	潜在增长率	技术进步	资本 (0.6)	劳动力 (0.4)	能源与环境
2010~2015	9.5	3.0	12	0.8	−1
2016~2020	7.3	2.7	10	−1.0	−1
2021~2030	5.8	2.2	8	−0.5	−1

注：（1）技术进步、劳动力和资本的估算基础数据见本课题组的相关专项报告，此处因篇幅所限不再列出。（2）本文的预测是基于生产函数的简洁形式进行的。如果考虑需求方因素，特别是国际需求的不确定性，则潜在经济增长率可能会有正、负 1 个百分点的变动。

潜在增长率降至 9.5%。

2016~2020 年：劳动力进入负增长，资本供给逐步回到年均 10% 的水平，则 2015~2020 年经济潜在增长率回到 8.3%，减去能源与环境保护 1 个百分点的负贡献，潜在增长率降至 7.3%。但这里有一个强假设就是技术进步水平保持在 2.7%。

2021~2030 年：发达国家的纯内生技术进步水平一般保持在 1.5% 以内，而国际上估计中国的相应水平要稍高些（能保持 2.2%），加上考虑人口转变对储蓄的影响，我们设定资本供给保持在年均 8% 的增长，抵扣能源与环境保护损耗 1 个百分点，则 2021 年后经济潜在增长会下降到 5.8%。那时人均 GDP 将达到 10000 美元，再经过 10 年 5% 左右的增长，中国就能成功跨越"中等收入陷阱"，进入到一个持续均衡增长的体系中。

（二）城市化推动结构演化

中国达到上面的图景需要两大结构性动力因素的推动，即空间结构再配置的城市化和技术创新引致的产业现代化，并配合增长的分享激励、人与自然的和谐和要素配置机制的完善。中国仍处在供给结构推动结构演进时期，供给结构决定了报酬结构和消费结构。目前工业化已经基本完成，结构的战略调整应放在城市化推动下要素的空间再配置，以推进结构均衡化过程。

中国城市化率正处于加速阶段。① 我们课题组用城市化的 Logistic 函

---

① 各国城市化发展的规律由诺瑟姆 1975 年总结为城市化发展曲线，即"S"形曲线。世界城市化具有明显的阶段性，可以分为三个阶段。第一个阶段城市化水平小于 30%，此时城市人口增长缓慢，当城市人口比重超过 10% 以后城市化水平才略微加快。第二个阶段城市化水平在 30%~70% 之间，当城市人口比重超过 30% 城市化进入加速阶段，城市化进程出现加快趋势，这种趋势一直要持续到城市化水平达到 70% 才会逐渐稳定下来。第三个阶段城市化水平大于 70%，此时社会经济发展渐趋成熟，城市人口保持平稳。

数以 1800 年为基期对 1978~2007 年进行分析得出中国的城市化模型,[②] 其城市化增长速度为 0.04357,远远快于世界平均水平 0.01729。预计在 2011~2016 年（在 2013 年左右）中国将结束高速城市化过程,这一期间的城市化增长率约为 1.1%,城市化率则在 47.9%~53.4% 之间,此后城市化增长逐步放缓。Logistic 增长模型预测表现,中国的城市化率到 2015 年为 52.3%,2020 年为 57.7%,2030 年达到 67.8%。要完成 2030 年 67.8% 的城市化水平,按照 2008 年中国 45% 的城市化率基数,今后每年要提高城市化水平近 1 个百分点,相当于每年有近 1400 多万人转移到城市,这是一个非常庞大的数字。如果目前的城市化势头保持不变,中国城市化率在 2030 年达到 68% 左右还是有可能的,但鉴于中国农村人口占总人口很大的比例,且随着老龄化社会的到来等因素的影响,68% 可能是中国未来 20 年城市化发展的顶部,此后一个较长的时期城市化水平将维持在 68% 左右,逐步缓慢提高了。

（1）城市化推动需求结构的调整。城市化是由农业为主的传统乡村社会向以工业和服务业为主的现代城市社会逐渐转变的过程,具体包括人口职业的转变、产业结构的转变、土地及地域空间的变化。随着城市化水平的提高,从事第一产业的劳动力逐步转向效率更高的第二产业和第三产业,使要素的配置更趋优化,从而使经济持续增长。

城市化演进包括了两个重要的阶段,一是土地城市化的投资驱动阶段,投资率较高;二是人口市民化阶段,随着人口在城市的集中,人们除了使用公共交通等城市基础设施外,开始真正享受教育、医疗、养老等城市的社会基础设施服务,其生活的稳定安全性由社会提供。依据先行国家的发展规律,城市化和投资呈倒"U"形,城市化和消费率呈"U"形趋势,世界银行上中等收入经济体、高收入经济体的消费率的重大转折点均在 67% 左右,即随着城市化率达到 67% 之上,之前阶段消费率向下波动趋势开始反转,城市化对消费率起正相关作用。中国的城市化现在仍处于拉升阶段,有着明显的投资驱动特征,由于政府干预因素,经济还处于牺牲当期福利以实现"资本积累"的

---

① 估计方程为：$P = \dfrac{1}{1 + 10689.669 \times e^{-0.043574t}}$

阶段，消费率从 20 世纪 70 年代的 70%一直下降至 2007 年的 47%。随着政府扩大内需政策的出台，2008 年回升至 50%，随着下一阶段城市化的加速，在 2015~2017 年间城市化就会带动消费的自动矫正，需求结构依靠城市化进程而获得自发调整。

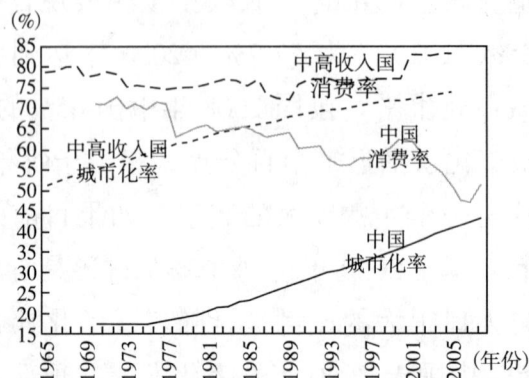

图 4　中国与中高收入国家的消费率与城市化趋势（1965~2005 年）

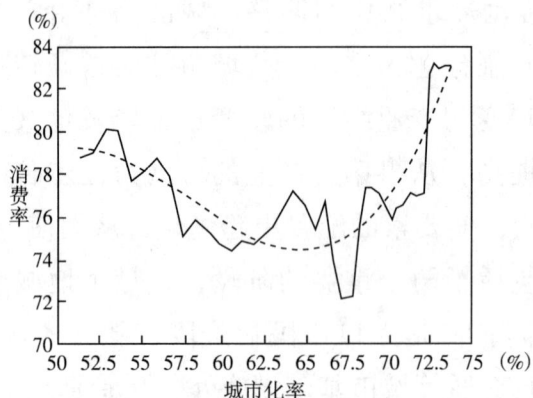

图 5　中高收入国家的消费率与城市化率呈"U"形关系
[拟合方程为：$C = 285.77 - 6.76 \times U + 0.054 \times U^2$（$R^2 = 0.62$）]

　　中国在投资和消费方面与国际上中高收入国家的发展轨迹类似，但有着明显的系统低估，这与中国的产业结构特征和城市化政策相关联，中国工业占 GDP 的比重一直处于 50%左右，是世界上最高比例的国家。而在城市化政策上一直是滞后的，推进城市化进程较慢，并且存在着户籍制度，城市化推进也是土地城市化优于人口城市化的速度。中国 1992 年土地从无价变有价，土地城市化过程开始推进，1997 年中国启动住房消费信贷，1998 年取消福利分房制度，从根本上创造了城市化良性运转的条件，2010 年户籍制度改革和城乡社保的全覆盖式发展，会积极推进人口的城市化和城市人口的市民化。因此如果从土地城市化可容纳人口的角度看，中国城市化率可能是低估了，而从人口市民化的角度看是高估了——以现有的发展趋势看，未来二者的差距会缩小，到 2015~2017 年的高速城市化阶段之后，城市化的主要推动力量是人口城市化和城市人口市民化。随着这一过程加速，城市市民的消费将直接提升消费率。

（2）城市化将直接推动产业和就业结构的调整。从全球的城市发展的轨迹看，城市化的一个重要意义就是推进服务业的发展，城市化和服务业发展高度相关。各国由于城市化模式选择不同，服务业对城市化的弹性有些差异，一般弹性为 1%，但大体趋势是一致的，即城市化必然导致服务业发展。中国的这一弹性较低为 0.755%，可以计算出到 2015 年城市化率达到 52% 后，服务业就业为 40%，工业就业稳定在 25%，仍有 35% 的人要在农村就业，这与产出比例极不对称——农业产出占 GDP 不到 10%，农业部门就业是无须如此众多劳动力的。农村劳动力转移，人口向城市集中是必然的道路，提高城市服务就业弹性，加大服务业吸收劳动力的潜力，是重要的就业结构调整方向。

本课题组的估算结果显示，中国各城市工业占 GDP 的比重与其人口规模的相关系数均为负，说明各城市工业的发展是由资本而不是以劳动力推动的，城市工业的发展并不能解决就业问题。而服务业才是关键。对决定中国城市服务业就业水平的估计进一步表明，三个变量与它构成正相关：①中国各城市人口密度。其影响系数为 0.0012，即城市每平方公里多增加 100 个人，则城市化服务业产值占 GDP 的比重就增加 0.12 个百分点。②中国各城市经济发展水平。其半弹性系数值为 9.546，即当城市人均年 GDP 增长率提升 1 个百分点，则城市化服务业产值占 GDP 的比重就增加 0.0956 个百分点。③中国各城市人口规模。该影响并不显著。而对城市服务业就业的两个负面影响变量为：①中国各城市土地交易价格指数。其系数为 -0.0267，即城市土地交易价格指数每增加 1 个百分点，则城市化服务业产值占 GDP 的比重就减小 0.0267 个百分点。②中国各城市工业化发展水平。其系数为 -0.8808，即城市的工业产值占 GDP 的比重每增加 1 个百分点，则城市化服务业产值占 GDP 的比重就减小 0.8808 个百分点。

可见，中国下一步推进城市化来提升产业结构的重要举措，就是提升城市化密度，抑制土地价格上涨，改变偏向工业化推动的政策取向，加速城市服务业的发展。如果服务业与城市化有着同步特性，则 2015 年服务业比重提升到 50%，这样农村劳动就业者比重就会下降到 25%，随着城市化的进一步提升，服务业的就业规模就可以吸纳农村劳动力，服务业发展才能提高劳动报酬，改变现有的收入报酬结构，更好地推进全面小康的建设。

（3）城市化的集聚效应和成本上升对产业竞争力构成正、负影响。对中国现有城市化和产业竞争力的计量分析证实，城市化的集聚效应对工业竞争力和服务业竞争力产生正向效应（这正是城市不断发展的原因）。由于城市可以提供良好的基础设施条件，较完善的生产、金融、信息、技术服务，集中的有规模的市场，并且会由于企业和人口的集中而在技术、知识、信息传递、人力资本贡献等方面形成溢出效应，因此其集聚效应会提升产业的竞争力。但是，城市成本的过快上升，则对产业竞争力产生较大的负向效应。随着城市规模的扩大，居住、交通、生产成本和管理成本的增加、生存环境恶化等外部成本一定会上升，为此还需要付出巨额的公共基础设施投资及环境治理成本。就中国目前阶段而言，测算表明城市工资成本对工业竞争力的负面影响（其系数为-0.0031）要小于对服务竞争力的负面影响（其系数为-0.0078）；城市住房成本对工业竞争力的影响尚不很明显，但对服务竞争力却产生了明显的负向效应（其系数为-0.0059）。由此可知，服务业发展受到城市化外部成本影响比工业发展受到的影响更大。所以未来中国城市发展的支撑点在于产业竞争力特别是服务业竞争力的维持，[①] 而它又取决于资源的合理分配，取决于合理的相对价格结构。

（三）技术创新推动产业现代化

长达 30 年年均两位数的高速经济增长一个最为重要的贡献是全要

[①] 就目前阶段而言，城市化集聚效应对工业竞争力的影响系数为 0.0762，大于对服务竞争力的影响系数（0.0389）。因而在目前城市化阶段，中国工业有竞争力，故发展工业仍有其合理性。

素生产率，全要素生产率对经济的贡献大体在 30%。未来的增长更要靠技术创新推动中国产业的现代化，不仅包括工业，也包括农业、服务业的创新，才能提升产业的现代化。

分阶段看，改革开放早期的 1979~1989 年，劳动者、企业的积极性得到激励，农业和轻工业部门快速发展，特别是农村部门是技术进步的核心，农村部门的技术进步十分明显（Young，2003）。20 世纪 80 年代中期的乡镇企业崛起对轻工业的发展有着积极的促进作用，农村改革和工业化的进展推动城市改革，完成了对传统重工业畸形结构的调整，结构优化对技术进步有重要的贡献（约 30%），90 年代中期以后下降到 17%（世界银行，2004）。在技术来源上，一是原有存量的工业技术的转移，如重工、军工企业的技术转移；二是开放后技术引进，如彩电、冰箱、录音机、大众轿车生产线等的引进，耐用消费品产能迅速提高，当然最大技术进步的贡献应该是体制改革提高了利用资源的制度效率，企业在要素组织和技术进步模式上逐步成为了"标准企业"，形成了一个具有"干中学"加速度的学习曲线。[①] 从 20 世纪 90 年代开始的第二阶段，技术进步来自于开放过程中的国际技术转移，"干中学"和农村劳动力转移是我国技术进步的微观基础。1992 年邓小平同志南方谈话后，中国加速了对外开放，1994 年汇率并轨改革，强化了中国的比较优势，外资和国际产业转移加快，提高了中国产业的技术进步，使得中国从 90 年代中期成为了一个出口导向的大国，在开放中通过"干中学"获得的技术进步和竞争优势，成为了全球制造业的中心。新世纪以来"干中学"机制仍在发挥作用，但其效率随着中国技术水平的提高在逐步递减。

中国目前正在进入空间要素集聚推动技术进步和高增长的时代。除了结构收益增长外，随着城市化快速提升阶段完成，要保持高水平的全要素生产率则是很不容易的，自主创新成为了未来的关键。这不

---

① "干中学"机制下的"S"形学习曲线揭示了后发国家的技术变动特征及其效应。在技术前沿水平与国内现有技术差距加大时，国内技术进步增长很快，呈加速增长趋势，学习带来了规模递增效应和明显的竞争优势。在经过一段学习过程后，随着国内技术提高，国内外技术差距变小，学习效率下降，国内技术进步减速，进入规模递减阶段，直至学习过程最终结束。

仅需要促进城市规模集聚，提高教育、科研、信息等的投入来推动技术创新，更为重要的是加大产权保护，放松管制，直接在税收上激励R&D，提升资本市场激励作用，才能有效地完成从"干中学"机制向"自主创新"机制的转变，保持较高的全要素生产率贡献。依据我们的预测情景，应逐步提高技术进步对产出的贡献比重，从 2010 年至 2015 年的 31%贡献率，提升到 2016 年至 2020 年的 37%，再到 2021 年至 2030 年的 38%（略低于欧美国家的 40%以上的贡献），保持一个稳定的创新水平，并最终形成自主创新体系，才能推动我国的产业现代化发展。

四、转向"结构均衡增长"的政策选择

中国已经发展成为世界第二大经济体，从规模、开放和发展的阶段特征看，提高经济增长质量和效益，增强经济增长的稳定性与可持续性都是这一期间最为重要的方面。中国应继续延伸"十一五"提出的以科学发展观统领经济和社会的基本原则，加快形成一个具有中国社会主义特色的可持续的发展模式：稳速增效、普遍分享和天人合一的均衡体系。

战略重点应该放在稳速增效均衡发展上，突破的方向是：①以提高城市化空间要素集聚度和推进工业现代化并举作为新的发展动力。②发挥实体经济的竞争优势，加强科技创新。③扩大就业，提高劳动者报酬，以人为本提高社会分享水平，继续加强社会保障体系的建立，促进经济和社会的和谐。④以深化体制改革和转变政府职能为激励机制，发挥市场配置资源的基础性作用，保证机制转型。⑤坚持对外开放，继续内外需并举的战略，积极参与国际经济运行规则的制定，主动防范国际经济波动的风险，建立互利共赢、安全高效的开放型经济体系。⑥加大对农村的投入，夯实"三农"基础，统筹城乡发展。⑦以全球低碳经济发展为契机，复兴中国传统文化，天人合一，改变生产和生活模式，保持经济、社会与自然的平衡。⑧以继续纠正经济结构

失衡为主线，努力克服经济社会发展中一系列发展的失衡，如内外需失衡、消费投资失衡，经济增长与自然资源关系失调，区域不平衡，收入差距过大等失衡现象。

我国现代化进程进入到了重要时期，未来 10~20 年是经济增长方式转变的实现期，是和谐社会建立的关键期，也是体制机制改革的攻坚期，纠正长期以来经济非均衡赶超的增长模式和结构，应该围绕以下几个方面展开：

（一）稳速增效，围绕潜在增长率均衡发展

进入到中高收入发展阶段，我国经济增长目标应该以中国经济潜在增长率区间为基准，稳速发展，为经济结构调整留有余地，保持经济增长稳定的同时，将发展的目标转向提高经济效益、可持续发展的轨道上来。

"十一五"期间年均 GDP 增长速度达到 10% 以上，远远高于规划的计划增长速度，为 2020 年全面实现小康打下了坚实的基础，经济增长在"十二五"期间逐步以调整结构，加快城市化的步伐，保持在潜在增长率的水平 9%；"十三五"期间 GDP 增长速度可以降低到 7% 的水平，稳定在潜在增长率区间，提高技术创新对经济增长的贡献，促进经济的可持续发展。

所谓潜在经济增长率，是指一定时期内，在各种资源正常限度地充分利用且不引发严重通货膨胀的情况下，一个经济体所能达到的经济增长率。潜在经济增长率表明一定时期内消除了通货膨胀条件下的经济增长长期趋势，现实经济运行围绕潜在经济增长率上下波动。如果现实经济增长率过高地超过潜在经济增长率，各种资源供给的"瓶颈"制约就会非常严重，经济运行就会绷得很紧，产业结构失衡，引发严重通货膨胀；反之，如果现实经济增长率过低地低于潜在经济增长率，则会造成生产能力过剩和资源的严重闲置，引起失业、企业经营困难，国家财政收入减少，各项社会事业也难以顺利发展。现实经济增长率可在适当的幅度内围绕潜在经济增长率上下波动，既不引起资源的严重制约，也不引起资源的严重闲置，物价总水平也保持在社会可承受的范围内，这一波动幅度可称为潜在经济增长区间，也可称

为目标增长区间。我们计算的潜在增长率区间为，年通货膨胀率在0~4%相对应的经济增长率区间为7%到9.5%，经济增长超过10%通常会引起5%以上的通货膨胀。改革开放30年来的实践经验证明了超两位数的高增长必然会引起超过5%的通货膨胀率。过高的经济增长迫使经济、社会和资源体系处于高度紧张状态，难以进行结构调整、和谐社会和友好环境的建立，更难以将经济增长方式从粗放型转向效益型，要坚持"又好又快"的原则，把好字放在第一位。

中国在当前的发展阶段面临着非常多的不确定因素的扰动，如全球经济增速的放缓；国际热钱和资源价格上涨的直接冲击，很容易引发资产泡沫和通货膨胀；汇率、资源公共品价格形成机制改革一方面会减低经济结构扭曲，但同时会产生价格上涨压力。随着成本正常化，特别是劳动力成本的不断提高，如果不能提高效率，只是通过价格转移就会引起成本推动的通货膨胀等。新发展阶段和面临的国际形势总体上看是一个偏向于资产和物价上涨的趋势格局，将经济增长速度目标降低到接近潜在增长率的下限水平7.5%，为价格机制调整和改革留有余地，才能有效地激励企业增加效益，走上循环、绿色经济的可持续发展的轨道。

在保持经济平稳增长的同时，要更加注意提高增长的质量与效益。从供给角度看，未来的经济增长应从主要依靠投资规模扩张以及廉价劳动力，转变为主要依靠劳动力生产率的提高。劳动生产率尽管不是一切，但长期而言几乎就是一切。因为劳动生产率是内生增长可持续的源泉，一国人民生活水平的提高最终取决于劳动生产率的提高。因此，调整结构，转变体制机制，鼓励创新，提高劳动生产率水平，增强经济增长质量与效益，是发展的重要方向。

（二）积极提高城市化的空间集聚度

21世纪以来，城市化和工业化一直是带动中国经济增长的两大引擎，但也是中国经济粗放发展的动力来源，不顾资源、环境和人口等的约束，从乡镇到县市均积极开展了城市化运动。在不合理的利益驱动下，土地城市化远远快于人口的城市化，房地产价格上涨快于居民收入的增长速度，房价收入比在不断加大。城市化过程拉动土地成本、房地产价格、公共福利、基建等成本快速攀升，导致了中国经济成本的上涨，而户籍制度、区域化社保、城市房地产价格过高阻止了人口的城市化，城市集聚效应难以发挥，影响着产业竞争力。土地城市化的超速增长直接打破人、社会与自然的平衡，耕地保护、环境保护和失地农民问题引起的社会冲突等问题越来越突出。"十一五"针对城市化与环境等问题采取了主体功能区的空间布局规划，取得了初步效果，应继续强化执行。

中国正处在城市化拉升期间，2017年后增速减慢才会较为明显。城市化率在30%到50%期间，这一阶段叫做"遍地开花"式的城市化，从原来居住点转移到邻近城市来进行城市化；城市化率超过50%后，城市人口会向大城市集中，这一时期是城市化模式选择的重要时期。应抓住我国城市化模式选择的关键时期，加速人口的城市化步伐，人口城市化的核心是依托城市化逐步建立以人为本的社保体系，而不是画地为牢的社会保障，逐步取消户籍制度，建立一个广覆盖、可转换的基本社保体系，才能提升真正意义上的人口城市化，提升空间集聚效率，获取城市建设、管理和公共支出等的规模经济，这将有效地改变原有的土地利用模式，降低土地资源压力。提升空间的集聚度才能根本上促进服务业的发展。国际经验表明服务业和城市化发展高度相关，更与城市化规模、人口密度等集聚程度直接相关，调整服务业和工业结构关键在于增加空间集聚。从扩大消费需求角度，随着城市化的推进，城市服务业的发展，这些能够满足人们日常增长的对于服务的需求。其实，在未来消费项目的增长中，服务的消费将占主导。发达国家提供了这样的先例。中国要扭转消费率过低除了靠城市化水平的自然增长来矫正消费率，更重要的是投资应从"物"转向"人"，把土地资本化的基础建设投资转向以人口市民化的社会基础设施投资，在社保、医疗、教育等公共服务领域上进行更多的投资，只有市民化后具有稳定工作的城市人口才有真实的购买力，才能改善消费率过低的问题。

全球城市化发展的经验表明，一国城市化水平与单位资本GDP间高度相关。原因是人口和资源的空间集聚产生了规模收益递增的效应。对于工业化的城市，集聚效应更明显，因为知识和新技术在交流、竞争和传播等方面效率更高，城市运行成本低（因公用设施密集），产出效率高。可以观察到，以东亚为主的新兴经济体走的正是大城市圈为特征的，围绕工业化而展开城市化的路子。随着空间要素集聚水平、人口密度和规模的提高，服务业会被快速推动，使得城市发展的多样性增加，服务业就业和产值占 GDP 的比重会快速上升。

（三）激励技术创新，推进产业结构的演进和现代化

在大规模城市化的带动下，我国工业产能急剧扩大，产能过剩、高能耗、高污染问题困扰着中国经济体系的健康发展。中国工业化率常年保持在近 50%，是典型的高资源投入驱动的工业化。而服务业水平一直较低，农业的现代化水平也不高。一国的产业结构与其特殊的资源禀赋和战略选择有关，没有最优的产业结构供全球参考，但衡量产业结构演进的一般规律是存在的，即依据恩格尔系数下降规律导致产业结构变动，当人均 GDP 增长会导致农业比重下降，进一步的增长又会导致制造业比重的下降，服务业比重的上升，从而为产业结构演进指出了规律性的方向。中国产业演进一直难以有序进行，一方面是战略和禀赋的约束；另一方面更为重要的是产业结构研究的机制出现了问题，无法合理推动产业的正常演进。产业结构演进的同时，推进产业内现代化水平提高。我国在成为世界大工厂的同时，工业现代化水平则不高。从工业现代化衡量指标看，计算出的我国工业的效率、技术研发投入、信息化水平、国际化水平、企业管理科学化水平和可持续发展水平等多指标综合值，与国际发达国家相比只达到一半。服务业和农业的现代化程度就更低了。

在城市化、全球化和市场化的推动下，竞争成本正常化，土地、环境成本提高，工人工资和福利水平更是要较快增长，只有产业的现代化水平的不断提高，才能从高效益中消化成本上涨因素，维持我国的全球的产业竞争力和合理演进产业。

政府除对产业演进的激励外，有效发挥资本市场配置资源的作用是产业演进最为重要的机制，也是中国技术创新的最大激励来源，资本市场的功能越来越提到了战略的高度。中国的技术创新尽管有赖于国家的税收补贴等激励，但更有效的激励应来自于资本市场，因此发

展金融服务促进技术创新就显得非常重要和迫切。中国当前的技术创新活动不能仅限于工业，而应更广泛地包括现代服务业的创新活动。当前中国资本市场的制度架构仍不完善，配置功能没能发挥，技术创新激励严重不足，导致资产价格出现高估，这直接影响着实体和资产部门的资金流向。

（四）改革财政收支流程体系，激励发展方式转变

政府在反危机时作用重大，但如果政府过度使用资源配置权，并逐步形成更为牢固的利益结构，那么宏观激励将会被不断"倒逼"，难以退出。政府退出反危机是政府改革的第一步，在政府退出的同时要下大力气改变政府的财政激励体制，改革财政收支流程适应城市化发展的需要，激励发展方式的转变。

工业化时期，政府目标和企业的目标是一致的。城市化时期，当居民进入城市后，政府必然要扩大公共性服务支出。政府目标的转变几乎是一个客观发展的规律，这一转型会出现这样的后果，即转变过程中受到经济增长制约，或更直接地受到财政收入的约束，不可能有超越发展阶段的过快"福利"能力，否则在没有改变原有收入路径条件下，政府过快的福利支出会直接导致经济增长的成本上升过快，抑制增长，反过来再制约这种转变，经济增长陷入停滞。

我国 1994 年分税制后，税收是以工业部门的流转税为基础的，支出 40%以上集中在生产支出上，21 世纪城市化快速推进，宏观税负（财政收入/GDP 的比重）从 10.8%快速提升到了 2008 年的 20.4%，特别是新世纪以来每年提高 1 个百分点，宏观税负从低税负上升到了国际平均水平，地方政府除了税收外，土地出让金是其财政运行的另一大收入来源，尽管政府收入增长如此之快，但教育、医疗、社会保障和行政管理费支出增长更快。当前社会福利支出的比重处在很低的 32%的水平，2010 年全国社保、依赖覆盖面加大，城市化率提高和人口的市民化加快，必然更大幅度地要增加福利支出规模，不改变现有的财政收支流程，是很难维持现有的收支体系的。一个重要的改革方式就是从工业化时期以流转税为基础的征税体制逐步转向流转和所得并重的混合型征税体制，一方面降低实体经济的税负压力，刺激实体

经济的创新，另一方面又要切实地增加所得税的征税，保障缴税与享受福利相挂钩，平衡所得与福利的关系，同时运用减税刺激实体经济的创新，而在增加所得税、不动产税等方式扩大税基的基础上，缩小收入分配差距。这样，财政和收入的支出流程的转变才能从根本上改变政府的行为模式和考核目标引导，减少政府对经济增长的干预和主导，消除各级政府单纯追求"快"而获激励的机制，转变政府职能。如将政府收入从依赖于土地出让金转变为不动产税，才能从根本上抑制城市化过程中的房地产泡沫问题。政府职能的转变才能保证发展方式的转变。

（五）扩大就业，提高劳动者报酬和消费率比率

扩大就业，增加劳动者参与到经济增长过程中，并通过劳动制度的改革，提高劳动者报酬比率是今后一段期间最为重要的以人为本的富民目标。依托城市化，提高城市化的密度，放松服务业的管制，促进服务业的发展，逐步承载大学生毕业和农村劳动力转移的就业，加快发展服务业，特别是增加可贸易服务业的比重才能有效地扩大就业。马克思所说"以什么方式加入生产，就以什么方式加入分配"，服务业为劳动力密集型的产业，第三产业的发展直接会扩大劳动报酬比例，也是调整报酬结构的重要因素。

调整收入分配机制，缩小收入差距，扩大社会保障体系的覆盖面，积极促进卫生、教育、保障性住房和公共服务的发展，实现社会的和谐化，根本上就是要建立一个社会普遍分享的机制，为2020年全面小康打下坚实的基础。

（六）稳定金融，积极参与全球化规则制定，内外需并举

中国加入WTO后，经济体系已经融入了全球化中，特别是国际金融危机后，中国要更加注重金融体系的安全和稳定，以利于全方位地加入和推动全球化进程。因此，要积极稳定金融形势，特别是对资产价格和通货膨胀要进行预期性管理，防患于未然，保持正利率和低浮动的汇率政策是稳定金融的核心战略，只有自己的金融风险不断下降，才能更深入地开展区域合作，推动全球化货币体系改革、金融监管规则制定和其他的国际规则的协商。

国际货币体系改革，给中国参与全球金融货币的治理提供了机会，

同时，也使得人民币走向国际化有了更大的机遇。低碳经济发展，要求中国要有既符合自己发展权益又对世界承担责任的表现，参与国际气候变化应对规则的制定，发出自己的声音，体现自身的利益诉求。通过国际规则的制定也激励本国加速转变增长模式，促进节能减排，在低碳经济发展中，提升我国制造业水平。

中国依然是一个发展中的大国，内外需并举是中国的一个长期发展的战略举措，应积极利用两个市场，提高制造、服务业方面的国际竞争力，促进我国经济的可持续发展。

（七）夯实"三农"基础，统筹城乡发展

经过"十一五"向"三农"倾斜的一系列方针政策后，中国农村发展取得了很大的成就，要继续加大投入到农村基本建设，稳步提高农产品价格，建设农村社会保障网络，夯实"三农"基础，推动农业部门的现代化，并在此基础上尝试农村人口城市化和土地流转的试点，统筹城乡关系。

工业化过程中利用农产品剪刀差等方式将农村积累转移到城市和工业发展，在城市化过程中应该在土地补偿、农产品价格等方面补偿农村的历史欠账，并以城市化和农业部门现代化统筹城乡发展，加快农村人口的城市化。

参考文献

1. Jones, C. I. and P. M. Romer（2009）. The New Kaldor Facts: Ideas, Institutions, Population, and Human Capital, NBER Working Paper, No.15094.

2. World Bank. East Asia Update, related year.

3. Young, A.（2003）. Gold into Base Metals: Productivity Growth in the People's Republic of China during the Reform Period, Journal of Political Economy. Vol.111, No.6.

4. 本塞尔：《美国工业化的政治经济学：1877~1900》，吴亮、张安、商超、田启家译，长春出版社2000年版。

5. 科尔奈：《短缺经济学》，经济科学出版社1980年版。

6. 麦迪逊：《世界经济千年史》，伍晓鹰、许宪春、叶燕斐、施发启译，北京大学出版社 2001 年版。

7. 钱纳里、鲁宾逊、赛尔奎因：《工业化和经济增长的比较研究》，吴奇等译，上海三联书店 1986 年版。

8. 青木昌彦、金滢基、奥野–藤原正宽：《政府在东亚经济发展中的作用》，中国经济出版社 1998 年版。

9. 李扬、殷剑峰：《劳动力转移过程中的高储蓄、高投资和中国经济增长》，《经济研究》2005 年第 2 期。

10. 刘传江：《经济可持续发展的制度创新》，中国环境科学出版社 2002 年版。

11. 魏众：《中国"十二五"期间收入分配问题及对策研究》，中国社会科学院经济所工作论文，2009 年。

12. 吴敬琏：《中国增长模式抉择》，上海远东出版社 2005 年版。

13. 袁富华：《中国劳动力增长估计》，中国社会科学院经济研究所工作论文，2009 年。

14. 袁富华：《低碳经济与中国经济潜在增长》，中国社会科学院经济研究所工作论文，2010 年。

15. 张平、王宏淼：《经济危机与技术创新》，《中国社会科学院要报·领导参阅》2009 年第 6 期。

16. 张卓元：《张卓元文集》，上海辞书出版社 2005 年版。

17. 张自然：《中国城市化和第三产业就业的实证研究》，载张平、刘霞辉主编：《中国经济增长（2009~2010）》，社会科学文献出版社 2009 年版。

18. 张自然、刘霞辉：《中国全要素生产率增长核算（1978~2008)》，载张平、刘霞辉主编：《中国经济增长（2009~2010)》，社会科学文献出版社 2009 年版。

19. 中国经济增长与宏观稳定课题组（刘霞辉、张磊、张平、王宏淼执笔）：《金融发展与经济增长：从动员性扩张向市场配置的转变》，《经济研究》2007 年第 4 期。

20. 中国经济增长与宏观稳定课题组（袁富华、汪红驹、张平、刘霞辉执笔）：《劳动力供给效应与中国经济增长路径转换》，《经济研究》2007 年第 10 期。

21. 中国经济增长与宏观稳定课题组（张平、陈昌兵、刘霞辉执笔）：《中国可持续增长的机制：证据、理论和政策》，《经济研究》2008 年第 10 期。

22. 中国经济增长与宏观稳定课题组（张晓晶、汪红驹执笔）：《外部冲击与中国的通货膨胀》，《经济研究》2008 年第 5 期。

23. 中国经济增长与宏观稳定课题组（张晓晶、汤铎铎、林跃勤执笔）：《全球失衡、金融危机与中国经济的复苏》，《经济研究》2009 年第 5 期。

十大产业调整振兴规划评价与探讨

——兼论"十二五"时期产业政策取向

工业经济研究所　李　平　江飞涛

2008 年四季度至 2009 年一季度，国际金融危机逐渐演变成全球性的经济衰退，对中国经济的冲击也日趋严重：出口由高速增长转为下降，且降幅显著扩大，2008 年 1~10 月我国出口额同比增长 21.9%，到 11、12 月份骤然转变为分别下降 2.2% 和 2.8%，2009 年一季度，出口降幅进一步扩大到 19.7%，出口形势异常严峻；同时，工业增加值增速大幅放缓，工业企业效益明显下降，2008 年下半年，规模以上工业企业增加值增速从 16% 的高位持续回落，进入四季度回落速度进一步加快，2008 年 11 月和 12 月工业增加值增速下降到 5.4% 和 5.7%，2009 年 1~2 月累计同比增速进一步下降至 3.8%，工业经济运行面临空前困难。针对国际金融危机以及我国面临的严峻经济形势，2009 年 1 月 14 日，国务院会议首先审议通过了汽车、钢铁产业调整振兴规划，随后国务院又先后审议并原则上通过了纺织、装备制造、船舶、电子信息、石化、轻工业、有色金属和物流业八个产业的调整振兴规划。2009 年 3 月，实施细则相继出台。到目前为止，已出台了 96 项细则，报国务院待批 2 项，在部门间会签或征求意见 29 项，列入 2010 年立法程序的行政法规 1 项，还在研究制定中 30 项，由于形势变化不再出台的 7 项。

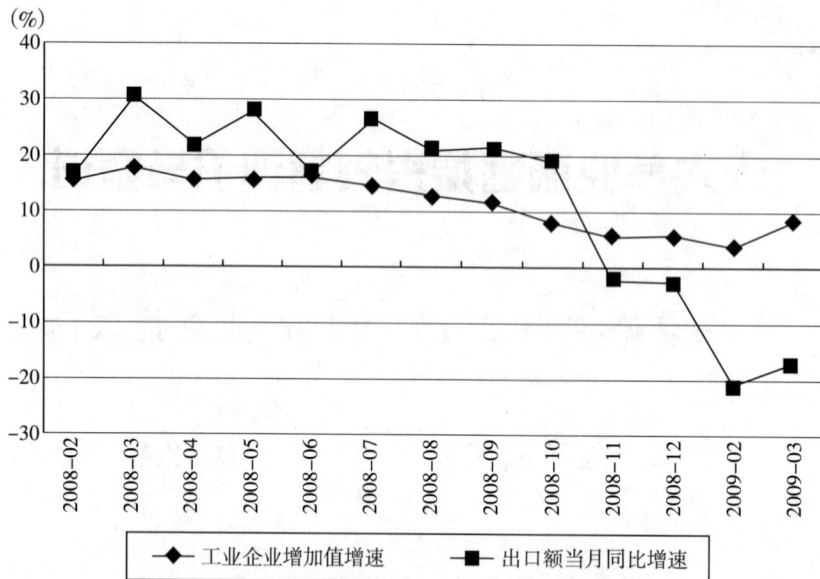

图 1　2008~2009 年一季度工业增加值与出口增速变化

注：数据来源于中国统计局，图上 2 月份为 1~2 月份的合计数据。

　　钢铁、汽车、船舶、石化、纺织、轻工、有色金属、装备制造、电子信息以及物流业这十个行业，有的是国民经济的支柱产业，有的是重要的战略性产业，有的是重要的民生产业，在国民经济中地位举足轻重。其中九个产业工业增加值占全部工业增加值的比重接近 80%，占 GDP 的比重达到 1/3，规模以上企业上缴税金约占我国税收收入的 40%，直接从业人员约占全国城镇单位就业人数的 30%。这十大产业的发展态势对整个国民经济运行具有重要影响。十大产业调整振兴规划的制定与落实涉及多个政府部门，政策在针对国际金融危机造成的当前困难的同时，更为关注产业长期发展中面临的深层次问题，是近年来少有的系统、全面的产业政策。十大产业调整振兴规划集中体现了近年来我国产业政策的基本思想、政策措施偏好和发展趋势。也可以说，调整振兴规划是近年来我国产业政策的总结和发展。本文试图系统评价和探讨十大产业调整振兴规划，并进而思考"十二五"时期产业政策的取向。

一、十大产业调整振兴规划的主要任务与政策措施

从陆续出台的细则和政策措施来看，十大产业调整振兴规划是短期应对危机措施和中长期产业发展政策的结合，其主要内容可以用"保增长，扩内需，调结构"来概括。其中，"保增长、扩内需"的内容是应对金融危机所造成的当前困难，"调结构"的内容则立足于产业中长期的健康发展。由于行业自身特点不同、发展情况不同以及受国际金融危机冲击的程度不同，各产业调整振兴规划在任务具体内容和侧重点上略有不同，在政策措施上相应也有一些差异。

从"保增长，扩内需"方面来看，产业调整振兴规划的主要任务是在改善出口环境、稳定外部市场的同时，着力扩大内需。扩内需的具体措施有：家电下乡以及家电以旧换新；小排量汽车购置税减半、汽车下乡与以旧换新、清理不合理的收费等；鼓励购买弃船、努力扩大国内市场、加快淘汰老旧船舶和单壳油船；促进国内纺织品服装消费、扩大国内产业用纺织品的应用；推动第三代移动通信系统和三网融合建设，推进农村信息化建设；扩大油品和化肥储备；有色金属产品国家收储；鼓励购买自主创新设备，鼓励使用国产首台（套）装备。稳定外需的主要措施有：调整部分产品的出口退税率，加大出口买方信贷投放规模。此外，在轻工业、纺织行业加大对中小企业的金融支持和扶持力度，加大对船舶企业生产经营信贷融资支持，旨在稳定企业的生产经营。

从"调结构"方面看，产业调整振兴规划试图从促进产业技术和产品升级、优化产业组织结构和产业布局、增强自主创新能力、抑制部分行业的产能过剩等几个方面来推动这十大产业的结构调整和健康发展。从已出台的实施细则和拟出台实施细则的征求意见稿来看，采取的主要政策和措施有：加大科研开发和技术改造投入，支持企业自主创新；完善企业重组政策，鼓励企业兼并重组；完善落后产能退出机制，加大淘汰落后产能的力度；实施总量控制，严格控制新增产能，

实施有保有压的融资政策；制定或修订重点行业产业政策，制定或修订行业准入条件；调整《产业结构调整指导目录》和《外商投资产业指导目录》，调整淘汰落后工艺技术目录；建立产业信息的交流和披露制度，充分发挥行业协会（商会）的作用。十大产业振兴规划中"调结构"的主要政策，在很大程度上是原有产业政策的延续，只是在一些细节上进行了修正、调整与补充，虽然振兴规划强调利用市场机制，也试图加强政府在产业发展中的服务功能，但对市场的行政干预和微观管制进一步被强化。

从十大产业调整振兴规划实施效果来看，振兴规划在保增长、扩内需（解决当前困难）方面作用显著，但在调结构（解决长期发展中的深层次问题）方面并未达到预期目标。

二、保增长、扩内需作用明显，但政策需适当调整

十大产业调整振兴规划保增长、扩内需的政策已经收到了显著的效果。工业经济较快扭转了增速下滑局面，回升向好的运行态势不断明朗并得到巩固。2008 年下半年特别是四季度，工业经济受到国际金融危机等不利因素影响，规模以上工业生产增速由 6 月份的 16%一路下滑到 2009 年头两个月的 3.8%，之后止跌回升，2009 年 3 月份增速达到 8.3%，6 月份以来连续 7 个月保持两位数增长，其中 11 月和 12 月份增速分别达到 19.2%和 18.5%，呈现出明显的"V"字形运行轨迹。2009 年，全国规模以上工业增加值同比增长 11%；原材料工业增长 12%，比上年提高了 1.6 个百分点，粗钢产量达到 5.7 亿吨，增长 13.5%；消费品工业、装备工业分别增长 10.8%和 13.8%，汽车产量达到 1379 万辆，增长 48%；电子制造业增长 5.3%，其中 11 月和 12 月分别增长 14.4%和 19.8%。

工业企业效益情况从 2009 年 3 月份开始明显改善，3~5 月、6~8 月、9~11 月分别实现利润 6310 亿元、8245 亿元和 9144 亿元。2009 年 1~11 月，规模以上工业企业实现利润 25891 亿元，同比增长 7.8%；

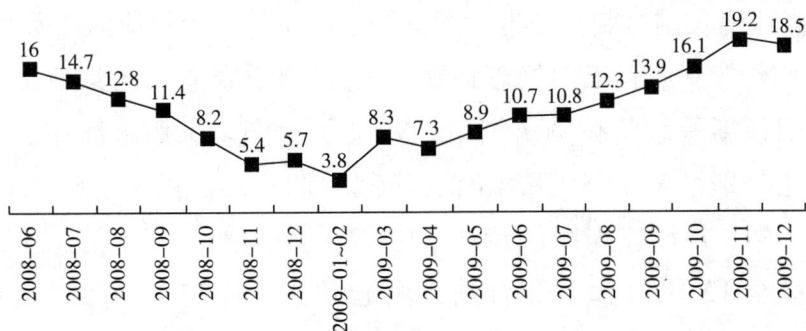

图2 2008年6月份以来规模以上工业增加值分月增速（%）

注：数据来源于国家统计局。

上缴税金总额21129亿元，增长14.8%；企业亏损面由1~2月的25.3%缩小到17.4%，亏损企业亏损额同比下降33.5%。

（一）扩内需政策效果显著，促进消费增长应成长期战略

扩大内需是十大产业调整振兴规划的一个重要着力点，也是改变我国出口导向型的产业发展模式的一个重要标志。目前，十大产业调整振兴规划扩内需的政策以短期刺激措施为主，这些措施取得了比较显著的效果。

（1）小排量汽车购置税减半政策，有效激活汽车消费市场。《汽车产业调整与振兴规划》中汽车下乡、以旧换新特别是小排量汽车购置税减半的政策，有效激活了汽车消费市场。2009年2月份，我国汽车市场结束下滑势头，产销量逐步回升，从3月份开始产销量月月超过百万辆。据中国汽车工业协会统计，我国全年累计生产汽车1379.10万辆，同比增加48.3%；销售汽车1364.48万辆，同比增长46.2%，相较我国2002年汽车销售同比增长37%的历史记录高近10个百分点；产销增幅同比提高了43.3个百分点和39.6个百分点。其中，乘用车产销分别为1038.38万辆和1033.13万辆，同比增长54.1%和52.9%；商用车产销分别为340.72万辆和331.35万辆，同比增长33%和28.4%。其中，1.6升及以下排量乘用车销售719.55万辆，同比增长71.3%；占乘用车销售市场的69.7%，占汽车销售市场的52.7%，同比提高了8个百分点。2009年汽车销量同比增加430.86万辆，其中，1.6升及以下排量乘用车销量同比增加了299.45万辆，占69.5%。汽车工业消费

需求的高速增长同时刺激和带动了钢铁、电子等上游行业的消费和发展。

（2）家电下乡和以旧换新政策，显著刺激家电市场消费。家电下乡、以旧换新等政策拉动了消费，带动了生产。家用电冰箱、洗衣机产量同比分别增长 18.8% 和 13%；房间空调器产量虽然下降 4.1%，但 2009 年 8~10 月增速连续保持在 27% 以上。据家电下乡信息系统数据显示，截至 12 月 31 日，累计销售家电下乡产品 3768 万台，销售金额 692.5 亿元。据商务部统计，截至 2009 年 12 月 30 日，9 个试点省市以旧换新共销售五大类新家电 360.2 万台，销售额 140.9 亿元，占五类家电品种销售额的近 1/3，占全部家电总销售额的 1/5 左右。消费者享受补贴超过 14 亿元。从整体上看，这些刺激消费的政策对于稳定轻工业的增长起到了重要作用，2009 年全年，轻工业规模以上企业工业增加值同比增长 9.7%。

（3）引导推进 3G 通信网络建设，从投资、消费两个方面扩大了内需。2009 年三家基础电信企业共完成 3G 网络建设直接投资 1609 亿元，完成 3G 基站建设 32.5 万个，建设规模超过十多年来累计规模的一半。3G 投资吸引了大规模的社会资金，产生巨大的"乘数效应"，形成了一条包括 3G 网络建设、终端设备制造、运营服务、信息服务在内的庞大产业链。据测算，2009 年 3G 间接拉动国内投资近 5890 亿元；带动直接消费 364 亿元（终端消费 297 亿元，业务消费 67 亿元），间接消费 141 亿元；直接带动 GDP 增长 343 亿元，间接带动 GDP 增长 1413 亿元；直接创造就业岗位 26 万个，间接创造就业岗位 67 万个。在扩内需政策的作用下，电子信息产业经受住了外需急剧萎缩的冲击，年末增速显著加快。2009 年全年电子制造业增加值同比增长 5.3%，其中 11 月和 12 月分别增长 14.4% 和 19.8%；占规模以上工业增加值的比重为 5.8%。

（4）纺织品服装内销较快增长，"扩内需"政策在一定程度上起到了促进作用。《纺织工业调整和振兴规划》中提出了"进一步扩大国内消费"的措施，随着国家各项宏观调控政策效果的不断显现，纺织品服装的内销呈现持续上行态势。2009 年 1~11 月，规模以上纺织企业累计实现内销产值 26740.33 亿元，同比增长 14.05%，增速比 1~5 月提高 4.63 个百分点。国家统计局数据显示，12 月我国衣着类消费品零售总额同比增长 21.8%，比 1~11 月提高 0.4 个百分点。由此看出，终端产品内销已逐步成为带动纺织行业企稳回升的重要因素，这将进一步带动上游行业的转暖。纺织工业内销的增长主要是国家 4 万亿元经济刺激计划以及宏观经济恢复较快的结果，但"纺织行业调整振兴规划"中"进一步扩大国内需求"的政策措施对内销增长也起到了一定的促进作用。

（5）有色金属国家收储政策，起到了稳定市场的作用。国家共完成收储电解铝 59 万吨、锌 16 万吨、金属铟 30 吨、钛 3000 吨，一些地方也进行了收储工作。2009 年初，由于国际市场有色金属价格的急剧下降与国内市场需求下降，有色金属企业面临前所未有的困难，有色金属的国家收储措施的及时出台，起到了拉动需求和稳定市场的重要作用，缓解了部分企业销售困难和资金紧张的压力。

（6）增值税转型、农机购置补贴等政策，在扩大装备需求方面作用积极。国务院决定自 2009 年 1 月 1 日起，在全国实施增值税转型改革，从生产型增值税转变为消费型增值税，允许企业抵扣新购入设备所含的增值税，同时，取消进口设备免征增值税和外商投资企业采购国产设备增值税退税政策。该项政策可以降低企业购置装备和更新装备的成本，具有扩大市场需求的作用。农机补贴政策在拉动需求方面也起到了显著的带动作用。2009 年中央财政投入 130 亿元用于农机购置补贴，惠及全国所有农牧区县，覆盖十二大类 38 种农机产品，拉动地方和农民投入 360 亿元。全年大、中、小型拖拉机分别增长 30.7%、29% 和 9.8%，收获机械和粮食机械分别增长 55.4% 和 23%。2009 年，全年规模以上装备工业增加值增长 13.8%，同比回落 3.3 个百分点，其中头两个月增长 5.4%，此后逐月攀升，从 5 月份开始连续 8 个月实现两位数增长，11 月和 12 月分别增长 20.8% 和 22.8%。装备制造业企稳回升，增值税转型、农机购置补贴、加强投资项目的设备采购管理等扩大内需的政策起到了积极的作用。

（7）船舶、石化产业调整振兴规划中扩内需的政策起到一定的积极作用。船舶行业调整振兴规划中鼓励购买弃船、努力扩大国内船舶市场需求、加快淘汰老旧船舶和单壳油轮等扩内需的政策，石化行业振兴规划中完善化肥储备机制、抓紧落实油品储备等政策，在一定程度上起到了稳定市场的作用。

（8）进一步促进消费增长应成为转变工业增长方式的一项长期战略措施。工业结构调整，必须要调整我国工业发展过于依赖投资增长和出口增长的模式，逐渐增强消费对工业增长的拉动作用。目前，振兴规划中汽车购置税减半、汽车下乡、家电下乡等扩大消费需求政策，多为反周期短期性的刺激政策。这种短期性的政策，在很大程度上只是将未来三五年内的消费需求提前实现，并可能透支未来平稳的消费增长。从长期来看，增强消费需求拉动作用的关键在于加快居民收入的增长速度以及提高居民收入在国民收入中的占比。要提高劳动报酬在初次分配中的比重，保护劳动者在劳动市场的合法权益，提高劳动者的相对谈判能力，建立职工工资稳步增长的机制；要加快新一轮税制改革，实施结构性减税政策，减轻企业和居民负担，缩小收入差距；要加大社会保障等民生投入，提高社会保障统筹的层次，扩大社会保障覆盖面，建立基本住房保障制度，提高居民消费能力。财政补贴与税收减免等措施，可考虑在节能、环保和绿色产品市场培育期采用，以引导促进消费结构升级。

（二）稳定外部市场政策取得一定成效，但出口政策需作调整

调整振兴规划实施以来，提高出口退税率等稳定外部市场的政策起到了一定效果，工业品出口交货值降幅逐月收窄。全年完成出口交货值72882亿元，同比下降10.1%，其中前8个月降幅均在13%以上，9月份以后由于2008年同期基数较低，降幅持续收窄，9月和10月份分别下降9.9%和7.3%，11月和12月转为增长5.3%和12.4%。其中，消费品工业出口交货值同比下降4.1%，其中轻工、纺织行业分别下降5.4%和3%。据海关数据，2009年我国纺织品和服装出口总额同比下降10.1%，降幅自四季度以来持续收窄。受出口退税政策及国际市场需求回升影响，在世界主要纺织品市场上我国产品市场份额持续上升。其中，全年规模以上电子制造业出口交货值同比下降5.5%，降幅比年初1~2月收窄13.5个百分点，其中，11月和12月分别增长9.8%和

17.7%，结束了此前连续 12 个月的出口持续下滑。

在调整振兴规划的推动下，我国进出口银行加大了对船舶、机械等产品出口的买方信贷支持力度。目前这一政策已经产生了十分积极的作用。2008 年国际金融危机爆发以来，由于韩币对美元大幅度贬值，韩国船舶企业出口船的报价在同等条件下比我国低 10%，价格优势相当明显。但在这种情况下，2009 年以来我国船舶企业在承接国际订单上不仅没有落后于韩国，反而领先韩国较多，其中一个主要原因就是船舶出口买方信贷投放的增加可以较好地帮助船东解决船舶融资的问题。2009 年，造船完工量 4243 万载重吨，同比增长 47%，增幅回落 5.2 个百分点；在出口买方信贷等政策支持下，新承接船舶订单 2600 万载重吨，同比下降 55%，但仍居世界第一位；手持船舶订单 1.88 亿载重吨，比年初下降 8%。我国造船完工量、新接订单量、手持订单量分别占世界市场份额的 34.8%、61.6% 和 38.5%，比 2008 年底提高 5.3 个、23.9 个和 3 个百分点。

虽然提高出口退税率在应对金融危机、稳定出口市场方面起到了重要的作用，但是这一政策同时也会带来负面效应。提高出口退税率会使资源更多地流向出口部门，从而加剧中国经济的内外失衡。过高的出口退税率，客观上会造成出口价格低于国内价格的情况，从而引发国际贸易摩擦。出口产品的低税负，让国外消费者能比国内消费者更加廉价地消耗中国资源。出口退税率的提高，不仅加大了财政负担，加重了企业对这一政策的依赖，并在一定程度上降低了出口价格。应根据企业运行情况以及国际市场恢复态势，及时下调出口退税率，并尝试将节省出的财政用于进一步调整税收政策，加大对企业技术改造和产品创新的支持力度，以此提升产品出口结构与工业企业的国际竞争能力。将政府对技术创新的支持定位于产业研究和开发阶段，建立税收减免、拨款和贷款贴息相结合的支持政策体系。因为，按照 WTO 补贴与反补贴措施协议的规定，国家对基础性研究的资助不在限制之列，对产业（基础）研究和研究开发活动不超过合法成本的 75% 和 50% 的补贴为不可起诉补贴。此外，增加出口买方信贷投放虽然在稳定出口市场方面起到了重要作用，但应当审慎考虑其中可能存在的金融风险。

三、结构调整取得一定成效，应更重视利用市场机制

产业振兴规划的实施，在一定程度上促进了结构调整，但作用比较有限，其中一些政策甚至可能会带来一些负面的政策效应。结构调整应更加重视发挥市场机制的基础性作用。

（一）结构调整取得一定进展，自主创新能力有所提高

（1）节能降耗、淘汰落后取得进展。2009年全年淘汰落后的炼钢、炼铁和水泥产能分别达到1691万吨、2113万吨和7416万吨，平板玻璃、电解铝、焦炭、电石、铁合金、造纸、酒精、味精、柠檬酸等行业基本完成年内下达的淘汰任务。节能减排成效明显，预计全年规模以上工业单位增加值能耗比上年下降9%左右，用水量降低8.3%左右，工业固体废物综合利用率达到65%。

（2）我国企业兼并重组工作稳步推进。总体看，虽然跨地区重组比较困难，但省内重组进展较快。在钢铁行业中，宝钢入主宁波钢铁公司；山东钢铁集团并购日照钢铁；首钢重组长治钢铁有限公司；五矿集团相继重组长沙矿冶研究院和鲁中矿业集团；鞍钢与攀钢的重组也在积极推进。在汽车行业中，长安兼并哈飞昌河；广汽集团重组长丰汽车。在有色行业，五矿集团并购了湖南有色。

（3）技术改造加快，自主创新能力有所加强。2009年中央财政安排技术改造专项资金200亿元，主要采取贴息方式支持企业加强技术改造，下达投资计划4441项，总投资6326亿元，在一定程度上加快了技术改造。依托重点建设工程，国产燃压机组、高速动力车组和大功率交流传动电力/内燃机组等重大装备研制和使用取得突破。通过实施科技专项，在直线喷气科技和大型关键锻件、桥式龙门加工中心、大型船用柴油机曲轴制造等领域掌握了一些关键核心技术。

（二）"调结构"需更加重视发挥市场机制的基础性作用

（1）"行政主导"、"扶大限小"的倾向在一定程度上会降低兼并重

组的效率。在振兴规划中，我们可以看到行政主导、扶大限小仍是兼并重组政策的主线，这些政策将影响兼并重组的效率。国外钢铁产业重组是充分的市场化运作，因此保持了很高的重组效率。而我国主要依靠国家产业政策导向与地方政府权力。从对 1996 年以来我国钢铁工业重组联合的近 70 起事件的考察来看，取得实效的不足 30%，重组效率低。振兴规划中明确指出推动鞍本集团等企业的实质性重组，实际上反映了以上企业集团在重组后整合进程缓慢，资源整合效率低下。"扶大限小"的政策导向也是导致低效率重组的一个重要原因。在"扶持大企业、限制小企业"的政策导向下，地方政府为了避免本地企业被政策边缘化，也为了获取更多的政策扶植，倾向于将本地钢铁企业拼凑在一起。河北钢铁集团、山东钢铁集团的组建实际就是出于这样一种目的。这种兼并不同于高效率企业对低效率企业的兼并整合，往往是几家效率并不高的企业在形式上的组合，即便是在行政强力推动下实现了财务、采购和销售上的整合，除了地区垄断能力得到提升外，核心能力的提高有限。

（2）落后产能的界定应以安全、环保指标为主，不宜在此之外确立技术、设备规格和企业规模指标。对于落后产能的界定多以设备规模作为标准，在进一步实施过程中应考虑以环保、安全经济技术指标作为标准。在石化、钢铁、船舶等行业振兴规划中，淘汰落后产能以设备规模作为主要标准，这可能会导致小企业避免被淘汰而投资相对大规模的设备，使产能过剩问题加重。建议淘汰落后产能以环保、安全指标作为标准，不以企业、设备规模一刀切。另外在识别落后产能上也应力求科学和审慎，尽可能避免在安全和环保指标以外对技术、设备做过多的限定，避免以政策部门的选择代替市场选择。此外，"严格限制产能投资，新建产能投资以淘汰落后产能为前提"的政策，往往导致一些并不必要的重组，以及增加了兼并重组的难度和代价。这一政策倾向在很大程度上使得一些原本没有重组价值的企业，具有了"独特"的价值。企业为了在异地投建新的产能，必须先重组当地低效率的企业，并淘汰这些企业的落后产能。这一政策也使得这些低效率企业在重组过程中谈判能力有了极大的提高，兼并重组方需要付出更大的代价，在整合过程中也面临更多的困难。广东钢铁集团和广西钢铁集团的组建就是实例。

（3）在实施振兴规划促进产业升级和产品结构调整过程中，还应充分考虑市场真实需求，充分尊重企业自身的选择。在促进产业升级和产品结构调整过程中，应防止脱离我国经济发展阶段而片面追求高新技术工艺，同时也要防止把本来具有市场需求的生产能力看作过时与落后并加以淘汰。脱离市场需求强调所谓高端产品的比例，可能会导致所谓高端产品产能的严重过剩。此前的钢铁产业政策中过分强调提高板带比，直接导致目前板带材轧制产能严重过剩的局面，其中限制线材、螺纹钢产能等低端产品的政策，则直接导致建筑钢材市场供应的相对短缺。此外，振兴规划中加大技术改造支持力度主要采取贴息的方式，并涉及两个部门，以及地方政府的审批。在这种支持方式下，中小企业的技术改造往往很难获得相应的支持，也会带来"跑部钱进"等一系列问题。支持企业技术改造，采用税收减免的方式更为合理。

（4）振兴规划中严格控制总量、抑制部分行业产能过剩的政策值得商榷。钢铁产业调整和振兴规划中，以政策部门对市场的判断和预测作为依据来进行总量控制，在很大程度上是试图通过政策来代替市场机制。这首先需要政府能对未来市场做出准确的预测和判断，而这一点恰恰是最让人质疑的。从20世纪90年代以来许多政策文件中对市场的预测来看，无论长期或者短期预测，均与实际情况存在很大差异，如果这些政策中的控制目标实现，那么将会出现严重的供不应求，表1是对这些政策预测值、控制目标与实际市场情况的比较。中国的产能过剩和重复建设问题并不是市场失灵，而是有其深刻的体制背景。越来越多的研究表明，转轨体制下地方政府在竞争过程中对于微观经济的不当干预是导致产能过剩和重复建设的主要原因，控制总量、严格控制新增产能的做法，不能从根本上治理产能过剩。

（5）振兴规划在实施过程中，还需要重视发挥市场机制的作用。治理产能过剩、淘汰落后和兼并重组的推进很大程度上依赖于行政手段的运用。然而，市场在协调供需平衡上比计划体制或者行政控制更

表 1　历年政策文件中对钢铁工业市场的预测值或控制目标值

做出预测的政策	做出预测的时间	对钢铁工业市场的预测或者控制目标	钢铁工业市场的实际运行情况
钢铁工业"九五"规划	1994 年	2000 年市场需求钢材产量达到 9600 万吨	2000 年国内成品钢材消费量达 14118 万吨
钢铁工业"十五"规划	1999 年	2005 年钢材表观消费量达到 14000 万吨以上	实际 2004 年的钢材表观消费量就达到了 3 亿吨
关于做好钢铁工业总量控制工作的通知	1999 年	1999 年全国钢产量比 1998 年压缩 10%，即 10313 万吨，全年钢材进口控制在 700 万吨	1999 年粗钢产量达到 12353 万吨，全年钢材进口 1486 万吨，粗钢表观消费量为 13632.49 万吨
关于做好钢铁工业 2000 年总量控制工作的通知	2000 年	对钢铁工业的总量控制目标为产钢 1.1 亿吨、钢材 1 亿吨	实际产量钢材达到 13146 万吨、产钢 12850 万吨，钢材价格普遍上涨，钢材净进口 972 万吨
关于做好钢铁工业 2001 年总量控制工作的通知	2001 年	总量控制的目标是钢产量 11500 万吨，钢材 10500 万吨	实际钢产量 15163.44 万吨，钢材产量达到 16067 万吨，钢坯、钢锭净进口 544 万吨，钢材净进口 1247 万吨，价格仅有小幅下降
关于做好钢铁工业 2002 年总量控制工作的通知	2002 年	2002 年总量控制的目标是钢产量 12500 万吨	但是实际产钢量 18224 万吨，钢材表观消费量达到 2.115 亿吨，全年钢材价格整体上扬
关于制止钢铁行业盲目投资的若干意见	2003 年	预计到 2005 年底将形成 3.3 亿吨钢铁生产能力，已大大超过 2005 市场预期需求	2004 年产能超过 34013 万吨，大多数钢铁工业企业满负荷生产，产品价格大幅上升，2005 年粗钢产量就达到了 3.5 亿吨，消费量达到 3.76 亿吨
关于钢铁行业控制总量淘汰落后加快结构调整的通知	2006 年初	认为钢铁工业严重产能过剩	2006 年我国累计粗钢、生铁和钢材产量同比分别增长 18.5%、19.8%、24.5%，国内钢材市场运行总体良好，钢铁行业利润实现历史最好水平
钢铁产业调整与振兴规划	2009 年 3 月	认为 2009 年钢铁行业表观消费量为 4.3 亿吨	表观消费量和产量均在 5.7 亿吨左右
抑制部分行业产能过剩	2009 年 9 月	认为需求在 5 亿吨	表观消费量和产量均在 5.7 亿吨左右

具效率性。我国的产能过剩问题在很大程度上是体制扭曲下地方政府不当干预企业投资行为造成的，治理产能过剩更需要推动经济体制的改革，约束地方政府的不当干预，完善市场体制，充分发挥市场机制的基础性作用，而不是以总量控制来直接代替市场的协调机制。市场竞争的优胜劣汰机制具有淘汰落后和逐步将资源集中于高效企业的作用，通过市场竞争形成的大规模企业和市场集中更具有效率性特征。由于我国市场体制还不完善，地方保护与行政干预往往使得市场竞争的优胜劣汰机制大打折扣。在十大产业调整振兴规划中，淘汰落后产能和推进兼并重组主要依靠行政性手段，很大程度上也是出于短期内

政策可操作性方面的考虑。但是，依靠行政性手段本身会带来一系列问题。从长期看，淘汰落后产能、推动市场集中和造就高效大规模企业还必须依靠市场优胜劣汰机制充分发挥作用。

四、"十二五"时期我国产业政策的取向选择

（一）十大产业调整振兴规划中的政策取向与特征

十大产业调整振兴规划及其实施细则集中体现了近年来我国产业政策的基本思想、政策措施偏好和发展趋势，在很大程度上延续了过往产业政策中计划经济色彩浓厚的传统，在制定和实施过程中表现出强烈的直接干预市场、以政府选择替代市场机制与限制竞争的管制性特征，是典型意义上的选择性产业政策：①

（1）十大产业振兴规划具有强烈干预市场的特征。中国的产业政策一直以来就具有强烈的干预市场特征，对于微观市场的直接干预措施是产业政策最为重要的手段。2003年以来，随着政府对企业微观经济活动的行政干预，在"宏观调控"的名义下明显加强。抑制部分行业的盲目投资、产能过剩是十大产业调整振兴规划的重要内容，同时也是"宏观调控"政策的重要组成部分，在抑制产能过剩的产业政策中行政直接干预市场的措施被显著强化。在拟出台和完善的一系列行业准入政策中，政府对准入的管制显著加强，除了环境、安全方面外，政府在行业准入上对设备规模与工艺、企业规模、技术经济指标方面设定了一系列详细的准入条件。

（2）十大产业调整振兴规划具有的第二个特征是试图以政府的判断、选择来代替市场机制。在十大产业调整振兴规划中，这种选择性

---

① "功能性产业政策"，通常指的是政府通过提供人力资源培训、R&D补贴等来提高产业部门国际竞争力的政策，它是一种"市场友好的"、旨在促进市场机制更好地发挥资源配置功能的产业政策。与功能性产业政策注重市场机制在资源配置中的基础性作用有所不同，"选择性的产业政策"更加强调政府在资源配置中的作用，这类产业政策通过干预市场，将资源分配到选择的特定产业，通过财政、金融、税收方面的优惠手段以及限制竞争的方式来培育选定的"优胜企业"，其目的是推动这些产业及企业迅速形成能够参与国际市场竞争的核心竞争力。中国的选择性产业政策更多表现为对产业内特定企业、特定技术、特定产品的选择性扶持以及对产业组织形态的调控。

并不表现为对具体特定产业的选择和扶持，而是更多地表现为对各产业内特定技术、产品和工艺的选择和扶持；表现在对产业组织结构、生产企业及企业规模的选择上；表现在以政府对市场供需状况的判断以及对未来供需形势变化的预测来判断某个行业是否存在盲目投资或者产能过剩，并以政府的判断和预测为依据制定相应的行业产能及产能投资控制措施、控制目标。

（3）十大产业调整振兴规划具有的第三个特征是保护和扶持在位的大型企业（尤其是中央企业），限制中小企业对在位大企业市场地位的挑战和竞争。实施这类政策往往以"充分利用规模经济，打造具有国际竞争力的大型企业集团；提高市场集中度，避免过度竞争"为理由。

（二）重新认识市场机制以及对于选择性产业政策的反思

这种选择性的产业政策的理论依据和实施效果在理论和研究中都受到广泛置疑。从重新认识市场机制的角度对这种选择性的产业政策进行反思是非常必要的。

1. 作为过程的市场竞争——重新认识市场竞争机制

真实世界里的竞争，首先必然表现出动态性质，是一个探索和发现的过程。敏感机灵的企业家，受到利润的诱惑，总是在寻找新的市场机会，开拓新的要素组合方式，提供新的产品和服务，不断发现并尝试新的企业组织形式和内部管理方式以及合适的企业规模。随着时间的展开，风险和不确定性必然伴随着行动主体发现知识的争胜竞争过程。竞争者无法完全准确地预测其行为结果，正是这样的无知状态，激励着他们去发现、尝试和试验。对生产者和消费者而言，竞争过程的发现和探索性质，均为一个获取和扩展信息与知识的学习过程。竞争过程的结果，将造成更具效率的企业占领市场，企业家争胜竞争的发现性行动，将不断创造更低成本的技术和更有效率的资源利用。市场的生存检验过程是通过不同个体向各种可能的方式尝试，这种在分散的知识和不确定性市场下的尝试、竞争和创新，导致产业结构和产业组织的动态调整（王廷惠，2007）。

2. 产业政策应尽可能避免以政府的判断和选择来代替市场机制

十大产业调整振兴规划中的一个显著特点就是以政府的判断和选

择来代替市场机制，以政府对于产品、技术和工艺的选择，来代替市场竞争过程中对于产品、技术和工艺的选择；以政府对市场供需状况的判断以及供给控制来代替市场的协调机制。实施这样的产业政策，需要关于生产成本、消费者偏好、开发新产品及实现技术创新的完全知识，而这些知识只能依靠市场过程的展开而逐渐显示和暴露出来，在市场过程产生这些信息之前获取它是无法实现的（Lavoie，1985）；并且这些知识具有的主观性、私人性和分散性，伴随着默示的和特定时空有关的知识，是无法进行汇总的知识（哈耶克，2003），政策制定部门无法利用这些知识进行有意义的统计并据此进行正确的经济计算和预测。十大产业调整振兴规划中试图从各个行业中挑选出需要重点发展的先进技术、工艺和产品进行扶植，并挑选出落后的技术、工艺和产品进行限制和淘汰，政策部门需要对上百个细分行业中众多技术、工艺和产品的前景、经济性与市场能够进行准确的判断和预测，而这是一项政府部门几乎不可能完成的工作。

真实世界里的经济过程必然是动态连续的时间流逝过程，此过程衔接了经济主体过去的经验、现在的选择和未来的预期，因而也只有这些对市场敏感的经济主体具有更为详细的在经济运行中做出正确决策所需的知识，而政府不可能具有比企业家更为敏锐地发现正在运行的市场竞争中潜在知识的能力。对于知识而言，不可能存在具有完备知识的经济主体，也不存在整合的社会知识，由于劳动分工和专业化的存在，知识被分散于不同领域的私人所有。由此就决定了不能以抽掉细小差异加总的统计形式上报至中央机构，决定权应该分配给现场的人，只有具体场景中的现场个人才具有可获取资源、发生变化等私人知识，才有可能充分利用特定知识优势对环境与条件的变化迅速做出灵活反应（王廷惠，2005），政府不可能比经济个体更能对市场做出灵活反应。

因而，政府不可能在产品、生产设备、工艺、技术和产量等方面的选择上比市场更有效率。政府代替市场机制来进行选择，反而可能会压制经济主体进行知识发现的积极性，阻碍市场自发调整过程，导致市场运行效率低下，在产业政策中应尽量避免以政府选择来代替市场机制。

3. 从竞争性集中过程的效率看产业组织政策的根本缺陷

在我国，产业组织政策一直是产业结构调整政策的重要内容，它通过市场准入、投资项目审批和选择性培育特定企业，来提高市场集中度和培育大规模企业，以优化产业组织结构。这种政策的出发点，显然混淆了结果与过程。一定时期特定市场的企业数量、市场结构及产业组织形态是特定竞争过程的暂时结果，本身并无多大的意义。竞争性集中之所以有效率，是因为竞争性过程的选择性作用。脱离这一过程，去强调集中度的效率是毫无意义的。

产业集中是竞争性争胜过程的必然趋势，是企业不断创新和适应环境的市场过程之必然结果。市场集中度教条忽略了整个动态复杂过程，仅仅注意集中率的简单统计数字。这些比率也许能够显示一个时点上产业的集中程度，但是无法说明集中过程如何进行。也许不存在所谓的最优企业规模，仅仅存在最合适的产业类型，其中企业规模、特征和前景能够确保合作伙伴和竞争对手有效聚集、交流并运用新思想和新观念（Dorfman，1987）。出现新产品、新生产过程或组织创新，以至创新企业的市场份额上升时，合并至生产、分配、研究与开发、资本融资和其他领域显现规模经济效应时，小企业就会成长为大企业，产业集中度必然提高。争胜竞争过程导致市场必然出现的集中趋势，是因为竞争者比竞争对手在满足消费者方面做得更好，以及其不懈努力。

竞争是一个复杂的演化过程和选择过程。市场份额总倾向于从缺乏效率的企业转移到更具效率的企业，企业家争胜竞争过程必然产生集中趋势。在演化经济学看来，创新是重要的竞争武器，是使企业避免剧烈价格竞争的重要手段。企业争胜竞争的过程中，市场作为一个筛选机制和发现过程，让那些具备效率优势的企业能够生存和发展（Peltoniemi，2007）。生产者和消费者都不可能事先知道竞争过程的最终结果，也不可能知道哪个企业能成功满足消费者意愿，成为争胜竞争过程的胜出者。只有通过竞争过程才能发现这些知识，只有经由试验过程才能最终判定谁能胜出，只有经过无数次争胜竞争试验过程才能筛选出暂时的赢家。政府不可能代替市场竞争性过程来选择真正的赢家。

倘若政府干预代替市场选择过程进行胜者的选择，导致产生自发的发现过程的竞争的消失，其结果必然是促使被选择的经济主体不需要经历竞争对手对自身生存和盈利所带来的威胁，失去积极探寻、发现和获得依靠市场过程的展开所逐渐显示和暴露出来的满足消费者的需求和产品知识的动力，失去追求以较低成本实现消费者偏好的创新激励，进而失去动态竞争的市场效率，而整个市场必然失去甄别、发现、利用和创造新知识的动力，行动主体对利润机会所保持的警觉也会消失。① 并由此带来了另一个问题：政府对胜者的选择也使得经济主体通过非市场手段俘获政策制定者的不良现象更为严重和普遍，由此进一步扭曲了市场过程的有效运行。

总而言之，是市场争胜过程造就了市场动态效率与高效率的大企业，市场集中度的提高只是这一过程的副产品，试图以提高集中度和培育特定大企业的产业组织政策来提高市场效率完全是舍本逐末。

（三）"十二五"期间产业政策取向的选择

21 世纪以来，中国产业政策试图通过行业准入、目录指导、项目审批、强制淘汰落后等直接干预型政策措施，促进产业结构调整和抑制部分行业的产能过剩及重复建设问题，产业政策从整体上表现出强烈的直接干预市场、以政府的判断和选择来代替市场竞争和限制竞争的管制性特征。这种产业政策缺乏足够的依据，其理论基础曲解了市场竞争机制。从动态和过程的角度理解市场竞争以后，我们会进一步发现中国的产业政策存在根本性缺陷，这些产业政策不但不能实现促进结构调整和抑制部分行业产能过剩的目标，反而可能会导致不良的政策效果。

在市场经济体制中，市场通过其价格机制、发现机制和优胜劣汰的竞争机制，引导和推动产业结构随着经济的发展不断调整，同时也引导和推动产品和技术不断优化升级。在经济转轨过程中，市场经济体制还不完善，但这并不意味着政府规划能够代替市场机制成为产业

---

① 这一点在中国的汽车产业中表现得尤为突出。

结构调整与优化升级的主导。由于脱胎于计划经济体制，我国产业政策中的"计划思维"长期存在。政府在制定产业结构政策时，往往认为行业管理者由于所处的特殊位置能够获取更多信息，因此比行业内的投资者、生产者更聪明、更富有远见，能够准确预见到未来行业供求平衡点。事实上，政策制定者并不见得比市场更聪明，他们掌握的市场信息同样是不全面的、滞后的，甚至比企业掌握的信息更滞后、更失真。因此政府部门对产业结构变动进行准确的预测存在非常大的困难，强行按照自己的愿望调整产业结构，结果往往难尽如人意。新中国60年工业发展与产业结构演变的经验表明，计划调节或者计划色彩浓厚的行政性主导调节多数都会带来不好的效果。

中国在"十二五"期间应该在进一步深化体制改革的同时，转为实施竞争政策和功能性产业政策，避免实施选择性的产业政策，充分发挥市场机制的基础性作用从根本上推动结构调整和优化升级。

首先，应当深化经济体制改革，进一步完善我国的市场经济体制，消除体制性障碍，从根本上推动经济方式转变和经济结构调整。经济体制上的弊端与市场经济体制发育的不完善，是导致我国工业发展过程中结构性问题日益突出的根本性原因。在现有体制下，经济增长严重依赖于固定资产投资的高速增长，这在需求上导致工业结构问题积累固化；土地的模糊产权、资源的非市场定价与环保体制上的严重缺陷，使得地方政府将低价供地、纵容企业污染环境作为竞争资本流入的重要手段，这从供给方面使得工业结构性矛盾更为严重，也给工业结构调整和优化升级造成障碍。推动工业结构调整与优化升级，要求政府有进一步深化经济体制改革的决心，协调各部门共同解决体制中的痼疾，这是一项政府难以回避的艰巨工作。

一是进一步完善土地管理制度，明晰土地产权。推动土地市场化改革，使市场成为配置土地要素的基本体制。现阶段，地方政府借助土地的模糊产权和垄断土地一级市场，严重依赖于通过基础设施建设、房地产开发、以土地优惠政策吸引投资来拉动本地区经济增长。土地制度的完善对于转变经济增长方式和推动结构调整至关重要，同时土地制度的改革与完善对于改变地区间产业结构高度同质化的局面具有重要意义。二是改革资源及资源产品的价格体制，实现资源全面有偿使用，包括矿业权有偿取得，成本合理负担等，架起资源市场与资源价格之间的联系渠道，改变资源市场漠视价格变化、价格难以发挥调节作用的不合理机制；改革资源价格由政府控制的现状，形成资源性产品价格市场化机制，充分发挥市场机制调节资源价格的作用；打破资源性行业垄断价格，实现市场对价格的有效调节；加强政府监督，采取相应的配套措施，为资源价格改革创造有利条件。三是完善环境保护制度。确保环境立法和实施中的公众参与，完善环境公众参与制度的法律设计，进一步完善环境公益诉讼制度，使环境得到及时有效的保护，对个人和公众的环境权益进行全面周到的救济。健全排污权有偿取得和交易制度，扩大排污权交易试点。四是改革地方官员考核体制。要改变以辖区内 GDP 增长为主要考核晋升标准的体制，把反映经济质量和效益状况、反映能源资源消耗和环境影响程度、反映社会发展和人的全面发展情况的指标纳入指标体系，并且在指标设计上要重视对政府公共服务能力和满意度的考核。

其次，政府应当弥补市场机制的某些不足，实施功能性产业政策，在具有外部性的公共领域发挥重要作用，这包括：①进一步完善环境保护的法律和制度，并使之行之有效。②知识产权的保护。③对基础性研究的支持，对于具有较强外部性的应用性研究以及具有重大影响的应用性研究提供资助。④教育与专业人才培养（包括技术工人的培养）。⑤行业信息、技术发展及趋势、经济运行信息的收集、整理、研究与发布。⑥对新能源技术、清洁燃烧、节能技术及其产业化的支持。

新兴行业发展中重复建设问题与"十二五"期间培育新兴战略性产业发展政策的调整。2009 年出台的《关于抑制部分行业产能过剩和重复建设引导产业健康发展的若干意见》认为，在风电设备和多晶硅等新兴行业也出现了重复建设的倾向。而在此之前，产能过剩和重复建设主要出现在传统行业。从本质上看，与传统行业相同，地区竞争过程中地方政府对投资行为的干预是新兴行业产能过剩和重复建设形成的主要原因。略有不同的是，此前这两个新兴行业是政策部门扶持的行业。在中国，处于鼓励类的产业目录中，意味着更容易获得审批，意味着更容易获得地方政府廉价土地的支持，以及更容易获得地方政府在融资上的帮助。一旦技术壁垒被打破，在地方政府投资优惠政策的作用下，大量新的进入者会涌入这个新兴行业，对于这个行业的产能投资会随之激增。地方政府的优惠政策将会对企业投资产生补贴效应、成本外部化效应和风险外部效应，扭曲企业投资行为，导致企业过度的产能投资和行业产能过剩。在这种体制下，当某个新兴行业的市场出现市场需求的扩张时，整个行业和行业中的多数企业都会对需求的扩张做出过度反应，导致行业产能远大于市场需求的扩张。

培育新兴行业的发展一直是产业政策的一个重要目标，采取何种政策措施必须慎重考虑。培育新兴产业过程中，如果在生产制造环节给予太多的投资优惠政策，会在很大程度上扭曲企业的投资行为，并导致行业严重的产能过剩。并且，对于产能投资环节大量的投资补贴会诱发企业的"寻租"行为，使得企业经营者将更多的精力和更多的资本放在追逐地方政府的低价土地等"寻租"行为上，而不是把更多的投入放在研究开发和技术工艺的改造升级上，这也会使得新兴行业中企业在国际竞争中更依赖以政府补贴和低污染排放标准所带来的所谓低成本竞争力。

"十二五"期间培育新兴战略产业政策的重点应调整为：对于新兴产业企业研究开发活动进行普遍性支持（不只对政府所选定企业的研究开发活动进行支持）；对于基础研究和共性技术研究的大力支持；对于节能减排等绿色产品提供消费补贴，以促进新兴产业市场的形成；鼓励发展风险投资基金，等等。这些都是培育新兴产业的重要措施，这些措施对于市场的干预程度相对比较低，不良效果也比较少。

参考文献

1. Lavoie, D. National Economic Planning, What is Left? [M]. Cambridge, MA: Ballinger Publishing Company, 1985.

2. Dorfman, N.S. Innovation and Market Structure: Lessons from the Computer

and Semiconductor Industries, Cambridge MA: Ballinger Publishing Company, 1987.

3. Peltoniemi, M. Beyond Efficiency and Market Shares: Competition within the Finish Games Industry [C]. The DRUID Summer Conference 2007 on Appropriability, Proximity, Routines and Innovation. available at: http://www2.druid.dk/conferences/viewpaper.php?id=1370&cf=9.

4. 哈耶克:《个人主义与经济秩序》,上海三联书店 2003 年版。

5. 柯武刚、史漫飞:《制度经济学:社会秩序与公共政策》,商务印书馆 2000 年版。

6. 王廷惠:《微观规制理论研究——基于对正统理论的批判和将市场作为一个过程的理解》,中国社会科学出版社 2005 年版。

7. 王廷惠:《竞争与垄断:过程竞争理论视角的分析》,经济科学出版社 2007 年版。

我国初次收入分配问题及其分析

人口与劳动经济研究所　张车伟　张士斌

一、引　言

从亚当·斯密开始，经济学家就对生产要素的分配产生了兴趣，李嘉图更是将探索收入分配的规律视为政治经济学的主要问题。在国民收入账户核算体系尚未建立的年代里，经济学家从家庭和行业微观层面探讨了各种要素（劳动力、资本和土地）的分配份额，并将劳动收入份额作为收入分配状况的粗略指标。20 世纪，经过马丁（R. F. Martin，1936）、金（W. I. King，1930）、库兹涅茨（1951）和乔根森（1954）等人的努力，宏观经济水平上的劳动收入份额数据（国民收入账户）逐渐完善起来，这些数据揭示了一个令人惊讶的现象：劳动收入份额具有长期的相对稳定性。19 世纪中期到 20 世纪中期，资本主义经济高速发展，英国在 1880 年最终实现了工业国的蓝图，美国、德国、法国以及日本等国也完成了工业化。在这 100 年中，生产技术以前所未有的速度进步，工业化国家的人均资本、人均产出、经济结构、人口分布都发生了巨大的变化，[①] 国民收入中各要素的分配似乎也应该出现相应的变化，但实际上，英美等国国民收入中劳动报酬的比重保持着相当的稳定性，并没有随着人均收入的增长和经济周期的更替而大幅波动。而这种现象甚至被称为经济发展过程中的特征事实。西方

---

① 以人均产出为例，1870 年到 1950 年，西欧以不变价格计算的人均 GDP 增长了 1.5 倍，美国增长了 2.9 倍，加拿大增长了 3.4 倍，参见艾迪森：《世界经济千年史》，第 179 页。

学者从产业结构的转移、工会力量、垄断等方面探讨了上述特征事实存在的原因。[①]

在经历了 20 世纪七八十年代的沉寂之后，劳动收入比在 90 年代又重新引起了经济学家的注意，因为发达国家劳动收入比的运动发生了变化。50 年代中后期到 70 年代中期，发达国家雇员部门的劳动份额有所上升，之后则倾向于下降，到 2005 年，劳动收入比下降到 60 年代的水平以下。另一个引人注目的事实是，发达国家劳动收入比情况出现了泾渭分明的变化，如英语系国家的变动幅度较小，其他国家的变动幅度则大得多：从 50 年代后期开始，在经历了比较显著的上升之后，欧洲大陆国家的劳动收入占比大致于 1978 年达到顶峰，之后便持续下降，英语系国家（英国、美国、加拿大等）下降过程显得更平滑，而日本则在到 80 年代达高峰期之后，维持在高位水平。这种差异引起了经济学家的广泛关注。[②]

一直以来，我国学者对于劳动收入份额问题也颇为关注，随着城乡收入差距扩大和扩大内需的需要，劳动收入份额变动规律成为热点问题，党的十七大报告明确提出了提高劳动报酬在初次分配中的比重的要求。就学术研究而言，国内学者普遍认为改革开放后中国劳动收入份额出现了明显的下降，虽然不同学者对其下降幅度的观点不一致。这个基本论断是否合理？本文依据劳动者报酬的内涵以及国际惯例，对中国 1978~2007 年的劳动报酬数据进行了调整，得出了不同的研究结论，并从经济的区域结构和产业结构角度对此进行了分析。

[①] Phelps Brown 和 P. E. Hart 较早从产业间变化来解释劳动收入占比的稳定性。E. H. Phelps Brown and P. E. Hart. "the Share of Wage in National Income", the Economic Journal, pp.253–277. Calecki 和 Weintraub 先后发展了不完全竞争市场上的收入决定理论，参见 M. Kalecki. "The Determinants of Distribution of the National Income", Econometrica, Vol.6, No.2, 1938, pp.97–112。G. E. Ferguson John Moroney 等人发现，60% 的收入占比的变化可以通过资本深入得以解释。但并不是所有的学者都认同制造业上升的观点，如 Damodar Gujarati 就认为美国制造业的劳动收入占比从 1949 年的 55.3% 下降到 1964 年的 47.4%；Graham Richards 则认为，澳大利亚 1945~1968 年的制造业的劳动收入占比从 59.7% 下降到了 50.65%，虽然同期的总劳动收入占比从 1950 年的 51% 上升到 1968 年的 58.3%。

[②] 参见 Harrison, Effects of Globalization on Labor's Share.

二、中国劳动报酬份额变动的研究

国内对劳动收入份额的研究集中在两个方面，一是劳动收入份额的变动规律；二是引起劳动收入占比变动的原因。国内研究者普遍接受中国劳动收入份额出现明显下降的观点，不过，不同学者对其下降幅度存在不同意见：白重恩用全国的劳动者报酬除以净 GDP（总 GDP 扣除净间接税）比例来表示劳动收入份额，经过计算，他认为中国 1995 年劳动收入份额为 59.7%，2006 年下降为 47.3%，下降了 10 多个百分点；李稻葵则用劳动者报酬除以总 GDP 表示劳动收入份额，发现中国劳动收入占比从 1990 年的 53% 下降到 2006 年的 40% 左右。另一个研究集中在劳动报酬变动的原因解释上，他们的共同点是均认为劳动收入占比变动与经济发展过程和产业结构变迁密切相关。白重恩等人认为，1995~2004 年间中国劳动份额的下降中有 50% 是由于统计口径的调整导致的，有 30% 左右是由于产业结构转型造成的，剩下的是国有企业改制和垄断的程度变化造成的，而丝毫没有证据表明这个变化是由于劳动力的话语权减少而引起的。李稻葵等利用简单调整后的联合国雇员报酬数据，[①] 发现从国际范围内，劳动份额与经济发展水平存在"U"形关系，而中国正处在这一曲线的下行区间上，意味着中国劳动份额还将继续降低，接着，通过对一些工业部门的微观调查数据，他们发现产业结构和劳动力谈判力量的变化也是导致劳动收入占比下降的原因。

现有文献的数据主要来自历年的《中国统计年鉴》和《1952~2004 年中国国民经济核算历史资料》，后者直接包括收入法计算的 1993~2004 年各地区、产业的国民收入分配数据，一些研究者据此计算，认

---

① 西方学者在研究 OECD 国家劳动收入份额的变动时，主要采用了 OECD 的统计数据及各国的国民收入账户，一般不使用联合国的数据，只有在研究发展中国家的劳动收入份额问题时，才使用联合国数据，主要的原因是联合国数据中，劳动收入仅包括公司雇员的劳动报酬，而不包括自雇者的劳动报酬。据李稻葵所言，其采用的调整方法是在联合国数据的基础上将自雇者的所有收入（包括劳动收入、资本收入和土地收入）都加入到劳动报酬中。参见李稻葵、刘霖林、王红领：《GDP 中劳动份额演变的 U 形规律》，《经济研究》2009 年第 1 期。

为中国的劳动收入占比出现下降。需要注意的是，劳动收入是劳动者通过劳动所获得的报酬，通过土地、物质资本和金融资本获得的收入不应计入劳动收入。本文认为，劳动收入份额的稳定性是一个长期趋势问题，难以利用短时间（三五年，或者十多年）数据来判断长时期劳动份额变化的规律；而且，直接用《中国统计年鉴》上的劳动者报酬及相关数据来计算劳动收入份额，不仅有悖于劳动者报酬的内涵，也不符合国际上计算劳动收入份额的惯例。

不同的结论将得出差异明显的政策含义。如果中国劳动份额变动主要是由于产业结构变动引起的，那么对产业结构进行调整将有效地提高劳动份额，如果产业结构的波动完全是由各行业自身的劳动份额的波动引起的，那么调整劳资关系则成为主要的政策手段。有鉴于此，本文对劳动者报酬进行了调整，调整后的数据表明中国 1978~2007 年来的劳动份额并没有明显下降，表现出相对稳定性的特征，接着，本文从经济的区域结构和产业结构的变动对其变动进行了进一步分解。

三、数据及分析方法

（一）劳动收入份额的数据来源

中国劳动份额的数据主要有五种来源：①相关年份的《中国统计年鉴》。自 1996 年开始，《中国统计年鉴》以收入法计算的国民收入项目结构列出了该年各地区 GDP 中劳动者报酬的数据，将各地区劳动者报酬加总，便可以粗略得到全国劳动者总报酬数据。②1952~1995 年的《中国国内生产总值核算历史资料》。该资料以分地区的形式列出了 1978~1995 年不同产业（三大产业）和行业（14 个行业）的劳动者报酬。③1996~2002 年《中国国内生产总值核算历史资料》。该资料列出了各地区 1996~2002 年的不同产业和行业的劳动者报酬。④《1952~2004 年中国国内生产总值核算历史资料》。该资料包括 1993~2004 年各地区三大产业和七个行业的 GDP 和劳动者报酬。⑤一些地区统计年鉴。一些省级单位的统计年鉴列有该地区劳动者报酬的数据，但各地区相关的劳动者报酬数据缺乏一致性，使用起来具有一定难度。利用上述数据，本文将各地区劳动者报酬按照地区和产业进行加总，便得到全国总劳动报酬和各产业的劳动者报酬，然后将其除以相应的 GDP 数据，则可以得到表 1，这种计算方式是国内以往研究通常采用的方法。

表 1　未调整的 1978~2007 年中国全国及三大产业劳动报酬份额　　　　单位：%

年份	总劳动份额	一产份额	二产份额	三产份额
1978	49.64	86.67	31.03	43.31
1979	51.45	86.55	31.40	45.79
1980	51.18	87.11	31.76	45.71
1981	52.71	88.40	31.72	45.70
1982	53.58	81.02	32.64	55.19
1983	53.54	87.12	30.95	44.91
1984	53.68	87.48	32.64	45.80
1985	52.74	87.82	34.54	42.72
1986	52.82	82.15	35.13	49.34
1987	52.02	85.56	35.46	43.33
1988	51.69	84.99	36.13	43.08
1989	51.55	84.34	37.25	38.15
1990	53.31	85.64	38.89	43.34
1991	52.12	79.64	39.04	47.67
1992	50.04	84.72	37.33	43.30
1993	49.49	85.69	39.36	42.05
1994	50.35	85.13	39.61	44.10
1995	51.44	86.08	41.52	43.81
1996	51.21	86.54	41.40	43.43
1997	51.03	86.41	42.04	43.67
1998	50.83	86.64	42.44	43.68
1999	49.97	86.47	41.88	43.74
2000	48.71	85.65	40.62	43.92
2001	48.23	85.44	40.29	43.93
2002	47.75	84.46	39.92	44.35
2003	46.16	83.44	38.75	43.36
2004	41.55	90.56	33.25	36.18
2005	40.24			
2006	39.81			
2007	41.80			

　　注：2004 年全国经济普查，劳动者报酬的统计口径发生细微变化，为了保证统计口径的可比性，笔者按照以前年份的统计口径计算了 2004~2007 年中国总的劳动报酬份额。

　　资料来源：1978~1995 年数据来自《1952~1995 年中国国内生产总值核算历史资料》，1996~2002 年数据来自《1996~2002 年中国国内生产总值核算历史资料》，2003~2004 年数据来自《1952~2004 年中国国内生产总值核算历史资料》，2005~2007 年数据来自 2006~2008 年的《中国统计年鉴》。

从未调整的数据来看，全国总劳动收入份额呈现先升后降的规律：1978~1984 年间，劳动报酬份额轻微上升，但之后基本保持缓慢下降趋势，自 1995 年起下降趋势明显，到 2007 年，劳动收入份额下降到 41.8%，比顶峰时期的 1984（53.7%）年下降了 11.9%，下降幅度超过 20%。从各产业劳动收入份额的变动来看，第一产业和第三产业的劳动收入份额有一定波动，但总体说来，这两个产业的劳动收入份额比较稳定。而第二产业的劳动收入份额在 1978~1998 年的 20 年间，呈持续上升的趋势，自 1999~2003 年则逐渐下降。表 1 暗含了全国总劳动收入份额下降的直观解释：由于第一产业的劳动收入份额远高于第二和第三产业（平均超过 1 倍），在经济结构转变过程中，随着第一产业在经济中的比重下降，其劳动收入在全国总劳动收入中的比重也逐渐下降，进而导致全国总的劳动收入份额下降。但正如本文所指出的，这种未经调整的劳动收入份额并不能真正反映中国劳动收入的变动情况，通过对自雇者劳动报酬的调整，本文得出了一个与此不同的结论。

（二）数据调整的原因及方法

基于两个主要的原因，本文认为我国劳动报酬的数据必须加以调整，否则将会严重错估中国改革开放以来的劳动收入份额变动的规律。

1. 劳动报酬份额的内涵

从古典经济学开始，劳动者获得工资收入，资本所有者获得利润，土地所有者获得地租，要素所有者各自获得相应报酬。劳动份额即劳动报酬占产出的比重，从内涵上讲，劳动报酬是劳动所有者付出劳动而获得的收入，居民所获得的资本性收入和土地收入不属于劳动报酬。在国民收入初次分配账户中，劳动者报酬由雇员报酬体现出来。按照联合国国民经济核算统计资料的解释，雇员报酬作为对雇员核算期内所做工作的回报，是由企业付给雇员的现金或实物报酬总额，但不包括任何由雇主支付的，按工资和薪金征收的税，如工薪税。计算劳动报酬时，一个现实问题是，一些劳动者不是雇员，而是自雇者。自雇者被定义为在其中工作的非法人企业的唯一所有者或共同所有者，为自己工作的人，既没有作为独立法人实体的特点，又不是独立的机构单位，完全为自给最终消费或自给资本形成而单独或共同从事生产的劳动者都属于自雇者。自雇者得到的收入是混合收入而不是纯劳动报酬，因此，从劳动报酬的内涵角度，自雇者的部分收入属于劳动报酬，而另一部分收入则应该属于资本性收入或土地收益。在计算劳动报酬份额时，应该剔除自雇者的资本性收入和土地收益。

2. 国际研究趋势

一直以来，欧美学者在劳动报酬份额的测度方面存在诸多争论，问题的关键在于究竟如何计算企业家和自雇者的劳动收入报酬。在早期劳动报酬份额的计量中，如凯恩斯（1939）、菲尔普斯和哈特（1959）等认为，劳动报酬的范畴比较窄，仅仅被视为普通工人的工资（Wage），不包括自雇者的收入，也不包括技术工人和管理者的薪水。随着企业家在劳动者中比例的逐渐增加和劳动报酬观念的变化，如何计算企业家和自雇者的劳动收入引起了学者的关注。一般认为，在企业家和自雇者的收入中，部分属于劳动报酬，部分属于资产性收入。乔根森（1954）将企业家收入的 2/3 划归劳动报酬，1/3 划归资本性收入，这种做法被广泛接受。[①]

工业化国家拥有质量良好的国民收入账户数据，其劳动收入份额的数据较为准确，发展中国家劳动收入份额的数据主要来自于联合国统计资料，仅包括雇员的劳动报酬，不包括企业家和自雇者的劳动报酬，戈林（Gollin，2001）认为这是导致国际统计中，发达国家的劳动报酬份额高于发展中国家的重要原因。他还认为，发展中国家的农业比例较高（多数属于自雇家庭劳动者），且一些发展中国家的工商业部门也存在大量自雇者。仅包含雇员劳动报酬的测度方法严重低估了发展中国家劳动报酬份额，他调整后的数据表明，如果考虑发展中国家

① Kravis 较早接受他的计算方法，认为企业家的劳动收入份额为 65%，资本性收入份额为 35%，参见 I. B. Kravis, "Relative Income Shares in Fact and Theory", The American Economic Review, 1959, Vol.49, pp.917–949。而一些学者的研究也证明该估计符合工业化国家的事实。麦迪森发现主要工业国家的资本收入份额普遍集中于 0.3 附近，而 Englander 和 GURNEY 通过调整自雇者的收入之后，发现 OECD 国家资本收入份额普遍在 0.3~0.35 之间变动。Yang 估计韩国的资本份额为 0.32，中国台湾为 0.29，新加坡为 0.53，中国香港为 0.37。参见 Maddison, Angus. 1987. "Growth and Slowdown in Advanced Capitalist Economies: Techniques of, (June), 649: 98.Quantitative Assessment", Journal of Economic Literature; Englander and Gurney. 1994. OECD Productivity Growth: Medium–Term Trends, OECD Economic Studies, No. 22 (Spring), pp.111–130; Young, Alwyn. 1994b. "The Tyranny of Numbers: Confronting the Statistical Realities of the East Asian Growth Experience", Working Paper No. 4680, Cambridge Mass: National Bureau of Economic Research。

自雇者的劳动报酬，其与发达国家的劳动份额差距明显缩小。现有国际研究普遍采用相应的方法对企业家和自雇者的劳动收入做出调整，以准确反映各国真实的劳动份额。从国际研究的现状和趋势来看，劳动份额计量问题的关键不在于是否要对企业家和自雇者的收入进行调整，而在于如何对其进行调整。

（三）中国劳动份额的调整

1. 现有劳动收入占比的调整方法

目前，国际存在多种劳动报酬份额的调整方法（见表2），各种方法都有其优缺点。从理论上讲，扬方法能够比较准确地计算出自雇者的资本性收入和劳动收入，但扬方法需要两个基本条件，一是详尽的微观数据资料，包括劳动者行业、性别、年龄和受教育程度，也包括自雇者的工作时间等；二是它对经济体中劳动力市场结构有要求，如果劳动力市场存在分割，自雇者的收入函数与雇员的收入函数存在较大差别，自雇者与性别、年龄、教育等相同的雇员的实际收入差距可能较大，扬方法计算出的雇员劳动收入便难以作为自雇者的劳动报酬。对于中国这样缺乏微观数据，又存在明显劳动力分割的国家来说，不适合采用扬方法。乔根森方法主要依据其对美国农业部门和非农业部门企业家和自雇者收入的计算，在计算工业化国家企业家和自雇者的收入时具有较强的指导意义，但在将其应用到中国劳动份额计量的问题上时需要谨慎对待。戈林的第一种方法就是中国国家统计局使用的方法（即本文所指的未调整的数据），把所有自雇者的收入都计入到劳动者报酬，这种方法对于那些缺乏自雇者收入数据的发展中国家来说，具有一定修正意义，但明显忽略了自雇者的资本收入和土地收入；戈林的第三种方法假定自雇者的劳动报酬与雇员的劳动报酬相同，明显不适合中国自雇者的劳动报酬的计量。在一个城乡差距较小，劳动力市场统一，劳动者可以自由选择被雇佣和自雇的经济中，用雇员劳动报酬表示自雇者劳动报酬具有一定的合理性，但中国农民纯收入远低于城镇职工的收入，该方法计算的自雇者劳动报酬将严重高估中国农民的劳动报酬。鉴于各种方法的优缺点和中国的实际情况，本文分别计算了乔根森和戈林的第二种调整方法。一个非常有意思的结论是：

乔根森方法和戈林方法计算的中国自雇者劳动报酬非常相近。按照乔根森方法，农民的家庭经营收入中有 2/3 属于劳动者报酬，有 1/3 属于资本（土地）所有。按照戈林的方法计算，中国第二和第三产业劳动收入与资本收入之比也大约为 2:1，那么，自雇者收入中也是 2/3 属于劳动者报酬，1/3 属于资本和土地所有。因此，本文认为中国自雇者的经营收入中，2/3 属于劳动，1/3 属于资本。

表2　自雇者经营收入的调整方法

	调整方法	研究的国家和地区
Young（1994）	自雇者与部门、性别、年龄和受教育程度相同的雇员具有同样的小时工资	韩国、中国香港、中国台湾、新加坡
Jorgasen（1954）	农业自雇者的收入有 64%，非农业自雇者的收入有 2/3 是劳动报酬	美国
Gollin①	自雇者的所有收入均属于劳动报酬	
Gollin②	自雇者与公司经营者有相同的资本和劳动分配比例	42 个不同发展水平的国家
Gollin③	自雇者与雇员有相同的劳动报酬	

资料来源：根据相关文献整理，具体见参考文献。

2. 中国劳动收入份额的调整

就我国的劳动收入而言，有三个地方需要调整：一是农民的劳动收入。自 1978 年以来，我国实行农村家庭联产承包责任制，农民是家庭联产承包经营者，属于典型的自雇者，有一部分纯收入来自资本和土地。国家统计局在计算农民的劳动报酬时，将农民的资本和土地收入也计入劳动报酬，考虑到中国农民的数量极其庞大，国家统计局的数据将会严重高估中国农业产业的劳动份额，进而高估中国总的劳动收入份额。二是城镇个体劳动者的经营收入。国家统计局将这部分劳动者的收入也全部算入劳动者报酬（2004 年之后又划归资本收入），在中国社会主义市场经济取向的改革过程中，城市个体经济发展非常迅速，将这部分人的资本收入也计入劳动报酬，将会高估中国劳动收入份额。三是企业家的收入。一般认为，国有企业的总裁、大公司的总经理这些企业家类型的劳动者获得的收入不全是劳动收入，有部分属于资本收入，统计年鉴将这部分收入计入到劳动者报酬，可能高估了中国劳动收入份额。但考虑到这部分收入在总劳动报酬中的份额不是很大，且难以获得企业家收入的具体数据，本文便不着重调整企业家的资本性收入。

考虑到同一数据在不同时期的统计口径存在差异，本文对农民的劳动报酬采取了有差别的调整方式。从 1978 年到 1992 年，农民纯收入来源分别为从集体统一经营中获得的收入、从经济联合体获得的收入、农民家庭经营收入及其他收入（借贷性收入等），借贷性收入无疑不属于劳动报酬的范畴；从 1993 年起，农村居民收入来源的统计口径则变为劳动者报酬、家庭经营收入和其他收入。根据我国实际情况，同家庭经营收入一样，农民从集体统一经营和经济联合体得到的收入也是一种混合收入，也包含了资本和土地收益。因此，需要把资本和土地收益从纯收入中剔除，从而得到真实的劳动者报酬，调整方式仍然是 2/3 归劳动所有，剩下的归土地和资本所有。对于 1993 年以后的数据，本文做了两种替代性处理。第一种处理仅调整家庭经营收入，工资性劳动报酬不做任何调整。实际上，毫无疑问，1993 年后，农民肯定从集体经营和经济联合体获得了一定收入，只是被划归到工资性收入项目中。第二种处理即根据 1983~1992 年的集体经营和经济联合体收入与农民家庭经营收入的平均比例来计算 1993 年起劳动者从集体和经济联合体获得的收入。1983~1992 年，农民从集体经营和经济联合体获得的收入与农民家庭经营收入保持着稳定的比例关系，大致在 0.1~0.14 之间波动，如果假定 1993 年以后，该比例也保持稳定，农民从集体经营和经济联合体获得的收入则可以通过农民家庭经营收入的一定比例来获得。具体说来，用某年农民家庭经营收入的 12% 来度量农民该年从集体经营和经济联合体获得的收入。两种方法比较起来，剔除农民从集体经营和经济联合体获得收入中的资本和土地收益后，1993 年后农业劳动收入的份额降低了 0.3~0.7 个百分点。

3. 调整后劳动收入份额的变动规律

根据上述方法，本文通过计算，得到调整后的 1978~2007 年中国劳动份额的数据，将这些数据制作成表，便形成表 3。[①]

---

① 通过调整统计口径，本文发现 2004 年统计口径的变动对 2004~2007 年劳动份额的变动影响较大，约有 1/4 的变动是由于统计口径的变动引起的。

表3　调整后劳动份额变动情况　　　　　　单位：%

年份	调整后的总劳动份额	总劳动份额变动值（下降值）	农业劳动份额	农业劳动份额变动值（下降值）
1978	40.12	9.52	53.85	32.82
1979	41.63	9.82	55.28	31.27
1980	40.79	10.40	54.56	32.55
1981	41.46	11.25	53.19	35.21
1982	41.15	12.43	43.70	37.32
1983	40.74	12.8	48.68	38.44
1984	41.37	12.31	49.73	37.75
1985	41.39	11.35	50.03	37.79
1986	41.94	10.88	44.41	37.74
1987	41.73	10.29	49.25	36.31
1988	41.95	9.74	49.39	35.60
1989	42.04	9.51	48.54	35.80
1990	44.30	9.01	50.86	34.78
1991	43.15	8.97	44.97	34.67
1992	42.92	7.12	53.79	30.93
1993	43.72	5.77	54.00	31.69
1994	44.64	5.71	54.51	30.62
1995	45.65	5.79	55.48	30.60
1996	45.30	5.91	54.89	31.65
1997	45.33	5.70	54.40	32.01
1998	45.59	5.24	55.89	30.75
1999	45.11	4.86	56.03	30.44
2000	44.42	4.29	56.56	29.09
2001	44.16	4.07	56.67	28.77
2002	44.08	3.67	57.63	26.83
2003	42.30	3.86	52.94	30.50
2004	39.19	2.36	66.13	24.43
2005	38.54	1.70		
2006	38.92	0.90		
2007	37.18	0.59		

资料来源：根据文中所述调整方法计算而得。

　　从全国总的劳动份额来看，其变动趋势是：1978~1990年保持着轻微上升的趋势，1991~1996年加速上升，1996年之后，总体出现轻微下降的趋势，而2002年之后呈现加速下降的势头，但直到2005年，中国劳动份额仍然与1978年持平，这说明劳动收入占比基本保持了稳定性。从不同产业的劳动收入份额来看，经过调整之后，农业部门的劳动收入份额明显下降，与非农部门的差异明显缩小。农业部门

1978~1981 年保持着较高水平劳动收入份额，1982~1991 年间，农业部门的劳动报酬下降，资本和土地收益比例上升，这说明经过家庭联产承包责任制使得资本和土地的配置效率得到了极大提高，其边际生产率快速提升，劳动收入份额也得到明显提高。非农产业的劳动份额总体呈现上升的趋势，1978~1995 年间，属于上升阶段，虽然 1998 年以后有轻微下降，但直到 2004 年，非农产业的劳动收入份额仍然明显高于 1978 年的水平。调整前后，劳动收入份额的变化主要体现在两方面，一是总劳动收入份额的趋势发生了变动，调整后，全国的劳动份额保持着相当的稳定性，并没有出现下降或者上升的趋势，而是轻微上升之后又缓慢下降，保持着稳定状态。二是农业部门的劳动份额与非农部门劳动份额的差距明显缩小，由调整前的相差一倍，逐渐缩小到相差不到 1/2。表 4 清晰地表明，无论是全国总的劳动收入份额，还是各产业的劳动收入份额，调整后的数据都表现出更大的稳定性。

表 4　调整前后劳动份额的描述性统计

变量	样本数	平均值	标准差	最小值	最大值
未调整的总劳动份额	30	49.93	3.40	41.77	53.68
调整的总劳动份额	30	42.36	1.74	37.77	45.00
未调整的农业劳动份额	26	85.43	2.03	79.64	88.40
调整的农业劳动份额	26	52.28	3.95	43.70	57.63
未调整的工业劳动份额	26	37.07	3.92	30.95	42.44
未调整的三产劳动份额	26	44.52	2.95	38.15	55.19
调整的非农劳动份额	26	39.75	2.47	34.52	42.75

4. 劳动收入份额趋势的简单检验

经济学中，可以利用模型来检验时间序列是否存在趋势。本文通过对时间序列的趋势变量加以分析，从而研究中国劳动收入占比是否存在下降趋势。一个劳动份额趋势模型可以简单设定为：

$$s_{it} = a + bt$$

式中，s_{it} 表示第 i 行业 t 时期的劳动收入份额；t 时间变量在 1978 年等于 1，2007 年等于 30；a 和 b 是参数。从本文的研究目的和数据结构来看，可以从三个方面来分析劳动收入份额的趋势，即全国劳动收入份额的总趋势，农业劳动收入份额变动的趋势以及非农产业劳动收入份额变动的趋势（见表5）。

表5　劳动份额的时间趋势检验结果

劳动收入份额	a	b		Adj R²
调整后的总劳动份额	41.85	0.05	(0.04)	0.01
未调整的总劳动份额	54.05	−0.25*	(0.05)	0.43
调整后的农业劳动份额	53.06	−0.65***	(0.34)	0.38
调整后的非农劳动份额	33.81	0.76*	(0.11)	0.83

注：*、** 和 *** 分别表示 1%、5%和 10%的显著性水平，括号内为标准差。

表 5 的结果表明，如果不对中国的劳动收入占比进行调整，以前研究的结果是可靠的，中国劳动收入份额从 1978 年到 2007 年，存在一个显著的下降趋势，且每年下降 0.25 个百分点（b=−0.25）。但是，在对自雇者的收入进行调整之后，全国总劳动份额并没有呈现上升或者下降的趋势，保持了相对的稳定性，而经过调整的农业和非农产业劳动收入份额则出现显著的变化趋势，农业产业的劳动收入份额呈现下降的趋势，非农部门的劳动收入份额呈现上升的趋势，这与在工业化和城市化过程中，城市劳动生产率的迅速提高不无关系。

四、国际视野下中国劳动份额波动的特征

到目前为止，我们得出中国总劳动份额长期保持着相对稳定性，那么，这一点与英美工业化过程中的情况比较接近，还没有涉及中国劳动份额究竟出了何种问题。这需要寻找一个参照物，没有参照物，我们就难以真正发现中国劳动份额长期存在的问题。因此，我们需要探索外国工业化过程以及当前劳动份额的特征与事实。

（一）一些国家工业化过程中劳动份额的波动

19 世纪中期到 20 世纪中期，资本主义经济高速发展，英国在 1880 年最终实现了工业国的蓝图，美国、加拿大和日本等国也完成了工业化，而作为新兴国家，韩国则在 20 世纪 50 年代末 60 年代初开始了快速的工业化过程。在这 100 年中，生产技术以前所未有的速度进步，工业化国家的人均资本、人均产出、经济结构、人口分布都发生

了巨大的变化。与欧美国家相似，在工业化过程中，中国人均产生、劳动力市场、人均资本、城市化出现了巨大变化。表6显示了美国和中国在工业化、城镇化过程中就业结构、经济结构和城市化水平的变动情况。1840年，美国三大产业占GDP的比重分别为44.6%、24.2%和31.2%，1925年分别为11.2%、41.3%和47.5%，与中国2007年的经济结构接近，美国1920年的城镇化率为51.2，也与中国2007年比较接近。因此，从经济结构与城市化水平来讲，2007年的中国接近20世纪20年代的美国。英国、日本和加拿大等国在工业化过程中也实现了农村和农业就业向城市和工业、服务业就业的转变，人均收入、人均产出也发生了较大变化。

表6　一些国家工业化时期的相关经济数据　　　　单位：%

		就业结构			经济结构			城市化水平	
		第一产业	第二产业	第三产业	第一产业	第二产业	第三产业		
美国	1840年	50.3	14.9	34.9	44.6	24.2	31.2	1860年	19.8
	1895年	40.2	29.1	30.7	25.8	37.7	36.5	1890年	35.1
	1925年	24.7	32.7	42.6	11.2	41.3	47.5	1920年	51.2
中国	1982年	68.1	18.4	13.5	28.2	47.9	23.9	1982年	21.1
	1995年	52.2	23.0	24.8	19.9	47.2	32.9	1995年	29.0
	2007年	40.8	26.8	32.4	11.3	48.6	40.1	2007年	44.9

在工业化、城镇化的过程中，一些国家的劳动份额在较高水平上保持稳定，如美国1850~1950年间劳动份额在75.5%~78.1%之间小幅波动，英国1850~1913年间的劳动份额则在55.4%~58.7%之间波动，日本虽然在1938~1950年间劳动份额波动较大，但其从1900年至1965年间总体上比较稳定。另一些国家劳动份额则呈现明显上升的态势，加拿大从1920年的49.2%逐渐上升到1970年的56.6%，韩国更是从1953年的25.8%猛增至1993年的60.6%（见表7）。但中国则一直保持在40%~44%之间，既没有明显上升又没有明显下降。

（二）当前各国劳动份额的比较

再从当前劳动份额的情况来看，中国仍然处于较低水平。从表8中的国家来看，总劳动份额普遍较高，而中国2000年劳动份额仅为44.4%，远低于其他国家。

表7 各国工业化期间劳动份额的变动   单位：%

美　国	78.1	78.4	78.7	77.6	76.5	76.0	75.5	76.6	77.7	76.8	76.0
日　本	67.8	67.5	62.9	55.0	56.9	58.0	57.2	48.1	70.3	67.1	66.7
英　国	57.8	56.4	55.9	56.5	55.7	55.4	58.7	56.5	58.4	54.7	56.0
加拿大	49.2	45.9	48.5	44.0	45.3	47.8	48.9	51.5	52.7	55.3	56.6
韩　国	25.8	30.1	37.4	37.8	41.4	40.6	52.1	53.9	59.0	60.6	

注：英国为1856年、1860~1905年间隔5年的数据和1913年数据。美国1924年和1860~1910年间隔5年平均数据。日本为1900~1930年间隔5年数据和1938年、1955年、1960年和1968年数据。加拿大为1920~1970年间的间隔5年的数据。韩国为1953年、1955~1990年间隔5年的数据和1993年数据。日本为第二、三产业加总的劳动份额。

表8 1970~2000年各国包括自雇者的总劳动份额   单位：%

国家	1970年	1975年	1980年	1985年	1990年	1995年	2000年
日本	57.5	70.4	69.1	68.3	68.0	71.8	70.2
德国	64.1	67.5	68.7	68.7	62.1	62.1	61.7
美国	72.1	72.0	72.3	72.3	71.4	71.2	71.4
英国	71.5	73.8	70.8	67.9	71.8	68.3	73.1
韩国	41.4	40.6	52.1	53.9	59.0	60.6	61.0
中国		40.1	40.8	41.4	44.3	45.7	44.4

资料来源：Icoletta Batini，Brian Jackson and Stephen Nickell：Inflation Dynamics and the Labor Share in the UK.

通过对发达国家类似阶段与新兴工业化国家劳动收入占比的比较，恐怕我们不得不得出一个令人沮丧的结论，在中国经济高速发展、快速的工业化和城镇化过程中，劳动收入占比却在较低的水平上保持稳定，似乎中国的劳动收入占比已经陷入了低水平陷阱的均衡。

五、中国劳动份额陷入低水平陷阱的原因与结论

从表3可以看出，产业间以及短期劳动收入份额的变动要明显大于总的、长期的劳动份额的变动，那么，是什么因素导致了总劳动收入份额的相对稳定性呢？一种分析方法是将劳动收入份额逐一分解，进而来分析各因素对其变动的影响，通常采用的分解因素包括产业间因素和产业内因素。菲尔普斯·布朗和哈特（E. H. Phelps Brown，P. E. Hart，1951）较早从结构变动来解释劳动收入占比的稳定性问题，克拉克（M. Kalechi，1938）和丹尼森（P. Denison，1954）则利用基期

不变权重的部门结构分别分析了美国制造业和商业的劳动份额问题，这给罗伯特·索洛提供了一个度量劳动收入占比波动的思路。索洛利用劳动收入份额的时间序列的方差来表示收入份额变动的大小，并从经济结构的变动来分析劳动收入份额的变动。因此，劳动份额的总变动应该是部门内部劳动份额的变动与部门间劳动份额变动之和，下面将首先讨论行业内劳动份额的变动对总劳动收入份额的影响（行业内效应）。

1. 劳动份额低水平陷阱变动的产业内原因分析

由于经济总是由不同产业产值的加总而形成的，因此，长期低水平稳定自然使我们思考是不是因为行业内劳动份额长期低水平的稳定性。但如果我们将1978年以来中国各产业劳动份额的时间序列进行比较之后（见表9），将发现一个令人吃惊的结果，中国自1978年以来各行业的劳动份额要么保持基本稳定，如农业、国家机关、教育体育文化卫生事业、社会服务和商业；要么总体呈现上升的趋势，工业部门从1978年的26.8%上升到2002年的38.9%，邮电运输业从32.3%上升到45.2%，金融保险从9.1%上升到26.5%。似乎中国劳动收入份额的时间序列本身并没有出现问题。各行业间劳动收入份额存在较大差异，从工业部门最低的0.268到国家机关部门最高的0.818，相差了3倍多，而且还表明不同行业劳动收入的变动存在较大差异，邮电运输业、金融保险和建筑业劳动收入份额变化最大（其方差分别为0.0041、0.0041和0.0035），房地产服务和国家机关的劳动收入变动则相对较小

表9　1978~2002年中国各行业劳动份额　　　　　单位：%

产　业	1978年	1985年	1990年	1995年	2002年
农业	53.9	50.0	53.7	58.7	59.6
工业	26.8	30.2	35.2	41.0	38.9
建筑业	69.7	67.2	68.6	62.0	62.5
邮电运输	32.3	36.0	35.5	47.9	45.2
商业	44.8	42.9	49.9	52.5	51.3
金融保险	9.1	10.3	9.1	15.4	26.5
房地产服务	6.9	6.3	6.1	9.8	12.7
社会服务	59.1	56.7	55.3	59.9	58.4
教体文卫	79.4	76.7	77.6	79.2	77.9
国家机关	81.8	81.3	77.8	84.5	83.3

（方差分别为 0.0009 和 0.00019）。通过计算，1978~2002 年中国劳动收入份额的总变化（方差）为 0.000214，它明显不同于在产值权重不变假定性的劳动收入份额的变动（方差为 0.00084）。这说明了两个问题：第一个问题是行业内劳动收入份额的变动较为明显，是总劳动收入份额变动（方差）的近 4 倍。第二个问题是产业间劳动收入占比的变动并不是独立的（实际方差与理论方差存在较大差异），它们之间存在较强的相关性，呈反方向运动，从而导致各自的劳动收入变动相互抵消。

但是，如果我们将中国各行业的劳动份额与世界其他国家相比，则将发现中国许多行业的劳动份额明显低于其他国家。从工业来看，发达国家工业部门劳动份额都高于中国，特别是德国 2002 年工业的劳动份额是中国的两倍（见表 10）。第三产业同样如此，中国 2002 年第三产业的劳动份额甚至还低于印度（见表 11）。因此，从产业内的劳动份额来讲，中国各产业劳动份额明显低于其他国家是导致中国劳动份额长期处于低水平的重要原因。

表 10　1970~2002 各国工业部门劳动份额　　　　　　　　　　　　　　单位：%

国　家	1970年	1975年	1980年	1985年	1990年	1995年	2000年	2002年
德　国	59.5	62.8	65.0	64.9	65.9	73.7	71.9	71.3
英　国	72.3	78.8	67.9	59.2	66.7	57.0	58.6	60.4
美　国	66.2	63.0	64.6	60.1	58.4	56.5	52.4	57.9
日　本	39.0	52.6	47.4	47.8	48.7	58.8	50.4	
加拿大	62.8	59.4	52.7	51.3	55.9	47.6	41.4	45.4
韩　国	40.2	37.2	40.6	39.3	44.8	37.6	42.5	45.2
中　国		26.8	27.8	30.2	35.2	41.0	38.9	38.8
印　度	62.1	63.8	59.2	33.1	32.3	30.0	32.5	29.2

表 11　各国第三产业劳动份额　　　　　　　　　　　　　　单位：%

国　家	1970年	1975年	1980年	1985年	1990年	1995年	2000年	2005年
英　国	65.1	68.0	67.1	64.1	62.6	60.3	62.5	61.6
加拿大	64.5	66.1	67.0	64.1	69.3	58.6	59.6	59.6
美　国	58.4	59.2	59.3	57.1	58.5	57.9	59.2	58.3
德　国	52.4	62.9	55.3	55.3	53.5	56.4	56.6	55.6
韩　国	43.2	40.2	46.9	47.3	50.8	49.5	52.7	53.1
印　度	74.9	75.9	76.0	45.0	45.8	38.3	42.2	38.6
中　国		43.3	45.7	42.7	43.3	43.8	43.9	36.2
日　本	45.1	54.6	55.5	54.8	53.0	54.5	40.1	

2. 产业结构变动的影响

由于不同行业劳动份额相差较大，因此，各产业结构的变动也会引起劳动份额的波动。因此，我们自然可能考虑中国劳动份额的长期稳定与产业结构变动的关系，另外，由于产业结构变动是经济增长的自然过程，我们也希望通过产业结构的变动来解决劳动份额中的问题。我们可以通过标准化的方法来探讨产业结构的变动对中国劳动份额的影响。通过标准化的比较，我们发现，产业结构的变动是引起劳动份额变动的主要因素，且其变动不利于劳动报酬，如果产业结构不发生变动，中国 2002 年的劳动份额将会是 47.7%，高于实际劳动份额（43.7%）4 个百分点；同时，我们还可以看出产业结构对劳动份额的影响主要是从 20 世纪 90 年代以后开始发生的，1978~1990 年间产业结构的变动对劳动份额的影响相对较小（见表 12）。

表 12　通过标准化方法得到的产业结构变动对劳动份额的影响　　单位：%

	1978 年	1985 年	1990 年	1995 年	2000 年	2002 年
以 1978 年产业结构计算的标准值	40.0	40.2	43.9	48.8	48.1	48.2
以 1990 年产业结构计算的标准值	39.3	39.4	42.6	47.6	47.4	47.7
实际的劳动份额	40.0	41.4	43.5	45.0	44.0	43.7

另外一个令人感兴趣的问题是：我国正在经历结构调整的过程，那么产业结构的调整和升级能够促进中国劳动份额提高吗？当前我国产业结构的升级就是第一、第二产业比重下降，第三产业比重上升的过程。由于发达国家和一些新兴工业化国家已经实现了产业高级化，因此我们可以分析：如果中国达到一些新兴工业化国家和发达国家的产业结构水平，劳动份额是否会明显提升呢？表 13 是按照其他国家产业结构计算的中国劳动份额。从总的情况来看，虽然产业结构升级将导致中国劳动份额有所提升，但是提升的幅度明显较小，也就是说，中国产业结构的升级对提高劳动份额的作用不大。比较例外的是如果按照日本产业结构计算，中国劳动份额提高相对较大，达到 49.3%，也就是说，如果中国产业结构按照日本产业模式升级，中国劳动份额将得到比较明显的提升。这是因为日本政府、社会和私人服务部门的

产值比重较高，达到 31%，明显高于其他国家（韩国 17%，加拿大 21%，美国和德国 23%，英国 22%），但在金融业方面日本又明显低于其他国家，为 18%（韩国 22%，加拿大 26%，美国 32%，德国 29%，英国 30%），而中国政府、社会和私人服务部门劳动份额为金融业劳动份额的 3 倍多，因此产业结构向政府、社会和私人服务业的转移将明显提升中国劳动份额。

表 13　按照其他国家产业结构标准化的中国劳动份额（单位：%）

项　目	1980年	1985年	1990年	1995年	2000年	2002年
按照韩国标准化	42.5	41.4	43.4	47.4	45.8	45.4
按照日本标准化	42.4	42.7	44.6	49.1	48.1	49.3
按照美国标准化	46.1	42.4	42.1	45.8	45.4	45.8
按照加拿大标准化	40.1	38.5	40.3	45.0	45.3	46.1
按照德国标准化	44.0	43.5	46.2	45.5	46.1	46.3
按照英国标准化	41.2	40.3	41.4	45.8	46.2	46.5
按照丹麦标准化	47.2	45.0	45.4	47.0	47.1	47.6
中国实际劳动份额	40.8	41.4	44.3	45.7	44.4	44.1

那么，为何韩国等国工业化过程中产业结构的变动推动了劳动份额的上升，而中国却不能呢？与中国不同，韩国工业化过程中劳动份额迅速上升，是三种原因导致了这种结果。第一种，韩国农业份额较低，明显低于其他产业，产业结构从农业向其他产业的转移有利于劳动份额的提高。第二种，工业化过程中韩国各行业劳动份额也普遍迅速上升，即便是产业结构不变，行业内劳动份额的上升也能推动总劳动份额提高。第三种，韩国工业化过程中劳动份额高的服务业部门的产值上升迅速，加速了韩国总劳动份额的提高。中国劳动份额的变动则没有出现类似韩国的情形。首先，中国农业部门劳动份额较高，明显高于第二、第三产业的劳动份额。农业向第二、第三产业的转移不仅不会提高劳动份额，还可能降低了劳动份额。其次，当前中国产业结构主要是从第一、第二产业向第三产业转移，第三产业既有明显高于第二产业的部门，如社会服务、政府服务部门，也有明显低于第二产业的部门，如金融和房地产服务业，而发达国家恰好是金融部门和政府、社会服务业的比重较高，虽然产业向政府、社会服务业的转移

能够提高中国总的劳动份额，但向金融和房地产服务业的转移则会明显降低中国总的劳动份额，因此，产业结构变动对劳动份额的影响被相互抵消了，中国产业结构的升级难以明显提升劳动份额。

3. 结论

通过对现有劳动报酬数据的调整，本文发现，与以往对中国劳动收入份额问题的研究结论相反，1978~2006 年间，虽然经历了 1978~1998 年的轻微上升，然后又经历了 1999~2006 年的轻微下降的过程，中国劳动收入份额具有长期的相对稳定性，但这种稳定处于低水平的均衡状态。从中国产业结构调整的前景来看，产业结构调整也难以明显提高总的劳动份额。因此，中国劳动收入分配的主要问题是行业内劳动份额普遍较低的问题，也就是劳资关系的问题。该结论可由我国经济增长过程中政治经济现实来解释。在改革开放之前以至改革开放初期，物质资本相当贫乏，为了增加物质资本积累，国家实行了以工补工的政策和压缩城市劳动者工资的方法，经济增长中的积累得以实现，早期的劳动收入与低消费、高积累的国家政策紧密相关，劳动收入占总体经济的比例相对较低，随着市场化进程的深入，劳动力市场逐渐开放，从理论上讲，在增量经济中劳动者的工资受到低消费、高积累政策的影响较小，劳动收入份额有所提升，但随着中国对外贸易对经济增长的影响，中国逐渐融入世界经济体系化，资本对劳动的优势又对中国劳动收入份额带来了不利影响。因此，提高劳动份额的根本措施还是改善劳资关系，提高劳动者的社会保护力度，建立集灵活与安全于一体的劳动力市场。

参考文献

1. Andew T. Young. "One of the Things We Know that Ain't So: Is U.S. Labor's Share Relatively Stable?", Working Paper, April 2006, University of Mississippi.

2. Ben S. Bernanke Refet S. "Gurkaynak is growth exogenous? Taking mankiv,

romer and weil seriously", NBER Working Paper 8365, 2001.

3. Carmen G. Ruiz. "Are Factor Shares Constant? An Empirical Assessment from a New Perspective", Working Paper, November 2005, Universidad Carlos II.I.

4. D. Gale Johnson. "The Functional Distribution of Income in the United States, 1850-1952", The Review of Economics and Statistics, 1954, 36 (2): 175-182.

5. Ferguson, C. E. and Moroney, J. R. "The Source of Change in Labor's Relative Shares: A Neoclassical Analysis", Southern Economic Journal, 1969, 35 (4): 308-322.

6. Gollin, D. "Getting Income Shares Right", Journal of Political Economy, 2002, 110 (2): 458-475.

7. Gomme, Paul and Rupert, Peter. "Measuring Labor's Share of Income", Policy Discussion Papers, Federal Reserve Bank of Cleveland, 2004, (Nov).

8. James W. Beck. "An Interindustry Analysis of Labor's Share", Industrial and Labor Relations Review, Vol. 11.No. 2 (Jan., 1958): 231-246.

9. Kaldor, N. "Capital Accumulation and Economic Growth", in F. A. Lutz and D. C. Hague, eds., The Theory of Capital. New York: St. Martin Press, 1961.

10. Keynes, John M. "Relative Movements of Real Wages and Output", Economic Journal, 1939 (March): 34-51.

11. Krueger, Alan B. "Measuring Labor's Share", American Economic Review, 1999, Vol. 89 (2) (May): 45-51.

12. Paul Gomme. Peter Rupert Measuring Labor's Share of Income Nov. 2004FRB of Cleveland Policy Discussion Paper No. 7.

13. Samuel Bentolila Gilles Saint-Paul. "Explaining Movements in Labor Share", Contributions to Macroeconomics, 2003, 3 (1): 1-31.

14. Simon Kuznets. Modern Economic Growth: Rate, Structure and Spread, New Haven: Yale University Press, 1966: 168-169.

15. Solow, R. M. "A Skeptical Note on the Constancy of Relative Shares", American Economic Review, 1958, 48 (4): 618-631.

16. Zuleta, H. "Why Labor Income Shares Seem to be Constant?", Working Paper, March, 2007, Universidad delRosario.

17. 白重恩、钱震杰、武康平:《中国工业部门要素分配份额决定因素研究》,《经济研究》2008 年第 8 期。

18. 徐现祥、王海港：《我国初次分配中的两极分化及成因》，《经济研究》2008 年第 2 期。

19. 李稻葵、刘霖林、王红领：《GDP 中劳动份额演变的 U 型规律》，《经济研究》2009 年第 1 期。

20. 李扬、殷剑峰：《中国高储蓄率问题探究》，《经济研究》2007 年第 6 期。

21. 罗长远：《卡尔多"特征事实"再思考：对劳动收入占比的分析》，《世界经济》2008 年第 11 期。

民工荒现象：成因及政策含义分析

人口与劳动经济研究所　蔡　昉

实际上，早在 2009 年年中，中国经济从全球金融危机冲击中初步复苏时，就在局部地区出现了民工荒现象，2010 年春节后，这种现象更为普遍，发展成包括劳动力输出地在内的全国性劳动力短缺。由于民工荒现象对于中国经济影响面广，其发生与以往对于劳动力市场的认识形成巨大的反差，面对这个现实出现了多种反应和声音。总体来说，无论是媒体、受众，还是学者或政策研究者，皆"闻风而动"，反应强烈，提出了各自的看法。然而，对这种现象的解释因人而异，见仁见智。这些解释分别触及问题的各个方面，在形成了一定共识和认识的互补性的同时，也可以发现这些解释缺乏前后一致性，不仅使读者愈加迷惑，还会令政策制定者无所适从。

对于现实生活中一种现象的有益理论解说，最重要的莫过于理论上的一致性或一贯性。虽然人们发现，许多若干年前对笔者做出刘易斯转折点到来和人口红利开始式微的判断持批评态度的学者，如今改变了看法，使用了几乎完全相同的用词，众口一词地解释这一轮民工荒，但是，如果在理论逻辑上仍然没有把过去多年劳动力市场发生的变化联系在一起，把自己的分析统一在一个一以贯之的框架内，同样的话语依然反映不同的信息，面对那些否认劳动力供求关系发生了根本性变化的义正词严的说法，就缺乏理论的自信，甚至无言以对，更谈不上为决策者提供正确的政策建议。本文尝试从短期与长期、现实与理论、认识与政策相统一的角度，对民工荒现象进行解说，并揭示其背后的政策含义。

一、人口转变：民工荒产生的深层背景

民工荒现象归根结底是一种劳动力市场供求关系表现，既有其宏观经济周期因素，更反映长期人口结构变化趋势。劳动力供给的基础是劳动年龄人口。在经济高速增长期间，中国整体上具有劳动力无限供给的特征，即作为以往婴儿潮的回声，劳动年龄人口高速增长，其占总人口的比重迅速提高，为经济增长提供了人口红利。随着中国人口转变早已进入到低生育阶段（早在 20 世纪 90 年代后期总和生育率就下降到替代水平之下），劳动年龄人口的增长已经显著减慢。2000年以来，劳动年龄人口的增长率已经开始迅速减缓，每年平均只有 1%略强，并预计在 2015 年转为负增长。

目前城市经济增长所需要的劳动力供给主要来自农村，由于农村劳动年龄人口的增长率也在减慢，外出农民工的数量在金融危机之前就处于逐年减少的态势。据估算，农业剩余劳动力已经接近于吸纳殆尽（Cai and Wang, 2008），到 2015 年，农村向外转移的劳动年龄人口数量不足以补偿城市的需要量，此后劳动年龄人口呈现负增长，比总人口负增长提前 10 余年（见图 1）。因此，长期的劳动力供求格局已经发生了变化，这是用工荒的根本原因。可见，劳动力短缺绝不是杞人忧天，而且，如果从今天起我们就开始对劳动力短缺忧心忡忡，那么在今后，这个担忧似乎将无休无止。论证刘易斯转折点是否到来的证据可以有很多，但最重要的，则是这里揭示的人口转变的阶段和人口变化的趋势。

经济发展到达刘易斯转折点，对于一个发展中国家具有至关重要的意义，因为只有通过了这个转折点，传统经济部门与现代经济部门的劳动边际生产力才开始逐步接近，以至最终达到消除差距，二元经济结构特征消失的商业化点（Lewis, 1972; Ranis and Fei, 1961）。因此，做出刘易斯转折点到来的判断，总体上并不应该引起任何担忧。

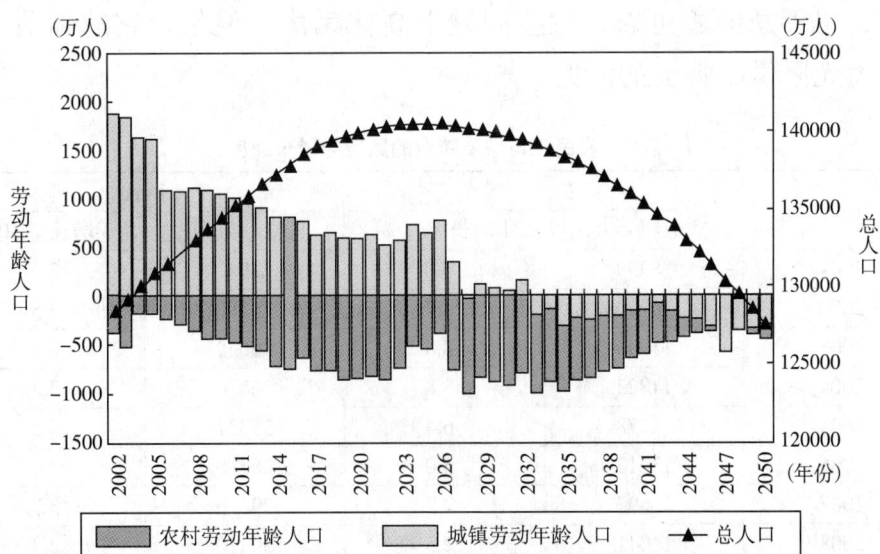

图1 中国总人口和城乡劳动年龄人口增量预测

资料来源：胡英，2009。

相反，由于刘易斯转折点是否到来并不仅仅具有单纯的概念性意义，而是对客观经济发展规律的自觉把握。因此，正确地预见到这个转折点的到来，或者退一步说，及时正视已经发生的现实，并认识到新的发展阶段所面临的新机遇和新挑战，对于政府的经济发展政策、企业决策和劳动者行为来说，都将具有极其重要的启示作用，非如此不能继续保持和深入发掘经济增长可持续性的源泉。应该说，正是由于若干年前学术界与政策研究领域没有对刘易斯转折点的初现端倪给予足够的重视，在理解如今更加强烈的民工荒现象时，理论显得如此捉襟见肘。

上述人口转变的趋势也反映为外出农民工的增量在金融危机以前已经开始逐年减少。虽然外出6个月以上的农民工人数从2000年的7849万人迅速增加到2008年的1.4亿人，但是增长速度却已经显著地降低。另外，不包括农民工在内的城镇就业总量却继续增长，保持稳定的增长速度（见表1）。如果我们把城镇就业增长趋势作为经济增长对于劳动力需求的显示性指标的话，则意味着不断出现的劳动力短缺具有其劳动力供给与需求关系上的根源。对于二元经济发展来说，这种新趋势虽然并不意味着劳动力供给的枯竭或者劳动力供求关系的不平衡，也不意味着可以在就业问题上高枕无忧，但是，它的确预示着劳动力无限供给特征的消失。

表 1　农民工与城镇就业的数量与增长速度

年份	农民工		城镇就业	
	人数（万人）	年增长率（%）	人数（万人）	年增长率（%）
2001	8399	7.0	23940	3.4
2002	10470	24.7	24780	3.5
2003	11390	8.8	25639	3.5
2004	11823	3.8	26476	3.3
2005	12578	6.4	27331	3.2
2006	13212	5.0	28310	3.6
2007	13697	3.7	29350	3.7
2008	14041	2.5	30210	2.9
2009	14500	3.3	31312	3.6

资料来源：国家统计局（2009）；国家统计局农村社会经济调查司（历年）；2009 年数字来自国家发展和改革委员会（2010）。

二、成长的烦恼：在劳动力市场变化中看民工荒

农民工的前身是农村剩余劳动力。因此，农民工劳动力供给特征的变化，是伴随着劳动力流动制度性障碍的逐渐清除，从而劳动力市场逐步得到发育，农村剩余劳动力长期转移的结果。在由城乡分割政策所维系的典型二元经济结构下，农业中积淀了大量的剩余劳动力。虽然每一个人都可以被看做是相对于土地而言过剩的劳动力，却分享着农业的平均产出，处于制度性就业的状态，取得制度性收入。相应地，劳动力市场长期受到抑制，不能作为劳动力资源配置的手段。

如图 2 所示，由于农村劳动力转移和跨地区流动是依靠劳动力市场推进的，因此，在改革时期，随着劳动力持续转移，农业中劳动力剩余的程度逐渐降低的同时，劳动力资源由市场机制配置的范围则日益扩大。事实上，随着刘易斯转折点的到来，作为这个劳动力重新配置的结果，农民工成为非农就业的主体。由于他们特殊的人力资本禀赋，即具有初级中等教育水平为主，大多数没有专用性的技能，以及他们因缺乏社会保障而不能承受失业或退出劳动力市场，从而倾向于

接受较低的保留工资，因此，这个群体遭遇结构性和摩擦性自然失业的可能性比较低，却是周期性失业的困扰对象。与此同时，随着市场在劳动力资源配置和调节中的作用越来越大，很自然会出现这样的现象，即在经济低迷时期，农民工就业首当其冲；而在经济景气、增长速度较快的时期，农民工又成为劳动力短缺的主要代表。

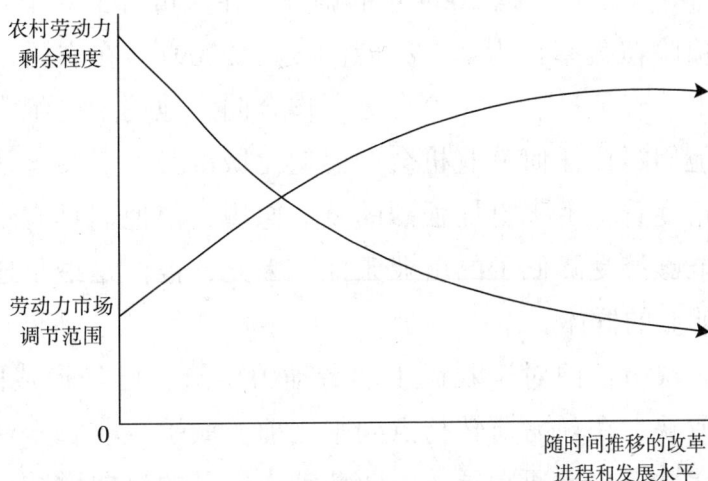

图 2　农村剩余劳动力转移与劳动力市场调节范围

通过观察农民工在中国遭遇金融危机冲击期间，究竟是如何调适自身的劳动力市场状态，可以验证上述关于刘易斯转折点到来与劳动力市场结构变化之间的关系假说。

首先，农民工不会轻易退出非农产业的劳动力市场。由于农业生产方式对于劳动力大规模稳定外出做出了长期的调整，转移出的劳动力已经不再为农业生产所需要，他们的转移具有了不可逆性。农业技术变化逐渐从早年的不重视劳动生产率，转向以节约劳动力为导向。从农业机械总动力来看，改革开放 30 年期间始终是以比较稳定的速度在增长。在基数增大的情况下，近年来并没有丝毫减慢的迹象。而更为显著的变化，是农用拖拉机及其配套农具的增长趋势和结构的变化，即大型农机具增长明显加快，反映出农业技术变化的节约劳动倾向。在 1978~1998 年的 20 年中，农用大中型拖拉机总动力数年平均增长2.0%，小型拖拉机总动力数年平均增长 11.3%；而在 1998~2008 年的10 年中，大中型拖拉机总动力数年平均增长率提高到 12.2%，小型拖拉机动力数增长率则降到 5.2%。拖拉机配套农具的消长也类似，大中型配套农具年平均增长率从前 20 年的 0%提高到后 10 年的 13.7%，小型配套农具增长率从前 20 年的 12.1%降低到 6.9%。

其次，农民工没有失业保险，也不能得到城市最低生活保障，并常常被城市政府的就业扶助项目所遗漏，因此承受不起长期失业，必须加倍努力寻找工作。据 2009 年的调查，在城市打工 6 个月以上农民工的失业保险覆盖率仅为 3.7%（盛来运，2009）。在农村没有就业机会的情况下，春节过后，无论有无工作合同，他们中的绝大多数要回城寻职，他们抓住任何就业机会的愿望比城市劳动者要迫切得多。而从另一个角度看，由于更加强烈的就业愿望，使他们具有较低的保留工资，也能够接受降低了的就业条件，因此，他们是最早通过自身的调整恢复就业的群体。

最后，城市部门对于农民工的劳动力供给，已经形成刚性需求，不可须臾或缺。在刘易斯转折点到来之前，城镇或非农产业对劳动力需求的周期性变化，通常导致农业劳动力数量的反向增减，即农业就业规模不是由自身需求决定的，在统计意义上是一个余项，农业仍然是剩余劳动力的蓄水池。而在转折点到来的情况下，城镇和非农产业的劳动力需求波动，则较少引起农业劳动力的反向变化。即一方面农业不再具有消化剩余劳动力的功能；另一方面城镇和非农产业调节劳动力市场短期供求变化的能力也增强了。其结果是，农业不再作为剩余劳动力的蓄水池。

大约以 20 世纪 90 年代中后期为转折点，在此之前，非农产业就业增长率与滞后一年的农业就业增长率的波动都比较剧烈，统计上有较大的变异程度。由于劳动力总量在继续增长，两类就业在多数年份都是正增长，并且由于农村劳动力转移要求迫切，受非农产业就业的约束性很强，两个增长率之间的关系并不稳定。在转折点之后，在两个就业增长率变异程度明显降低的同时，两者之间呈现显著的负相关关系，在 1998~2008 年期间两者相关系数为–0.748，农业就业以负增长为主。也就是说，只有到了这个发展阶段，非农产业就业的增长和农业就业的减少才成为常态，并具有了密切的相关性。但是，这种相关性更多的是非农产业对农业劳动力的拉动效果，而不是排斥效果。因此，只要有经济复苏，就必然形成对农民工的劳动力需求。

值得指出的是，民工荒也有其形成的制度因素，即制度性分割妨碍劳动力市场自发进行供求关系调节。虽然劳动力流动成为普遍现象，但是由于户籍制度的存在，农民工还不能把打工地当做自己的永久居住地，不仅经常性、季节性地返乡，还把农村作为养老归宿。这样，劳动力市场就形成了一种地理意义上的割裂：劳动力需求在沿海地区和城市，劳动力供给在中西部农村。这种分割妨碍了劳动力市场发挥自发调节供求和重新配置资源的功能。例如，在金融危机冲击的初期，当东莞有大量农民工失业返乡时，泉州等地仍然遭遇用工荒，就是由此造成的。

三、冬天里的春天：转折点与劳动力市场波动

有趣的是，发生在 2008 年和 2009 年的金融危机，不仅没有改变伴随刘易斯转折点而来的各种劳动力市场变化趋势，相反，其短期内发生的戏剧性变化，以更加明白无误且栩栩如生的方式，把诸多挑战与机遇呈现在我们面前。就业既是经济增长的重要因素，也关乎民生，因此，21 世纪的第一个 10 年与第二个 10 年相交之际，是中国经济一个十分关键的时刻，回顾 2009 年劳动力市场状况也好，预测 2010 年新的变化，甚至展望更远的前景也好，都需要更加紧密地与经济发展阶段的变化相结合。金融危机期间应对劳动力市场冲击的效果，可以清晰地展示转折点到来后会给劳动力市场周期表现带来什么新特点。

金融危机期间国家实施的一揽子刺激性投资方案及其所推动的经济回暖，是 2010 年春节后突发民工荒的直接动因。为应对金融危机，中央实施了积极的财政政策和适度宽松的货币政策，有效地保持了经济平稳较快增长，也促进了就业再就业，城镇登记失业率在 2008 年比上年提高 0.2 个百分点之后，在 2009 年 4 个季度中，几乎没有发生变化，稳定在 4.3% 的水平上，而调查失业率在一度攀升之后，从 2009

年上半年就开始下降。

一项根据投入产出表进行的计量研究（Cai，Wang and Zhang，2010）显示，一揽子刺激性投资政策更是创造了新的就业岗位。在4万亿元刺激性投资方案下，模拟得出的GDP产出为8.8万亿元，拉动非农就业5135万人，相当于2008年全部非农就业的11.0%。而在以往的常态投资方案下，4万亿元的投资，GDP产出为8.4亿元，拉动非农就业4482万人，相当于2008年全部非农就业的9.6%。可见，总体来说，刺激方案比常态投资结构可以多创造14.6%的就业岗位。同时，刺激性投资与以往的投资结构相比，制造业从占全部投资的45%下降到只占7%；而由于基础设施建设占大头，建筑业投资从46%增加到76%；同时也提高了对服务业的投资份额，比重从9%增加到17%。农民工因此而增加了就业机会，就业结构也得以调整。

经济复苏和农民工就业调整的过程正是如此发展的。面对出口减少的冲击，他们先是从制造业转到服务业，随着宏观经济刺激计划的实施，他们又在建筑业发现了大量新的就业机会。此外，刺激性投资和产业振兴计划都具有向中西部地区倾斜的特点，加上金融危机前和金融危机过程中劳动密集型产业的转移，使得中西部地区就业岗位增加。2009年12月的一份调查显示，在全年农村劳动力流动规模扩大的情况下，县内和省内的劳动力流动比例提高，而跨省就业的比例比上年下降了6.4个百分点。在总体上劳动力供求关系已经发生变化，同时应对金融危机措施最终满足了农民工就业需求的情况下，一旦出口开始恢复，大批订货产生大规模用工需求，用工荒现象就不可避免会出现。

即使是暂时性出现的民工荒，也与刘易斯转折点的来临有关系。随着转折点的到来，农民工工资已经连续数年大幅度上涨，而且，实际上外出务工收入的很大部分还没有统计在农民家庭收入内，如果充分统计，农户从劳动力流动中获益还会更多（蔡昉、王美艳，2009）。相应于农民家庭收入水平的提高，新生代农民工挣钱的压力减小，对闲暇的需求提高。加上为了规避繁忙的春运交通高峰，金融危机前其实已经出现了农民工提早返乡、推迟回城打工的端倪。因此，当前的用工荒现象具有一定的季节性，经过短暂的调整之后终将有所缓解。然而，更值得注意的则是与经济发展阶段有关的长期劳动力供求变化，以及经济恢复对劳动力市场的影响。

我们看到的就业恢复，只是意味着周期性失业的缓解，未来自然失业现象将继续长期困扰中国劳动力市场。虽然大多数观察者都承认，中国在此次金融危机的过程中，遭遇的就业冲击不像原来想象的那么严峻，恢复也很快。但是，要让人们相信就业压力在未来不再是那么大了，却不符合人们长期形成的认识和直接的观察。主管劳动就业的政府部门更不能相信未来促进就业的压力可以减小，劳动官员从此可以高枕无忧。我们应该确立的认识是：①从此时开始，主要表现为农村剩余劳动力和城镇冗员的隐蔽性失业问题——官方始终强调的劳动力长期供大于求，的确会降低其重要位置。②以农民工为承受主体的周期性失业现象，则会经常性地发生，而且其反向的表现则是民工荒。③大学毕业生和城镇就业困难人员，需要长期面对结构性和摩擦性自然失业现象。由此可见，长期不懈地实施积极就业政策，并不需要以劳动力供大于求这个判断作为论证必要性的依据。

四、结语：民工荒的政策启示

从上述揭示的造成民工荒的原因来看，这个现象的不断出现，标志着一个经济发展的重要转折点。面对这种现象不必忧虑。从二元经济结构转变为一元经济或均衡的经济结构，最重要的转折标志，就是劳动力无限供给特征的消失。发展经济学家刘易斯把劳动力需求增长速度超过劳动力供给增长速度，进而导致普通劳动者工资水平的上涨，作为经济发展进入新阶段的转折点，即刘易斯转折点。该转折点的到来并不意味着劳动力的绝对短缺，也并未消除二元经济结构，但却是通向新的发展阶段的必由之路。伴随着民工荒现象的普遍出现以及刘易斯转折点的到来，只要应对得当，中国经济和社会将发生以下重要变化。

首先，收入分配状况明显好转，社会进一步和谐。民工荒反映的是普通工人的短缺。因此，当雇主提高工资时，首先获益的是普通劳动者和中低收入家庭，特别是农村居民，收入分配状况因而将得到改善。实际上，从2004年首现民工荒之后，农民工工资逐年上涨，即使在金融危机期间的2008年和2009年，农民工实际工资上涨率都超过10%。而一旦把农民工收入完整地计算在内，城乡收入差距很可能呈现缩小的趋势。

其次，产业升级将逐渐发生，经济增长更有可持续性。随着工资水平的提高，沿海地区低端劳动密集型产业将失去比较优势和竞争力，产业升级势在必行，因而产业向外转移的速度将加快。中西部地区由于在一段时间内，仍将保持工资相对低廉的优势，可以承接沿海地区转移的劳动密集型产业，必将逐渐成为新的制造业中心，并以此支撑中国产品的国际竞争力。因此，以民工荒为契机，沿海地区的产业升级和转移与中西部地区的产业承接，将加快速度，共同完成产业结构优化的任务，保持经济可持续增长。

最后，新的制度需求将进一步推动经济和社会政策改革。民工荒标志着劳动力逐渐成为稀缺的生产要素。为了保持劳动力供给的充足性，除了企业要提高工资和工作待遇外，地方政府也将采取一定手段为本地区争取和保留劳动力，包括改善农民工的工作和生活环境、提高社会保障和社会保护的覆盖水平、提高最低工资标准、降低农民工在城市落户的门槛，以及运用集体工资谈判等劳动力市场制度调节劳动力供求、改善劳动关系等。这不仅意味着改革的深入，更有意义的则是地方和中央政府在改革激励上的相容性。

把民工荒或用工荒转化为加快全面小康社会建设的机遇，关键在于创造政策条件，把缺工压力转化为劳动者报酬提高的契机、地方政府改善公共服务的激励、东中西三类地区产业升级、转移和承接的动力，以及劳动力市场制度建设的新起点。具体来说，政府的作用体现在以下几个方面：

（1）加快提高以农民工为重点的社会保障覆盖率。金融危机时期的经验表明，农民工是否被社会保险覆盖，对他们的就业稳定性有着显著影响。那些参加了社会保险项目的农民工，遭遇劳动力市场冲击的程度要轻得多。可见，无论是为了应对劳动力短缺还是周期性就业冲击，社会保障的覆盖水平都可以发挥积极的稳定作用。

（2）运用法律手段和劳动力市场制度，形成工资提高的正常机制。刘易斯转折点的到来，实际上也是改善收入分配状况的库兹涅茨转折点到来的推动力。发达国家早期的经历也显示，刘易斯转折点到来之后，工资从纯粹的劳动力供求关系决定，逐渐转向劳动力市场供求机制和劳动力市场制度共同决定，因而达到改善劳动关系，缩小收入差距，提高社会和谐程度的目标。政府应恰当地运用最低工资制度和工资集体谈判制度，加大劳动法规的执法力度，促进普通劳动者工资的合理提高。

（3）利用市场机制推动中西部地区承接劳动密集型产业的转移。总体来说，中国农业劳动力比重仍然很高，特别是在中西部地区，农村剩余劳动力转移尚有潜力，劳动力价格相对低廉。因此，应创造良好的政策环境，加快这些地区承接产业转移的步伐。目前中西部地区的经济增长，有着过重的政府主导和投资驱动色彩，资本密集程度提高过快，违背了这些地区的资源比较优势。因此，要保持劳动密集型产业的竞争优势，需要更多地利用市场机制，政府则转向社会建设领域，着眼于推进公共服务的均等化。

（4）通过深化教育和加大培训力度，解决技能型人才短缺的问题。目前的民工荒，也有其结构性特点，除了技能型工人短缺经久不降之外，企业仍然存在的对年龄和性别的选择，实际上也与对人力资本的需求有关。此外，由于中国的劳动年龄人口作为整体，随着年龄提高而受教育水平下降，使得延缓退休等政策难以出台。这些都有赖于具有公共品性质的教育和培训的加强，而政府在其中大有可为。

参 考 文 献

1. Cai Fang（2004）. The Consistency of China's Statistics on Employment：

Stylized Facts and Implications for Public Policies, The Chinese Economy, Vol. 37, No.5 (September–October), pp. 74–89.

2. Cai Fang and Meiyan Wang (2008). A Counterfactual Analysis on Unlimited Surplus Labor in Rural China, China & World Economy, Vol.16, No.1, pp.51–65.

3. Cai Fang, Dewen Wang and Huachu Zhang (2010). Employment Effectiveness of China's Economic Stimulus Package, China & World Economy, No.1.

4. Lewis, Arthur (1972). Reflections on Unlimited Labour, in Di Marco, L. (ed.) International Economics and Development, New York, Academic Press, pp. 75–96.

5. Ranis, Gustav and Fei, John C. H. (1961). A Theory of Eco nomic Development, The American Economic Review, Vol.51, No.4, pp. 533–565.

6. 蔡昉、王美艳:《为什么劳动力流动没有缩小城乡收入差距》,《经济学动态》2009 年第 8 期。

7. 国家发展和改革委员会:《关于 2009 年国民经济和社会发展计划执行情况与 2010 年国民经济和社会发展计划草案的报告》(第十一届全国人大第三次会议)。

8. 胡英:《分城乡劳动年龄人口预测》,2009 年未发表工作论文。

9. 盛来运:《金融危机中农民工就业面临的新挑战》,提交"城乡福利一体化学术研讨会"论文,四川成都 2009 年 4 月 16 日。

中小企业扶持政策及其效应

——中小企业应对金融危机政策调查报告

中国社会科学院中小企业研究中心 罗仲伟 黄阳华

目前，全球经济已经走出国际金融危机的阴影，尽管还存在着许多不确定因素，但经济复苏的基本态势已然确定。我国经济已经率先企稳回升，新一轮经济增长周期初现端倪，一批批中小企业的生产经营逐步走上正轨，一些企业甚至得到长足发展，市场竞争力有所提高，得以迈上新的台阶。与此同时，中央也注意到，自金融危机以来，以政府投资为核心的一揽子经济刺激计划现在已经基本完成其历史使命，应当逐步退出，否则会形成经济发展过度依赖政府投资，使经济发展陷入丧失活力、难以为继的局面，因而需要激励民间资本接过接力棒。在我国目前的经济发展阶段，作为民间投资主要运行载体，集中体现民营经济基本运作形式的中小企业，其重要性进一步凸显。2010 年 5 月 13 日，国务院发布《关于鼓励和引导民间投资健康发展的若干意见》，重申并具体化 3 月底国务院常务工作会议精神，鼓励和引导民间资本进入法律法规未明确禁止准入的行业和领域，旨在完善有利于民间投资和民营企业健康发展的政策环境和舆论氛围，切实促进民间投资和民营企业持续健康发展。这是继 2009 年 9 月 22 日《国务院关于进一步促进中小企业发展的若干意见》（国发［2009］36 号，以下简称《中小企业发展若干意见》）出台后，又一项有利于中小企业发展的重大政策。

回首我国中小企业在这次金融危机中的表现，深刻反思中小企业在国民经济中的地位和作用，全面回顾中央及各级政府针对国际金融危机以来促进中小企业发展的政策思路和导向，对重点扶持政策及时进行系统的梳理，开展全面的评估，分析政策实施效果，总结成功的经验，探寻存在的问题，明确政策调整方向，进而进一步营造有利于中小企业健康发展的社会环境，有着重要的现实意义和学术价值。

一、国际金融危机凸显中小企业在国民经济中的地位和作用

中小企业是从企业规模的角度对企业进行划分所产生的概念。[①] 以动态的解构方法来考察，中小企业呈现的不过是企业演进或成长的过程，或者说是这一演进过程中的阶段性结果。大多数企业从规模上看是经由资本和要素的长期积累过程和分解过程从小到大和从大到小，从路径上看是通过技术和组织的长期学习过程从"幼稚"到"成熟"，从动力上看与企业家不断追求增进效率、提高福利的创新创业精神紧密地联系在一起。[②]

因此，中小企业作为以规模划分的一个企业集合体，数量大、范围广，是企业演进或成长过程中的必然阶段，是创造社会财富、安排社会就业的主要载体。这也是为什么世界各国都非常重视中小企业的原因。我国是世界上人口规模最大的发展中大国，正处于工业化中期，人均资源相对匮乏，产业体系比较完整，产业结构层次丰富，制造业较为发达，市场需求潜力巨大，区域经济发展不平衡，贫富差距悬殊，城市化进程加速，二元经济结构明显，农村剩余劳动力需要大批转移，

[①] 尽管目前世界各国对中小企业作为企业运行实体的划分标准并不相同，但并不妨碍学术界和实业界把中小企业的概念抽象化，作为与企业规模相关的一种一般性理论假设开展研究和一般性统计概念加以分析。

[②] 需要强调指出的是，企业的演进过程并非单单是企业数量、规模和能力的变化，更重要的是应对日益复杂、变化频繁的环境而不断增进效率、提高福利的企业功能和组织的变化，以及企业内在气质或品质的变化。事实上，企业的演进或成长过程是伴随着企业能力、功能和组织的变化由企业进入、扩张、收缩和退出等环节构成的，体现的是一种由效率改进、福利提高为本质特征的企业生命可持续性，而不仅仅反映企业规模从小到大、企业能力从弱到强的特征。

城镇新加入就业人口增长快，国有企业改革任重道远。这样一种基本国情决定了中小企业无论在促进国民经济增长，还是在保持社会稳定方面都发挥着不可或缺的重要作用。或者说，在我国这样一个幅员辽阔、人口众多、发展不平衡的大国，中小企业具有不可替代的独特功能。这次国际金融危机再次证实了这一点。

（一）当前我国中小企业的总体状况

新中国成立后到改革开放前，在社会主义工业经济制度形成过程中，以追赶为特征的优先发展重工业的发展战略和高度集中的计划经济体制，决定了国有大型企业在我国微观经济中的主导地位，中小企业受到人为抑制。随着国有企业规模不断扩张，作用持续强化，在经济结构中逐步形成国有经济一元化的格局，以国有大型企业为核心内容的国有经济在国民经济和社会发展中具有压倒一切的统治地位。

改革开放以来，在从传统的计划经济体制向有中国特色的市场经济体制转轨的过程中，随着国有企业改革的深入，大部分中小型国有企业经过多种形式的改制、重组，已经转变为民营企业，原来就以中小规模为主的城镇集体企业、乡镇企业也大多改制为民营企业。与此同时，随着实行改革开放后对非公有制经济地位、作用认识的不断深化，市场经济体制的逐步确立和完善，适宜于个体创业和私有企业经营的社会氛围得以逐步形成，民营企业运行的社会环境得到持续改善，加之在中央统一领导下，各级政府采取强有力的措施，鼓励、支持和引导多种所有制经济健康快速发展，大量新生的民营中小企业在改革开放后的各个时期涌现出来。尤其是先后出现的三次大规模创业浪潮，①最终奠定了当前我国中小企业的数量和质量基础，使中小企业成为我国支撑经济快速增长和保持社会持续稳定不可忽视的力量。一些中小企业在市场竞争中战略目标日益明晰，商业模式逐步成型，管理基础

---

① 从历史的轨迹看，中国实施改革开放后先后出现过三次大规模的创业浪潮。第一次创业浪潮发生在1984年前后。这一年10月中共十二届三中全会通过《关于经济体制改革的决定》，标志着改革和发展重心的转移，从而触发了民间的创业热情，创业者主要为非公有制单位的群众。第二次创业浪潮发生在1992年左右。邓小平年初赴南方视察，沿途发表了内容丰富、思想深刻的重要谈话，对关于改革和发展的重大问题作了明确的回答，由此掀起了新一轮大规模创业浪潮，大批国家机关干部"下海"创业和国企职工自谋职业成为鲜明特点。第三次创业浪潮出现在1999年以后，主要特征是伴随着互联网革命，一大批有留学背景的"海归"科技人员成为这一轮创业浪潮的主角。

日臻完善，研发能力不断提高，经营实力持续增强，从而逐步成长为大型企业，得以拥有更多的生产要素，占有更大的市场份额。部分优秀企业占据了所在行业的领先地位，甚至成为行业中的标杆。一大批中小企业在做专、做精、做特方面下工夫，在产业链的不同环节或生产过程的不同阶段培育核心能力，在细分的市场上成长为具备独特竞争优势的小巨人。更多的中小企业依靠低成本和市场灵活性参与竞争，或活跃于产业下游，面对广阔的终端市场提供多样化的产品和服务，或围绕大型企业、大型项目提供配套和服务。由此形成了我国企业独特的规模演进轨迹，即独特的企业成长路径。

截至 2006 年 10 月底，我国中小企业总数已经达到 4200 多万家，占全部注册企业总数的 99.8%。[①] 散布在全国各级城镇、数量众多的中小企业，遍及一、二、三次产业，涉及各种所有制形式，覆盖国民经济各个领域，创造的最终产品和服务的价值占国内生产总值的 58.5%，提供了 60% 的出口贸易量，成为拉动国民经济的重要增长点。在 20 世纪 90 年代以来的经济快速增长中，工业新增产值的 76% 以上是由中小企业创造的，其工业总产值、销售收入、实现利税、出口总额分别占了全国的 60%、57%、40%、60%，由中小企业提供的岗位约占全国城镇就业岗位总数的 75%，在全国整体经济中占据了大半位置。[②] 此外，有数据表明，2006 年，由中小企业申请的发明专利占全国的 66%，研发的新产品占全国的 82%，[③] 中小企业已成为我国建设创新型国家的重要力量。实践证明，我国中小企业既是满足社会就业的主要渠道，繁荣市场的重要载体，也是实现社会公平和贫困人口脱贫致富的必要手段，还是推动技术创新的生力军，促进产业结构合理化和产业组织变革的排头兵。

（二）国际金融危机对我国中小企业的影响

如何促进中小企业的健康发展是一个世界性难题。特别是由于我

---

① 包括中小企业和个体经营户总数，其中大部分是个体经营户。该数据来源自 2008 年由国家发展和改革委员会、国务院信息化工作办公室、原国家信息产业部联合发布的《中国中小企业信息化发展报告（2007）》和《全国中小企业信息化调查报告（2007）》。
② 摘编自《商场现代化》2009 年 3 月第 539 期。
③ 见《北京日报》2007 年 12 月 12 日。

国工业化起步晚、起点低，社会文化氛围不利于创业、创新，有利于中小企业健康发展的社会环境与工业发达国家相比还有着相当大的差距。如前所述，实行改革开放以来，因中小型国有企业改制和承认非公有制经济地位后掀起的创业热潮，使小型企业在企业总数中的比重有较大幅度提高，社会地位有所提高，但是国有大中型企业一直是改革和发展的重点，在一定程度上仍然忽视中小企业发展。人们对个体创业和发展私有企业的思想障碍在短时期内还不能得到根本解除，均贫富、仇富和不敢承担风险的传统观念还有很大市场，从社会文化方面不利于中小企业的发展和创业创新。在"抓大放小"、做大做强国有企业的经济发展氛围中，主要由中小企业构成的民营企业总是面对着形形色色的"玻璃门"和"天花板"，被挤压在狭小的产业空间和下游市场内，一方面要忍受来自垄断着上游部门、金融领域的大型国有企业的歧视和欺凌；另一方面相互间不得不进行残酷的生存竞争。而注重 GDP 并且具有短期化倾向的政府官员政绩观和考核体系，导致各级政府更加热衷于关注大型企业或大型项目。[①] 至今，覆盖全社会的中小企业扶持机制和服务体系还未完全建立，尤其是金融体制改革始终跟不上中小企业发展的步伐。社会整体诚信不足严重阻碍着市场经济的健康发展，中小企业则是其最大的受害者。这些因素都使得我国中小企业的生存环境较为恶劣，中小企业在日趋激烈的市场竞争中处境艰难，无论是数量上还是质量上都处于起伏不定的境地。实际上，在这次国际金融危机爆发之前，我国中小企业的发展已步履维艰。相关数据表明，到 2007 年下半年，停产、半停产和外迁的规模以上中小企业已达两万户左右；到 2008 年 6 月底，全国有 6.7 万户规模以上中小企业处于停产、半停产状态。[②] 按照 2008 年全国规模以上中小企业数为 422925 个，规模以上中小企业中处于停产、半停产状态的比重约为 15.84%。[③]

---

① 不少省市地方政府在总结"十一五"产业发展时，认为忽视央企和国家大型项目的作用是不足，因此把重点引入央企和国家大型项目作为编制"十二五产业发展规划"的重要指导思想。

② 李子彬：《充分认识中小企业的地位和作用》，《求是》2009 年第 11 期。

③ 规模以上中小企业数量数据来自《中国统计年鉴》(2009)。估算规模以上中小企业中停产、半停产企业的比重时，由于停产、半停产规模以上中小企业数据为 2008 年 6 月份的数据，而规模以上中小企业总数是全年数据，所以假设 2008 年下半年规模以上中小企业总数不变，得出 15.84% 的停产、半停产的比重。

2008 年下半年以来，国际金融危机的爆发极其迅速蔓延传导并累及我国经济，使原本已处于困境中的中小企业更是首当其冲、雪上加霜，生产经营状况更加困难。随着国际金融危机对我国经济的负面影响逐步加深，大部分中小企业受到比大企业更为严重的冲击，从而经受着更为严峻的考验，也对社会稳定造成更大的隐患。一是中小企业资本规模小，所能调动的资源有限，在银行等金融机构大规模收缩信贷或原材料价格大幅度上涨时，很快就会陷入资金或原材料供应紧张，正常生产经营活动难以为继的困境。二是大多数中小企业缺乏自有技术和自主品牌，主要依靠低成本策略参与市场竞争，所提供的产品和服务更多针对特定市场，对价格变动十分敏感，通常难以应对剧烈的市场波动。三是大企业在面对市场需求下降时，一般首先采取"去库存化"策略或措施，以缓和来自外部的冲击，而围绕大企业配套的大量专业性中小企业则成为大企业的缓冲器，自身缺乏针对市场变化做出相应调整的主动性。四是与大企业相比，中小企业的劳动关系更为松散，维持员工队伍稳定的能力较差，遇到经营规模收缩时，裁员几乎是唯一的选择。五是面对银根紧缩的宏观态势，银行等金融机构快速回收资金以规避风险，但往往先是从中小企业做起，政府有关部门的应对政策也习惯性地倾向于放弃中小企业而保护大企业。

因此，面对国际金融危机带来的市场需求急剧萎缩，中小企业抵御风险能力普遍较弱的固有特点就充分暴露出来。企业创业受到相当程度的抑制，不少中小企业迅速陷入惨淡经营的艰难境地。特别是那些市场主要在国外、缺乏自主知识产权、没有自主品牌、劳动密集型的沿海地区加工贸易企业，遭受的打击更为严重。有相当数量的中小企业很快因失去订单而被迫处于停产、半停产状态，部分企业因资金链条断裂被迫关闭，大批员工下岗回家，大量农民工失业返乡。中小企业普遍快速进入严重不景气状况，增大了整个国民经济下行的压力，社会不稳定苗头频频显现。

也应当清醒地认识到，当前我国中小企业面临的严峻形势，不仅仅是国际金融危机引起的，也有特定发展阶段所决定的企业自身问题。例如，许多中小企业发展动力不足、战略思路不清、经营管理不善、创新能力不强、业务拓展不力、市场信用不高等。这些问题需随着发展阶段的迈进靠企业自身的不断进步来解决，政府和社会也应给予相应的引导、帮助。此外，从整个社会环境来看，权力寻租带来的资源配置不公，缺乏诚信导致的市场竞争秩序紊乱，区域割据产生的地区市场壁垒高企，政策波动造成的发展预期不明，中小企业是最大的受损者。中小企业在利益受到损害，发展空间遭遇"玻璃门"和"天花板"的同时，自身的行为也在相当的程度上变得扭曲、短视、边缘化，企业家的创业热情和发展信心受到打击和抑制，士气普遍不高，动力逐步降低，企业行为短期化、投机化趋势日渐明显。

国际金融危机使过去积累下来的问题集中暴露出来。相对于大企业，中小企业对市场波动、宏观经济政策调整更为敏感，其脆弱性、不稳定性、被动性更加突出。同时危机中也孕育着发展机遇。中小企业能否渡过难关，取决于它们能否根据自身特点，在危机中把握发展机遇，加快结构调整升级，转变企业发展方式。事实上，现实实践中广大中小企业把克服困难的立足点放在长期持续发展上，坚持以质量求生存，以管理求效益，以创新求发展，走专、精、特、新发展的路子。另一方面，政府和社会不仅为应对当前的困难采取有效扶持措施，也在转变行为方式，努力为中小企业谋求持续发展创造健康稳定的环境，力图从根本上消除企业家的后顾之忧。当然，这是一项长期的任务，不能指望毕其功于一役。同时应该看到，在应对危机的过程中，各行业中仍然有不少中小企业表现出较强的应变能力和抗风险能力，业绩逆势而上。人们发现，这次危机过后，已经有一大批竞争力得到增强的优秀企业脱颖而出。可以预见，只要思想观念突破，社会环境有利，政策对路有效，企业动力强劲，就一定会有中小企业健康发展的大好局面。

（三）促进中小企业发展是应对危机的关键环节

回顾应对金融危机的过程中，中央和各级政府出台的各项政策措施，在深化认识中不断强化对中小企业的扶持成为鲜明的特点。自2008年下半年以来，中央审时度势，果断调整宏观调控政策，实行积极的财政政策和适度宽松的货币政策，围绕保增长、扩内需、调结构、促就业、惠民生，果断出台了一系列宏观调控措施。特别是针对中小企业的实际情况，及时调整和完善相关政策，要求各地各部门加强指导和协调，努力解决中小企业发展中的突出问题，促进中小企业又好又快的发展。2008年11月5日国务院常务会议提出关于进一步扩大内需、促进经济增长的十项措施，其中就包含加大对中小企业信贷支持的重要内容。部分省市区政府也针对各地情况，制定帮助中小企业渡过难关的一系列指导意见和政策措施，如广东省于2008年12月2日以省政府文件的形式提出《关于促进中小企业平稳健康发展的意见》。2009年9月，国务院发布《中小企业发展若干意见》，从八个方面全面、系统地提出了相关政策的配置方向和具体要求。这充分显示了党和国家保增长的决心与意志，不仅有利于稳定经济预期，恢复国内外对中国经济增长的信心，而且也为中小企业摆脱发展困境创造了宽松环境。按照中央的政策要求，各地区各职能部门纷纷出台具体实施细则。有十多个省市区政府为贯彻落实《中小企业发展若干意见》等文件精神，结合自身实际，先后制定出台了地方综合性的多项配套政策和实施意见，一些省市区政府则强调某个方面的重要性，制定出台了有针对性的单项配套政策，由此形成了系统、全面的政府中小企业扶持政策体系。不断加强的政策力度，旨在以全面营造与改善有利于中小企业运营的社会环境为落脚点，着力于稳定就业鼓励创业和缓解融资困难两个重点，取得了积极的效果，较好地稳定了局面。

例如，在稳定就业鼓励创业方面，人力资源和社会保障部、财政部和国家税务总局于2008年12月联合下发《关于采取积极措施减轻企业负担稳定就业局势有关问题的通知》，规定和执行"允许困难企业在一定期限内缓缴社会保险费"、"阶段性降低四项社会保险费率"、"使用失业保险基金帮助困难企业稳定就业岗位"和"鼓励困难企业通过开展职工在岗培训等方式稳定职工队伍"四项政策，并要求妥善解决困难企业支付经济补偿问题和严格界定困难企业范围。2009年12月，上述部门再次以人社部发〔2009〕175号文发出通知，根据中央经济工作会议关于2009年到期的就业扶持政策再延长一年的要求，按照国务院关于调整完善促进消费政策的安排，就相关政策延期问题做出部署。再次强调重点要向困难中小企业倾斜。各省市区也为应对就业形势，先后采取积极的政策措施。

在缓解中小企业融资难方面，国务院办公厅以国办发〔2008〕126号文提出《关于当前金融促进经济发展的若干意见》。加强和改进信贷服务，支持中小企业发展是其中的重要内容。文件要求"落实对中小企业融资担保、贴息等扶持政策，鼓励地方人民政府通过资本注入、风险补偿等多种方式增加对信用担保公司的支持。设立包括中心、地方财政出资和企业联合组建在内的多层次中小企业贷款担保基金和担保机构，提高金融机构中小企业贷款比重。对符合条件的中小企业信用担保机构免征营业税"。同时指出，完善中小企业板市场各项制度，适时推出创业板，逐步完善有机联系的多层次资本市场体系。财政部会同商务部于 2009 年 8 月颁发了《中小外贸企业融资担保专项资金管理暂行办法》。各省市区政府也分别制定出台了各地有针对性的政策意见，把缓解中小企业融资难问题作为重点之一。如北京市政府《关于金融促进首都经济发展的意见》指出，要"大力推动企业进入主板、中小企业板公开发行股票融资，抓住建立创业板市场机遇，推进一批自主创新型、成长型中小企业在创业板市场融资"。同时强调要积极推进科技金融创新，在中关村科技园区和北京经济技术开发区设立专门支持中小科技企业发展的小额贷款公司，建立中关村科技创业金融服务集团公司，推进支持科技型企业发展的银行机构试点工作。

浙江省抓住取得全国开展小额贷款公司试点省份的机遇，在坚持制度建设的基础上，逐步放宽试点名额，调整放贷比例。至 2009 年底，已成立小额贷款公司 98 家，注册资本 117 亿元，一年多时间里，已经向超过 3.2 万家微小企业发放了贷款，累计贷款超过 500 亿元，平均收益率在 12%~15%。[①] 江苏省则在全国率先设立科技小额贷款公司，省政府办公厅正式下发《关于开展科技小额贷款公司试点的意见》。江苏省现有的 16 个省级以上高新区及 2 个重点科技产业园区内，先后正式挂牌成立一批科技小额贷款公司。

---

① 参见《浙江小额贷款公司试点一年间为中小企业融资超 500 亿元》，新华网 2009 年 12 月 14 日。

在中央和省市区政府扶持中小企业的政策方面，力度较大的还有加快技术进步政策和开拓国内外市场政策。强调借助金融危机带来的紧迫感，结合产业结构的调整推动中小企业加快技术进步，在国家实施的家电、农机、汽车摩托车下乡和家电、汽车"以旧换新"等措施中，优先支持符合条件的中小企业。缓解出口企业的压力，稳定国际市场的政策主要是围绕出口退税来安排实施。财政部和国家税务总局2009年2月5日发出通知，从2009年2月1日起，将纺织品、服装出口退税率提高到15%。

实践表明，在这次应对国际金融危机冲击的过程中，中小企业的重要性尤其凸显出来。国民经济的稳定发展与中小企业的状况有极强的关联性，稳定中小企业就是稳定社会就业。要贯彻落实中央"保增长、扩内需、促稳定"的方针政策，就必须把中小企业放在一个重要的位置上予以考虑，帮助中小企业走出发展困境成为有效应对危机冲击的关键环节。相对于大企业而言，由于中小企业规模较小，实力较弱，抵御市场风险的能力相对不强，在国际金融危机中受到的冲击更大，生产经营更加困难，遭受被淘汰出局的可能性更大，因而需要更多的社会帮助和政策扶持。正是中央及地方政府的一揽子政策及时到位，并不同程度地发挥作用，大大缓解了中小企业面临的困难，使之大多数得以维持运营，从而从重要的微观经济运行方面确保了整个国民经济不至于深陷衰退的泥潭之中，并得以较快摆脱危机的侵扰。

国际金融危机深化了人们对中小企业在国民经济中地位与作用的认识。金融危机对国民经济的负面影响，首先从中小企业得到反映，而国民经济的恢复，也始于中小企业的状况得到改善。中小企业不仅是市场主体，而且是社会群体中具有经营功能的一种民生组织，无论是否发生经济危机，都应当扶持其发展。关注民生，强调以人为本，就必须着眼于中小企业的长期可持续发展。今后，各级政府应当进一步切实统一思想和行动，结合本地实际，既要着眼当前，又要考虑长远，把为中小企业营造有利的社会环境，形成常态的扶持、救助机制，促进中小企业健康发展作为重要的、长期的工作任务。

二、中小企业扶持政策的初步效应

针对金融危机期间中小企业扶持政策的实施情况，我们以 2008 年第四季度以来"促进中小企业发展政策"为主题，重点围绕《中小企业发展若干意见》，于 2010 年 5 月先后在浙江省义乌市和余姚市、四川省德阳市分别召开部分企业座谈会，并对 82 家制造业中小企业进行了面对面的问卷调查，同时就相关问题直接访问了其中 28 家企业的企业家或高层经营者，试图从企业的角度对政策的初步效应进行判断，发现存在的主要问题，以便为政策的调整提供基本思路和依据。调查结果整理如下：

问卷调查结果显示，2008 年以来针对中小企业的相关政策对解决中小企业当前困难的综合效果处于"中等"水平，平均得分为 3.22（最高 5 分）。也就是说，中小企业对这一时期扶持政策的作用普遍有较为一般的看法。

在具体九个方面的政策效果中，相对而言，企业对技术进步和扩大企业投资的政策促进作用有较为积极的感受，政策效果较为显著，对调整产业结构和提高企业用工人数的政策效果最弱，但也处于中位数以上。从政策时机来看，有 3/4 的企业（75%）认为 2008 年以来针对中小企业的政策出台是及时的，认为非常及时的企业占 13%，仅有 12% 的企业认为不及时。从政策力度来看，受访企业中有 51% 的企业认为力度适中，43% 的企业认为力度不够，另有 4% 的企业认为力度严重不足。然而，政策落实程度满意率为 53%，仅刚刚过半，表明受访企业普遍感到相关政策的落实程度不够，实施或执行不力，从而使政策效果大打折扣。

以半年为考察期，从 2008 年下半年至 2009 年年底，这些企业中处于停产、半停产状态的从 19% 下降到 7%，而处于正常生产状态的企业从 77% 增长到 88%，表明企业经营状况明显逐步好转。

另外，在问卷中针对《中小企业发展若干意见》八大措施的多选项里，有 60% 的企业认为其中缓解企业融资困难的措施对企业应对危机作用较大，表明融资困难仍然是中小企业发展中的主要瓶颈。有 50% 以上的企业选择了营造有利于企业发展的良好环境，显示中小企业比较看重外部环境，对改善生存和发展环境抱有较高的期望。近 50% 的企业选择了加大财税支持力度，说明企业仍然希望得到财税政策的支持。40% 的企业选择了加快技术进步和结构调整。选择比例在 30% 以上的选项还有支持企业开拓市场和改进对企业的服务（见图 1）。

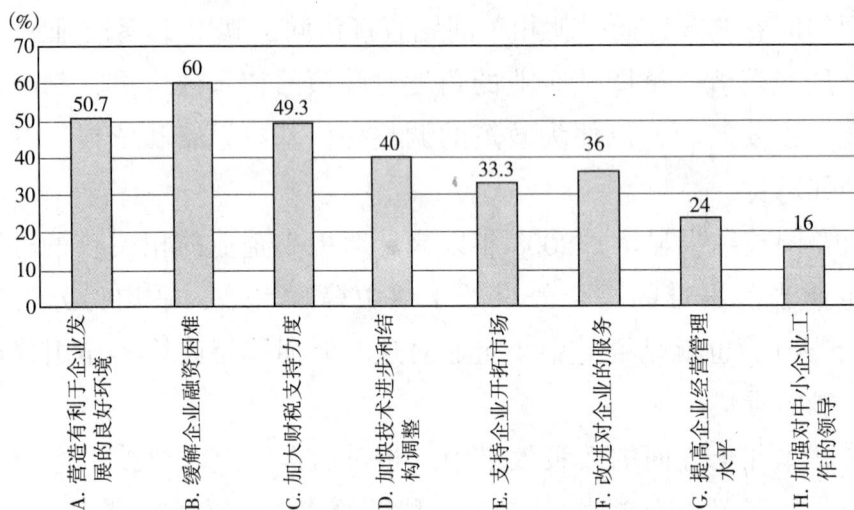

图 1 《中小企业发展若干意见》中哪些政策措施对企业应对危机作用较大

企业对中小企业政策法律体系给予了强烈的关注。在当前完善中小企业政策法律体系最重要的事的多选项中，呼声最高的是制定出台政府采购扶持中小企业发展办法，有近 50% 企业提出了希望；有 44% 的中小企业认为目前最重要的事是修订《劳动合同法》，有 40% 的企业要求修订《中小企业促进法》；33% 的企业希望制定出台鼓励创业的政策和法规（见图 2）。在访谈中，不少企业家和经营者都对《劳动合同法》提出批评意见，并质疑若干细节条文，认为增加了中小企业劳动管理的难度，甚至激化了劳动者与企业之间的矛盾，相当程度上既不利于保护劳动者的合法权益，又不利于企业的有效管理，违背了更好调整劳动关系的立法初衷。个别企业家甚至认为《劳动合同法》带来了逆向选择和道德风险，引导出现扭曲的劳动关系，降低了社会不同群体的道德底线，造成群体间的对立。

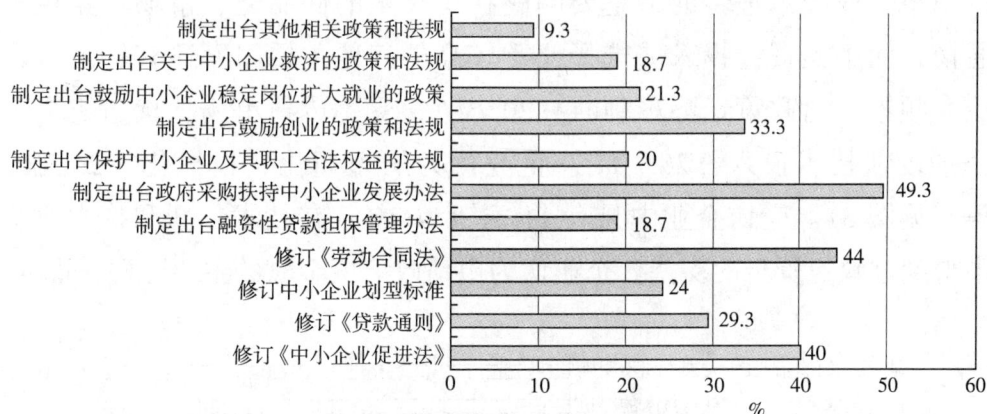

制定出台其他相关政策和法规 9.3
制定出台关于中小企业救济的政策和法规 18.7
制定出台鼓励中小企业稳定岗位扩大就业的政策 21.3
制定出台鼓励创业的政策和法规 33.3
制定出台保护中小企业及其职工合法权益的法规 20
制定出台政府采购扶持中小企业发展办法 49.3
制定出台融资性贷款担保管理办法 18.7
修订《劳动合同法》 44
修订中小企业划型标准 24
修订《贷款通则》 29.3
修订《中小企业促进法》 40

图 2　当前完善中小企业政策法律体系最重要的事

问卷调查表明，当前制约中小企业发展的主要因素仍然是缺少资金和缺乏人才。有近 70%企业仍然面临资金短缺的困难，55%的企业受到人才问题的困扰。另外，有 1/3 的企业认为税收和社会负担过重是制约中小企业发展的主要因素，认为自身经营管理不善的企业也接近 1/3。

从对中小企业金融支持的政策效果来看，受访企业中有 42 家认为金融危机以来，自己从银行等金融机构得到了更多的信贷支持，占企业总数的 56%，这个比重略小于预期。制约企业融资的主要因素是融资手续复杂（63.3%）和融资渠道少（44%），其次是融资门槛高和融资成本高，分别为 40%和 38.7%。

金融危机以来，有 44%的受访企业（33 家）不同程度地享受过"缓缴社会保险费"或"降低社会保险费率"的政策待遇。认为金融危机爆发后对企业各种不合理收费有所减少的企业有 29 家，占受访企业的 38.7%，而认为没有减少的企业有 31 家，占 41.3%。近三年来，有 30 家企业遇到被提前征税或摊派税款的情况，占 40%。这些情况表明，财税政策的贯彻落实并不理想，企业对此意见仍然很大。另外，有 29 家企业（38.7%）曾得到"中小企业发展专项基金"的支持。

影响企业技术进步的主要因素，第一是缺乏相关信息，技术发展方向不明确（61.3%）；第二是缺少技术来源，没有获得技术的渠道

（50.7%）；第三才是融资困难，研发投入资金不足（30.7%）。表明阻碍中小企业技术进步的最重要问题在于技术的商品化、市场化路径不通畅，而不是资金投入。选择比重较高的其他主要因素还有：宏观调控太频繁，对政策走势难判断（26.7%），受不成熟市场干扰，机会不公平侵蚀技术投入（26.7%），企业行为的短期化、投机化（26.7%）等（见图3）。受访企业中只有11家（14.7%）在技术创新和技术改造中得到过政府资金的支持。企业认为申请政府资金时的主要障碍见图4。

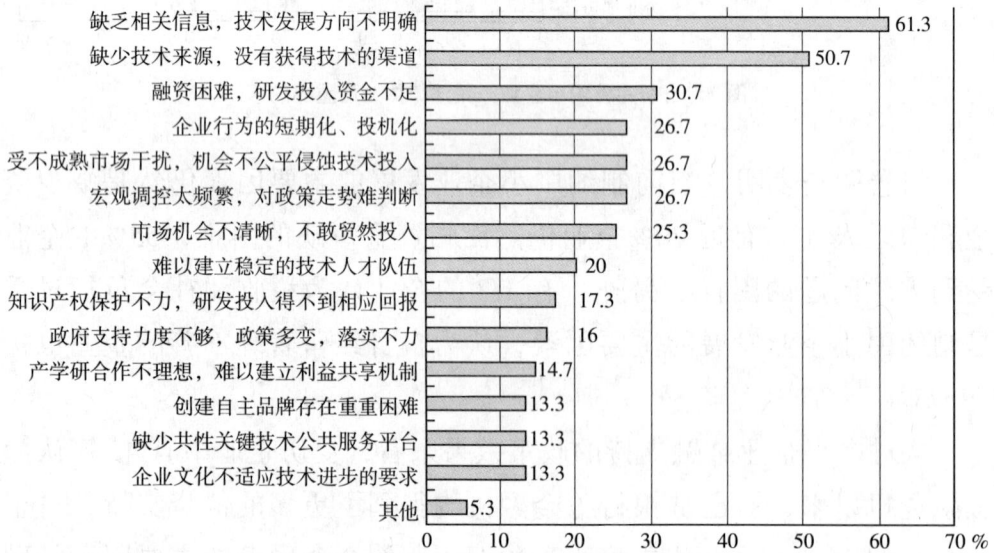

图3 影响中小企业技术进步的主要因素

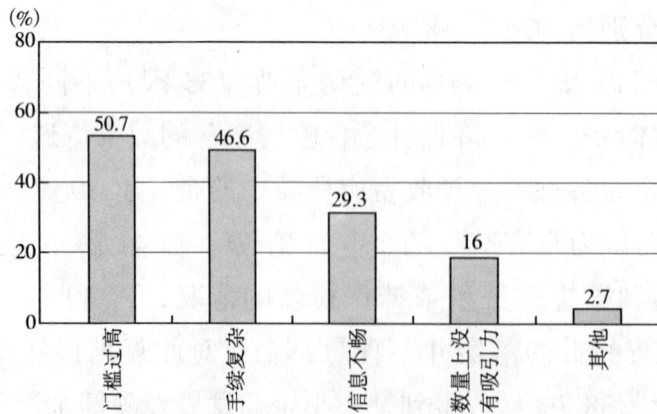

图4 企业技术创新和技术改造申请政府资金支持的主要障碍

在开拓市场方面，中小企业更强调环境因素，寄希望于规范的、公平竞争的市场秩序。有56%的受访企业认为制约中小企业开拓市场的主要因素是企业外部环境恶劣，29.3%的企业认为是企业内部能力不足。外部环境对企业开拓市场影响最大的因素是大企业不公平竞争（40%）和中小企业间恶性竞争（32%）（见图5）。内部能力对企业开拓市场影响最大的因素是缺少自有品牌（56%），其次是缺乏销售渠道（33.3%）和没有营销战略（33.3%）（见图6）。

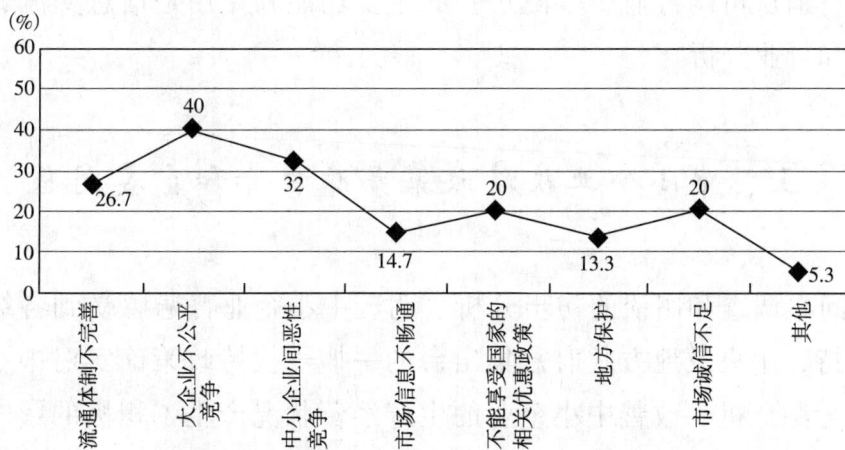

图5 外部环境对企业开拓市场影响最大的因素

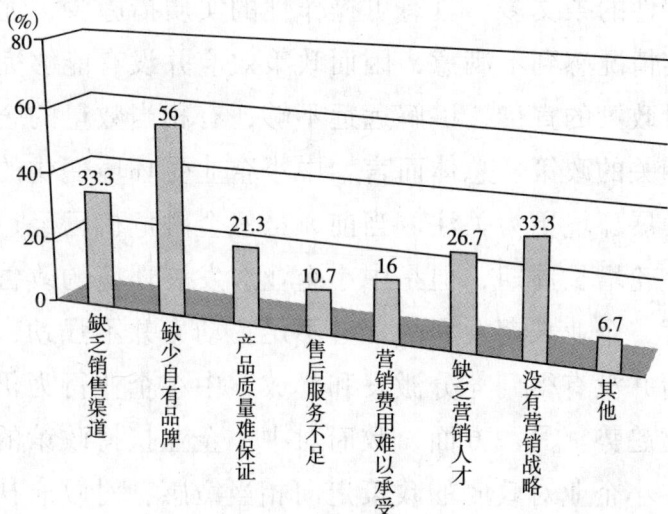

图6 内部能力对企业开拓市场影响最大的因素

在最需要哪些社会服务和服务公共设施的多选项中，选择比例较大的有产品研发公共服务平台（40%）、检验检测公共服务平台（36%）、人才交流服务平台（25%）、技术推广公共服务平台（23%）、业务培训服务平台（23%）和政策解读咨询平台（23%）等。

问卷最后对行业协（商）会的作用进行了调查。受访中小企业中有60%加入了各类行业协（商）会，但认为行业协（商）会的作用正在增强的只有37.3%，认为其作用没有得到很好发挥的占40%。企业较为普遍认可的行业协（商）会的主要功能和作用是信息交流、政策咨询和行业分析。

三、中小企业扶持政策基本评价和主要问题

问卷调查和座谈的初步分析表明，中小企业普遍感受到各级政府的支持，中央及地方政府密集出台的一揽子扶持政策确实对中小企业应对金融危机、改善中小企业的生产经营状况产生了积极的影响，大多数企业得以在这些政策措施的支持下经过自身的努力渡过难关，政策效果非常明显。但是中小企业对政策措施的力度和针对性普遍感到不足，而且原则性的条文多，具有可操作性的实质措施少，尤其是对政策的贯彻落实情况感到不满意，因而政策效应并没有能够完全释放出来。此外，对政策的宣传、讲解远远不够，有相当数量的企业甚至不清楚有哪些相关的政策。总体而言，中小企业受环境变化的影响更大，因而对其发展环境更为关注。当前，虽然金融危机已经过去，经济已经进入新一轮增长周期，但是中小企业对发展环境的改善普遍持不容乐观的态度，企业长期发展的信心不足，动力并不强劲，企业家创业创新的激情并没有得到充分激发和释放，中小企业行为仍然呈现短期化、投机化趋势。另一方面，政府对中小企业扶持政策的导向作用是明显的，中小企业对政府的政策走向相当敏感，对政府扶持政策仍有着较高的预期，尤其是对进一步缓解融资困难和出台更为差异化的财税政策提出了强烈要求。

目前看来，中小企业扶持政策存在的主要问题是如何实现政策的长期性、协调性、针对性和可操作性。此外，需要深入研究中小企业扶持政策的实施机制，极少数人利用中小企业扶持政策实施中的漏洞牟取私利的现象值得警惕。

密集出台的扶持政策非常必要，并且已经发挥了较好的效应，多数企业因此受益，但中小企业普遍担心这些政策不过是特殊时期政府为改善眼前的经济状况而采取的应急措施。一旦国民经济渡过危机，步入上升时期，宏观经济态势好转，政府的相关政策又会发生较大变动。在现阶段，政府政策对经济的调控作用非常明显。对宏观经济政策看重相对短期的效应而频繁变动，大多数中小企业已经感到捉摸不定、无所适从。针对企业的政策摇摆，增加了企业长期决策的不确定性和难度，影响企业家的预期和企业持续发展的动力，进一步导致企业关注短期获利，寻求眼前的市场机会，而不注重夯实技术和管理基础、塑造自有品牌的长期投入，忽视培育着眼未来的核心竞争力，从而强化企业行为投机化、短期化趋势。而且政策效应越强，这样的导向作用就越强。由此造成微观经济运行隐患，既不利于企业的长期稳定经营，更不利于宏观经济的稳定运行。因此，处理好中小企业扶持政策应急与常态、近期与长远的关系，保持政策的长期性、稳定性，形成政策的长效机制，使企业家和投资者有长远的信心和预期，应当成为今后政策设计的重要指导思想。

中小企业扶持政策应当是着眼于整个社会系统的一个多层次完整体系，需要多个方面相关政策的相互协调、配套，以及相关法规与政策之间的相互配合，才能发挥应有的效应。目前密集出台实施的一系列政策虽然表面上已经面面俱到、无所不包，但实际上由于政出多门，政策的协调性远远不够。甚至出现涉及多部门的一些政策相互矛盾，涉及本部门的一些政策前后相悖的情况。例如，为缓解中小企业融资困难，多个部门已经出台了多项政策，然而中小企业在现实实践中仍然感到困难重重，其中的一个重要原因就在于政策之间缺乏协调性、配套性，不能形成着眼于长远效果的完整的政策体系。此外，民间投资与中小企业关系密切，民营企业绝大多数是中小企业。民间投资、民营企业和中小企业的相关政策分别出台实施，体现了中央和各级政府对基本相同的事物从不同角度的理解和强调，但也因此产生了政策烦琐、杂乱的问题，大量政策交叉、重复甚至冲突和混乱，也随之带来政策实施公平和效率的问题。因此，应当将中小企业扶持政策作为一个系统工程来考虑，在顶层设计之下形成多层次的细密的政策体系。此外，从长远来看，扶持政策应该被看成是有利于中小企业发展的一种基本的社会导向和背景。应当将扶持政策置于整个中小企业发展的社会环境之中，成为促进中小企业发展的社会机制的重要组成部分。

影响政策实施效果的另一个重要因素是政策的针对性。政策缺乏针对性实际上模糊了政策目标，也就失去了政策扶持和导向的本来意义。这种针对性既有空间的维度，又有时间的维度。这需要处理好针对性和普惠性的关系。普惠是在时间和对象上具有特定指向的普惠，是基于针对的普惠。在政策的针对性方面，目前最为紧急、最为重要的事是调整和细化中小企业的划型标准，增加微型企业。例如，无论是从中小企业尤其是小企业的呼声，还是从工业发达国家的经验来看，采取差别性的企业财税优惠和征收方式是最为有效的扶持措施。但是实施差别性企业财税政策的前提是明确的中小企业划型标准，细化的中小企业类别，否则要么难以实现政策差异，要么政策无法操作。重点从民生角度考虑，应当在针对性的基础上，改变目前先征后返的做法，对中小企业实行直接的税收减免政策，以增强政策效果，减少征税成本，堵塞寻租漏洞。再如，让劳动者共同分享经济增长的成果，是建设和完善社会主义市场经济体制的重要原则和内容，《劳动合同法》正是希望以立法的形式来调整劳动关系，更好地保障劳动者的权利和利益，但是在针对性方面存在某些缺陷，反而导致劳动关系复杂化，某种程度上违背了用法律法规调整中小企业行为的初衷。此外，从产业的层面细化中小企业扶持政策也是提高政策针对性的一个重要方面。如国外经验表明，战略性新兴产业的产业组织方式，由中小企业以及中小企业创新网络来实现更为有效，战略性新兴产业发展所需要的重大关键技术和突破性技术往往是由中小企业完成。因而，针对战略性新兴产业设计实施中小企业扶持政策至关重要。

政策的可操作性也与政策实施机制密切相关。政策缺乏可操作性就只能是一纸空文。中小企业扶持政策的可操作性是一个世界性的难题，而由于我国当前某些方面体制改革的滞后，政策可操作性问题就更为突出。情况往往是中央虽然提出了促进中小企业发展的基本思路和原则，而地方政府和职能部门却因为种种利益关系迟迟不能出台可操作的实施细则，致使政策形同虚设，难以落实，无法执行，当然也就不可能产生预设的政策效果。例如，民营企业面对众多的产业领域，虽然中央早有允许或鼓励进入的指导思想和政策思路，却因有种种"玻璃门"和"天花板"相隔而无可奈何。国外的成功经验表明，提高中小企业扶持政策可操作性的一个有效途径是将相关政策具体化为项目，政策落实为具体的中小企业项目，就为政策的操作提供了路径和手段，就落实了政策检查考核的依据，以及相应的责任人。从我国目前的情况看，全面开展这样的工作有着相当大的难度，但应当适时大胆开展试点，取得经验后再予以推广。特别是在省市政府或更低一级政府的层面上，鼓励积极采取政策与项目配套的措施。

政策性银行转型动态与我国的改革路径评析

金融研究所　董裕平

一、问题的提出

尽管 2007 年初金融工作会议已经明确要求按照分类指导、"一行一策"的原则推进政策性银行改革，但目前真正启动商业化转型改革的实际上只有国家开发银行一家机构。开发银行在中央汇金公司完成注资后，即按照现代金融企业制度和商业银行运行管理要求着手建立和完善公司治理机制，2008 年底正式挂出"国家开发银行股份有限公司"的招牌。一年多来，在业务范围上进一步拓宽（除了银行业务，还涉及直接投资与投资银行等非银行业务，即开发银行全资持有国开金融公司和国开证券公司）的同时，整体经营上仍然保持了良好的市场业绩，母子公司的运作框架、银行和非银行业务之间的风险隔离机制也都基本建立起来，改革目标是在过渡期结束后全面转向新的商业银行体制。农业发展银行还需要进一步加强内部控制和风险管理方面的建设，适当拓宽业务范围，稳步提高市场化的运作管理水平，为全面实施商业化改革准备条件。相比而言，对进出口银行的改革定位可能因发生金融危机的原因而有所调整，不会全面推行商业化运作，而是继续坚持其政策性银行定位和服务职能不变，改革的主要工作是修订章程，补充资本，建立健全公司治理机制和风险约束机制，以进一步增强政策性金融服务功能。

诚然，与当初设立这三家政策性银行时的背景情况相比，我国经济社会的发展环境发生了重大变化，推进政策性银行改革的必要性不言而喻。然而三家银行改革工作进展的不同情况说明，这一转型改革具有很强的探索性和艰巨性，并非简单地否定这一性质金融机构的存在，翻个牌子后就可以完全推向市场。对于其所承担的政策性金融业务的运作方式，也不是设想的采取公开透明的招投标制度所能完全取而代之的。国际上的相关历史经验也清楚地表明，完全转向商业化并非政策性银行改革的全部内容，即使市场化程度深如美国，在整个金融体系中也都始终存在政策性金融的一席之地。在这次国际金融危机中，透过各国政府应对危机冲击所采取的一系列救市政策行动，政策性金融的危机管理与市场维稳功能更加凸显，而且有些国家重新认知政策性金融，并对相关机构改革的方向与步伐做出了适当的调整。

从对危机的深刻反思和当前遇到的问题来看，我们是否也有必要对下一步推进政策性银行改革进行新的评估或认知呢？实际上，国内学界至今对于我国政策性银行改革的基本方向和总体思路并未达成共识，对于政策性银行机构的存废问题仍然存在争议，有的甚至认为已在拟议实施的政策性银行商业化改革计划也还有可容商榷之处。显然，我国政策性银行改革不仅要缜密考虑机构自身如何实现转型，更要充分评估其改革对我国经济社会发展和金融体系完善可能造成的深远影响。也就是说，要最终评价我国政策性银行商业化转型改革问题，既要考察机构主体成功融入市场的微观层面，更要考量其对社会经济和金融体系的长期稳定与可持续发展的宏观影响。为此，本文通过系统梳理国外政策性银行改革发展的一般模式与经验，分析现代政策性金融所担当的重要角色，立足于我国经济社会发展的基本国情和金融体系的现实因素，进一步厘清我国政策性银行改革探索遇到的问题，探讨下一步推进改革的方向与发展政策思路。

二、政策性金融机构转型改革的基本动因

世界上任何事物的发展都存在着一定的生命周期，政策性银行机

构自然也不会例外，同样存在着诞生、成长、壮大、成熟、衰退、消亡的阶段性和循环过程。如企业生命周期理论所指出的，对于一家经营单一产品的企业而言，影响其生命周期的关键因素就是该产品在市场上的生命周期。类似的，如果一家政策性银行提供的金融服务已不再是经济社会发展所需要的，或者说通过市场机制已经能够更有效地提供相应替代性的解决方案，那么这家政策性银行就会失去继续存在的必要性，这是政策性银行转型改革最基本的内在逻辑。在实践中，虽然政策性金融是政府实施宏观调控管理经济的一种特殊手段，政策性银行是为承担此类职能专门设立的金融机构，但随着经济社会的发展，金融的市场机制逐步发育完善，原来设定的政策性银行活动领域有可能被市场发展所覆盖，此时政策性银行就会面临重大的调整或改革。

总的来看，驱动政策性银行转型改革的力量既有外部环境的重大变化，也有机构自身调整的内部要求。首先，外部环境发生重大变化，导致政策性银行机构设立时的原始使命基本完成，原来的发展方向、业务范围与运作方式必然要做出相应的改革调整。其次，作为政府调控特殊手段的政策性银行在运行中也可能存在"政府失灵"带来的各种负面影响，如可能与商业金融进行不公平竞争，预算软约束，轻视经济核算，有的甚至人为操纵导致融资活动中"寻租"之风盛行等，这些负面影响会成为机构改革的外部压力。再次，政策性银行机构自身不断积累业务经验和提高风险管理水平，基本具备了较好的市场经营与竞争能力，往往也会要求调整转型。最后，政策性银行机构运行不良，出现亏损严重给财政造成拖累，也可能面临被兼并或关闭。国际货币基金组织的调查结果显示，2003 年，在 125 个国家的 120 个政策性金融机构中，有 1/3 机构是亏损的，有 1/3 机构的不良贷款比例高于 10%，政府被迫对政策性银行注资的问题非常普遍，这导致不少国家比较强烈地要求改革或取消政策性金融机构。[①]

驱动我国三家政策性银行转型改革的情况并不一致。国家开发银行首当其冲全面推进商业化转型，是因为内部条件相对具备，同时来

---

① 转引自贾瑛瑛（2006）。

自外部环境变化的压力也越来越大。从内部情况看，从 1998 年开始转向开发性金融实践，十多年里经过多次的内部改革调整，银行不断提高风险管理能力和市场化运作水平，不仅取得并保持了先进的市场业绩，而且在事实上已经能够自主经营与自负盈亏，员工队伍对商业化的认可接受程度也相对较高，这就为推行全面商业化改革奠定了良好的基础。从政府的角度看，不必为开发银行的商业化转型改革支付专项财政成本，也大大降低了改革的操作难度。从外部环境变化看，对开发银行实行转型改革的压力可以说是逐年增强的，随着我国社会主义市场经济体制从确立到逐步完善，开发银行重点培育的基础设施领域的融资市场化条件逐步成熟，商业银行开始大规模进入该领域，形成了两类银行争抢生意的局面，与此同时，开发银行不断尝试创新业务，自主拓展范围，导致外界对开发银行政策性定位不清、利用政策性优势与商业银行不公平竞争、风险责任不明确等各种批评越来越多。

相比较而言，另外两家政策性银行在转型改革方面受到外部的压力要小一些。农业发展银行内部也具备了一些改革的基本条件，例如，机构设置比较健全，[①] 积累了一定的信贷业务经验，而且季节性的闲置资金也需要提高使用效率等，但内部管理相对薄弱、历史包袱和资产质量等问题也会严重影响银行的市场竞争力，成了制约其商业化改革的重要因素。外部对农业发展银行的批评，曾经主要集中于其内部经营管理不善导致亏损并拖累财政方面，而来自商业银行的批评较少，因为农业发展银行的传统业务领域主要是为粮棉油收购提供资金，新的开发性业务也主要集中在农村地区，风险比较高，尽管政府积极鼓励商业银行为"三农"提供金融服务，但商业银行参与的意愿很低，因此，未来农业发展银行既要增强市场化运作，为改革打基础，也仍然要保留"三农"领域的政策性业务。进出口银行近年来虽然发展速度明显加快，但分支机构数量很少，规模仍然很有限，与商业银行之间的竞争也较少，并且由于此次国际金融危机对我国出口部门造成了

---

① 农业发展银行是三家政策性银行中机构设置规模最大的，配备的员工数量也最多。据统计，该行实行总行、一级分行、二级分行、支行制，设有省级分行 30 家，地市级分行 330 家，地市级分行营业部 210 家，县级支行 1600 家，县级办事处 3 家，共有员工 51000 余人。

严重冲击，进出口银行直接承担的政策性金融功能更加凸显。实际上，金融危机不但大大缓解了进出口行推行商业化转型改革的压力，而且为其强化政策性金融属性创造了有利环境。

三、政策性金融机构转型改革的不同模式

从上述改革的基本动因来看，政策性银行转型改革的基本方向应服从于金融体系改革发展的总体要求，其根本目的是为了改善金融系统配置资源的效率，有利于系统性风险管理和保持金融的稳定运行。广义上讲，我们可以把政策性银行机构根据内外部环境变化，对自身的发展方向、经营模式、体制机制、业务范围等进行战略性的调整，笼统地称为政策性银行的转型改革。从国外政策性金融机构的转型改革与发展情况来看，大致有以下几种模式：

（1）分账管理模式。由于市场发展导致部分政策性业务逐步具备了商业价值，不宜继续采取政策性方式，但仍然需要由专门的机构来承担政策性业务，因此，在机构属性上保持政策性定位不变的情况下，也允许其经营一定范围的商业性业务，在内部对两类业务采取分账管理模式。德国复兴信贷银行（Kfw）与韩国产业银行（KDB）等机构曾经采取分账管理的改革模式。Kfw 成立于 1948 年，最初定位于对"联邦政府有特殊政治或经济利益的项目"进行投资。但随着金融全球化的加速和国内形势变化，Kfw 进行了改革调整，将其已与商业银行产生竞争的出口信贷和项目融资等业务独立出来，纳入到新建的全资子公司 IPEX-Bank（Kfw 进出口银行）之中，该公司在 2004 年初至 2007年底前先作为不独立的"行中行"试运行，而后作为 Kfw 集团的全资控股独立法人启动独立的评级运作，但 Kfw 仍然是政策性银行。韩国政府也曾允许 KDB 在转型后混合经营政策性和商业性两类业务，要求在内部设立不同的业务经营部门并分账户独立核算。政策性业务和政府的补贴等归入国家账户，而商业性业务则归入市场化账户并实行风险自担。这种改革的关键与难点在于两类业务之间如何设立有效的

"防火墙"，以防止造成不公平竞争、利益输送与责任转移的道德风险。

（2）分立机构模式。随着外部环境的变化，市场发展较为成熟，原来的政策性业务可以大规模地转向商业化运作，但政策性金融机构仍然可以作为政府干预资源配置的手段而存在，因而将两类业务彻底分离，单独设立政策性金融机构来承担剥离的政策性业务，原来的机构就可以完全商业化。我们看到，在市场经济高度发达的美国，1938年设立了房利美作为住房领域的政策性金融机构，到20世纪70年代初期，因应住宅市场与住宅金融体系的发展变化，美国政府根据《住宅与城市发展法》分拆了房利美，仍然沿用房利美名称的机构，但改变为私营股份公司，以营利为目的，另外设立一个新的政策性机构——政府国民抵押贷款协会（吉利美），仍然由政府全资持有。韩国政府在2008年6月宣布对KDB采取进一步的私有化改革计划，该计划从原来的分账管理模式向分立机构模式演变，要求在2009年9月分设为商业银行、KDB控股公司（负责投行业务）和韩国政策金融公司（负责政策金融业务），但因国际金融危机而不得不推迟了改革进程。这种模式与前者一样，都继续保留政策性金融机构，但不同之处在于可以避免前者需要在内部设立"防火墙"的问题。

（3）局部调整或收缩模式。对政策性金融机构的部分性质和业务形态进行适当调整或收缩，主要是避免与商业金融之间直接竞争。如1950年设立的日本住宅金融公库，在2007年根据《住宅金融支援机构法》进行了改革，虽然还是100%政府出资，但法人形态由特殊法人变更为独立行政法人，主要业务也从原来在一级市场提供住宅按揭融资调整到在二级市场做证券化，仅保留很少量的按揭融资（如应对灾害需要），资金来源上从财政借入调整为在市场发行MBS（抵押支持债券）筹集，原来享有的政府预算补助在改革后则被取消。

（4）彻底商业化模式。当内外部环境变化使得设立专门的政策性金融机构基本没有必要时，就可以采取非国有化的产权改革，将政策性金融机构彻底转变为商业金融机构，条件适当的还可以进一步改变为上市公司。受经济全球化和金融自由化风潮的影响，在此次国际金融危机之前，推崇这种彻底商业化的改革模式成为比较普遍的倾向。

1968 年设立的新加坡发展银行后来改革更名为星展银行并且成功上市，目前是新加坡最大的全能型商业银行。我国台湾地区的兆丰国际商业银行（由"交通银行"与"中国国际商业银行"合并）、台湾中小企业银行等也都实行了较为彻底的民营化改革。原"交通银行"创立于 1906 年，1928 年成为政府特许的实业银行，1975 年成为工业专业银行，1979 年改制为开发银行，1999 年开始实行民营化转型。"中国国际商业银行"是 1971 年由"中国银行"民营化改制的，1979 年完成了股票公开上市。2006 年，为扩大经营规模，强化市场占有率，以上两家银行合并更名为"兆丰国际商业银行"，该银行目前是台湾地区最具国际化的商业银行，其盈利能力在台湾地区的银行中名列前茅。台湾地区的中小企业银行在 1975 年进行了股份化改制，1998 年后进一步转型为民营银行。这种模式废除了政策性金融机构，改革非常彻底，从新加坡与中国台湾地区的情况来看，由于管辖地域范围较小，金融业务规模总量有限，在经济发展达到较高水平时，可以不再设立政策性金融机构，但这可能并不适合大国经济，尤其是发展中的大国。

在不同时期、不同地区，政策性金融机构的业务及领域与运作方式不可能一成不变。由于各国的政策性金融机构所面临的环境与基础条件不同，经营状况个体差异较大，转型改革也表现出不同阶段性与形式多样性的特点。然而，丰富的改革实践表明，政策性金融机构完全转向商业化，只是其中一个比较极端的选项，并不是转型改革的全部内容。即使有的政策性金融机构最终完全转变为商业金融机构，往往也经过了不同的调整与改革阶段，而并非一步到位。

四、国际金融危机再次凸显政策性金融的重要作用

20 世纪 80 年代以来直至在此次金融危机发生之前，由欧美主导的经济与金融的全球化进展得相当顺利，人们越来越相信市场可以自我监管，而且会自我修正，标准的宏观经济模型认为金融市场总是有效的（如风靡一时的市场价格完全揭示了所有相关信息的有效市场假

说），而带有明显政府干预色彩的政策性金融机构则会扭曲价格、效率低下。然而，西方主流经济学的模型不仅未能预见此次危机的发生，而且更加无法认识到由于金融市场功能失调和资产价格泡沫破裂所导致的衰退问题会如此严重和持久，这和干预性政策造成效率低下或者效率损失的问题相比，可能反而要严重得多。这次由美国次级抵押贷款问题不断恶化进而引发的全球金融危机，以严酷的现实打破了人们一直以来对市场近乎迷信的崇拜。面对金融市场信心崩溃、全球经济陷入严重衰退，各国政府不得不纷纷出台了各种超常规的刺激性政策与救市措施，包括政府增持金融机构股份或提供信用支持、直接向经济注入流动性、出资救助企业等，在此过程中，政策性金融可以作为应对危机冲击的制度性安排，在恢复市场信心、稳定金融体系等方面发挥了重要作用。

首先，政策性金融的制度安排不仅是实施危机管理的有效手段，甚至成为修复受损经济制度的必要机制。欧美等主要国家纷纷采取了非常规的干预政策，通过扩张政府信用进行救市，向具有系统重要性的金融机构大规模注资或提供增信支持，避免雷曼式的破产冲击，以求稳定市场信心，阻止危机的蔓延和经济的快速大幅下滑。尽管在西方国家对私人银行机构实行国有化一直受到普遍的抵制，但去监管的金融自由化最终导致了严重的金融危机，使得私人银行机构不得不被再次国有化，实际上，这应该看成是为修复经济制度而不得不接受的结果。我们看到，英国政府为拯救陷入绝境的苏格兰皇家银行，向其注资了 455 亿英镑，国有化的比例高达 84%；美国政府为应对危机安排了 7000 亿美元的金融机构不良资产救助计划（TARP），在计划实施的第一阶段，对银行的资本购买计划高达 1942 亿美元，有超过 300 家银行得到了该项救助，对花旗集团和美国银行直接采取了目标投资计划和资产担保计划的救助方式，涉及金额高达 450 亿美元。政府通过购买银行较高等级的优先股和获得普通股认股权证的形式完成资本注入。后来当花旗集团的损失累积需要进一步增加普通股的资本时，美国政府主动将其所持有的 450 亿美元优先股中的 250 亿美元份额转换为普通股，同时要求其他优先股持有者采取类似的跟随行动，也转换了大约 270 亿美元，结果大大缓解了花旗集团的股息支付压力，并增强了其吸收损失的能力，政府持有的股份也达到了 36%，尽管控制在 40% 以下，银行仍然是私有的，但政府实质上还是变成了花旗的最大股东。虽然政府注资并不直接意味着国有化，对私人银行暂时有限的国有化也不直接等同于回归传统的政策性金融机构，但不可否认的是，扩张政府信用注资的行动及其结果都与政策性金融紧密关联。由此可见，金融体系遭遇危机后的这种悖论式演变可能昭示出，即使在最根深蒂固的资本主义市场经济国家，至少作为金融体系结构核心的银行业，也仍然需要在一定程度上表现出政策性金融的特征，或者说不可避免地需要接受部分政策性金融的制度安排。

其次，既有的政策性银行机构不仅是危机时期维持并扩张信用的重要渠道，而且可以成为专业化监管政府大规模救助性资金的有效机制。金融危机一旦爆发，市场的流动性会在瞬息之间出现从过剩到短缺的急剧逆转，为了对抗私人经济部门的信用严重紧缩导致总需求的大幅下降，各国都采取了大规模扩张公共部门信用的应对之策，除了直接的财政刺激，以政府信用为基础的政策性金融机构也可以成为信用扩张的重要渠道，相比较而言，这一信用扩张渠道不仅能够减轻财政直接赤字融资的压力，缓和经济宏观结构的脆弱性，而且在财政预算受到法律严格约束的条件下，使得政府的宏观调控具有更大的决策灵活性与操作便利性。另外，由于政府部门自身往往缺乏对危机时期大规模注资进行后续专业管理的能力，商业银行机构则可能因为较高的潜在风险而很难被政府信任，政策性银行机构则不同，完全可以受政府委托对大规模的财政注资进行专业化的监督管理，以避免财政注资缺乏后续有效监管的问题。我们观察到，在此次危机中，日本政策投资银行进一步扩大了对大中型企业的贷款、认购商业票据、对指定企业出资以及为企业提供债务担保等，承担了稳定市场的重要责任。德国复兴信贷银行不仅向其他金融机构提供了 122 亿欧元的援助，而且还负责管理政府 1000 亿欧元的企业救助基金。由此可见，与私人银行机构在危机期间严格收缩信用的情形不同，政策性银行机构不仅可以围绕政府调控目标进行逆周期的信用扩张，形成与商业金融之间的配合效应，而且可以避免财政直接扩张的一些负面效应。并且，作为政府信任的专业金融机构，有可能改善财政大规模注资的运用问题。

最后，可能鉴于以上的观察与考量，在危机冲击下，一些国家开始重新认识和评估政策性银行的商业化改革问题，并对原来拟定的私有化改革计划进行了适当的调整。日本政策投资银行实施民营化改革的时间从原计划的 2008 年 10 月向后推迟到 2012 年 4 月，此后并安排了 5~7 年的转型过渡期，并且在改革后继续保留政府出资，其份额要始终占该行发行股份的 1/3 以上，以确保政府对该机构能够进行必要的干预。韩国政府原先确定在 2009 年 4 月份正式启动 KDB 私有化改革，但到 2009 年 5 月又宣布推迟改革进程，原计划在 2012 完成的改革推迟到了 2014 年。从我国的情况来看，原先设想完全转向招投标模式的市场化改革倾向可能也有所调整，目前除了开发银行在继续推进已经启动的全面商业化改革，农业发展银行和进出口银行的改革进展，已经与此前我国金融主管部门的有关人员对政策性金融转型改革的认知出现了明显偏离，[①] 尤其是进出口银行的改革，2009 年银行业监管报告显示，不仅要继续坚持其政策性金融的定位，并且强调要通过修订章程、补充资本等手段进一步增强其政策性金融的服务功能。

五、我国政策性银行商业化转型改革的争议

当前我国的宏观经济环境、市场体制、产业结构、微观基础等与 1994 年三家政策性银行成立之初相比，都发生了很大变化。从政策性银行层面来看，部分原来的政策性业务在逐步走向市场化，传统形式的政策性银行业务需求比重不断下降，政策性银行自身通过创新调整，围绕政府目标逐步加大了自主性经营的开发性业务比重。在此情况下，学界和业界对政策性银行实现职能调整和机构转型的争议也日益升温。

---

① 参见：(1) 易纲：《中国银行业改革的内在逻辑》，转引自贾康、孟艳：《招投标方式政策性金融：运转条件、发展空间与相关框架探讨》，《财贸经济》2009 年第 10 期。(2) 罗学东：《政策性银行的转型思考》，《银行家》2007 年第 12 期。

所探讨的问题既涉及根本性的理论认知与实践判断，也有技术性的操作安排，例如，我国政策性银行是否需要继续存在？转型改革的目标应该如何定位？如何改善政策性银行的治理结构与内部运行机制？如何解决政策性银行的资本金补充和不良资产处置？等等。实际上，争议的关键还是落在政策性银行机构的存废问题上，尽管对此并未达成一致的共识，但在大型的国有商业银行和非银行金融机构通过财务重组、引进战略投资者和挂牌上市之后，政府对政策性银行的改革部署已经提上日程。国务院在 2006 年的工作要点中，明确做出了推进政策性银行改革的战略指示，由人民银行和财政部具体领导，三家政策性银行着手研究和设计符合自身情况的转型方案。2007 年 1 月，全国金融工作会议进一步明确按照分类指导、"一行一策"的原则推进政策性银行改革，并且还提出要对政策性业务实行公开透明的招投标制度。显然，对政策性业务实行招投标制，意味着这部分业务将不再是政策性银行的"专利"，商业银行也可以平等地参与招投标来承担政策性业务，因此，这一指导思路已经明显暗示了我国可能不再需要设立专门的政策性银行机构。2008 年底，国家开发银行率先启动转型改革，全面推行商业化运作，目标是改造成为另一家纯商业性的银行机构。

　　然而，开发银行完全商业化的改革方案并没有就此为我国政策性银行机构的存废争议画上句号。倾向于不再设立专门的政策性银行机构的观点认为，在市场经济下，除极少数领域外，政策性银行存在的必要性越来越小。对于仍然存在的政策性金融业务，"在国家事前确定补助标准后，可向各种银行招标，使补助后的政策性业务在商业上可持续"。（易纲，2009）就我国三家政策性银行的业务来看，基础设施领域的国家重点项目贷款需求，已经可以依靠市场方式和商业性资金予以基本解决，有部分项目甚至还是商业资本争相争取的优质项目。出口企业的主体已由以前的国有骨干出口企业转为民营与外资企业，国有骨干出口企业大部分也都转制为集团性股份制企业，其业务也基本可以通过商业性金融得以解决。在市场化程度和商业价值越来越高的基础设施、机电产品出口等领域，政策性银行与商业银行的业务交叉越来越严重，派生出来的不公平竞争问题在个别项目上有时较为突出。即使在"三农"领域，我国各类各家金融机构也纷纷开办了一些支农的商业性业务（罗学东，2007）。

关于专门的政策性银行随着市场经济发展其必要性越来越小的判断，贾康、孟艳（2009）则指出，这放在中国当下的现实经济生活中和较短时期内，还值得商榷。并且，他们对招投标方式政策性金融的内涵与特点、延伸指向、动因和运转条件，以及适用领域和可预期的发展空间等做了较为细致深入的分析，认为这一方法具有明显的约束条件，在可以预见的将来，尚难在政策性金融业务领域"包打天下"。因此，我国政策性金融体系的改革需要从政策性金融的目标及覆盖范围、运行方式、政策性金融机构的管理等方面重新规划，积极尝试，探索规律，研讨政策性金融服务的新方式，实现政策性金融服务的多元化发展。李扬（2008）则明确指出，"对于国家将国家开发银行改造为纯商业性机构的思路，当时我就认为可容商榷"，"如果说，对于国家开发银行改革之方向的争论，在当时环境下还难分轩轾，到如今，面对美国金融危机的发展及美国政府在危机中的行为，我们恐怕应有新的结论"。陈元（2009）从反思危机与金融资源配置的视角认为，基于银行是具有巨大外部性的特殊企业，从各国政策性金融运作的经验教训来看，政府可以通过采取界定政策性金融与商业性金融以及政府与政策性金融的责利边界等金融约束政策，充分发挥政策性金融的正外部性，限制其负外部性，实现效率与公共性的统一。

在笔者看来，我国政策性银行机构不仅有继续存在的必要性，而且还应进一步发展完善。这除了前文所分析的政策性金融在金融危机中表现出来的重要特殊功能之外，更应该看到发挥政府信用的机构化、资本化完全符合我国当前和未来较长时期内的发展实际。

首先，我国即使在市场经济体制不断发展完善的进程中，有选择地设立政策性银行机构，通过政府信用资本化来为社会欠发展部门和政策目标部门提供必要的金融服务，不仅可以显著降低商业金融体系所存在的排斥问题，而且最终可以导向建立普惠性的金融体制，实现科学发展。列宁很早就认识到，要实现社会主义，政府就需要控制和利用银行机构。他在1917年十月革命前几天明确指出："没有大银行，社会主义是不能实现的。大银行是我们实现社会主义所必需的'国家机构'，我们可以把它当做现成的机构从资本主义那里拿过来，而我们在这方面的任务只是砍掉使这个极好机构资本主义畸形化的东西，使它成为更巨大、更民主、更包罗万象的机构。"[1] 我们即使撇开制度革命的意识形态方面，从多个国家经济增长的历史经验来看，政府通过金融控制来发展战略性产业部门和实现工业化也是无可非议的。较早研究金融发展促进经济增长问题的经济学家格申克龙（Gerschekron，1962）多年前曾指出，19 世纪 90 年代的俄国，政府对工业化的金融支持就是一个巨大的成功。尽管我国的经济总量规模今年已经超越日本，但我们这个世界第二大经济体仍然是发展中的社会主义大国，其发展的根本属性没有改变，应该继续发挥政策性金融手段实现赶超战略。现阶段，我国工业化尚未完成，无论是高新科技产业、中小企业，还是西部大开发、东北振兴、环渤海经济圈的发展、成渝城乡统筹试点，以及珠三角和长三角的转型升级也都还存在资金不足的问题，都还有政策继续扶植的必要。随着城市化的继续推进，我国在住房、教育、医疗和社会保障体系等民生公共事业方面的建设任务十分艰巨，资金需求非常巨大，特别是"三农"领域竞争资金的能力很低，四大国有商业银行在改制重组时也对乡镇网点进行撤并，有些乡镇已无任何金融机构，[2] 处在"市场失灵"情况下，因而更需要政策性金融的扶植。如果完全取消，没有专门的政策性银行机构来开发这些亏损、微利和少利的领域，结构调整和构建和谐社会的任务将难以完成。作为替代的招投标制本身是一种市场化的机制，很难想象可以用来克服本已存在的"市场失灵"甚至根本谈不上存在市场的问题。

其次，由于我国在未来较长时期内的政策性业务具有足够大的规模，根据斯密定理，可以支持在金融系统内部形成专业化分工，达成政策性银行与商业银行之间的有效配合，以改善金融系统的整体效率。我国目前已经进入工业化的中后期和城市化加速发展的阶段，2010 年

---

[1] 《列宁全集》第 32 卷，第 299~300 页。
[2] 据中国人民银行发布的《中国农村金融服务报告》，截至 2007 年底，全国有 2868 个乡镇没有任何金融机构，约占全国乡镇总数的 7%。

的城市化率将接近 50%，以现在的年均增长速度预计，到 2030 年我国的城市化率将达到 68% 左右，这相当于每年约有 1400 万人转移到城市中（张平、王宏淼，2010）。单就每年新增的 1400 万城市人口而言，在土地城市化过程中需要新建大量的城市住房、道路、水、电、气、垃圾处理等各种公共基础设施，在人口市民化方面，教育、医疗、社会保障等方面也需要大量投资。假设平均转移一人需要投资两万元，那么每年仅此项投资新增规模接近 3000 亿元。由于新转移到城市的人口实际支付能力较弱，不少类似于公共租赁住房与廉租房这样的公共基础设施的投资本身往往不具有商业价值，而且周期长，不适合商业金融。另外，再考虑到我国在经济结构调整、区域协调发展、高新技术产业与中小企业融资、"三农"等领域对政策性金融也有巨大的需求。总体而言，我国作为发展中的大国，既不同于工业化已经完成多年的大国，也不同于新加坡等小国，在未来较长时期内，仍将存在规模非常庞大的政策性金融业务需求。从斯密关于市场规模限制劳动分工的定理来看，我国的政策性业务规模是足够大的，那么设立专门的政策性银行机构，应该有利于加强和提高金融体系内部不同性质机构之间的分工和专业化的程度，彼此协作配合，将有利于提升金融系统配置资源的整体效率。

再次，我国政策性银行的继续存在，符合金融生态系统多样化与稳定化的要求，避免金融机构过度同质化的系统性风险。我们观察到，20 世纪 80 年代以来欧美国家掀起了金融自由化的浪潮，不断侵蚀和冲毁了 20 世纪 30 年代大萧条时期建立起来的各种监管壁垒，尽管越来越趋向一体化的金融系统内部仍然保留一定的层次，并且还有不同的监管，但实际上这些机构的层次只是形式上的相对独立，通过利用监管套利和各种金融创新，各金融机构几乎融合在一起，变成了实质上的同类型机构。不幸的是，在这次金融危机中，这种去监管化所导致的金融体系内部机构之间的同质化问题，大大加强了各金融机构在危机中行为的一致性，很容易出现"一荣俱荣、一损俱损"，放大了金融系统性风险，加剧了危机的震荡幅度。如果金融系统中存在许多不同性质的机构，相互之间在行为上有差异，操作上有人卖同时也有人买，与只有单向的卖或买相比，金融系统就会稳定得多。显然，对于我国金融体系而言，银行业的市场集中度相对较高，全国性的大型商业银行机构并不缺乏，如果在制度设计上把政策性银行全部改成商业银行，形成"清一色"的金融生态格局，可能会削弱金融系统的内在稳定性。

最后，从国际竞争的视角来看，我国参与经济全球化已经不能只是单纯输出商品的低端方式，而应发挥政策性银行的金融资本所具有的更高能量，通过银行与产业之间的密切合作，由银行先行走出去带动或者至少能跟随服务产业资本、商品资本，可以有效加强综合竞争力，在更深程度、更广领域参与海外的竞争与合作，服务于我国国际竞争的长期战略安排。近年来，我国经济发展对海外的金融服务需求成长迅速，[1] 其中相当大的部分具有国家战略价值，包括用大额的贷款换资源、贷款换市场等。但是，快速增长的海外金融业务需求与我国银行目前海外经营状况非常不对称，2009 年底我国银行海外资产占全部资产的比重约为 4%，而西方国家的银行这一比例约为 40%。由于海外业务市场在传统上一直被西方银行占据，要打破这种格局，开展金融竞争，这本身就具有开发性金融业务的特点，可以由政策性银行领头开拓海外市场，这既能够更好地服务于我国"走出去"的企业，也有利于保障我国在能源、矿产资源方面的安全，还能加强我国银行金融业在海外的竞争力。近几年国家开发银行围绕国家推动"走出去"的大战略，努力拓展投融资国际合作业务，抓住西方银行遭遇金融危机冲击的有利时机，加剧在"海外圈地"的竞争，[2] 取得了较好的成效，

---

① 据统计，2002~2008 年，中国对外直接投资年均增速超过 60%。截至 2009 年底，中国已有 7000 多家境内投资主体，设立对外直接投资企业超过 1.4 万家，广泛分布在全球 170 多个国家或地区，境外企业资产总额超过 1 万亿美元。即使有国际金融危机的不利影响，中国对外投资依然保持了较快增长，2008 年非金融类直接投资同比增长了 68.5%，2009 年在全球对外直接投资同比下降 39%的情况下中国仍增长了 6.5%。

② 据《华尔街日报》（2010 年 5 月 25 日）报道，2009 年初以来，以我国的国家开发银行领衔的中资银行在菲律宾公共事业公司 GNPower Mariveles Coal 的 7 亿美元融资作为簿记行，该项目没有一家西方银行进入；开发银行与工商银行在澳大利亚油气开采公司 Woodside Petroleum 的 11 亿美元融资交易中作为簿记行，西方只有美国银行一家参与；加纳可可协会 12 亿美元贸易融资安排也是开发银行和工商银行联手安排，西方银行基本无法参与竞争；委内瑞拉 PDVSA 的 15 亿美元融资项目，只有开发银行和葡萄牙的 Banco Espirito Santo de Investimento 两家作为簿记行，在 13 家银行组成的银团中，另外有 6 家中资银行参与，但美国只有花旗集团一家参与。

其境外贷款业务快速增长，境外贷款余额占总贷款的比例从 2007 年的 0.92%增加到 2009 年的 8.75%，目前外汇贷款规模已经超过了 1000 亿美元，成为我国对外开展投融资合作的最大银行。可以预见，未来我国银行机构开展境外金融服务已经成为非常重要的发展方向，政策性银行在此领域的积极开拓，不仅可以避开商业化监管要求与信息披露方面的约束，承担有战略性价值的融资任务，还可以推动和引导我国境内商业性银行进入国际市场开展竞争，不断增强我国在国际金融领域的话语权、影响力和实际操作能力。

六、案例分析：国家开发银行的商业化转型

在现实中，一方面，政策性银行机构在随环境变化调整的过程中，原来的部分政策性业务虽然已经可以市场化，但并未及时退出，而且还可能自主扩大业务范围，出现与商业金融之间的业务交叉和不平等竞争；另一方面，有些政策性业务的确也可以通过招投标的方式交给商业性金融机构，而不仅仅限于政策性银行。正是基于这样的外部压力与改革思路，国家开发银行在 2008 年底正式启动了全面商业化改革。不可否认，在三家政策性银行中，开发银行转向商业化的条件要相对成熟，不仅其市场化运作的经验丰富，风险管理水平较高，而且其信贷资产业务中有相当大部分已经成为各家商业银行争抢的好项目。尽管如此，开发银行的商业化转型也不可能一帆风顺，从目前过渡期阶段遇到的问题来看，如何妥善处理或者在制度设计上做出更为适当的安排，这不仅有利于推进开发银行自身的改革，对另外两家政策性银行而言，也将具有重要的经验意义。

从 1998 年开始，国家开发银行逐渐脱离传统的政策性银行模式，在坚持政策性银行本质属性的前提下，自我转型为现代开发性金融机构，有学者将其根本特征概括为"国家目标、政府信用、市场运作"（李扬，2006）。此次全面推行商业化改革，首要变化的是其机构的政策属性，同时在资本补充、公司治理方面也有显著的调整变化，但其

组织架构、基本运作模式和开发性业务的资产特色等方面在短期内很难发生明显的改变。因此，面对这些变与不变或者很难变的新情况，开发银行此次商业化转型改革需要处理好以下三个方面的问题：

（1）要探索处理好开发性金融模式与商业化之间的融合。商业化改革很难改变开发银行继续以开发性业务为主的定位，这是因为开发性金融模式是其多年努力探索出的一条切合中国基本国情办银行的路子，十多年的成功实践表明，这一最显著的特色模式，不仅是商业化后需要继续依赖的基本经验，也应成为开发银行的核心竞争能力。具体来看，一是在经营理念与管理运作模式上，开发银行在国内率先引进了以风险管理为核心的理念，并以此来统领各项业务发展，实行全过程、全方位的风险管理，积累了丰富的行业经验，也实现了能够支撑自身持续发展的良好市场业绩。这为转向商业化打下了较好的基础。二是在基本方法上，充分挖掘政府在信用建设和市场培育中的功能与机制，打通融资瓶颈，不断实现与商业性金融的对接。鉴于我国的实际，发动各级政府以适当方式介入金融活动，加强组织协调，有助于弱化银行信贷活动存在的信息不对称问题，这完全有利于推进我国信用体系的建设，加快市场的培育发展。开行始终强调把政府的组织优势与银行的融资优势结合起来，坚持"政府热点、雪中送炭、规划先行、信用建设、融资推动"的理念与方法，通过逐个项目的融资，重点建设和完善我国中长期金融领域的信用结构，培育市场运行的基础条件，已有相当一部分成为各家商业银行大力争抢的好生意。可以预见，这一模式在我国未来长时期内仍会具有很强的生命力。三是在业务发展上，把开发性金融的理念、方法与经验不断拓展到新的瓶颈领域，实践科学发展的要求，由此也勾勒出银行未来持续成长的空间与路径。开发银行的业务范围已经从传统的"两基一支"领域进一步拓展到许多新的经济社会瓶颈部门，如"三农"、医疗卫生、教育文化等民生工程和国际投融资合作等。①

---

① 据国家开发银行 2009 年度报告披露，截至 2009 年底，开行已累计发放新农村建设贷款 5641 亿元；发放中小企业贷款 1357 亿元，创造就业岗位 335 万个；发放棚户区改造和中低收入家庭住房建设贷款 1680 亿元，惠及人口 953 万人；发放助学贷款 119 亿元，受益贫困学生累计达 224 万人。在国际投融资合作领域采取贷款换资源、贷款换市场等方式，服务国家长远战略，外汇贷款余额接近 1000 亿美元。

　　上述开发性金融模式的基本经验，已经内化成为开发银行经营思维与实践运作的基本惯性，然而，这种强大的内在基本惯性最终有可能会影响其完成向商业化的彻底转变。从其所从事的开发性业务来看，大量存在长期、大额与集中的风险，这也是以往外界诟病或质疑开发银行良好业绩的说辞，当开发银行真正全面转向商业化之后，就可能成为不得不严肃对待的真实风险。毕竟，开发性业务往往缺乏对商业性资金的吸引力，对于商业银行而言，相对条件好的可以选择做一些，不理想的就避开；对开发银行而言，即使已经完全转型，这种选择的自由也要小得多。因此，在脱离政府信用等适当的制度安排予以支撑的情况下，如果继续以带有显著政策性特点的开发性业务为主，一旦机构自身过去所累积的吸收损失能力被严重削弱，风险隐患就会暴露，经营难免陷入困境。

　　（2）商业化改革也很难改变开行既有的债券类、中长期、批发性的业务运作基本模式，而这对纯粹以这种模式生存发展的商业银行将是一种相当艰巨的实践探索。债券类、中长期、批发性的运作模式虽然有利于凸显开行的特色与竞争优势，但也可能造成其在市场经营中遇到不一样的困难。在资产业务方面，这种业务模式非常适合服务于高端大客户，但这一块市场竞争已经非常激烈，而且随着直接融资的进一步发展，一部分高端客户还会脱离银行。对于开发银行来说，由于自身业务运作模式限制，很难像其他商业银行那样拓展新的零售业务市场。在负债业务上，商业化转型从法律上改变了银行的机构属性，这也就意味着不再享有政府信用和主权评级，需要靠自身的独立信用在市场发债融资，这与此前的政府信用基础相比，债券风险会上升，银行需要为此支付投资者相应的风险溢价，融资成本提高，特别是在市场流动性趋于紧张的情况下，银行需要为其中长期业务匹配债券融资，即使设置可提前赎回期权或发行浮动利率债券，往往也需要支付相对更高的融资成本，并且还要承担资产与发行债券的收益率不对称变化而导致息差收窄的风险。在银行经营压力过大而出现较大规模的流动性风险敞口时，若市场环境不利，其主要依赖债券融资的模式将会变得更加困难，进而可能陷入资金来源不稳乃至出现"发债难—融资成本上升—更难发债"的恶性循环。

从理论上讲，商业化转型后可以摆脱原来在组织架构与人力资源等方面的约束，但实际上在短期内基本不可能去扩张投资设立大量的机构网点等基础服务设施，特别是由于缺乏管理众多网点的经验，一旦某个网点出现风险，将会伤害银行信用，从而累及其批发式的债券融资业务。这些情况可能意味着，商业化后的开发银行也很难改变现有的业务运作模式，而坚持这种业务运作模式定位，又难免与其完成商业化的改革目标存在着不协调。

（3）在上述两个方面的问题可能影响开发银行商业化改革顺利推进的情况下，需要重点关注其对经济与金融体系产生的外溢冲击效应。一是开发银行在商业化目标压力下可能收缩或减弱原来坚持的开发性业务力度，这会直接导致一些瓶颈领域缺乏资金支持，甚至包括一些具有重大战略价值的国际性项目也因不符合商业化运作与监管的要求而被舍弃（这类项目是无法采取招投标方式运作的），这种结果显然不利于我国的经济社会发展。二是开发银行对金融体系的影响。从目前来看，开发银行启动商业化改革后，其在债券市场发债融资的条件已经区别于另外两家政策性银行。按照商业银行的监管要求，一方面，开发银行债券风险权重上升，使得其他商业银行继续投资开发银行债券需要占用资本金；另一方面，由于受到投资单一客户授信总量所占比例的约束，其他商业银行已不能像以前那样无规模限制地投资开发银行债券，导致其债券的市场需求量受到较大的限制。这两个方面都导致开发银行债券发行利率上升，增加其发债融资成本，挤压息差空间，进而影响其业绩和信用。开发银行目前是我国债券市场仅次于政府的第二大发债融资主体，2009 年末的未偿债券存量高达 3.27 万亿元，如果其债券融资出现较大波动与困难，可能不仅是开发银行自身的问题，而且会通过债券市场影响到其他的银行机构，增加金融体系的不确定性。2009 年，尽管开发银行还处于商业化转型的过渡期，但这种问题与风险已经开始在市场上有所反映，对此应予以高度重视。

国家开发银行要转变为一家标准意义的商业银行，最终可能需要对以上问题做出取舍，即便如此，对其实施彻底商业化改革的价值可能并不明确，因此还需要进一步探索，包括在制度安排上可能需要进行适当的调整，以构建一个新的融合性框架。

七、继续推进我国政策性银行改革的建议

基于国内外对金融危机的反思和对政策性金融的重新评估，在推进我国政策性银行改革时，应该着眼于经济与金融体系的长期可持续发展与宏观战略性需求，在通盘规划建立和完善适合国情的政策性金融体系时，既要正视当前政策性银行存在的各种现实问题，又要尽可能地避免受到局部利益争端和一些短期问题的干扰；既要看到干预性政策过度时存在政府失灵的弊端，也要清醒地认识到可能会有盲目迷信市场的一面。为此，应该继续研究和推进政策性银行机构的改革与发展。

（1）加强立法规范。我国迄今为止缺少一部专门适用于政策性银行机构的法律规章，三家政策性银行机构在设立时并无明确的立法规范，后来发生的业务调整等变化既缺乏相关的法律依据，也没有对应的规章予以约束。随着时间推移与环境变化，这种状况一方面导致了政策性银行机构很容易做出倾向于自身利益的各种调整与辩护，在业务发展上容易出现和商业银行之间的交叉竞争；另一方面，也导致金融监管部门难以依法监管，缺乏明确的适合于评价政策性银行的法规依据，很容易造成混乱与误解。有了明确的法律规范，政策性银行就可以进行清晰的定位，既避免与商业银行之间的争端，也有利于提高监管的专业化水平。

（2）继续按照分类指导的原则，重新考虑政策性金融机构的布局规划，优化行业和领域配置，推进政策性金融体系的发展完善。我国经济社会发展仍然存在大量的瓶颈领域和战略性项目需求，未来城市化进程中的大量公共基础设施建设、保障性住房建设、中小企业的金融服务、"三农"领域的发展、支持产业（包括金融业自身）"走出去"竞争以及应对大量各种灾害等许多方面，资金需求规模非常庞大，需

要设立适当的专业型政策性金融机构来有效解决融资问题，而不宜将其全部交给市场机制来选择。

（3）继续加快现有政策性银行机构的改革步伐，包括改革外部监督管理体制和内部管理运营机制。要建立适合于政策性金融业务考核及绩效的评估标准，改善治理结构，进一步完善市场化的激励约束机制，提高政策性银行机构的运作效率，强化风险控制和降低成本，进一步发挥政策性银行机构的重要作用。

（4）要正确认识在发展过程中可能出现的政策性与商业性两类金融业务的交叉问题，以及政策性银行进一步扩大自主性业务范围的问题，避免采取过于简单的市场化评判。随着环境的变化与金融发展，政策性银行的业务范围、经营管理模式等需要进行调整，这是一个阶段性相对稳定的动态适应过程，在此过程中出现政策性与商业性两类金融业务一定程度的交叉问题是正常现象，在某个时间段内，可以允许政策性银行机构继续从事由原来政策性业务发展而来的具有商业价值的业务，当这类具有商业价值的业务达到一定规模时，为避免不平等竞争，应考虑采取账户分离或机构分立的调整模式，只要还存在足够的政策性业务规模，就不能因此而废除政策性银行。在政策性银行自主扩张业务时，只要是符合国家目标而商业银行进入较少的新领域，就不宜因其风险问题过多责备，而应适当予以鼓励。

参考文献

1. 陈元：《由金融危机引发的对金融资源配置方式的思考》，《财贸经济》2009年第 11 期。

2. C.P.钱德拉塞卡：《危机的教训：全球银行业模式存在吗?》，《政治经济学评论》2010 年第 1 期。

3. 董裕平：《防范同质化加剧系统性金融风险》，《国际金融研究》2009 年第 71 期。

4. 贾康、孟艳：《招投标方式政策性金融：运转条件、发展空间与相关框架探讨》，《财贸经济》2009 年第 10 期。

5. 贾瑛瑛:《探索政策性银行转型之路》,《中国金融》2006 年第 10 期。

6. 李扬:《国家目标、政府信用、市场运作》,《经济与社会体制比较》2006 年第 1 期。

7. 李扬:《中国金融改革 30 年》,社会科学文献出版社 2008 年版。

8. 罗学东:《政策性银行的转型思考》,《银行家》2007 年第 12 期。

9. 王学人:《政策性金融转型的国际经验及对我国的借鉴》,《求索》2007 年第 5 期。

10. 鄢德春:《商业化转型对国家开行金融稳定作用的影响》,《上海金融》2009 年第 9 期。

11. 詹向阳:《也谈我国政策性银行的转型与改革》,《金融论坛》2006 年第 6 期。

12. 张平、王宏淼:《转向"结构均衡增长"的战略要点和政策选择》,中国社会科学院《中国经济研究报告》2010 年第 122 期。

13. 张红:《海峡两岸政策性银行转型的理论与实践探索》,《上海金融》2009 年第 11 期。

14. Gerschenkron, A. Economic Backwardness in Historical Perspective: A Book of Essays. Cambridge, Massachusetts: The Belknap Press of Harvard University Press, 1962.

对外贸易：2009 年分析与 2010 年展望

财政与贸易经济研究所　裴长洪

一、2009 年我国对外贸易的主要特点

2009 年我国商品进出口贸易总额达到 22072.7 亿美元，比上年同期下降 13.9%，其中出口额达到 12016.7 亿美元，比上年同期下降 16.0%，进口额为 10056 亿美元，比上年同期下降 11.2%；累计贸易顺差为 1960.7 亿美元，比上年同期下降 34%左右。

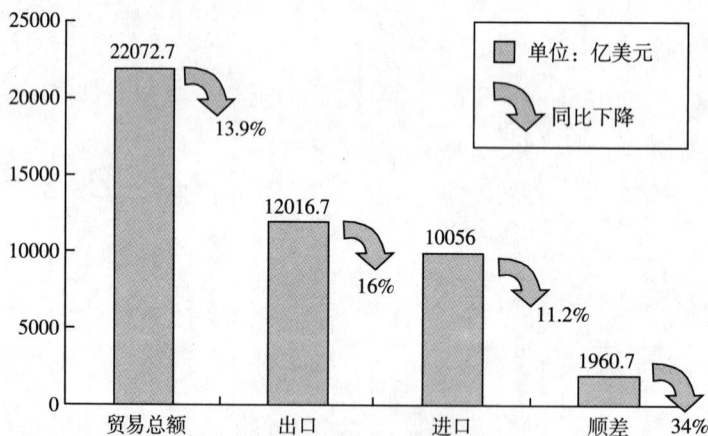

图 1　2009 年中国对外贸易基本状况

2009 年对外贸易情况呈现以下几个特点：

（1）2009 年下半年 6 个月的月度商品出口额恢复到千亿美元以上。2008 年 9 月以来，尽管遭受国际金融危机影响，但 2008 年后 4 个月的月度出口额仍然保持在千亿美元以上。进入 2009 年，前 6 个月的月

度出口额都降至千亿美元以下，特别是 2 月的月度出口额降至最低，只达到 649 亿美元，比 2008 年同期下降 17.5%。2009 年的 7 月后，情况发生变化，月度出口额都上升到千亿美元以上，虽然有 4 个月同比下降幅度仍然很大，但出口额上升趋势已经初步显现。

表 1　2008 年 9 月至 2009 年 12 月月度出口额变化情况

	2008 年 9 月	10 月	11 月	12 月	2009 年 1 月	2 月	3 月	4 月	5 月	6 月	7 月	8 月	9 月	10 月	11 月	12 月
金额（亿美元）	1363	1282	1150	1112	905	649	903	919	888	954	1054	1037	1159	1107.6	1136.53	1307.2
升降（%）	21.4	19	−2.2	−2.8	−17.6	−25.8	−17.2	−22.8	−26.5	−21.3	−23	−23.4	−15.3	−13.9	−1.2	17.7

资料来源：《海关统计》2009 年 12 月。

但我国出口贸易的恢复可能不及日本与韩国，以出口贸易同比转为正增长看，日本、韩国从 2009 年 11 月就已转为正增长，比我国早一个月。从 12 月增长幅度看，我国为 17%，而日本和韩国则在 30% 以上。

（2）出口贸易排序变化，东盟市场地位上升。从中国出口角度看，欧盟、美国、中国香港是中国大陆前三大出口市场，接下来以往是日本，但 2009 年上半年起，东盟超过日本成为中国第四大出口市场。2009 年，中国对东盟出口额达到 1063.0 亿美元，比 2008 年同期下降 7%，对日本出口额 979.1 亿美元，比上年同期下降 15.7%。东盟出口市场地位的上升，是实施自由贸易区战略发挥了作用。2009 年 1 月 1 日起，中国与东盟已有超过 60% 的产品实现零关税，从而促进了双边贸易。未来从 2010 年 1 月 1 日起，双方各自将有 90% 以上的产品关税降到零。在全国多数省区市进出口贸易都呈下降趋势中，有 4 个省区为罕见的正增长，分别是广西（7.5%）、四川（9.6%）、海南（6.3%）、陕西（0.9%）；而出口贸易同时也是正增长的只有广西（14%）、四川（7.8%）。除陕西外，都与中国东盟自由贸易区的作用有关。

从我国与主要贸易伙伴的双边贸易情况看，我国对美国、东盟、澳大利亚、印度的出口下降幅度都相对缓和，从欧盟、美国、澳大利亚、巴西的进口下降幅度也比较缓和，因此对出口贸易前景完全悲观

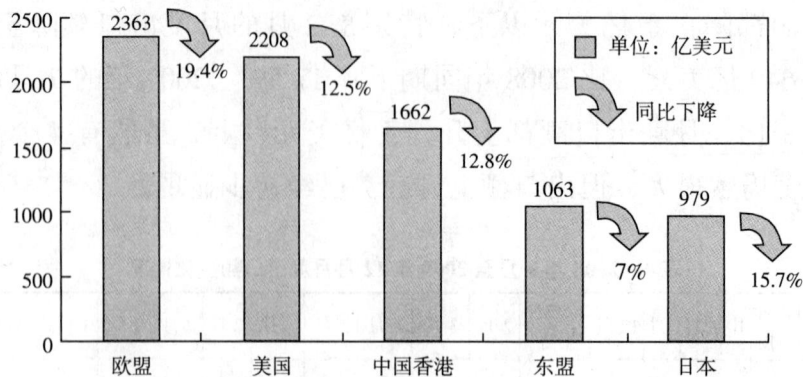

图 2　五大出口对象

表 2　2009 年我国与主要贸易伙伴进出口下降幅度（单位：%）

贸易伙伴	进出口同比下降	出口下降	进口下降
全球	13.9	16.0	11.2
欧盟	14.5	19.4	3.7
美国	10.6	12.5	4.8
日本	14.2	15.7	13.1
东盟	7.9	7.0	8.8
中国香港地区	14.1	12.8	32.6
韩国	16.0	27.4	8.5
中国台湾地区	17.8	20.8	17.0
澳大利亚	0.7	7.2	5.4
印度	16.3	6.1	32.3
巴西	12.9	24.9	5.3

资料来源：同表1。

失望，以及美国等国家对我实行贸易保护主义措施都是没有根据的。

随着世界贸易格局的变化，发展中国家市场的相互重要性上升，2009 年上半年，中国成为巴西、智利的第一大贸易伙伴。过去美国一直是巴西、智利的第一大贸易伙伴，2009 年上半年巴西对中国出口增长 62.4%，对美国出口下降 52.7%，对欧盟出口下降 23.8%；智利对美国出口下降 31.4%，对欧洲出口下降 55.7%，对中国出口只下降 14%。于是，中国取代美国成为巴西、智利的第一大贸易伙伴。

（3）低技术劳动密集型产品出口更具有抵御市场需求降低风险的能力。2009 年，以食品与活动物为主的农产品出口同比只下降 0.5%，纺织服装、鞋、塑料制品、箱包、家具等劳动密集型产品的出口下降幅度都大大低于平均水平；机电产品、高新技术产品在前 10 个月的出口下降幅度都接近平均水平；后两个月下降幅度明显缩小，特别是 12 月回升较快，但机电产品的降幅仍然较大。其他资源性产品如石油、煤炭出口的下降幅度也都很大。贱金属及其制品（-46.5%）和化学工业及其相关制品（-21.5%）等下降幅度也都较大。

表3　2009 年我国出口若干商品数量金额增减幅度　　　　　单位：%

商品名称	出口数量	出口金额
塑料制品	-12.0	-10.1
纺织纱线、织物及制品	—	-8.4
箱包及类似容器	—	-9.2
服装及衣着附件	—	-11.0
鞋类	—	-5.7
玩具	—	-10.0
家具及其零件	—	-6.0
机电产品	—	-13.4
高新技术产品	—	-9.3

资料来源：同表1。

这种现象表明，低技术劳动密集型产品不仅具有收入的需求弹性较小的特点，而且其他经济体也难以在短期内替代我国成为世界市场的大量供给者，因此在我国产业升级和结构调整中不仅不应该轻视这种产业和产品，而且仍然要注意延续其比较优势，特别是通过向内地和中西部的产业转移，使我国在世界市场上继续成为低技术劳动密集型产品的供应基地。

（4）进口商品价跌甚于量跌，是进口储备资源的好时机。铁矿砂、原油和成品油进口量或有升降，但价格下降幅度都很大；铜铝进口量上升，但价格下跌；甲醇、硫酸和钢材等中间投入品进口量大升，但价格下跌；大豆和油菜子等农产品进口量升，但价格下跌。说明抓住铁矿砂和石油进口的储备机遇需要增强。

2009 年上半年由于国际石油、矿物资源类产品价格下降，因此石油、矿物资源类产品进口下降幅度达到 45% 以上，而中间投入品进口下降幅度较小，因此造成石油和矿物资源类商品进口比重从上年23.8% 下降到今年上半年的 19.1%；而中间投入品进口比重上升了 3 个百分点。从长远建设来看，石油和矿物类资源产品都是我国需要大量进口的商品，而当前国际市场价格较低，如果能够启动外汇与实物储备转换的机制，大量进口这些资源性产品，不仅对未来我国的经济建设有利，而且也有利于对当前的国际市场创造更多需求，形成对世界经济复苏的刺激因素，同时也是我国抵御贸易保护主义的一种武器，这应当成为国家有关部门考虑的一件重要事情。

表 4   2009 年我国进口若干商品数量金额增减情况（单位：%）

商品名称	进口数量	进口金额
食用植物油	8.4	−30.1
铁矿砂及精矿	41.6	−17.4
原油	13.9	−31.0
成品油	−5.4	−43.7
钢材	14.3	−16.9
未锻造的铜及铜材	62.7	18.0
机电产品	—	−8.7
高新技术产品	—	−9.4

资料来源：同表 1。

（5）国际分工格局没有大的变动，跨国公司主导的国际贸易仍然占据主流。2009 年在出口贸易中，国有企业同比下降幅度达到 25.8%，大大高于平均水平，而外商投资企业出口下降幅度只有 15.0%，集体企业下降幅度为 25.9%，而其他类企业只下降 9.2%，说明非公有制企业抵御市场风险的能力较强。从进口贸易情况看，国有企业下降幅度达到 18.5%，外商投资企业下降 12.0%，而集体企业只下降 8.2%，其他企业只下降 11.4%，说明国内需求变化对国有企业影响最大。

从贸易方式来看，加工贸易出口所受到的不利影响要小于一般贸易。

加工贸易出口下降幅度比一般贸易低 7.0 个百分点，而 2009 年外商投资企业实现的加工贸易出口又占整个加工贸易出口的 83% 以上，说明由跨国公司主导的国际专业分工以及由此直接导致的贸易仍然在发挥较大作用，而且也较具有抵御市场需求下降的风险能力。加工贸易进口下降，说明在国际金融危机影响下国际专业分工对国内产业配套的需求上升，但这种上升反映的是结构性需求，即低技术劳动密集

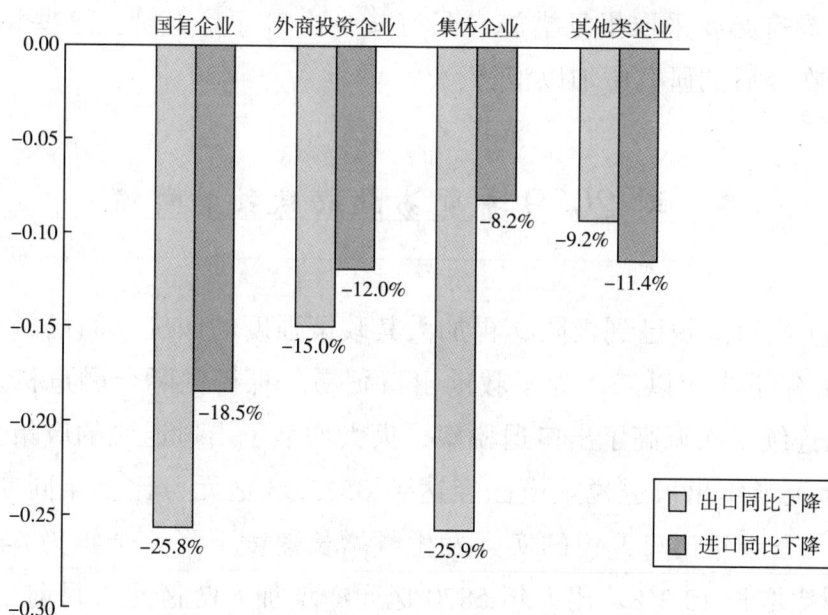

图 3 企业贸易状况（分企业类型）（2009 年）

表 5 2009 年我国进出口贸易方式情况

贸易方式	出口金额（亿美元）	同比升降(%)	进口金额(亿美元)	同比升降(%)
总值	12016.63	-16.0	10055.55	-11.2
一般贸易	5298.33	-20.1	5338.72	-6.7
加工贸易	5869.80	-13.1	3223.38	-14.8
其他贸易方式	848.50	-6.5	1493.45	-18.0

资料来源：同表 1。

型产品出口下降幅度小，对这种产品的国内配套需求大；而机电产品出口下降幅度大，对这种产品的国内配套需求小。这种结构性需求不利于出口贸易结构高级化的发展，但这并不是由贸易决定的，而是由市场和生产结构决定的。

（6）贸易保护主义抬头，但也被过分渲染。2009 年全年遭受境外贸易救济措施调查案件 126 件，涉案金额 127 亿美元，为历年最多，但也有渲染过分的成分，并由此产生了一些认识上的误区。如有的认为，贸易摩擦只是由于我国出口商品多为劳动密集型低端产品，只要出口商品结构升级就可以避免贸易摩擦；有的认为，在国际金融危机冲击下，贸易保护主义已成为世界经济主流，扩大出口必遭摩擦；有的还认为，在面对某些发达国家，特别是美国采取贸易摩擦的具体案例中，没有必要采取报复措施，只有减少出口才是上策。这些错误认识需要在今后的研究中加以澄清。

二、对 2009 年贸易救助政策的评价

（1）出口退税已到极限，再加大其政策强度的回旋空间已经很小。从 2008 年下半年以来，为了救助出口贸易，抵御国际金融危机影响，国家已连续 7 次调高了出口退税率，大大增强了出口退税的政策力度。2009 年上半年出口退税规模已经达到 3513.93 亿元，比上年同期增长 21.9%，下半年出口退税的实际发生额增长速度下降，全年为 6477 亿元，同比增长 10.3%；比上年 5870 亿元净增加 607 亿元。目前出口商品综合退税率已上升到 13.5%，在 13000 个税号中，有 1971 个实现全额退税，机电产品 2500 个税号，有 1771 个全额退税，占 70.84%。纺织服装产品出口退税率也已达到 15%。

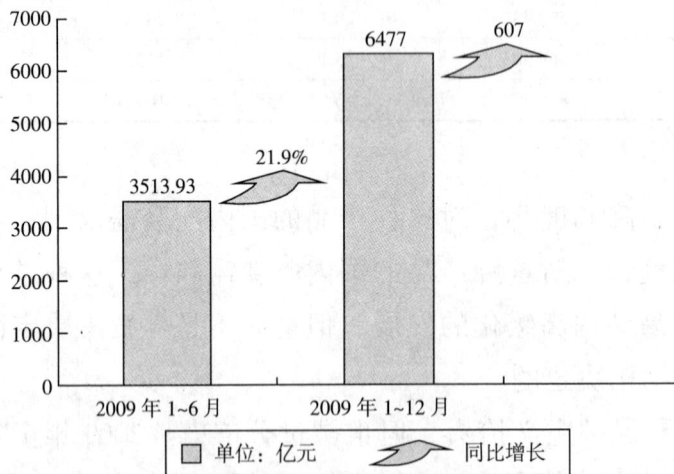

图4　出口退税（2009年）

即便如此，仍然有许多外贸企业处在成本上升和利润缩减的压力下难以生存，强烈要求国家再增强出口退税的政策力度，不少专家也要求对所有出口贸易实行全额退税。境外进口商一闻出口退税增加，就要压低出口价格以分享退税好处。但从财政支出情况看，这种可能

性已经很小。如果国家勉为其难，其财政收支后果将十分不利，而且也将进一步导致出口退税政策的扭曲。

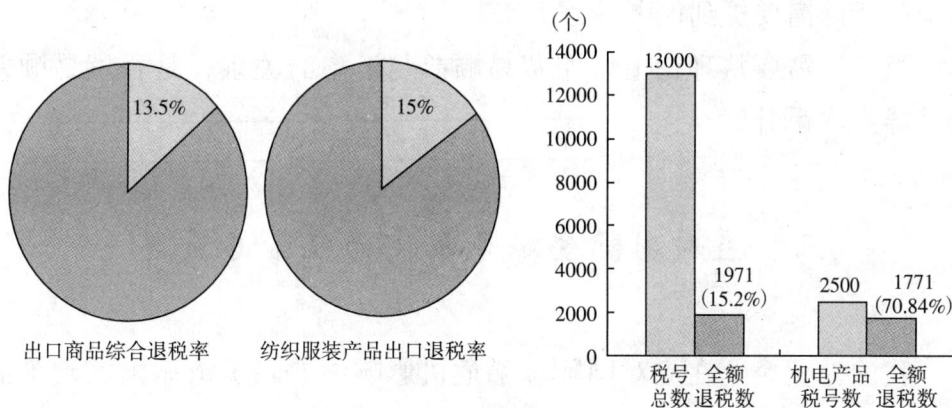

图 5　退税情况

（2）出口信用保险空前发挥作用，但也存在财政风险。2009 年全国出口信用保险承保规模已达到 900 亿美元，同比增长 123%，出口商品覆盖率为 17.9%，同比增长一倍。在很大程度上弥补了出口退税力度的不足。2010 年将继续扩大承保规模和覆盖率，增长势头可能与 2009 年相似，问题是这种信用保险仍然需要财政为其承担最终风险，承保规模事实上也有财政风险约束。

（3）人民币汇率水平依旧使出口企业承受亏损压力。企业最担心人民币继续升值。根据浙江省的企业调查，2008 年出口企业成本上升的 33% 中：人民币升值占 16 个百分点；出口退税下降占 8 个百分点；价格上涨占 7 个百分点；劳动力成本上升占 2 个百分点。根据商务部所做的企业调查，2009 年平均换汇成本为 6.80 元，与汇率差 0.03 元。根据企业调查，2009 年大型企业出口换汇成本为 6.5 元，中小企业为 7.0~7.2 元。这说明，现有的人民币汇率水平使大多数出口企业在亏损状况下经营，若没有出口退税的支持，大量外贸企业将退出出口部门和外贸经营。

需要研究的问题：

第一，过度的出口退税规模实际上已对人民币汇率造成扭曲；所谓理顺人民币汇率形成机制是否应包括理顺出口退税制度，在理顺出口退税制度下的人民币均衡汇率的理论与实证分析是需要深入研究的重要问题。

第二，如何认识出口信用保险的财政风险问题，控制风险的理论和保障措施需要提到议事日程上来。

第三，需要从理论上说明贸易顺差与汇率的关系，是否贸易顺差必然导致本币升值。

三、应对国际金融危机中的经验与反思

我国外贸企业在应对国际金融危机影响中，除了依靠国家政策的支持，还创造了新的经验，如"抱团取暖"、"集体过冬"等企业联合与合作的行为，形成了抵御国际金融危机影响的竞争优势因素。

原来我国出口产品在国际市场上的竞争优势，一方面是靠国内要素的低成本优势；另一方面是靠国外进口商在境外流通领域嫁接的高效率服务供给结合的结果。从国内经营领域来看，由于制造环节的不断分散化，要求在流通领域提供物流、资金、通关、结算、出口收汇保险等环节的高效率服务，才能保持我国出口产品在国内创造的竞争优势或增加新的竞争因素。在国际金融危机影响的严峻形势面前，在生产环节还难以在短期内提高制造技术以突破生产效率"瓶颈"的约束条件下，如何在流通领域创造降低成本的优势，成为一些商务企业发挥作用、创造经验的回旋空间。一些商务企业从原来的外贸代理制不断向其他服务领域延伸，特别是在生产企业面临外贸融资十分困难的情况下，一些商务企业扩大了自己的银行授信额度，进而为外贸生产企业提供商业信用，从而弥补了我国银行对中小企业信贷和信用担保覆盖范围不足的缺陷，成功地把各种服务引入外贸生产经营领域，而在危机影响下，许多外贸生产企业也深深感到这种服务的必要性，从而扩大了对服务的需求。这种靠各种生产性服务连接起来的供应链降低了外贸企业产品的出口成本，弥补了人民币升值和国内低生产成本被削弱的劣势因素。外贸企业把这种供应链服务通俗地称为"抱团取暖"，实际上是我国外贸企业在国际金融危机影响的不利形势下创造

的转变外贸增长方式的先进经验。厦门嘉晟外贸公司依靠扩大为企业的服务，形成供应链服务模式，创造了 2009 年进出口业务经营额突破 5 亿美元，经营额同比上升 20% 以上的优秀成绩。这些经验值得从实践和理论两方面加以认真总结。

2009 年前 11 个月，我国低技术劳动密集型产品出口下降幅度远低于机电产品和高新技术产品，对这种现象值得我们进行深入思考，而不应该仅仅满足于用经济学关于收入的需求弹性大小来解释。多年来人们不断强调发展高新技术产业，优化产业结构，这没有错，但如果因此就忽视和排斥低技术劳动密集型传统产业，那就会陷入误区。什么是高新技术产业？其特征表现为创新技术带动、制造技术重要、市场由供给驱动、创新国的少数企业掌握新技术并占据产业高端、少数企业的垄断利润。但是它的弱点是，市场需求是培育的过程，极易受到经济波动的影响；产品的技术生命周期愈来愈短，导致维持垄断利润的时间缩短，进而使从新兴产业沦为传统产业的时间也缩短了。因此，新兴产业总是极少数行业，不足以完全支撑大经济体的国民经济体系。

传统产业的特征是，制造技术已经标准化、制造技术已不构成支配优势；其产品市场已经成熟、需求弹性变小；制造企业利润平均化、国际分工的高低落差形成、价值链高端在微笑曲线的两端。随着生产制造环节的扩散，生产愈来愈分散、单位产品的附加价值愈来愈低，但参与制造的人数愈来愈多，国民福利愈来愈体现在产业规模和众多就业人数上，而不体现在交易的价格条件上。传统产业往往是一国工业经济的普遍现象和常见形态，是一国工业经济的基础。由于我国是人口众多、幅员广阔的大经济体，人口的多数又在农村，因此工业化过程意味着几亿农民要成为工业化的主体，工业化浪潮次第从沿海和大城市向中西部以及中小城市扩展，这就决定了我国产业结构调整的基本形态不是替代型，而是扩展型。产业结构调整不是也不可能用新兴产业或高端国际分工环节完全替代传统产业或低端国际分工环节，而是以发展新兴产业或实现国际分工位次提升来扩展产业系谱或延长产业链环节。与此同时，低技术劳动密集型制造业仍将长期存在。首先，低技术劳动密集型制造业在沿海和相当一些大城市仍未丧失比较优势的竞争力，它的生存和发展仍有一定空间，这种产业向中西部的转移将是一个循序渐进的过程，而且产业转移绝不仅仅是工厂搬迁，它更本质的意义是资本形态的变迁和转换，这需要创造一种商业机制来实现。其次，国际化生产的分工主导权在跨国公司手里，要突破国际分工被锁定的格局，既需要比较优势要素的转换，还需要外部规模经济条件的成熟，因此需要工业化进程的整体推进才能实现。最后，要实现国际分工中价值链环节的提升，可以走自主创新的道路，也可以通过引进外商投资实现技术转让。前者大多数企业不可能很快做到，而后者也不会在大多数区域中大量出现。

可见，我国出口贸易转变增长方式仍然任重而道远，这不仅在于生产制造技术需要有新的突破、产品的生产分工需要在价值链环节有新的提升，对于我国这种制造大国来说，在相当长的时期内都还必然存在低端的生产制造技术和生产环节，生产分工在一个地方实现了价值链环节的提升，不意味着在全国都实现这种提升，生产分工的价值链在局部的提升与低端生产制造的分散化和区域扩大将同步进行，高、中、低生产分工同时存在的格局将长期存在。因此我国转变出口贸易增长方式的经济含义是，不仅要求生产分工在价值链环节的提升，而且还要实现国际生产分工的区域扩大化以及低级制造技术在更大范围为中国人民创造福利。价值链提升和低端传统产业的转移必然形成区域分工，未来在上海、北京、深圳等沿海城市将形成新兴制造业、成熟技术和标准化技术的服务型制造业，服务经济占据支配比重的产业结构格局；在其他大中城市将形成成熟技术的制造业、标准化技术的服务型制造业、服务经济占重要比重的产业结构格局；在沿海中小城市和部分内地城市将形成标准化技术的优良制造、服务经济占一定比重的产业结构格局；在其他广大区域仍然是普及低技术劳动密集型制造和转移农业劳动者为主的结构变化，同时伴随服务业的相应发展。通过区域分工，不仅实现局部地区价值链环节的提升和产品附加价值的增加，而且实现价值链在更大区域延伸和国民福利总量的增长。

如何实现区域分工的目标，不仅需要提供出口贸易高速增长的所有动力机制，包括外部需求和国内有利的政策环境，还需要创造使这种局部实现生产分工价值链提升和全局国际生产分工继续扩大的商业机制和政策环境。这种商业机制就是供应链机制及其管理模式。这种供应链机制实际就是围绕外贸生产经营的生产性服务的连接和综合。所以，转变出口贸易增长方式的第二个经济含义就是发展这种生产性服务业，达到节约商品流通过程的时间和劳动、提高流通效率的目的。目前出口贸易的供应链被分割成两部分：产品出口到境外后，其供应链是由境外进口商支配的，我国外贸企业基本没有能力进入；国内生产经营部分，外商也很难全盘掌握，这就为国内商务企业留下了很大的发展空间。我国商务企业要在学习供应链管理中发展成长，从而为中国出口产品创造新的竞争力因素，促进出口贸易增长方式转变目标的实现。我国外贸商务服务企业将来还需要"走出去"，建立海外的供应链体系，真正做到内外贸一体化，只有到完全具备这种条件的时候，出口贸易增长方式转变和国际经济竞争新优势的形成才有了坚实的基础。

四、对 2010 年我国对外贸易发展的展望

2009 年 9 月 8 日联合国贸发会议发布了《2009 年贸易和发展报告》，预测 2009 年以实际价值计算和以美元现值计算的世界贸易额将分别下降 11%和 20%。2008 年世界商品进出口贸易总额约为 32 万亿美元，2009 年世界贸易进出口总额将下降为 25 万多亿美元。但根据世界贸易组织的预测，2009 年世界贸易额（剔除价格和汇率影响后）将下降 10%，其中发达国家下降 14%，发展中国家下降 7%。我国前 9 个月以美元现值计算的进出口总额同比下降了 20.9%，2009 年全年中国能否低于世界平均降幅，这对中国是一个考验。从上半年可得数据看，美国一季度出口下降 22.25%，进口下降 29.9%；日本上半年出口下降42.7%，进口下降 38.6%；欧盟 27 国一季度出口下降 30.3%，进口下降 30.9%。究竟 2009 年世界平均降幅达多少，现在还说不清，中国应力争低于世界平均降幅。目前对比世界其他贸易大国，我国下降幅度

仍然相对较低。自 2003 年起，德国取代美国成为世界出口第一大国，今年可能要从冠军宝座上跌落，2008 年中国出口 1.428 万亿美元，仅比德国 1.465 万亿美元略少，所以世贸组织 2009 年 7 月 22 日称，2009 年中国将超过德国，成为世界出口冠军。预计 2009 年后 3 个月，我国出口贸易将继续维持月度出口超千亿美元的水平，3 个月累计可达 3300 亿美元，进口贸易可以继续维持月度 900 亿美元以上的水平，3 个月累计可达 3000 亿美元，加上前 9 个月贸易实绩，全年进出口贸易总额可达 2.2 万亿美元，其中，出口贸易额可达 1.2 万亿美元，贸易顺差为 1800 亿美元左右，分别比 2008 年下降 14%、16%、40% 左右。

2010 年的前景将比 2009 年有转机，2009 年二季度德国、法国和日本经济均已恢复正增长，美国和英国经济的下滑速度也明显放缓。美国房地产销售连续上涨，二季度私有部门投资以及商品和服务出口下降幅度显著收窄，净出口和投资已对经济增长做出积极贡献。日本二季度 GDP 环比增长 0.9%，按年率计算增长 3.7%，为 5 个季度以来首次呈现正增长。在新兴市场和发展中国家，印度的经济数据明显表现为经济复苏，在经历了一季度 5.8% 的同比增长后，印度二季度经济增长率达到 6.1%。巴西二季度经济增长 6%，出现自 2003 年以来的最强反弹。国际货币基金组织预计 2010 年全球经济增幅可达 3%，较 7 月预测的 2.5% 有所提高。OECD 报告预测认为全球经济衰退已经结束，预计世界七强、美国和欧元区经济第三季度将恢复增长。其中，美国、日本和欧元区国家第三季度经济均将呈现正增长，第四季度除日本经济可能出现反复外，其他发达经济体均为正增长。美联储前主席格林斯潘认为美国经济不久将走出衰退，他预计 2009 年三季度美国经济可能增长 2.5%。亚洲开发银行预计 2009 年东亚新兴经济体平均经济增速有望超过 3%，2010 年东亚新兴经济体的平均经济增速有望回升至 6%。但许多专家也指出，全球经济恢复情况依然非常脆弱和不稳定，各国经济还主要靠政策刺激和政府投入来推动，而不是靠市场力量推动。发达国家普遍高企不下的失业率和产能过剩也增加了未来的不确定性。截至 2009 年 5 月，美国、德国、日本的产能利用率分别只达到 68.3%、72%、65%，均是历史低点。因此，最少在未来两年，世界经济将呈现低速度增长，28 家国际咨询机构平均预测显示，全球经济 2009 年达到谷底，2010 年美国、日本、欧元区国家经济增长速度预计为 2.1%、0.4%、1.4%，2011 年将增加到 3.4%、1.6%、1.8%。鉴于发达国家经济复苏尚需时日，发达经济体的需求不会大幅度上升，因此我国对外贸易的增长不能把希望完全寄托在发达经济体需求拉动上。

然而，我国对外贸易的增长，特别是出口贸易，从来不完全依靠外部需求，国内的政策环境在某种意义上更重要。出口退税、人民币汇率水平、贸易融资和出口信用担保等措施将决定 2010 年我国对外贸易的前景。由于美国实行的货币政策导致美元汇率有不断下滑的趋势，这实际上使人民币对美元汇率升值，将很不利于我国对美国的出口，在加大出口退税力度的政策已经没有回旋余地的情况下，国家应考虑人民币对美元汇率同幅度下浮，以维持我国外贸企业出口竞争力。如果国内政策环境有利，外贸企业进一步适应新的环境，并在开发新兴市场上有新的进展，我国对外贸易，特别是出口贸易也将出现回升势头。根据调查数据，我国出口占美、日、欧发达国家市场份额为 17%~22%，而新兴经济体的市场份额则有较大潜力。我国出口在中东、东欧、非洲、拉美的市场份额仅为 9.2%、3.7%、10.4%、6.9%，增长空间很大，再加上自由贸易区的开辟，扩大外部需求仍然可为。

2010 年 1 月份我国进出口贸易总额同比增长 44.4%，其中出口增长 21%，进口增长 85.5%。与 2008 年 1 月份相比，2010 年 1 月份进出口总额增长 2.4%，已经恢复到 2008 年的水平。2010 年进口的增长将受到国际商品价格特别是初级产品价格上涨的推动，出口贸易增长也将受到国际市场复苏的有利影响。因此，尽管 2009 年我国进出口贸易总额降为 2.2 万亿美元，但 2010 年可能增长 14%~15%，恢复到 2008年的贸易总额水平；出口贸易也将恢复到 2008 年 1.43 万亿美元水平，增长幅度为 15%以上。

我国面临的贸易摩擦现状、成因、趋势与对策

财政与贸易经济研究所课题组[①]

一、我国面临的贸易摩擦现状分析

在国际贸易保护主义不断升温的情况下，2009 年以来中国遭遇的贸易摩擦案件数量和金额创历史新高。中国产品遭遇贸易摩擦的连锁性凸显，出口产品频繁出现一个产品在不同市场遭遇贸易救济调查的现象，呈现出摩擦国别扩大和救济措施叠加的势头，贸易摩擦从传统市场扩散到新兴市场。贸易摩擦的手段日益呈现多样化的特点，贸易摩擦的形式从反倾销向多种贸易保护手段扩展，日益趋向综合化和隐蔽化。贸易摩擦已从针对某一个或某一些产品为对象的微观层面延伸至宏观经济政策、体制和制度等宏观层面。贸易摩擦的范围逐渐扩大，从以往的单个产品上升到整个产业。

双反调查成为美国对华贸易救济的新动向，近 5 年，我国遭受"双反调查"37 起，并已连续 15 年成为全球遭反倾销调查最多的国家，其中 60% 来自美国。欧盟的反倾销调查日益增多，反倾销税复审逐渐增多，反规避救济和保障措施的数量日益增加，市场经济待遇问题是反倾销诉求的难点。

根据世界贸易组织（WTO）成员向 TBT 和 SPS 委员会通报的技术法规与标准及卫生检疫措施的统计数据，可以看出在技术性贸易措施

---

① 课题组组长：荆林波。成员：汤婧、赵京桥、张宁、李蕊、冯永晟和董萍。

通报数量、实施目的和使用产品类别方面，我国与发达国家之间存在较大差异。

二、我国面临的贸易摩擦成因分析

就我国面临的国际贸易环境而言，目前全球贸易回暖，但未来走向仍不确定，贸易回暖的区域性差异较大，贸易保护压力依然严峻，对华贸易救济愈演愈烈。

对华贸易救济呈现政治化趋势，美国和印度是对华政治化贸易救济的主要发起国，贸易救济调查主要针对中国的优势出口产品，呈现多米诺骨牌效应，保障措施和特殊保障措施实施数量迅速上升，而且发起这两种调查更加具有盲目性，其主动寻找冲突的目的显而易见。

三、我国面临的贸易摩擦趋势分析

反倾销、反补贴等贸易摩擦日渐频繁和密集，力度加大。截至2009年底，我国已经连续15年成为全球遭受反倾销调查最多的国家，连续4年成为全球遭受反补贴调查最多的国家。据世界贸易组织统计，自1995年世界贸易组织成立以来，成员方反倾销立案中涉及中国产品的调查案件占总数的1/7左右。目前全世界1/3的反倾销案件针对中国。

贸易摩擦发起国呈现向发展中国家扩大的趋势。由于出口地区扩大和贸易转移的影响，与中国发生贸易顺差的国家正从发达国家和地区逐渐转向产业结构、贸易结构相近且比较优势趋同的发展中国家。发展中国家对华反倾销案件迅猛增加，调查次数多，频率高，随意性和歧视性日益显著。

技术性贸易壁垒层出不穷，数量越来越多，涵盖范围日趋广泛，扩散和仿效效应日益加剧，技术壁垒往往产生连锁反应，由一个产品涉及相关的所有产品，从个别产品扩展到整个行业，甚至多个行业，从一国扩展到多国甚至全球，TBT与专利壁垒交叉使用，相互渗透，其影响由针对具体产品向完整产业链条延伸。

绿色贸易壁垒日渐升级，在技术贸易壁垒中的比重不断上升，涉及的产品、产业领域越来越宽，警告、召回等壁垒措施使用日益频繁。发达国家和发展中国家的绿色壁垒的技术标准差距越来越大。美国对我国的纺织服装和鞋类设置绿色贸易壁垒，玩具绿色贸易壁垒再度升级。碳排放量和碳交易量有可能成为新兴的绿色贸易壁垒。

从美国和欧盟占我国出口市场的份额和我国对其出口产品结构的角度来看，碳关税的正式征收将对我国工业产品的出口产生较明显的影响。

美国提出将中国列为"汇率操纵国"，人民币面临升值压力。事实上，人民币汇率并不是中美贸易顺差的决定因素，尽管汇率是影响贸易结构的重要因素，但其调节贸易失衡的作用十分有限。美国官方的统计数据高估了中美之间的贸易值，许多在华的外国企业，包括美国企业生产的产品都被统计为中国的出口。人民币升值未必会扭转美国的贸易赤字，由于汇率变动对贸易失衡的调节作用有限，人民币升值是否一定有助于扭转美国的贸易赤字还是个疑问。

知识产权救济呈现直线上升趋势，中国已成为美国"337 调查"的最大受害国，其涉案产品都是中国企业以自有产品出口、具有较大的市场潜力、高附加值或高技术含量的产品。由于"337 调查"的制裁结果可能涵盖出口产品的整个生产环节，其打击的对象不仅是针对某项产品，而是针对整个产业链。

社会责任标准贸易壁垒异军突起，SA8000 和欧洲商界社会责任行动（BSCI）是关于企业社会责任方面的标准与规范，这些社会责任标准的执行对我国出口贸易存在负面影响。劳工标准将成为新贸易保护主义的重要工具，劳工标准过低是美国、欧盟不承认我国市场经济地位的依据标准之一，美国经济学家认为，导致中美贸易不平衡问题的三个主要因素之一就是中国的劳工权利问题。

四、我国应对贸易摩擦的政策建议

（一）对外加快全球范围内贸易伙伴网络建设

首先，从根本上重视推动对外的资本流动和劳动交流，强化经济联系，切实提高与国外经济体的经贸融合程度。其次，要积极与外国经济体或经济组织建立区域贸易协定，将潜在贸易对抗转化为可以协商解决的问题。最后，在签订区域协定的同时，要积极借鉴已有成熟区域贸易协定的制订经验，尽量在协定中限制或取消贸易救济措施。

（二）对内加快我国产业升级和结构调整

从经济危机的发展趋势来看，我国应对危机不应过多寄希望于恢复出口，而是要立足国内需求，寻求经济发展的新的平衡点。在金融危机的"倒逼"机制下，我国应加快经济发展方式转变，实现产业结构调整和升级，鼓励创新，提高出口产品的技术含量和资本密集程度。

（三）协助企业拓展其他海外市场

为防止由于出口过度集中而导致相关国家发起贸易救济措施，引发贸易摩擦，我国相关部门应从政策层面和实际操作层面入手，协助企业拓展其他海外市场。有条件的金融机构可以选择为那些具有比较优势、进行海外投资和业务拓展的中国企业提供金融支持。

（四）重视解决对华贸易救济调查的非正式渠道的建立

在面临众多对华贸易救济调查时，我国在 WTO 框架下建立应对贸易救济体系，充分利用 WTO 规则进行合理回应的同时还应重视建设非正式渠道，即通过院外游说的方式来影响进口国政府的决策。由于贸易救济决策过程属于政府的公共选择行为，是各种利益平衡的结果，利用院外游说来打破原有利益平衡，影响政府决策是较为有效的。

（五）合理应用多种贸易救济方式保护我国重要或薄弱产业

自由贸易是中国奉行的外贸战略，但是在面对国际市场失灵或者存在不正当竞争或者发起针对我国的贸易战，从而对我国重要或薄弱产业造成冲击时，我国应该合理应用多种贸易救济措施予以回应。在合理使用多种贸易救济措施的同时，完善我国产业安全评估体系，进一步健全完善对薄弱产业的产业安全预警机制，加强海关预警体系与我国产业预警机制之间的紧密联系，扩大监测品种，形成完善的安全评估体系。进一步扩展贸易救济的范围，丰富服务贸易的救济手段，建立服务贸易救济体系。

（六）积极推行国家技术标准化发展战略，应对技术性贸易壁垒

（1）加快技术标准制定、修改和补充，完善我国技术标准法规体系，及时调整我国现有的技术法规体系，以确保技术标准时效性的发挥。参照国际技术标准，借鉴发达国家标准化建设的经验，寻找差距，加快补充和完善我国尚未确立的标准和法规，健全合格评定程序，加快完善动植物卫生检验检疫标准。

（2）加强对技术标准化工作的统一协调管理，制定和完善相应的管理法规和可操作的管理措施。我国应建立一个权威性技术标准决策机构，统一管理各有关部门、行业和产品的标准化工作，规范技术标准的制定和修订程序。

（3）完善我国产品认证制度，与国外权威认证机构建立互认机制。要积极拓展认证认可新领域，推广应用先进的 ISO9000 质量管理体系认证、ISO14000 环境管理系列标准认证和 ISO18000 安全标准认证合格评定模式。尽快出台有关认证的法律法规，加强国家认证认可监督管理委员会的监督与协调工作，规范质量管理体系与环境管理体系。有针对性地对部分认证机构加大支持力度，打造一批世界知名的权威认证机构和标志。积极开展与国外权威认证机构的交流与合作，签署产品认证、体系认证、实验室认可的互认协议，建立互认机制，实现相互认证。

（4）积极参与国际组织的标准化制定工作，争取标准制定的主动权。尽量争取到与我国利益相关的国际标准的主持、起草和制定工作，组织我国的标准化专家参与其中，力争将我国具有较强竞争力产品的技术标准和行业标准纳入国际标准。积极承担 WTO、ISO 秘书处的工作，广泛参与各种标准化组织对于其他国家标准的评议工作。在国际标准征求意见中做出实质性表决，充分反映我国技术标准和企业的要求，维护我国国家利益。为我国具有比较优势的行业申请技术专利，进而将专利转化为标准。利用世贸组织平台，与主要国家建立标准化战略联盟，获得战略性伙伴的支持，增强话语权。

（七）应对美欧碳关税政策的措施建议

（1）尽快研究制定碳税政策，"十二五"期间在国内开征碳税。征税对象可确定为：企业、事业单位在生产、经营等活动过程中因消耗化石燃料直接向自然环境排放的二氧化碳当量。在计税方式上，采用从量计征、定额税率的形式。在税率的设定方面，既要考虑促进减排和环保的效果，又要考虑企业和宏观经济的承受能力，还要适当参考其他国家的碳税税率标准。在税收优惠方面，可以对我国战略性产业和重点扶持产业实行税收优惠，对在新能源和减排技术的研发和应用中取得重大技术突破的企业，给予碳税的税收减免等。

（2）出台相关政策，尽快启动国内碳交易市场和碳排放权交易。尽快拟定有关管理办法，将我国碳交易市场的功能主要定位于为国内已获得联合国核证CDM项目的减排企业寻找国外买家、促进达成合理价格以及为国内自愿购买碳减排量和碳排放权的企业提供交易的平台两方面。国内的碳排放权交易在制度设计上，可以在不同的发展阶段采取强制或者资源减排和交易两种模式。

（3）加快新能源技术的应用，改善出口商品结构，扩大内需，减少出口依赖。重点培育自主创新能力，重点着眼于中长期战略技术的储备。政府和行业协会要牵头整合国内现有的低碳技术，加以迅速推广和应用，开发低碳产品。要理顺企业风险投融资体制，鼓励企业开发低碳等先进技术。加强国际间交流与合作，促进发达国家对我国的技术转让。

（4）联合其他发展中国家提出国际环保规则的新主张。加强同各国际组织就碳关税等环境和贸易问题的沟通，联合其他发展中国家共同反对碳关税政策，积极参与国际环境公约和多边贸易协定中环境条款的谈判和讨论。

（5）加强对国际环保规则和相关贸易规则的研究，加大环境经济类复合型人才的培养力度。

（八）坚持人民币汇率相对稳定原则

人民币大幅升值直接影响我国对外贸易的稳定发展，影响我国经济结构调整和长期经济增长。在后危机时代下，保持人民币汇率稳定是维护中国国内市场以及地区和全球市场的稳定的重要保证。

（九）应对知识产权壁垒的对策措施

（1）政府宏观层面应采取的措施。在体系制度建设上，应积极构建知识产权壁垒信息的收集、发布和预警、应急机制。合理运用 WTO 规则，加强与发达国家就知识产权壁垒问题的沟通与对话。适当开展出口前的知识产权审查，如果存在专利侵权可能，督促企业通过更换非专利方法来避开侵权，或者从专利权所有人那里取得使用许可。

（2）行业协会中观层面应采取的措施。通过行业协会的组织协调，加强企业之间的战略协作。行业协会应广泛搜集本行业主要发达国家知识产权的立法动向及实践、出口国相关的法律法规等相关信息，及时发布给国内企业。

（3）企业微观层面应采取的措施。提高自主创新能力，加快核心技术原发创新，注重开发自主知识产权。大中型出口企业应设立专门的知识产权事务部门，提高应对知识产权诉讼的能力。创建和提升自主品牌，逐渐减少贴牌生产，实施自有品牌战略。

（十）国际金融危机背景下应对劳工标准问题的对策建议

（1）积极参与有关劳工标准的国际谈判，最大限度维护我国利益。我国应积极参与有关劳工标准的各种国际活动，要求合理划分劳工标准问题与贸易保护措施的范围，积极参与多边贸易规则以及国际劳工标准的制定和修改工作。

（2）结合我国国情，适当提高劳工标准。接受国际社会广泛认可的劳工标准，完善工会制度，扩大工会的覆盖范围，建立一套适合我国企业的劳工标准与社会责任体系及有关认证制度，在国际社会加以推广并实现与国外权威认证机构的相互认可。

（3）积极采取措施应对和突破蓝色壁垒。有关部门应尽快建立蓝色壁垒预警机制，跟踪、收集和整理国外蓝色壁垒的发展动态。充分发挥行业协会、进出口商会等中介组织的作用，建立行业内监督机制。企业要增强社会责任感，积极调整竞争策略。

人民币国际化的前景与途径

经济研究所 杨圣明

当前的经济危机把人民币国际化问题推向了历史的前沿，引起了国际社会的强烈反响，众说纷纭，莫衷一是。本人也参加这场讨论，发表几点意见，欢迎批评指正。

一、人民币国际化是历史的必然选择

任何一种货币的生命力和活力，一般说来，主要取决于三个因素：一是主权信用（信誉）；二是已具有的经济实力；三是经济发展的未来趋势。中国在这三个基本条件上，就全球而论，不是第一，就是第二。这就决定了人民币像初升的太阳一样，必将普照大地。

当前这场经济危机充分证明了这一点，显示出人民币的强大生命力和活力。人民币国际化不仅是经济危机促成的，更是社会经济发展的必然结果，是人类历史的必然选择。它不以任何人的主观意志为转移。货币是由经济决定的，并反作用于经济。要知道人民币的未来，那就要看中国经济的走向。古代的雅典和罗马，都曾称雄于世，它们创造猫头鹰银币和迪纳里厄斯银币；近代曾号称"日不落帝国"的英国，创造了沙弗林金币；当代的美国是当之无愧的头号强国，也创造了全球的主导货币——美元。既然历史是这样发展的，那么，未来的中国为什么不能使人民币成为国际货币呢？

适应时代的要求，中国早已提出了人民币国际化的要求。1993年召开的中共十四届三中全会关于经济体制改革的决定中就提出了"逐步使人民币成为可兑换的货币"。2008 年 11 月，胡锦涛主席在 20 国集团会议上提出推进国际货币多元化，这里的国际货币当然包括人民币。

二、人民币国际化的内涵与外延

一般说来，一种货币的国际化至少应当满足三个条件：①它能够承担和实现国际货币应当具备的各种职能（功能），即计价和结算职能、流通手段职能、支付手段职能、储藏（储备）职能和投资职能等。②它的币值和汇率应相对稳定，不能大起大落，应成为国际金融稳定的重要支柱。③它的流通量在国际货币流通总量中占有一定比例，其能量足以影响国际金融市场。这种比例若按各国的 GDP 在全球 GDP 总额中的比例进行测算，2007 年美国为 21.5%，欧盟为 22.9%，而中国只有 10.9%，同欧美相比，还有不小的差距。

中国的人民币只有达到上述三个条件，即具有了国际货币的各种职能，其币值又比较稳定，流通量的比重达到目前欧元、美元的程度，那才能说它已经国际化了。目前，有一种观点仅仅把人民币的国际化理解为人民币的自由兑换，这未免太狭窄了。在国际上，已经有数十个国家的货币可以自由兑换，但不能说它们都成了国际货币。自由兑换只是对国际货币的一种起码的要求，而不是全部。所以，不能将自由兑换等同于国际货币。如上所述，国际货币除了自由兑换外，还有储备（储藏）的功能，投资的功能等。人民币的国际化不可能仅仅停留在可兑换，而要继续向前走，成为名副其实的国际化货币。

三、人民币国际化的前景

人民币国际化是一个历史过程，不可能一蹴而就。它将随着中国经济发展和经济实力不断增强而逐步向前推进。像英镑、美元、日元等货币的国际化都经历了几十年的时间。中国的人民币国际化同样也要经历这样的一个过程。这个过程可能有两个大的阶段，即区域货币阶段和全球货币（世界货币）阶段。

（一）人民币地区化（区域化）阶段

当前，人民币正在越出国界，向地区化阶段迈进。在这个阶段上，人民币将成为地区的主导货币。中国周边的国家，尤其东南亚各国以及俄罗斯目前都比较欢迎使用人民币进行结算和支付。这种情况表明，人民币有可能首先在亚洲尤其东亚地区实现上述的国际货币应当承担的五项主要职能（功能）。这样，人民币将成为亚洲地区的主导货币之一。[①] 当然，在亚洲地区仍将有美元、日元这两种货币在发挥作用。短期内，可能形成美元、日元和人民币"三足鼎立"的局面。自然，这种局面将随着美、日、中三国经济力量的变化而改变。除亚洲地区外，人民币的影子在欧美地区、拉丁美洲、澳洲、非洲等地区也再三显现，其作用也越来越大。当然，与那些地区的主导货币即美元、欧元、日元等货币相比，仍是小巫见大巫，不可同日而语。

（二）人民币全球化或世界化阶段

在这个阶段上，人民币不仅在亚洲，而且在全球都成为主导货币之一。只有进入这个阶段，人民币才可称得上真正的国际货币。这个阶段的来临，大约还需要 20 年的时间，或许更短一些。届时，中国的GDP 在全球 GDP 中的比重将超过 20%，人民币的流通量在全球货币流通总量中的比重也将超过 20%。20 年后，在世界金融市场上，可能形成欧元、美元和人民币"三足鼎立"的新局面，即三种主要货币共同主导国际金融市场。这种局面也将随着三个主体的经济实力的变化而改变。

我们放眼未来，世界上能否消灭主权信用货币，而形成唯一的一种非主权的或超主权的信用货币呢？卡尔·马克思 100 多年前在其科学巨著《资本论》中就提出了"全球统一的世界货币"问题。他写道：

---

① 苏格兰皇家银行的经济学家本·辛芬德费尔说的"事实上，将人民币作为亚洲货币单位"的局面也许会在"全球重新平衡"贸易流量期间出现（见《参考消息》2009 年 4 月 30 日）。

"世界货币执行一般支付手段的职能，一般购买手段的职能和一般财富的绝对社会化的职能。它的最主要的职能，是作为支付手段平衡国际贸易差额。"① 马克思又指出，只有贵金属即金和银，才能充当世界货币。他写道："货币一越出国内流通领域，便失去了在这一领域内获得的价格标准、铸币、辅币和价值符号等地方形式，又恢复原来的贵金属块的形式"，"在世界市场上，占统治地位的是双重价值尺度，即金和银"。②

2009 年 3 月，中国人民银行行长周小川先生根据这次金融危机暴露出的新问题，提出了一种新的货币理论，即创立一种超主权储备货币，具体说，就是用国际货币基金组织的特别提款权（SDR）来代替作为储备货币的主权信用货币。③ 这个主张如果仅限于货币储备职能，而不考虑货币的其他职能，也只能在有限的范围内可行。若从货币的其他职能（如流通手段职能）看，似乎并不可行。如果全面考虑货币的各种职能，创立一种全球统一的货币，看来又要回到贵金属上。美元之所以不能成为理想的储备货币，是因为它同贵金属脱钩了。如果美元同贵金属挂钩，也不会形成目前美元泛滥的严重问题。为了解决美元泛滥的问题，国际社会也可以强制美国再恢复美元同黄金直接挂钩。

四、人民币国际化的主要途径

（一）继续大力发展经济，增强中国的经济实力

经济决定货币，而货币又反作用于经济，促进经济发展。只有中国经济实力强大了，并且国际化了，全球化了，人民币才能真正成为国际货币，全球货币。

（二）继续改革金融体制，解除外汇管制，扩大对外开放

不仅经常项目，而且资本项目都要实现人民币的自由兑换。这个

---

① 卡尔·马克思：《资本论》第一卷第 164 页，人民出版社 1975 年第 1 版，2001 年第 12 次印刷。
② 卡尔·马克思：《资本论》第一卷第 163 页，人民出版社 1975 年第 1 版，2001 年第 12 次印刷。
③ 周小川：《关于改革国际货币体系的思考》，《国际商报》2009 年 3 月 30 日。首次提出实行新储备货币的人是美国著名商人乔治·绍罗什。他建议将特别提款权（国际货币基金组织 1965 年设立的用于国际结算的货币单位）发展为新的全球性货币（见《参考消息》2009 年 3 月 28 日）。

目标一旦实现，国际资本的进出流动将挑战国内的利率和人民币的汇率。为此，必须加强金融监管和宏观调控，防止货币市场和资本市场的剧烈波动。韩国、日本等国家的本币实现从经常项目到资本项目的可兑换，直至取消外汇管制，大约经过了 20 年的时间。中国也许会更快一点。

（三）在国际贸易和国际投资中，逐步推进以人民币进行结算和支付

人民币国际化的路径，不仅可以从使用范围上由局部地区逐步推向全球，而且还可以按货币职能以先后次序渐进式推进。比如，首先使人民币承担国际贸易的计价与结算职能，再让人民币具备国际投资的职能，最后使人民币成为国际储备货币。经过这些阶段，最终人民币将成为完整的名副其实的国际货币或全球货币。在国际贸易的计价和结算方面，人民币国际化已迈出了步伐。中国的中央银行已与 10 多个国家的中央银行签订了边界贸易本币结算协议。另外，还有 20 多个国家和地区提出将人民币作为一般贸易支付货币。2008 年 12 月 8 日，国务院有关文件已提出：允许金融机构开办人民币出口买方信贷业务；支持香港地区发展人民币业务，扩大人民币在边境贸易中的计价结算规模。2008 年 12 月 24 日国务院提出，"对广东和长江三角洲地区与港澳地区、广西和云南与东盟的货物贸易进行人民币结算试点。"

（四）大力推进货币互换业务

货币互换，一般是指持有不同币种的两个交易主体按事先约定、在期初交换等价货币，在期末再换回各自本金并相互支付相应利息的市场交易行为。货币国际化的这种途径，被许多国家的中央银行所采用。2009 年 4 月 6 日，为应对金融危机，西方的五大银行（美联储、欧洲央行、英国央行、日本央行和瑞士央行）签署了 2950 亿美元的货币互换协议。在此之前，美联储已与 14 家央行建立货币互换制度。第一个互换制度建立于 2007 年 12 月。[①] 自 2008 年年底以来，中国已经同6 个经济体签署了总额达 6500 亿元的货币互换协议，这仅仅是起步。随着人民币国际化程度不断提高，货币互换业务将大量增加。

---

① 《参考消息》2009 年 4 月 8 日。

（五）逐步增加在国际上发行以人民币标价的债券、股票等金融产品

中国政府已经于 2009 年 9 月 28 日在香港首次向海外投资者发行人民币主权债券 60 亿元人民币。另有媒体报道说，中国政府计划未来在香港总共发行 1000 亿元国债，分多个步骤完成。对此，英国《金融时报》网站评论说，这将成为"人民币迈出成为全球货币的关键一步"。①

（六）加快向海外投资的步伐

美国《财富》双周月刊评论说：在 21 世纪的头十年里中，中国确立了自己的"世界工厂"的地位，在接下来的十年里，中国有望成为世界上最重要的资本输出国。② 2008 年中国向海外的投资翻了一番，从 258 亿美元增加到 500 亿美元，其速度之快令人震惊。2009 年虽然处于经济危机中，中国的海外投资不仅没有减少反而增加。这种趋势今后将持续下去。

（七）使人民币成为国际储备货币之一，并不断增加人民币在全球外汇储备中的比重

经 IMF 确认，2009 年 6 月底，包括不同货币构成的全球外汇储备按美元计价约达到 4.27 万亿美元。其中，美元部分约为 2.68 万亿美元，占 62.8%，比 2008 年年底时下降了 1.3 个百分点，该比例在欧元刚刚被引入时超过了 70%，但自 2001 年起一路下滑；欧元部分约为 1.17 万亿美元，占 27.5%，欧元刚被引入时，欧元外汇储备的比例仅在 18%左右，近几年快速上升；日元的比重从 6%降至 3%。③ 目前人民币在国际外汇储备中的比重简直微不足道。近来，美元贬值的趋势加速了全球调整外汇储备结构的动作。有些国家（例如俄罗斯以及东南亚国家）开始将人民币视为储备货币。这是人民币国际化的良好象征。

以往各国将外汇储备主要用于购买美国国债等美元资产。但金融危机后，中国、巴西、俄罗斯等新兴经济体正逐渐将美元资产转换成欧元和黄金，还购买了数百亿美元的 IMF 特别提款权（SDR）。随着人民币走向国际化，它也将逐步成为国际储备货币之一。

---

① 《参考消息》2009 年 9 月 10 日。
② 《参考消息》2009 年 10 月 11 日。
③ 《参考消息》2009 年 10 月 4 日。

论低碳经济勃然兴起

经济研究所　杨圣明

2009 年 12 月 7~19 日，在丹麦首都哥本哈根召开了全球瞩目的有 193 个国家的谈判代表、1.8 万人出席的《联合国气候变化框架公约》第 15 次缔约方会议暨《京都议定书》第 5 次缔约方会议。会议的中心议题是世界各国如何发展低碳经济，减少以二氧化碳为主的各种温室气体排放，以应对全球气温升高及由此造成的严重后果。[①] 虽然经过极其紧张的工作和各种矛盾的交锋，但由于分歧太大，大会未能通过有约束力的协议，仅通过了有 12 项内容的近乎意向声明的《哥本哈根协议》。曲终人散，但其中的几个问题值得深思。

一、低碳经济：人类的新诉求

18 世纪工业革命以来，温室气体的大量排放及由此造成的全球气温升高使人类面临生死存亡的威胁。美国科学家撰写的一篇文章将这种威胁概括为七个方面：①山脉变高。近一百年来，由于山顶冰雪融化，阿尔卑斯山和其他山脉在不断升高。几千年来，冰雪重重地压着大山，而融化的冰雪使这一重负消失，于是山脉缓慢升高。②物种收

[①] 温室气体包括六种气体：三氟甲烷（CHF_3）、全氟化碳（CF_4）、六氟化硫（SF_6）、氧化亚氮（N_2O）、甲烷（CH_4）和二氧化碳（CO_2）。其中以二氧化碳为主。当计算温室气体排放总量时，一般将其他五种气体折算成二氧化碳气体。因此，可将温室气体简称为二氧化碳。所谓低碳经济是指排放二氧化碳气体较少（低）的经济。低碳经济一词在 20 世纪 90 年代后期的文献中曾经出现，但其首次出现于官方文件中则是在 2003 年的英国。

缩。随着全球气温上升，生物群体数量和个体大小似乎都在缩小。小的物种比大的更有生存优势。有些动物的体形似乎比实际年龄偏小。从鱼和苏格兰羊身上都看到了这样的结果。③适者存，逆者亡。全球变暖使春天提前来临，早起的鸟儿不仅有虫吃，还可以将自己的基因传给下一代。由于植物提早进入繁茂期，晚迁徙的动物可能会得不到食物，最终导致它们改变基因或消亡。④生物外壳变化。随着空气中二氧化碳含量增加，海洋中的二氧化碳也将增加。这可能使一些海洋生物难以形成保护性外壳，而另一些生物构筑外壳时则更加自如。像鲸鱼和海豚等动物将受到严重影响。⑤卫星飞行速度加快。大气外层的二氧化碳正在增多，因而冷却了空气，导致空气下沉，大气更加稀薄，对卫星的阻力也就变小了。⑥遗迹成废墟。遍布全球的寺庙、古遗址和其他遗迹是经受了时间考验的不朽之作，但是全球变暖可能使它们最终毁于一旦。⑦危害人类的健康。研究发现，近些年来，春天打喷嚏和眼睛发痒增多，同全球变暖以及较高的二氧化碳水平有关。因为这让花期提前，并让花粉生成量增多。温室气体严重危害人的身体健康。2009年12月7日，即上述的哥本哈根会议开幕的当天，美国政府的环保机构宣布了一项具有里程碑意义的裁定，认为导致全球变暖的温室气体排放对人体健康有害，根据美国现行法律，应当受到监管。2009年共发生245起自然灾害，对大约5800万人造成了影响。其中，90%以上的灾害是气候变化引起的极端天气灾害。世界卫生组织的报告称，2009年自然灾害共造成8900多人死亡，其中，80%与气候有关。英国首相布朗比原计划提前两天抵达哥本哈根，试图协助达成协议。他在声明中说："如果我们不采取措施解决气候变化问题，那么我们的生活标准将付出无比巨大的代价：我们的国民收入将减少高达20%，并最终导致相当于20世纪两次世界大战和大萧条合在一起造成的灾难。"①

总之，减少二氧化碳排放，降低气温，保护人类家园——地球，是刻不容缓的紧迫任务。或者说，以低碳经济取代以往的高碳经济已

---

① 《参考消息》2009年12月17日。

成为历史的新趋势，人类的新要求。

二、发展低碳经济面临的矛盾

温室气体真正具有全球性。在地球上任何地方排放的温室气体最终都会影响全球，而绝不会局限在某个地区、某个国家之内。因此，解决这个问题，发展低碳经济，构造人类生活的美好环境，必须全球协同一致、共同努力。但是，在哥本哈根会前、会中却暴露出种种矛盾。其中主要矛盾是发达国家与发展中国家的矛盾。

这些矛盾具体表现在以下几个方面：

其一，谈判的基础问题。在这个问题上，是坚持 1992 年制定的《联合国气候变化框架公约》和 1997 年制定的《京都议定书》，还是废除这两个文件"另起炉灶"。欧盟、日本等发达国家主张后者，认为彻底抛弃原来的两个文件，重新谈判，重新制定一个新的国际框架协议，将发达国家与发展中国家都纳入这个框架协议之中，一视同仁，平等对待，因而被称为"单轨制"。而发展中国家（以中国、印度、巴西和南非为主要代表）则主张前者，认为应该以《联合国气候变化框架公约》和《京都议定书》为基础进行谈判，延长和修改《京都议定书》与制定新的国际框架协议二者同时进行。要坚持和贯彻"共同但有区别的责任"原则，发达国家既要承担约束性的强制性的减排任务，又要在资金和技术上支持发展中国家；而发展中国家则根据自己的力量，主动地、最大限度地自愿减少温室气体排放。这种方案被称为"双轨制"。这种双轨方案设计合情合理。因为发达国家在其自身工业化时期都大量排放了温室气体。据 2009 年 12 月 12 日《人民政协报》载文称，从 18 世纪西方工业革命到 1950 年，人类燃烧化石燃料排放的二氧化碳总量中，发达国家占 95%；1950 年以来的 50 年中，发达国家占 77.9%。而今天请他们多尽一点力量解决这个历史遗留问题，并不为过。这是一种历史的责任。可惜，发达国家至今还都回避这种道义上的不可推卸的义务。

　　其二，减排目标问题。会议最后通过的《哥本哈根协议》规定，全球升温幅度控制在 2 摄氏度之内（同工业革命前的平均水平相比）。在这个总目标下，分别设立发达国家强制减排指标与发展中国家自主减排行动。[①] 对这样的目标，有些国家感到失望。43 个成员的小岛屿国家联盟认为发达国家为自己设计的减排目标太低。他们为发达国家设计的目标是：到 2020 年，发达国家的排放量在 1990 年的基础上减少45%；到 2050 年，全球排放量比 1990 年减少 85%。还希望气温升高幅度控制在 1.5 摄氏度之内，而不是排放大国设定的 2 摄氏度。[②]

　　其三，减排审核机制问题。即所谓的"三可"（可测量、可报告、可核实）问题。某些国家对中国有误解，心存疑虑，要求中国自主减排目标接受国际核查。对这个问题，前几年在印度尼西亚的巴厘岛召开的会议已有明确规定（这些规定又称巴厘行动计划或巴厘路线图）。它们体现了"共同但有区别的责任"原则，是长期谈判达成的共识，应当遵守。发展中国家只有得到国际资金、技术和能力支持的减排行动，才接受"三可"评审。自主采取的行动不接受国际的"三可"。而以美国为首的发达国家极力攻击中国等发展中国家的减排不透明，力主对发展中国家实行"三可"。温家宝总理在大会上的讲话强调指出，我们区分可接受的"三可"与不可接受的"三可"，并不是害怕监督，或是怕负责任，而是为了体现"共同但有区别的责任"原则。中国的行动目标已写入《应对气候变化国家方案》，并受国内法律和舆论的监督，是公开透明的。同时，中方愿意改进国家信息通报的报告方式，增加透明度。中国也愿意自愿地、主动地进一步完善国内统计、监测、考核办法，改进减排信息的披露方式，做一些说明或澄清，也可以考虑与各方进行国际交流、对话和合作。

---

　　① 会议前夕，主要国家陆续公布了各自到 2020 年的减排目标：美国在 2005 年的基础上减少 17%，这一目标仅相当于在 1990 年的基础上减少 4%；欧盟在 1990 年的基础上减排 20%，并视哥本哈根会议情况，考虑减排 30%的计划；加拿大在 1990 年基础上减排 2%；日本在 1990 年的基础上减排 25%；韩国在 2005 年的基础上减排 4%；澳大利亚在 2000 年的基础上减排 5%~15%；中国单位 GDP 二氧化碳排放比 2005 年下降 40%~45%；俄罗斯在 1990 年的基础上减排 22%~25%；巴西在 1990 年的基础上减排 36.1%~38.9%；印度在 2005 年的基础上减排 20%~25%；但这取决于国际社会的支持力度。这些目标虽然还没有列入这次国际协议之内，不受国际法律约束，但受国内法律约束和群众监督。
　　②《岛国提出减排新建议》，《参考消息》2009 年 12 月 13 日。

其四，资金问题。来自太平洋岛国斐济的代表拉维塔在大会发言时声泪俱下，使与会者十分感动。她为什么如此悲伤？因为她的祖国面临被海水上涨淹没的危险，而自己的国家又无力对付。所以她恳求发达国家援助资金和技术。有 43 个成员的小岛屿国家联盟在向大会提交的一份草案中要求发达国家向穷国提供相当于其国民收入 1% 的金融援助。据此测算，大约相当于 4000 亿美元。而发达国家对此不是装聋作哑，就是顾左右而言他，或者让中国等发展中国家解囊。美国国务卿希拉里在记者会上开出所谓"千亿援助"的空头支票时，不仅没有说出美国拿多少，而且无法落实，设置的前提条件也十分苛刻。最后的协议写道，发达国家于 2010~2012 年向发展中国家每年提供 100 亿美元资金援助。真是杯水车薪！使欠发达国家、小岛屿国家和南非国家大失所望。

其五，长期目标和减排峰值设定问题。为了粉碎发达国家图谋扼杀发展中国家的发展权，尤其是中国的发展权，中国坚决反对将"2050 年前全球减排 50%，发达国家减排 80% 的减排指标列入《哥本哈根协议》，反对为不同国家同时设定排放的峰值年限。在这个问题上，中国也充分理解欧盟和小岛屿国家对这个问题的特殊关切，作了一些妥协，同意将全球升温不超过 2 摄氏度作为国际社会共同努力的方向。中方一再指出，应对气候变化既要着眼长远，更要立足当前，要把精力和重点放在完成近期和中期减排目标上，不能让长期目标上的分歧影响当前的谈判和行动。

尽管有上述种种分歧，但经过激烈交锋和昼夜工作，还是取得了一定的进展和难得的共识。比如，确立了谈判的基础，尤其是"双轨制"谈判将继续下去；发达国家的减排指标和发展中国家的减缓行动都有了初步规定，"三可"问题各方作了一定的让步和妥协，长期目标"两度"成为初步共识，各方就短期和中期的资金问题也提出了初步方案。这些问题尚未达到全体与会者的一致认同，自然有待 2010 年的墨西哥会议继续努力。

三、发展低碳经济的路径、原则和机制

未来的谈判，都应该将以往谈判的成果利用起来，作为谈判的基础或起点，而不能将它们随便抛弃。为此，我们简要回顾和盘点一下过去取得的成果，以利推动今后的谈判，促进低碳经济发展。

环境问题其中包括气候问题最早引起人们的关注是在 20 世纪 70 年代。主要发达国家自 18 世纪工业革命以来的两三百年间，过度的污染和排放给人类社会造成严重损害，对人类的生存和发展构成巨大挑战。1972 年通过的里程碑式的《斯德哥尔摩宣言》，标志着环境问题和排放问题被提上国际社会的日程。当时参与谈判和签字的还仅限于发达国家，而发展中国家的工业化尚未真正开展，也未参与。联合国根据《斯德哥尔摩宣言》于 1973 年成立了环境规划署。由此开始，气候变化问题纳入联合国工作范围之内。20 世纪 90 年代之后，环境问题包括气候问题在内，已超出发达国家的视野，开始成为全世界包括发展中国家在内关注的焦点问题。1992 年在巴西首都里约热内卢召开的全球性的会议，通过了《联合国气候变化框架公约》，确认了发达国家与发展中国家在应对气候问题挑战中的"共同但有区别的责任"原则。当时，中国政府参加了会议并签署了《联合国气候变化框架公约》。自此，气候变化问题真正成为全球关注的问题，也是中国正式登上国际气候谈判征程的历史起点。

为落实上述《联合国气候变化框架公约》提出的"将大气中温室气体（GHG）的浓度稳定在防止气候系统受到危险的人为干扰的水平上"的目标和"共同但有区别的责任"原则，自 1995 年开始新一轮的气候谈判，即围绕《京都议定书》的谈判。该谈判在 1997 年结束，正式通过了议定书。截至目前，全球已签署议定书的国家达到 190 多个。中国 1998 年 5 月签署，并在 2002 年 3 月获最终批准。大家都知道，只有美国的小布什政府在 2001 年宣布退出《京都议定书》。从人类历史发展的战略高度观察和审视，《京都议定书》以及作为该议定书实施细则的 2002 年达成的《马拉喀什协议》和《德里宣言》有四大贡献：第一，议定书规定，签约方区分为两大类，一类是附件一缔约方，包括发达国家和经济转轨国家；二类是非附件一缔约方，包括发展中国家、欠发达国家、小岛屿国家和非洲国家。适应不同国家的情况，区别对待。第二，具体落实了"共同但有区别的责任"原则。在谈判中，发展中国家与发达国家进行了激烈斗争，最后 37 个发达国家在《京都议定书》中承担受约束的减排任务。[①] 而发展中国家并不承担减排义务，可以根据自己国家的情况，自愿地尽最大可能减少排放。第三，要在可持续发展的框架下解决气候变化问题。发展中国家、非洲等国家面临的头等问题是发展问题。发展权是第一位的。这就为发展中国家、欠发达国家、非洲国家逐步参与减排进程争取了时间。第四，《京都议定书》为了使减排的成本最低，效益最优，创立了三种灵活减排机制，即联合履约（Joint Implementation，简称 JI，第 6 条）、清洁发展机制（Clean Development Mechanism，简称 CDM，第 12 条）和国际排放贸易（International Emissions Trading，简称 IET，第 17 条）。

对这三种灵活减排机制在这里只能做如下的简单介绍。[②] 经国际条约批准和认可的各个国家的排放量是该国的排放许可权或信用额。相应地，在一国之内，经过国家批准的各个企业或项目的排放量则是企业的排放许可权或信用额。基于这种排放许可权或信用额之上，可以形成排放许可权的国际贸易或国内贸易。这种国际贸易有两大类型：其一，基于国家具有的排放许可权之上的贸易。根据附件一签约国家在《京都议定书》中承诺的减排量，这些国家将得到相应数量的"分配数量单位"（AAU），每个分配数量单位等于 1 吨 CO_2 当量（1 吨二氧化碳）。如果在承诺期中这些国家的温室气体排放量低于该分配数量，换言之，没有用完分配给的排放许可权，这些国家可将剩余的

---

① 《公约》附件一缔约方（包括发达国家和经济转轨国家），在 2008~2012 年第一承诺期内，将温室气体排放量比 1990 年平均减少 5.2%。其中，欧盟 8%、美国 7%、日本 6%、加拿大 6%、东欧各国 5%~8%。新西兰、俄罗斯和乌克兰可以将排放量稳定在 1990 年的水平上。议定书还规定，爱尔兰、澳大利亚和挪威的排放量可以比 1990 年分别增加 10%、8% 和 1%。由此可见，即使发达国家也因具体情况不同，要区别对待。
② 详见本人两篇拙文：《新兴的温室气体排放权国际市场初步研究》（《财贸经济》2007 年第 1 期）；《清洁发展机制在国际温室气体排放权市场的前景分析》（《国际贸易》2007 年第 1 期）。

AAU（代表温室气体排放权）通过国际市场有偿转让给那些排放量高于其承诺的面临违约风险的附件一国家。相反，则可以通过国际市场购买这种排放许可权。其二，基于温室气体减排项目的国际贸易。清洁发展机制下的项目（简称 CDM 项目）产生的减排量，被称为经过核证的减排量（CER），又可称为允许交易的排放许可权。国家之间、企业之间，都可以通过有偿贸易交换。以上两类市场的不同之处在于，前一种称为联合履约，是附件一国家之间的合作机制；后一种称为清洁发展机制，是附件一国家与非附件一国家之间的合作机制。以上三种灵活的减排机制的科学基础是温室气体效应具有全球性，即在地球上任何地方减排同样数量的一种温室气体所造成的效应是一样的，但是，在不同国家、地区、企业之间，所花费的减排成本是大大不同的，甚至相差悬殊。而通过上述的两种不同类型的国际市场进行交换之后，则可以达到最少的减排成本取得最大的气候环境效益。由此可知，《京都议定书》或京都三机制孕育了一种崭新的温室气体排放权国际贸易和国内贸易。这种贸易在欧美国家已相当普及，而在我国也初露端倪。北京、江苏、上海等地已经创立了交易所。不仅如此，碳交易的期货市场也方兴未艾。有的专家预测，由于《哥本哈根协议》无约束力，碳排放期货价格可能下跌。①

还应当指出，为了进一步完善和落实《京都议定书》，早在 2007 年在印度尼西亚的巴厘岛召开的会议就制定了"巴厘路线图"，启动了这次哥本哈根会议上的所谓"双轨制"谈判，并分别组成两个工作组：《联合国气候变化框架公约》下的长期合作特设工作组和《京都议定书》特设工作组。但两年多以来，谈判一直处于胶着状态。发展中国家要求发达国家提高减排指标，并向发展中国家提供资金和技术支持；而发达国家则提出，由于美国在 2001 年的退出和其他主要发展中国家并不承担减排义务，要求废除《京都议定书》"另起炉灶"。这种状态一直延续到哥本哈根会议之中。因此，哥本哈根会议的结果可以说在预料之中。

---

① 见《参考消息》2009 年 12 月 21 日。

总之，地球不停地自转，历史不停地发展，人类的诉求不断地增强。必须顺应历史发展和人类的诉求，逐步解决全球气温上升所造成的恶果。低碳经济，低排放，是人类的新诉求，是历史发展的新趋势、新方向。顺之者存，逆之者亡。低碳经济的曙光已冉冉升起。

四、中国大力发展低碳经济的行动和设想

中国的行动证明了中国政府和人民发展低碳经济的决心和信心。中国是最早制定实施《应对气候变化国家方案》的发展中国家，中国也是近年来节能减排力度最大的国家。2006~2008年，共淘汰低能效的炼铁产能6059万吨、炼钢产能4347万吨、水泥产能1.4亿吨、焦炭产能6445万吨。截至2009年上半年，中国单位国内生产总值能耗比2005年降低13%，相当于少排放8亿吨二氧化碳。中国是新能源和可再生能源增长速度最快的国家，中国水电装机容量、核能在建规模、太阳能热水器集热面积和光伏发电容量均居世界第一位。中国是世界人工造林面积最大的国家。目前，人工造林面积达5400万公顷，居世界第一。

在发展低碳经济的征途上，中国虽然取得了上述的显著成就和进步，但是仍然面临着严重的挑战、特殊的困难和巨大的压力。主要原因在于：①中国正处于工业化、城镇化加快发展的历史阶段，而发达国家早已走出这段历程。传统工业比农业和服务业排放的温室气体要多；城镇比农村排放的温室气体更要多。在这方面我们同发达国家不可比。而发达国家却不顾这种事实，强迫我们同他们一样承担减排任务。②我国以煤为主的能源结构短期内难以改变，能源需求还将继续增长，而利用能源的科技水平低、能力弱，这些都对控制温室气体排放形成特殊的困难。③中国目前首要的任务是发展经济和消除贫困。当然，这是应对气候变化的重要基础。但是，在资金、技术有限的条件下，很难将更大的资金份额用于控制温室气体排放上。④中国人口多，排放规模大。当前有一种观点认为，中国的排放量已达到美国的

甚至超过美国的排放量，成为全球第一，成为空气污染最严重的国家。这种观点并未考虑到人口规模。而如果以人均计算，中国的人均排放量尚不足美国的1/5。按此计算，美国的空气污染比中国严重。这就是说，人口规模大，也许成为控制排放、减轻空气污染的难点之一。

尽管前进道路上困难重重，但是，中国政府和人民富有知难而上、迎难而进的气魄。发展低碳经济，减少排放以二氧化碳为主的温室气体，妥善应对气候变化，关系着我国社会经济发展的全局和人民的根本利益，也关系着世界各国人民的福祉和长远发展。中国作为负责任的发展中的国家绝对会肩负起控制和减少二氧化碳排放的重任。我国政府已经决定并向世界公布了减排目标，到2020年我国单位国内生产总值（GDP）二氧化碳排放比2005年下降40%~45%，作为约束性指标纳入国民经济和社会发展中长期规划，并制定相应的国内统计、监测、考核办法。关于这个目标，温家宝总理在哥本哈根大会上又庄严重申：中方的目标是经过反复论证的、科学的、不容谈判的，也是不附加任何条件的，不与其他任何国家的减排行动挂钩，也不管会议取得什么样的成果，中国都会毫不动摇地实现自己的目标。中国的减排承诺引来国际社会的喝彩，称中国"迈出了过去一直不愿迈出的一步"，这是"非常鼓舞士气"的消息，"这是重大而不寻常的承诺"，"这是向国际社会充分显示，中国将担当领导角色"。

为了实现向国际社会承诺的减排目标，主要采取以下政策和措施：①应对气候变化工作要立足于科学发展，立足于加强生态文明建设，统筹经济发展和环境保护，统筹国内和国际两个大局，统筹现实需要和长远利益，要把应对气候变化作为国家经济发展的重大战略。②大力发展新能源和可再生能源，到2020年我国非化石能源占一次能源消费的比重达到15%左右。加强对节能、提高能效、洁净煤、可再生能源、先进核能、碳捕集利用与封存等低碳和零碳技术的研发与产业化的投入，加快建设以低碳为特征的工业、建筑业和交通体系。③加快生态文明建设。通过植树造林和加强森林管理，森林面积到2020年将比2005年增加4000万公顷，森林蓄积量比2005年增加13亿立方米。这是我国根据国情采取的自主行动，是应对全球气候变化做出的巨大努力。④制定配套的法律法规和标准，完善财政、税收、价格、金融等政策措施，健全管理体系和监督机制。⑤加强国际合作，有效引进、消化、吸收国外先进的低碳和气候友好技术，提高我国应对气候变化的科技水平和能力。⑥增强全社会应对气候变化的意识，加快形成低碳绿色的生活方式和消费模式。

低碳经济的综合评价指标体系与案例分析[①]

城市发展与环境研究所

潘家华　庄贵阳　朱守先　郑艳　谢倩漪

低碳经济理念的产生源自于国际气候谈判中关于发展权与排放权讨论的不断升级。英国于 2003 年在其《能源白皮书》中率先提出低碳经济的概念，虽然只有短短七年的时间，但全球向低碳经济转型已是大势所趋。当前，对于低碳经济的理解之所以仁者见仁、智者见智，一个重要的原因是没有一个国际可比较的度量标准。国内很多城市都有建设低碳城市的愿望，并且自发地行动起来。我国城市目前的低碳实践具有零散性和尝试性，尚未形成系统的低碳经济发展框架。为了科学指导国内低碳经济发展和低碳城市建设，迫切需要建立一套综合评价指标体系。

一、低碳经济的概念及其核心要素

低碳经济是在气候变化背景下产生的。虽然低碳经济的术语在 20 世纪 90 年代后期的文献[②]中就曾出现，但其首次出现在官方文件中是 2003 年 2 月 24 日由英国时任首相布莱尔发表的《我们未来的能源——

[①] 本论文在写作过程中，先后得到中国社会科学院重大课题、环保公益性行业科研专项（项目编号：20080915）、世界自然基金会（WWF）（项目编号：CN010101-120701）、英国国际发展部（CNTR 200808540）和英国外交部战略计划基金（SPF）的支持。

[②] Ann P. Kinzig and Daniel M. Kammen, "National Trajectories of Carbon Emissions: analysis of proposals to foster the transition to low-carbon economies", Global Environmental Change, Vol.8, No.3, 1998: 183-208.

创建低碳经济》的白皮书。英国在其《能源白皮书》中指出，英国将在2050年将其温室气体排放量在1990年的水平上减排60%，从根本上把英国变成一个低碳经济的国家。[①] 2006年10月，由英国政府推出、前世界银行首席经济学家尼古拉斯·斯特恩牵头的《斯特恩报告》（Stern Review）指出，全球以每年GDP 1%的投入，可以避免将来每年GDP 5%~20%的损失，呼吁全球向低碳经济转型。[②] 2007年政府间气候变化专门委员会（IPCC）第四次评估报告发布以后，其所包含的科学结论已经不容否认地成为了当今国际社会的主流话语：人类必须一致行动应对气候变化带来的挑战，越早采取行动越经济可行。IPCC报告特别指出，全球未来温室气体的排放取决于发展路径的选择。随着"巴厘路线图"的达成，应对气候变化国际行动不断走向深入，低碳经济发展道路在国际上越来越受到关注。联合国环境规划署把2008年世界环境日的主题定为"戒除嗜好！面向低碳经济"，希望低碳经济理念能够迅速成为各级决策者的共识。

英国虽然提出了低碳经济概念，但并没有给出明确界定。对于低碳经济是一种经济形态、一种发展模式，或二者兼而有之，学术界和决策者尚未有明确共识。英国外交部自2003年以来开展的"战略计划基金"（Strategic Programme Fund，先前称之为"全球机遇基金"）的目标之一就是促进全球经济的低碳高增长（Low Carbon-High Growth）。这在某种程度上可以看做是英国政府对低碳经济的理解。[③] 庄贵阳（2007）利用碳排放弹性作为脱钩指标，分析了全球20个主要温室气体排放大国在不同发展阶段人均收入和温室气体排放增长之间的脱钩特征，指出全球向低碳经济转型具有阶段性特征。[④] 国家环境保护部部长周生贤指出："低碳经济是以低耗能、低排放、低污染为基础的经济模式，是人类社会继原始文明、农业文明、工业文明之后的又一大进步。其实质是提高能源利用效率和创建清洁能源结构，核心是技术创新、制度

① DTI (Department of Trade and Industry), Energy White Paper: Our Energy Future-Create a Low Carbon Economy. London: TSO, 2003.

② Stern Nicolars, Stern Review on the Economics of Climate Change, Cambridge University Press, 2007.

③ 见英国驻华使馆的相关信息（http://ukinchina.fco.gov.uk/zh/working-with-china/spf/）。

④ 庄贵阳：《低碳经济：气候变化背景下中国的发展之路》，气象出版社，2007年。

创新和发展观的转变。发展低碳经济，是一场涉及生产模式、生活方式、价值观念和国家权益的全球性革命。"[①] 中国环境与发展国际合作委员会（CCICED）报告指出，"低碳经济是一种后工业化社会出现的经济形态，旨在将温室气体排放降低到一定的水平，以防止各国及其国民受到气候变暖的不利影响，并最终保障可持续的全球人居环境"。[②] 何建坤（2009）认为，"低碳经济的本质要求，是提高碳的生产力——每排放单位二氧化碳，要产生更多的 GDP"。[③]

实际上，上述概念都部分地把握到了低碳经济的核心特征，即"低碳排放"、"高碳生产力"和"阶段性特征"，并且都指出了低碳经济的目标是为了应对能源、环境和气候变化带来的挑战，低碳经济的实现途径是技术创新、提高能效和能源结构的清洁化等。但是，上述概念也存在着不足之处：一方面，对于低碳排放的含义及其与实现人文发展目标的关系未作具体深入的阐释；另一方面，对于低碳经济的内在驱动力未作深入剖析。

我们认为，低碳经济是指碳生产力和人文发展均达到一定水平的一种经济形态，旨在实现控制温室气体排放的全球共同愿景（Global shared vision）。[④] 碳生产力指的是单位 CO_2 排放所产出的 GDP，碳生产力的提高意味着用更少的物质和能源消耗产生出更多的社会财富。人文发展（Human development）意味着在经济能力、健康、教育、生态保护、社会公平等人文尺度（Human dimensions）上实现经济发展和社会进步。[⑤] 这一概念的特点在于，一方面对于人文发展施加了碳排放的约束，另一方面强调碳排放约束不能损害人文发展目标，其解决途径便是通过技术进步和节能等手段提高碳生产力。这一概念并未刻意区分绝对或相对的低碳排放，但是，从短期来看，可以在不改变其能源

---

① 张坤民、潘家华、崔大鹏主编：《低碳经济论》（序言），中国环境科学出版社 2008 年版。
② 中国环境与发展国际合作委员会（CCICED）：《低碳经济的国际经验和中国实践研究报告》，2008 年12 月。
③ 何建坤：《发展低碳经济，关键在于低碳技术创新》，《绿叶》2009 年第 1 期。
④ 共同愿景是《巴厘行动计划》在公约长期合作行动中列出的要素之一，也是当前国际气候谈判中的一项重要议题。共同愿景的核心是 2050 年的长期减排目标。哥本哈根会议对全球升温幅度不超过 2 摄氏度达成一致。
⑤ 潘家华、郑艳：《碳排放与发展权益》，《世界环境》2008 年第 5 期。

结构和产业结构的前提下，提高能源利用效率和碳产出效率，实现相对的低碳排放；从长期来看，技术进步能够借助清洁能源替代、低碳技术应用等手段实现一国碳排放总量的绝对下降。

实际上，对于低碳经济概念认识上的分歧，也存在对低碳经济和低碳发展概念的混淆使用现象，其实两者是有机统一的互补关系。低碳经济是一种经济形态，而向低碳经济转型的过程就是低碳发展的过程，目标是低碳高增长，强调的是发展模式。低碳经济通过技术跨越式发展和制度约束得以实现，表现为能源效率的提高、能源结构的优化以及消费行为的理性。低碳经济的竞争表现为低碳技术的竞争，着眼点是低碳产品和低碳产业的长期竞争力。

低碳发展对于不同国家具有不同的含义。作为低碳发展的核心内涵，低碳排放可以是相对意义上的，也可以是绝对意义上的，关键是区分发展阶段和减排义务。对于发展中国家而言，因为人文发展的基本需要尚未得到满足，因此在经济总量增加的同时促进碳排放的相对下降就可被视为低碳发展；对于已经实现高人文发展目标的发达国家而言，面对未来日益有限的全球排放空间，应当履行减排义务，在维持高人文发展水平的前提下，实现碳排放总量的绝对降低。

根据前述概念解析，低碳经济应该包含四个核心要素：资源禀赋、技术进步、消费模式、经济发展阶段。其中生产过程的低碳化、能源结构的低碳化和消费模式的低碳化都与发展阶段密切相关。

（一）资源禀赋

资源禀赋是实现低碳经济的物质基础。资源禀赋涉及广泛的内容，包括矿产资源、可再生能源、土地资源、劳动力资源，以及资金和技术资源等，这些都是发展低碳经济的重要投入要素。其中，与低碳经济关系最为密切的是低碳资源，包括太阳能、风能、水力资源及核能等零排放的清洁能源；能够提供碳汇[①]的森林资源、湿地、农田等。

[①] 根据 IPCC 的定义，碳汇一般是指从空气中清除二氧化碳的过程、活动、机制。在林业中主要是指植物吸收大气中的二氧化碳并将其固定在植被或土壤中，从而减少该气体在大气中的浓度。森林是指陆地生态系统中最大的碳储库，在全球碳循环过程中起着重要作用。研究表明，每增加 1% 的森林覆盖率，便可以从大气中吸收固定 0.6 亿~7.1 亿吨碳。

此外，还应当包括能够调节大气和水文循环、影响人居环境的气候资源和生态资源。自然地理条件是否宜居，会影响到居民衣食住行及社会经济对能源的依赖程度。可见，低碳资源是否丰富，对于低碳发展具有非常积极的促进作用。

（三）技术进步

技术进步因素对低碳经济的影响至关重要。技术进步能够从不同角度推动低碳化的进程，包括能源效率、低碳技术发展水平（如碳捕获技术等）、管理效率、能源结构等。一般所说的低碳技术主要针对电力、交通、建筑、冶金、化工、石化、汽车等重点能耗部门，既包括对现有技术的应用，近期可商业化的技术，也包括远期可能应用的技术。例如，从现阶段来看，能源部门的低碳技术涉及节能、煤的清洁高效利用、油气资源和煤层气的勘探开发、可再生能源及新能源利用技术、二氧化碳捕获与埋存等领域的减排新技术。以中国为例，近年来中国风电发展迅速，一方面得益于《可再生能源法》和《中国可再生能源发展中长期规划》的实施，另一方面也得益于清洁发展机制（CDM）项目实施带来了国外先进的风电技术引进。此外，碳捕获技术（CCS）也被认为是中国实现技术蛙跳效应、促进发展和减排目标协同实现的一个捷径。《斯特恩报告》预测，到2050年，CCS可为降低全球二氧化碳排放做出20%的贡献，而能效提高技术对减排的贡献可能达到50%以上。

（三）消费模式

一切社会经济活动最终都要体现为现实或未来的消费活动，因而一切能源消耗及其排放在根本上都是受到全社会各种消费活动的驱动。研究表明，由于发展水平、自然条件、生活方式等多方面的差异，不同国家居民消费产生的能源消耗和碳排放具有较大的差异。根据对20世纪90年代以来各国消费排放的测算，美国家庭部门的消费排放占到总排放的80%以上；[①]韩国家庭部门总能耗占到全国初级能源消费的

---

① Shui Bin, Hadi Dowlatabadi, Consumer lifestyle approach to US energy use and the related CO_2 emissions, Energy Policy, 33 (2005): 197-208.

52%；[1] 印度家庭部门的直接与间接能耗平均占到全国能源消耗的75%；[2] 中国城市居民消耗的能源占到全部能耗的71%。[3] 实际上，消费排放除了受到自然气候条件、人均收入水平、文化习俗、资源禀赋的影响之外，消费模式和行为习惯对于排放的影响不可小估。例如，美国和英国等欧盟国家人均GDP均超过了3万美元，在消费排放上却存在较大差距。以家庭部门的交通排放为例，由于对私人汽车的依赖，美国家庭人均出行碳排放约4吨，是其他国家的2倍。[4] 此外，全球化导致的生产与消费活动的分离，使得一国真实的消费碳排放被国际贸易中的转移碳排放问题所掩盖。[5] 假定各国碳排放强度相同，则一国消费的对外依赖度越高，消费导致的碳排放也就越多。因此，从消费侧而非生产侧角度看，探讨一国国民实际消费导致的碳排放，有助于采取更加公平的视角从源头上推动低碳发展。

（四）经济发展阶段

经济发展到一定程度，社会财富的累积效应能够在两个方面促进低碳经济的发展：一是知识和技术的积累导致的低碳技术进步；二是对经济资本存量累积的需要大大减小，可以将较多的能源消耗用于服务业，提升国民的消费水平。尽管各国碳排放的驱动因素有所差异，但是就发展阶段而言，不外乎是由消费和生产两种因素决定的。简言之，发达国家主要是后工业化时代的消费型社会所带动的碳排放，而发展中国家主要是生产投资和基础设施投入带动的资本存量累积的碳排放。例如，英国、美国、德国等发达国家的经济存量比较大，数百年经济增长所带来的物质存量（表现为店堂馆所、堤坝、公路、房屋等一些公共设施）仍然为现在的民众所享用。因此，这些国家能够以

---

[1] Hi-Chun Parka, Eunnyeong Heob, The direct and indirect household energy requirements in the Republic of Korea from 1980 to 2000—An input-output analysis, Energy Policy, 35（2007）：2839-2851.

[2] Shonali Pachauri, Daniel Spreng, Direct and indirect energy requirements of households in India, Energy Policy, 30（2002）：511-523.

[3] Qiao-Mei Liang, Ying Fan, Yi-Ming Wei, Multi-regional input-output model for regional energy requirements and CO_2 emissions in China, Energy Policy, 35（2007）：1685-1700.

[4] OECD/IEA, Worldwide Trends in Energy Use and Efficiency-Key Insights from IEA Indicator Analysis, 2008.

[5] 陈迎、潘家华、谢来辉：《中国外贸进出口商品中的内涵能源及其政策含义》，《经济研究》2008年第7期，第11~25页。

2%左右的经济年均增长率，维持国民较高的生活消费水平，其原因就在于，其国民财富的增长中用于存量投资的部分很少，大部分的能源投入都用于服务业和居民消费领域。但是中国这样的发展中国家，正处于经济发展的存量积累阶段，经济持续高增长是为了弥补基础设施等资本存量的不足，只有在实物资本存量累积到一定程度，人文发展水平才能随之提升，而在此之前，维持经济快速增长的资源和能源消耗都难以在短时间内得以降低。

因此，经济发展阶段是一个国家向低碳经济转型的起点和背景。发达国家已经实现了高人文发展的目标，而发展中国家必须实现低碳转型和人文发展的双重目标，这必将增加发展中国家实现低碳转型的难度。目前，欧盟国家由于人口增长缓慢，加之采取了积极的措施进行减排，排放略呈下降趋势；美国、澳大利亚、加拿大等国的人口和经济仍在增长，经济对外扩张趋势较为明显，排放还在持续增加；发展中国家人口增长较快，基本需求仍未满足，未来排放必然要继续增长。由于处于不同历史阶段，使得各国在走向低碳经济时面临的问题也有所不同，相应的政策措施、路径选择和减排成本也会有所不同。

二、低碳经济发展水平的综合评价指标体系

对于低碳经济的理解之所以仁者见仁、智者见智，一个重要的原因是没有一个国际可比较的度量标准。衡量一个国家或经济体低碳经济发展状况的指标应该能够测量向低碳经济发展的整个进程，不仅要包括其自身直接排放的相关指标，也要包括通过产品/服务的输入输出活动与世界其他部分产生联系、相互作用的其他指标。考虑到我们对低碳经济的概念界定及核心要素分析，很显然，单一指标不能全面、客观地评价一个国家或经济体低碳经济发展水平，每一项指标都有理想值、目标值和当前值 3 个指标，低碳城市评价目的就是按照理想值设定目标值，进而根据目标值改进现有的高碳发展状况。

目前对低碳经济评价方法的研究还比较分散，没有形成系统的理

论。为了建立一套普遍被接受的评价指标体系，首先所选取的指标之间尽可能要相互独立，并具有明确的经济含义。目前国内在实践中广泛应用的评价指标体系，一种是利用层次分析法把所选取的指标指数化，赋予权重后加总，以得分的高低排名。[①] 这种方法常见于时下比较流行的各种排名。另一种是给各指标设定不同的阈值，以是否达到阈值（目标值）为考核标准。这种方法如国家环境保护部（原国家环保总局）颁布的《生态县、生态市、生态省建设指标》。

建立指标体系的目的是为了指导实践，服务于政策设计和低碳城市发展规划。因此，为了避免人为设定指标权重可能受到的质疑，我们选取第二种方法，按照理想值设定目标值。根据上一节的分析，衡量一个国家（或经济体）是否达到了低碳经济，除了发展阶段这一基本背景之外，核心是在资源禀赋、技术水平及消费方式三个方面是否具备低碳发展的潜力，同时要考察各国（或经济体）向低碳经济转型所付出的努力。

具体来说，本文所构建的低碳经济发展水平综合评价指标体系需要从四个层面构建：①低碳产出指标。②低碳消费指标。③低碳资源指标。④低碳政策指标。其中，低碳产出指标表征低碳技术水平；低碳消费指标表征消费模式；低碳资源指标表征低碳资源禀赋及开发利用情况；低碳政策指标表征向低碳经济转型的努力程度。在每个层面之下，遴选一个或多个核心指标并赋予相应的阈值或定性描述（见表1）。这里需要补充一点，衡量低碳经济的标准之一是要具有可持续性，换句话说，衡量低碳经济的指标需要在 5 年期间都达到目标值，避免由于经济波动和社会政治动荡等造成的对某一年度指标值的影响。即便某一指标距低碳经济水平尚有差距，也要考察每一年的演进方向。此外，低碳指标目标值的设定除了相对比较值之外，为了判断地区低碳发展水平的实际情况，还设定了绝对值。根据世界低碳发展的实际水平，结合上述指标体系的设置，给各指标赋予实际值，用来衡量目前的高、中、低碳发展阶段，主要用于评价中国各省区和城市低碳发

---

① 类似于人类发展指数（HDI）的计算方法。

展水平，进行国际比较，寻求低碳发展的突破口和路径（见表2）。

表 1 低碳经济发展水平的衡量指标体系（相对值）

一级指标	序号	二级指标	说　明	改进方向
低碳产出指标	（1）	碳生产力	高于全国平均水平20%	+/−
	（2）	重点行业单位产品能耗	全国领先/行业领先	+/−
低碳消费指标	（3）	人均碳排放	如人均GDP低于全国平均水平，则人均碳排放低于全国平均水平；如人均GDP高于全国平均水平，则人均碳排放不得高于全国平均水平	+/−
	（4）	人均生活碳排放	如人均可支配收入低于全国平均水平，则人均生活碳排放低于全国平均水平；如人均可支配收入高于全国平均水平，则人均生活碳排放不得高于全国平均水平	+/−
低碳资源指标	（5）	非化石能源占一次能源比例	超过全国平均水平	+/−
	（6）	森林覆盖率	参照全国各功能区的水平	+/−
	（7）	单位能源消费的CO_2排放因子	小于全国平均水平	+/−
低碳政策指标	（8）	低碳经济发展规划	有	+/−
	（9）	建立碳排放监测、统计和监管体系	完善	+/−
	（10）	公众低碳经济知识普及程度	80%以上	+/−
	（11）	建筑节能标准执行率	80%以上	+/−
	（12）	非商品能源激励措施和力度	有且到位	+/−

表 2 低碳经济发展水平的衡量指标体系（绝对值）

一级指标	序号	二级指标	说　明
低碳产出指标	（1）	碳生产力	高于北欧5国平均水平为低碳；介于北欧5国平均水平和OECD平均水平之间为中碳；低于OECD平均水平为高碳
低碳消费指标	（2）	人均碳排放	人均碳排放低于$5tCO_2$/人为低碳；介于$5\sim10tCO_2$/人为中碳；高于$10tCO_2$/人为高碳
	（3）	人均生活消费排放	人均生活消费排放水平低于$5/3tCO_2$/人为低碳；介于$5/3\sim10/3tCO_2$/人为中碳；高于$10/3tCO_2$/人为高碳
低碳资源指标	（4）	非化石能源占一次能源比例	比例如高于20%为低碳；介于10%~20%之间为中碳；低于10%为高碳
人类发展水平	（5）	人类发展指数	>0.8，高人类发展水平 0.5~0.8，中人类发展水平 <0.5，低人类发展水平

（一）低碳产出指标

碳生产力被认为是衡量低碳化的核心指标，并且，这一指标将能源消耗导致的碳排放与GDP产出直接联系在一起，能够直观地反映社会经济整体碳资源利用效率的提高，同时也能够衡量一个国家或经济体在某一特定时期的低碳技术的综合水平。此外，由于与经济结构相关联，碳生产力指标的高低能够体现一国在货币资产和技术资产积累到一定水平时，进一步降低单位能源消费碳排放强度的潜力和障碍。考虑到了处于重化工阶段的一些经济体对低碳经济的顾虑，我们曾尝试对这一指标进行调整，但由于各省市各产业碳生产力数据（尤其是市一级的碳生产力）不可得，所以目前仍以经济整体的宏观碳生产力作为核心指标。此外，低碳产出指标还要包括关键产品的单位能耗指标，如吨钢综合能耗、水泥综合能耗、火电供电煤耗等；也可比较重点行业单位工业增加值碳排放量指标。虽然处于不同气候带的地区可能对生产的取暖能耗有不同影响，但考虑到不同气候条件给各地带来不同的产业竞争力，这些产业可能低碳，也可能高碳，所以这里不予以考虑。

（二）低碳消费指标

碳消费水平旨在从消费侧来衡量一国（或经济体）人均碳需求和碳排放水平。尽管消费模式受到多种因素的影响，"人均消费的碳排放"可作为一个综合性指标来界定消费模式对碳排放的影响。这一指标可以根据最终消费占 GDP 的比重（即最终消费率）与单位经济总量的含碳强度（即单位 GDP 碳排放）等相关指标来推算。考虑到居民（包括政府和家庭部门）的最终消费支出中，既包括本国（本地）生产的产品与服务，也包括其他国家（地区）进口的产品与服务，限于数据可得性，为了简化计算，尤其在比较国内各地区或城市之间的碳消费水平时，这里以人均碳排放水平代替人均消费碳排放水平。考虑到不同的发展阶段，根据人均 GDP 水平与全国平均水平的比较，衡量人均碳排放指标是否达到要求。另外一个非常重要的指标是人均居民用能碳排放，主要指居民（家庭）取暖、制冷、炊事和照明等生活用能，中国的统计年鉴没有把汽车用能包括进去。这一指标同样要比较人均可支配收入与全国平均水平的关系，来衡量是否达到目标值。

（三）低碳资源指标

碳资源禀赋及利用水平，主要关注一国（或经济体）的能源结构、零碳排放能源和代表碳汇水平的森林覆盖率情况，包含三个核心指标，即非化石能源占一次能源比重、森林覆盖率和单位能源的 CO_2 排放因子。其中，水力资源、风能、太阳能、生物质能等可再生能源和核能属于零碳排放的资源，以及对于全球减排和适应气候变化有积极贡献的森林覆盖率，是一国实现低碳化的重要物质基础。对于属于零碳能源的非商品能源，如小沼气、太阳能热水器、生物质能等，由于缺乏统计数据，所以这里不单独列指标，在政策层面加以考虑。同时，考虑到化石能源是大多数国家（或经济体）的能源来源，煤炭、石油和天然气的碳排放系数递减，为了比较出化石能源的结构差异，选取单位能源消费的 CO_2 排放因子作为一个重要指标。由于各地资源禀赋不同，森林覆盖率要与生态功能区标准挂钩（参照环保部生态省、生态市建设指标），零碳能源消费以人均零碳能源消费量是否达到全国平均水平为衡量标准。

（四）低碳政策指标

发展低碳经济，必须立足于当前经济发展阶段和资源禀赋，认真审视低碳经济的内涵和发展趋势，将能源结构的清洁化、产业结构的优化与升级、技术水平的提高、消费模式的改变、发挥碳汇潜力等纳入经济和社会发展战略规划。研究表明，更清洁的能源结构能够降低单位能源消费的碳排放强度，产业结构的优化能够从整体上促进社会经济各部门的碳产出效率（碳生产力），倡导绿色消费模式能够从终端遏制对能源的需求，减少人均消费的碳排放。然而，上述途径都离不开制度环境的配套与政策工具的推动。因此，是否具有低碳经济发展战略规划，是否建立碳排放监测、统计和监管体系，公众的低碳经济意识如何，建筑节能标准的执行情况，以及是否具有非商品能源的激励措施和力度等，可以反映一个国家低碳经济转型的努力程度。

指标解释说明：

（1）碳生产力：指单位碳排放所创造的 GDP。北欧 5 国（芬兰、挪威、瑞典、丹麦、冰岛）平均碳生产力位于全球领先水平，2005年，北欧 5 国平均碳生产力为 4483 Intl \$/tCO_2，高于北欧 5 国平均碳生产力视为低碳发展阶段。经济合作与发展组织（OECD）30 国反映较发达水平的碳生产力，平均碳生产力为 2284 Intl \$/tCO_2，介于北欧 5

国与 OECD 之间碳生产力视为中碳发展阶段，低于 OECD 平均碳生产力视为高碳发展阶段。中国碳生产力为 956 Intl \$/tCO$_2$，为高碳发展阶段的碳生产力。考虑到一些低人类发展水平的国家碳生产力非常高，所以采用人类发展指数进行检验，把低人类发展水平、高碳生产力的国家与高人类发展水平、高碳生产力的国家区别开来。为便于中国省区和城市与国际碳生产力的比较，统一单位口径，碳生产力的单位采用 Intl \$/tCO$_2$。

（2）人类发展指数：根据联合国开发计划署（UNDP）《2007/2008人类发展报告》设定，人类发展指数高于 0.8 为高人类发展水平，介于 0.5~0.8 之间为中人类发展水平，低于 0.5 为低人类发展水平。根据联合国开发计划署（UNDP）《中国人类发展报告 2007/2008》，中国各省市区人类发展指数介于 0.64~0.92 之间，其中上海、北京、天津、浙江、江苏、广东、辽宁 7 省市人类发展指数超过 0.8，为高人类发展水平，其余 24 个省份人类发展指数介于 0.64~0.8，为中等人类发展水平。

（3）关于人均碳排放标准的确定，考虑到发达国家人均碳排放已经趋于相对稳定或呈下降趋势，考虑到全球控制温室气体排放的目标和现实困难，在 2020 年前人均碳排放水平小于 5tCO$_2$/人即可认为为低碳发展阶段，介于 5~10tCO$_2$/人之间为中碳发展阶段，大于 10tCO$_2$/人为高碳发展阶段。

（4）关于人均消费碳排放的标准，考虑到发达国家工业、建筑和交通排放各占 1/3，所以把消费排放占总碳排放的比例按照建筑排放所占比例设定，因此，把人均碳排放水平标准各除以 3 以确定人均消费碳排放标准。如人均生活消费碳排放小于 5/3tCO$_2$/人，视为低碳发展阶段；介于 5/3~10/3tCO$_2$/人之间，视为中碳发展阶段；大于 10/3tCO$_2$/人，视为高碳发展阶段。

（5）可再生能源：1997 年，欧盟提出可再生能源在一次能源消费中的比例将从 1996 年的 6% 提高到 2010 年的 12%。2007 年初，欧盟又提出了新的发展目标，要求到 2020 年，可再生能源消费占到全部能源消费的 20%。中国《可再生能源中长期发展规划》（2007 年 9 月）提出逐步提高优质清洁可再生能源在能源结构中的比例，力争到 2010 年使可再生能源消费量达到能源消费总量的 10%左右，到 2020 年达到 15%左右。鉴于以上标准，设定可再生能源占一次能源比例，如超过 20%为低碳发展阶段；介于 10%~20%为中碳发展阶段；小于 10%为高碳发展阶段。

三、典型城市案例——吉林市和广元市实证分析

吉林市与广元市分属我国东北和西南地区，属于城市职能差异显著的两类城市。吉林市占全省经济总量的 1/4，是全省两个中心城市和经济中心之一，长期以来吉林市对周边地区经济发展发挥了一定的带动作用，工业化发展相对成熟。作为典型的以重化工业为主的东北老工业基地城市，吉林市由于计划经济长期的体制性和结构性等深层次矛盾的积累和显现，吉林市偏重的产业结构长期存在，单纯依靠传统的现行经济增长模式已不可持续，只有调整发展战略，发展低碳经济，才是实现吉林市可持续发展的必由之路。对于吉林市的低碳发展道路而言，最为根本的措施是产业结构的优化升级和技术标准高度化。

吉林市在现阶段只属于中等人类发展水平阶段（人类发展指数尚未达到 0.8）。根据上一节所建立的综合评价指标体系（见表1），对吉林市进行案例分析的结果来看，除森林覆盖率和单位能源消费 CO_2 排放因子以及个别单位产品能耗指标外，其他很多指标距离低碳经济定量目标值尚有较大差距（见表3、表4 和表5）。从碳生产力指标来看，虽然吉林市的人均 GDP 超过全国平均水平，但单位 GDP 能耗和单位增加值能耗也都高于全国平均水平，碳生产力水平却低于全国平均水平，距离 OECD 国家的平均碳生产力水平差距更大。从人均碳排放水平来看，吉林市人均 GDP 高于全国平均水平 32%，但人均碳排放水平和人均生活消费碳排放水平高于全国平均水平超 1 倍。从绝对量上看，吉林市的人均碳排放超过 10 吨/人，为高碳发展阶段；人均生活消费碳排放较低，尚为低碳发展阶段，但随着消费的升级，吉林市面临的压力巨大。从非化石能源在一次能源结构中所占的比例来看，吉林市

只有 5.91%，低于全国平均水平，距离低碳经济要求还有相当的差距。综合主要指标的情况来看，吉林市正处于经济发展的高碳阶段。不过可喜的是，吉林市正在采取积极措施，加快向低碳经济转型，如吉林市在"十一五"期间单位 GDP 能耗要降低 30%，高于全国平均水平 10%，正在开展低碳路线图的研究等，努力值得肯定，但也需要做出更大的努力。

表3　2007年吉林市低碳经济发展总体水平（相对值）

一级指标	序号	二级指标	单位	全国平均	吉林市	状态
低碳产出指标	(1)	碳生产力	万元/吨 CO_2	0.43	0.23	差距较大
	(2)	重点行业单位产品能耗/单位增加值能耗	吨标准煤	—	—	差距较大
低碳消费指标	(3)	人均碳排放	吨 CO_2/人	4.98	10.23	差距较大
	(4)	人均生活碳排放	吨 CO_2/人	0.18	0.37	差距较大
低碳资源指标	(5)	非化石能源占一次能源比例	%	7.3	5.91	差距较大
	(6)	森林覆盖率	%	45	54.96	达到
	(7)	单位能源消费 CO_2 排放因子	吨 CO_2/吨标准煤	2.38	2.23	达到
低碳政策指标	(8)	低碳经济发展规划	有	无	已有路线图	未达到
	(9)	碳排放监测、统计和监管体系	完善	不完善	不完善	未达到
	(10)	公众低碳经济知识普及程度	大于80%	不详	不详	不详
	(11)	建筑节能标准执行率	大于80%	小于50%	100%	达到
	(12)	非商品能源发展激励措施	有且到位	有	有	达到

广元市属于西部欠发达地区，即使在省内经济和社会发展水平上也相对落后，现阶段只属于中等人类发展水平阶段（人类发展指数尚未达到 0.8）。从广元市的案例分析结果（见表4、表5和表6）来看，在 12 个低碳经济发展评价指标中，除了重点行业单位产品能耗/增加值能耗这一指标之外，其他 11 个指标基本上达到或接近达到相对值的评价指标。广元市的人均 GDP 只有全国平均水平的 1/3 强，虽然碳生产力水平超过了全国平均水平，但未超过全国平均水平的 20%，距离 OECD 国家平均水平的绝对量要求尚有巨大差距。广元市的人均碳排放和人均生活消费碳排放都低于全国平均水平，符合低碳经济的绝对量指标要求，这主要是由于广元市的经济发展正处于起步阶段。作为四川重要的能源和有色金属生产基地之一和川东北天然气主要富集地，广元市的单位 GDP 能耗和单位 GDP 增加值能耗都高于全国平均水平，

随着工业化快速发展和消费的不断升级，广元市低碳发展面临的挑战还很艰巨。不过，广元市有着良好的资源基础，森林覆盖率、非化石能源所占比例以及单位能源碳排放因子这几项指标都满足低碳经济指标需求。尤为可贵的是，广元市对发展低碳经济有着强烈的政治意愿，公众低碳意识很高，同时正在制定低碳经济发展规划，说明广元市具有发展低碳经济的良好政策基础。广元市在发展低碳经济的路径选择上，一方面要因地制宜，突出生态资源和碳汇优势；另一方面在大力推进城市化和工业化的同时，大力倡导低碳生活和低碳生产。

表4　吉林市、广元市经济、城市化和能耗指标比较（2008 年）

	人均 GDP（元）	工业占 GDP 的比重（%）	城市化率（%）	单位 GDP 能耗（吨标准煤/万元）	单位工业增加值能耗（吨标准煤/万元）
吉林市	30019	33.7	48.9	1.91	3.10
吉林省	23514	38.8	53.21	1.444	1.979
广元市	8557	26.1	31.2	1.186	3.54
四川省	15378	39.4	37.4	1.381	2.477
全　国	22698	42.9	45.7	1.102	2.189

表5　吉林、广元工业行业能耗碳排放水平（2008 年）

单位：吨 CO_2/万元

行　　业	吉林市	广元市	全　国
煤炭开采和洗选业	0.421	66.759	6.567
黑色金属矿采选业	0.905	0.245	0.242
有色金属矿采选业	1.122	0.216	0.172
非金属矿采选业	4.345	1.122	2.104
农副食品加工业	2.335	0.282	0.509
食品制造业	0.689	3.817	0.883
饮料制造业	5.687	9.999	0.693
纺织业	0.165	0.388	0.909
造纸及纸制品业	1.162	7.531	3.615
印刷业和记录媒介的复制	0.062	0.825	0.102
石油加工、炼焦及核燃料加工业	0.073	137.936	42.427
化学原料及化学制品制造业	22.157	17.677	4.480
医药制造业	1.965	1.041	0.484
橡胶制品业	0.517	6.035	0.729
非金属矿物制品业	14.153	11.077	6.680
黑色金属冶炼及压延加工业	0.979	1.276	4.678
有色金属冶炼及压延加工业	1.547	0.172	1.114
专用设备制造业	1.624	0.128	0.304
交通运输设备制造业	4.697	0.942	0.212

行　　业	吉林市	广元市	全　国
通信设备、计算机及其他电子设备	1.129	0.128	0.040
电力、热力的生产和供应业	104.709	0.014	27.962
燃气生产和供应业	0.751	1.133	9.430
水的生产和供应业	1.120	0.014	0.157

表6　2008年广元市低碳经济发展总体水平（相对值）

一级指标	序号	二级指标	单位	全国平均	广元市	状态
低碳产出指标	(1)	碳生产力	万元/吨 CO_2	0.40	0.44	未达到
	(2)	重点行业单位产品能耗/单位增加值能耗	吨标准煤	—	—	差距较大
低碳消费指标	(3)	人均碳排放	吨 CO_2/人	4.76	1.94	达到
	(4)	人均生活消费碳排放	吨 CO_2/人	0.18	0.11	达到
低碳资源指标	(5)	非化石能源占一次能源比例	%	8.9	17	达到
	(6)	森林覆盖率	%	45	48	达到
	(7)	单位能源 CO_2 排放因子	吨碳/吨标煤	0.60	0.52	达到
低碳政策指标	(8)	低碳经济发展规划	有	无	正在制定中	未达到
	(9)	碳排放监测、统计和监管体系	完善	不完善	不完善	未达到
	(10)	公众低碳经济知识普及程度	大于80%	不详	80%	基本达到
	(11)	建筑节能标准执行率	大于80%	小于50%	100%	达到
	(12)	非商品能源发展激励措施	有且到位	有	有	达到

四、结束语

　　我国城市目前的低碳实践具有零散性和尝试性，尚未形成系统的低碳经济发展框架。低碳发展是我国在城市化进程中控制温室气体排放的必然选择。随着低碳城市建设的迅速开展，越来越多的城市意识到，要积极有效地建设和发展低碳城市就必须有一定的评估和考核标准，并且必须有科学、先进的评价方法。本文在对低碳经济和低碳发展等相关概念进行界定的基础上，构建了低碳产出、低碳消费、低碳资源和低碳政策四个维度的综合评价指标体系。通过对吉林市和广元市低碳经济发展水平的评价测试来看，由于很多城市没有碳排放的监测和统计体系，尤其是没有能源平衡表，为资料数据的获取带来了难度。但总的来看，本文所建立的评价指标体系中评价指标的选取和目标值的设定合理性方面都通过了实践检验，可以应用到更广泛的低碳城市发展规划评价中。当然，本文所建立的低碳经济评价指标体系还需要在实践中不断加以完善，以便更富有实践性和可操作性。